edition suhrkamp

Redaktion: Günther Busch

Die *Kritik der Warenästhetik* von Wolfgang Fritz Haug, erschienen in der *edition suhrkamp* 1971, hat sowohl wissenschaftliche Diskussionen und Anschlußuntersuchungen in einer ganzen Reihe von Disziplinen ausgelöst, als auch politische Auseinandersetzungen auf der Linken. Der vorliegende Sammelband dokumentiert in Auszügen die ungewöhnlich aktive Rezeption dieser Theorie. In einigen Diskussionsbeiträgen nimmt Haug die Kontroverse an wichtigen Punkten auf, um Fehldeutungen zurückzuweisen und die Theorie weiterzuentwickeln. In Originalbeiträgen zu diesem Band wendet Karen Ruoff die Kritik der Warenästhetik auf die amerikanische Realität an, untersucht Chup Friemert am Beispiel der Geschichte des Werkbundes eine entscheidende Phase beim Übergang zur Ästhetik der Monopolware in Deutschland, weist Gerhard Voigt am Beispiel von Goebbels das Übergreifen warenästhetischer Techniken in den Raum der Politik nach. Die beiden abschließenden Beiträge befassen sich mit Vermittlungsproblemen: der eine mit dem Problem der symbolischen Visualisierung der Kritik der Warenästhetik, der andere mit den Problemen und Materialien für eine filmische Darstellung (geschrieben als Exposé für den Fernsehfilm *Der schöne Schein der Ware*).

Warenästhetik
Beiträge zur Diskussion, Weiterentwicklung und Vermittlung ihrer Kritik

Mit Beiträgen von Wolfgang Fritz Haug, Thomas Metscher, Karen Ruoff, Diethart Kerbs, Rainer Paris, Heinz Hirdina, Chup Friemert, Gerhard Voigt, Hans-Michael Gehring, Carl-Walter Kottnik, Gert Niedl, Sigrid Perthen

Suhrkamp Verlag

edition suhrkamp 657
Erste Auflage 1975
© Suhrkamp Verlag, Frankfurt am Main 1975. Erstausgabe. Printed in Germany. Alle Rechte vorbehalten, insbesondere das der Übersetzung, des öffentlichen Vortrags und der Übertragung durch Rundfunk und Fernsehen, auch einzelner Teile. Satz, in Linotype Garamond, Druck und Bindung bei Georg Wagner, Nördlingen. Gesamtausstattung Willy Fleckhaus.

Inhalt

Vorbemerkung

Wenn der Untertitel dieses Bandes *Beiträge* ankündigt, so ist
das buchstäblich zu nehmen. Die Rezeptionsbelege, Stellung-
nahmen und weiterführenden Ausarbeitungen zur *Kritik der
Warenästhetik,* die hier versammelt sind, sollen beitragen zu
einer laufenden Diskussion. Schon aus Zeitgründen wäre es
dem Herausgeber verwehrt gewesen, die vielfältigen Argumente, die in der Debatte vorgebracht worden sind, umfassend aufzugreifen und zu beantworten. Aber vermutlich ist es
ohnedies ergiebiger, an bestimmten Einzelfragen in die Diskussion – und z. T. in die Polemik – einzutreten. Die Entscheidung darüber, welche Fragen vorrangig seien, hat mir wie so
oft die Entwicklung abgenommen. In den Diskussionsbeiträgen antworte ich auf die Fragen, die am dringlichsten gestellt
worden sind. Natürlich hat der Band empfindliche Lücken.
Was allerdings die Erarbeitung einer Bibliographie oder eines
Literaturberichts zur Warenästhetik angeht, so überlasse ich
das gern anderen, wie ja schon der kompilatorisch verfah-
rende Tilman Rexroth eine Vorarbeit dazu veröffentlicht
hat.[1] Aber eine Lücke scheint mir wirklich bedauerlich: noch
immer fehlt die Ausarbeitung des Beitrags, den die Kritik der
Warenästhetik für die dringend benötigte Theorie monopolkapitalistischer und imperialistischer Massenkultur beisteuern
kann.[2] Auszugehen wäre z. B. vom Funktionskreis des »An-
kommens«, wie ihn die Warenästhetik mit fast unmittelbarer
ökonomisch sanktionierender Rückkoppelung bedient.
  Die schwedische Ausgabe der *Kritik der Warenästhetik* habe
ich zum Anlaß genommen, in einem Nachwort die bisherige
Rezeption zu skizzieren, Schwächen meiner Darstellung zu
benennen und mich mit den häufigsten Mißverständnissen
auseinanderzusetzen. Ich benutze nun dieses Nachwort hier
anstelle einer Einleitung.

W. F. Haug

1 Tilmann Rexroth, *Warenästhetik – Produkte und Produzenten. Zur Kritik einer Theorie W. F. Haugs*, Kronberg 1974.

2 Von der Seite der Phänomene ausgehende Ansätze gibt es inzwischen mehrere, vgl. z. B. Wagners Tübinger Dissertation von 1974 über die »Warenästhetik des Hollywood-Films«.

I. Diskussion

Wolfgang Fritz Haug
Anstelle einer Einleitung:
Nachwort zur schwedischen Ausgabe
der ›Kritik der Warenästhetik‹

Sofort nach seinem Erscheinen wurde dieses Buch ungewöhnlich aktiv rezipiert – natürlich nicht in den Massenmedien, wohl aber an den Hochschulen. Da es im Thema wie in der Methode »interdisziplinär« angelegt ist, wurde es in einer Vielzahl von Fächern diskutiert und verarbeitet, die der Komplex der Warenästhetik auf unterschiedliche Weise interessieren muß, und zwar in der Wirtschaftswissenschaft ebenso wie in der Soziologie, der Sozialpsychologie oder der Sexualwissenschaft, nicht zuletzt in Literaturwissenschaft, Ästhetik, Kunstgeschichte und Medientheorie. Und natürlich rezipierten es diejenigen besonders stark, deren Berufsperspektive die ästhetische Praxis in irgendeiner Form darstellt, vor allem die Kunsterzieher, Grafik-Designer, Architekten und schließlich die künftigen Vertreter des neuen Fachs »Arbeitslehre«. In mehr oder weniger allen diesen Fächern fanden Seminare über Grundlagen und fachspezifische Aspekte der Warenästhetik statt, es folgte eine ganze Reihe von Anwendungsversuchen, Umsetzungen in didaktische Modelle; in volkswirtschaftlichen Examensarbeiten wurden gelehrte neoliberale Verteidigungen der Warenästhetik gegen ihre Kritik versucht usw. Im Zuge der sozialliberalen Bildungsreformversuche hielten Begriff und Sache der Warenästhetik sogar in Lehrpläne Einzug, und an einer Universität wurde eine Professur für Warenästhetik ausgeschrieben. All dies trug sich in der unwahrscheinlich kurzen Zeit von drei bis vier Jahren zu.

Neben dem interdisziplinären methodischen und stofflichen Interesse war es das politische, das vor allem die linken Gruppierungen unterschiedlicher Richtung dazu brachte, sich mehr oder weniger intensiv, oft geradezu großartig mißtrauisch, prüfend mit dieser Theorie auseinanderzusetzen.

Bei aller Vielfältigkeit, ja Gegensätzlichkeit der Verarbeitung lassen sich aus dem Abstand heute einige Mißverständnisse erkennen, die mancher Anhänger mit manchem Gegner teilt. Zum Teil sind es sicher Unschärfen meines Textes, die solchen Mißverständnissen entgegenkamen. Ich habe deshalb für die schwedische Ausgabe den Text wenigstens an den entscheidenden Nahtstellen verdeutlicht bzw. direkte Fehler eliminiert. Vielleicht ist es darüber hinaus von Nutzen, die hauptsächlichen Mißverständnisse zu erwähnen, in der Hoffnung, dem schwedischen Leser Umwege zu ersparen.

Viele positive und negative Einschätzungen der *Kritik der Warenästhetik* gründeten in einem überschwenglichen Mißverständnis ihres Anspruchs. Das Buch wurde aufgenommen, als solle es eine Art Gesamtanalyse der spätkapitalistischen Gesellschaft sein und als wolle es der Arbeiterbewegung eine neue Strategie vorschlagen – oder wenigstens dem Berufsstand der Designer eine neue praktische Perspektive. Solche Ansprüche greifen am möglichen Nutzen dieses Buches völlig vorbei. Warenästhetik ist nur *ein* Funktionszusammenhang, *ein* Aspekt unserer gesellschaftlichen Realität neben anderen. Die Analyse der Warenästhetik stellt *Teilwissen* bereit, leistet einen *Beitrag* zum Verständnis dieser gesellschaftlichen Realität – und natürlich auch einen Beitrag zur Begründung oder Verbesserung von Orientierung und Strategie der fortschrittlichen Bewegung. Sobald man diesen Aspekt verabsolutiert, wird alles verkehrt. Dann kann es z. B. (fälschlicherweise) so aussehen – wie es diesem Buch u. a. in der Tat vorgeworfen worden ist –, als ob die *Kritik der Warenästhetik* Illusionen über ein »klassenunspezifisches Konsumentenbündnis« wecke oder – ein weiterer Vorwurf, von ganz anderer Seite kommend – daß sie das Ästhetische schlechthin verteufle, und was dergleichen Mißverständnisse mehr sind.[1]

Zu den Mißverständnissen kamen die bewußten Verdrehungen von interessierter Seite. Als z. B. 1972 ein Fernsehfilm mit dem Titel *Der schöne Schein der Ware* vorbereitet wurde, der sich (leider mit fürchterlichen Fehlern) auf die *Kritik der Warenästhetik* stützte, meldete sich der »Zentralausschuß der Werbewirtschaft« zu Wort:

»Dieses Buch wird neuerdings von Werbekritikern gern benutzt. Bald wird es auch in einer Fernsehsendung ausgeschlachtet werden. Deshalb ist es gut, deutlich hervorzuheben, was der Verfasser in einer (ganz klein gedruckten) Anmerkung auf S. 147 bemerkt: ›Der Mangel an funktioneller Bestimmung der Warenästhetik innerhalb des kapitalistischen Gesamtprozesses führte in diesen Aufsätzen zur überdimensionalen Hervorhebung psychologischer Aspekte. Dies brachte mich zu der heute so verbreiteten Überschätzung der irrationalen Manipulierbarkeit. [...] Vor allem der erste der beiden Aufsätze geht von verschwommenen und falsch gewichteten ökonomischen Annahmen aus.‹«[2]

Ein kleiner Musterfall von Manipulation! Der »Zentralausschuß der Werbewirtschaft« unterschiebt einen Sammelband mit meinen frühen Aufsätzen[3] und erzeugt dann den Eindruck, daß meine Selbstkritik, die zehn Jahre zuvor veröffentlichten Aufsätzen gilt, sich gegen die in der *Kritik der Warenästhetik* vertretene Position richte, auf die wiederum der Film sich stützte. Und dann hat man vielleicht gemerkt, daß Selbstkritik ja doch wohl nicht gerade ein Anzeichen für Schwäche oder Unredlichkeit ist, und hat, um diesen ungewollten Nebeneffekt zurückzunehmen, den fragwürdige Geschäftspraktiken suggerierenden Hinweis auf das berüchtigte »Kleingedruckte« angebracht, das man aus Kauf- und Mietverträgen nur zu gut kennt! Dabei hat man sicher lange suchen müssen, bis man ausgerechnet auf die zitierte Fußnote stieß. Hätte man nicht im trüben fischen wollen, so hätte man es leichter gehabt. Wie sich jeder Leser überzeugen kann, kritisiere ich meine frühen Aufsätze viel eingehender (und in voller Schriftgröße) sowohl im Nachwort zu jener Aufsatzsammlung als auch gleich auf den ersten beiden Seiten des Vorworts zur *Kritik der Warenästhetik*. Diese Selbstkritik kann deshalb in aller Selbstsicherheit an den Anfang gestellt werden, weil die *Kritik der Warenästhetik* einen grundlegenden Fortschritt gegenüber den früheren Aufsätzen darstellt, und weil man ihr kaum vorwerfen kann, es mangle ihr »an funktioneller Bestimmung der Warenästhetik innerhalb des kapitalistischen Gesamtprozesses«. Ihr Kernstück, das sie zu einem interdisziplinären Paradigma hat werden lassen, ist schließlich die *ökonomische Ableitung* des Wirkungszusammenhangs der Warenästhetik.

Die repräsentative großbürgerliche Zeitung der Bundesrepublik steuerte ihre »Widerlegung« bei. Anläßlich der Besprechung eines Buches, dessen Autor sich an der Kritik meiner Theorie versucht hat[4], unterstellt sie (fälschlicherweise), ich hätte behauptet, Warenästhetik sei ein Mittel gegen Wirtschaftskrisen; sodann stellt sie (richtigerweise) fest, daß es gegenwärtig eine Wirtschaftskrise in den kapitalistischen Industriestaaten gibt; sodann konstatiert sie (wiederum absolut zutreffend): dieser »Krisendynamik ist mit Absatzförderung im Sinne der Warenästhetik nicht beizukommen«. Und nun folgert sie messerscharf, daß die Grundlagen meiner Theorie falsch seien. Der Schluß ist schulgerecht – nur die Ausgangsunterstellung ist, zur Verdummung des Publikums, *gefälscht*. Zur Vervollständigung wird ein ähnlich schlagender »Beweis« nachgeschoben (aufgemerkt, liebes Publikum!):

> »Drastisch belegt die anwachsende Arbeitslosigkeit von Designern und Werbeleuten [...], daß Grundlagen der Haugschen Theorie überholt sind.«

Ebenso könnte man aus der Tatsache, daß aufgrund der staatlichen Finanzknappheit in der Bundesrepublik derzeit Hunderte von Lehrern nicht eingestellt werden, schließen, die Kinder seien genügend gebildet oder die Klassen nicht mehr überfüllt. Aber was heißt »könnte« – es wird ja tatsächlich getan! – Um nun diesem Versuch, »die folgenreiche Kritik der Warenästhetik [...] in die Schranken ihrer Entstehungsepoche, der sechziger Jahre zu verweisen«, sie also in der Vergangenheit zu beerdigen, vollends zum Erfolg zu verhelfen, wird zur Ablenkung ein großer Lorbeerkranz auf die Beerdigung mitgetragen, auf dem steht: Als »Kernstück« dieser Theorie sei das »Verdienst« festzuhalten, »mit poetischem Gespür eine moderne Geschichtsschreibung der menschlichen Sinne und ihrer Beschädigung entworfen zu haben«. Unter diesem Ehrenkranz ist ein großer Haken versteckt: die Ablenkung vom wirklichen Kernstück der Kritik der Warenästhetik, nämlich ihrer ökonomischen Ableitung und Funktionsanalyse. Wenn damit einer der Zugänge zur Sozioanalyse und Geschichte der Sinnlichkeit im Kapitalismus eröffnet wird, so nicht mit »poetischem Gespür«, sondern mit der Methode der ökonomischen Ableitung. Deshalb sollte der Leser sie vor allem beachten und aufmerksam prüfen. Und er wird sehen, daß durch eine Wirtschaftskrise die Grundlagen der Warenästhetik ebensowenig überholt werden wie die Grundlagen der ökonomischen Formen von Ware, Geld, Kapital. Warenästhetik entsteht nicht auf der staatlichen Ebene der Wirtschaftspolitik, sondern auf der Ebene der privaten Ware-Geld-Beziehungen. Sie entspringt im einfachen Tausch, entwickelt sich mit der privaten Warenproduktion und gewinnt in deren monopolkapitalistischem Stadium in der eigentümlichen Ästhetik der Monopolware eine enorme Bedeutung. Absatzschwierigkeiten drängen sie nicht zurück, sondern stimulieren sie, machen sie überlebenswichtig für jedes einzelne warenproduzierende Unternehmen. Deshalb kann dieselbe großbürgerliche Zeitung zur gleichen Zeit, zu der sie im Feuilleton die *Kritik der Warenästhetik* für überholt ausgibt, im Wirtschaftsteil Meldung um Meldung von der durch die krisenverschärfte Konkurrenz vorangetriebenen ästhetischen Innovation bringen. Einzelbetriebe und ganze Branchen versuchen gerade jetzt, »durch modische Impulse einen neuen Aufschwung« zu erreichen, »Kaufimpulse [...] auch von der neuen Mode ausgehen« zu lassen[5] und sich so gegenseitig das Wasser abzugraben bzw. den Schwarzen Peter der Krise zuzuschieben. Z. B. hat auch der Volkswagen-Konzern aufgrund der Absatzkrise in aller Hast versucht, durch weitgehend ästhetische Innovation seiner Modelle »Kaufimpulse ausgehen zu lassen« – übrigens mit Erfolg. Natürlich wird die Krise der Gesamtwirtschaft durch solche Anstrengungen der Konkurrenz zwischen den Unternehmen – und zwischen den Branchen um die branchenmäßige Verteilung des Konsumentenetats – allenfalls leicht modifiziert, keineswegs jedoch behoben. So leichten Kaufs kommt die kapitalistische Gesellschaft nicht davon! Aber es liegt auf der Hand, daß Warenästhetik jedenfalls kein luxurierendes Phänomen einer »übersättigten Wohlstandsgesellschaft« ist, sondern eine normale, notwendige, jedem Kauf bzw. Verkauf inhärente Funktion. Von ihr kann gesagt werden, was Marx von den Grundbestimmungen des Kapitals sagte: sie entspringt dem »inneren Wesen« der grundlegenden ökonomischen Beziehungen und also auch des Kapitals, und sie wird zugleich durch die Konkurrenz dem Einzelkapital als »äußeres Zwangsgesetz« aufgeherrscht. Sie erkennend, erkennt man einen wesentlichen Aspekt der gesellschaftlichen Beziehungen privater Warenproduktion.

Belehrt durch die Mißverständnisse und gewitzt durch die

mehr oder weniger manipulativen Tricks der Kapitalseite, würde ich heute das Buch anders schreiben, nämlich systematischer, die ökonomische Ableitung deutlicher hervorhebend. Auch Lücken wären zu schließen, vor allem dort, wo von der vorkapitalistischen zur kapitalistischen Warenproduktion übergegangen wird. Ferner wäre die Fragestellung der Warenästhetik an der »Ware Arbeitskraft« systematischer durchzuführen, als dies bisher im Teil III am Beispiel des Verkaufspersonals geschieht. Doch sind diese Lücken von dem Leser selbständig auszufüllen, der die ökonomische Abteilung beherrscht.

Im Vorwort habe ich geschrieben, daß im *Kapital* von Marx, seiner *Kritik der politischen Ökonomie,* die Begriffe und Funktionsanalysen bereitliegen, auf denen die *Kritik der Warenästhetik* aufgebaut werden konnte. Der ideale Leser ist mithin der, bei dem *Kapital*-Kenntnisse vorausgesetzt werden können. Die Rezeptionsgeschichte hat mir klargemacht, daß das Verständnis dieses Buches in dieser Hinsicht leider auf schwachen Füßen steht. Das Beste daran ist noch, daß manche Leser über der Lektüre dieses Buches die Motivation bekommen haben, sich *Kapital*-Kenntnisse anzueignen. Ich will nicht verhehlen, daß ich der Auffassung bin, daß man beim Versuch der Analyse unserer Gesellschaft in allen wesentlichen Hinsichten nicht viel begreifen wird, wenn man nicht wenigstens die grundlegenden wissenschaftlichen Errungenschaften der *Kritik der politischen Ökonomie* sich aneignet. Das vorliegende Buch möge bezeugen, daß *Anwendung* und schöpferische *Weiterentwicklung* dieser theoretischen Instrumente nichts gemein haben mit dauerndem Zitieren, wie man es in einer gewissen Literatur findet, die den Blick auf die Realität ersetzt zu haben scheint durch den Blick in bestimmte – gewiß sehr gute – Bücher. Anwendung und Weiterentwicklung jener Grundeinsichten können sich einzig und allein am Material selbst bewähren. Aber es geht völlig an der Sache vorbei, wenn man, wie einige liberale Rezensenten, »die wissenschaftlich exakte Methode« meiner Analyse lobt, die »prägnanten Beispiele und Zitate von heute«, kurz: meinen Umgang mit dem Material anerkennt, aber das Erbe von Marx eliminieren möchte. Haugs Analyse »wäre wesentlich überzeugender«, schreibt eine liberale Zeitung, »hätte er auf den Großteil der Zitate verzichtet, die er bei Karl Marx gefunden hat.«[6] Aber selbst wenn ich kein einziges Mal Marx zitiert haben würde, so hätten Methode und Umgang mit dem Material, die doch von derselben Zeitung anerkannt wurden, noch immer die Hauptsache dem Marxschen *Kapital* verdankt. Neuerdings habe ich in einer speziellen Einführung ins *Kapital* versucht, die methodischen Errungenschaften und die Grundeinsichten in den sozialen Zusammenhang, wie sie noch immer einzigartig im Hauptwerk von Marx enthalten sind, auf eine Weise aufzuschließen, die zugleich die Rezeption erleichtert und den aktuellen realanalytischen Nutzen zutage fördert, also von Zitaten unabhängig macht.[7] Vielleicht wird die Zahl der »idealen Leser« auch des vorliegenden Buches dadurch mit der Zeit zunehmen.

Wenn man die Hauptsache bezeichnen will, die das vorliegende Buch der Marxschen *Kritik der politischen Ökonomie* verdankt, so stößt man auf einen Zusammenhang, der sich von verschiedenen Seiten – die aber alle zusammengehören – ausdrücken läßt. Zunächst einmal ist der genetische Zugang zu nennen, dann das Verfahren der »logischen« Analyse der ökonomischen Formen und Funktionen; beide Aspekte zusammen erlauben, die Warenästhetik zunächst einmal überhaupt als einheitlichen Gegenstand zu bestimmen und sodann dessen Entwicklung und damit auch Ausdifferenzierung zugleich mit seinem inneren Zusammenhang zu begreifen. Der von verschiedenen Seiten gegen die *Kritik der Warenästhetik* erhobene Vorwurf, »von der Zirkulation statt von der Produktion auszugehen«, findet in dieser Methode, die von den für bestimmte Produktionsverhältnisse spezifischen ökonomischen Formen und ihrer Dynamik ausgeht, seine Beantwortung. Als dritter Aspekt ist zu nennen die Lösung des berühmten »Vermittlungsproblems«, hier: der Vermittlung zwischen Ökonomischem und Ästhetischem; auch sie findet in der Marxschen Analyse der Wertform ihr wissenschaftsgeschichtliches Pardigma.[8]

Was man mit Hilfe der hier nur schlagwortartig benannten Vorgehensweise erreichen kann, wird sofort deutlich, wenn man es in Voraussetzung und Resultat mit andern Vorgehensweisen vergleicht. Zu diesem Zweck beziehe ich mich auf das vermutlich meistgelesene Buch, das vom Thema her mit dem vorliegenden sich berührt: Vance Packards *Hidden Persuaders (Geheime Verführer)*. Es kann stellvertretend für ein Regal voll anderer Bücher zum Thema stehen. Packard löst das Problem des Anfangs und der Vorgehensweise ganz unbefangen, naiv-journalistisch. Er berichtet über »die Anwendung der Massenpsychologie auf Werbefeldzüge«. Dabei geht er so vor, daß er Äußerungen von Vertretern der Werbeindustrie sammelt, ohne zwischen Intention und Realität weiter zu unterscheiden, und aus diesen Äußerungen ein Bild des empörenden Angriffs auf das rationale Individuum zusammensetzt. So leistet er zwar nach liberalen Maßstäben gute journalistische Arbeit, aber sein Gegenstand ist mehr durch einen moralischen Verdacht bestimmt als durch eine objektive Analyse. Über das Wesen der Werbung und ihrer Feldzüge wird z. B. gar nicht erst nachgedacht. In diesen verborgenen Voraussetzungen sind die wesentlichen Fragen bereits vorentschieden. Vor allem ist von Anfang an unterstellt, daß es gute und böse Werber gibt, eine unanfechtbare Normalität und moralisch abzulehnende Auswüchse:

> »Da wir uns hier mit jener Sorte von Meinungsknetern befassen, die in der Fachwelt als ›Tiefen-Heinis‹ bekannt sind, ist ein Großteil des Buches ihrem unterirdischen Wirken gewidmet. Deshalb möchte ich ausdrücklich klar herausstellen: sehr viele Werbefachleute, Publizisten [...] und politische Führer – zahlenmäßig überwiegen sie tatsächlich – leisten nach wie vor ehrliche Arbeit und sehen uns (ob wir es sind oder nicht) als vernünftige Bürger an. Sie füllen in unserer Gesellschaft eine wichtige und aufbauende Funktion aus. Die Werbung spielt z. B. eine lebenswichtige Rolle nicht nur für die Entfaltung unseres wirtschaftlichen Wachstums, sondern sie ist eine farbenreiche, unterhaltsame Seite des amerikanischen Lebens, und viele Schöpfungen der Werbefachleute sind geschmackvolle, ehrliche, künstlerische Arbeiten.«

Damit ist von vornherein die Empörung auf Auswüchse abgelenkt, deren Zusammenhang mit dem gewöhnlichen Kapitalismus vollkommen ausgeblendet ist; am eigentlichen Wirkungszusammenhang wird noch nicht einmal gekratzt.

Die *Kritik der Warenästhetik* dagegen löst das Problem des Anfangs und der Bestimmung des Gegenstands so, daß seine Entstehung und Entwicklung vom Ursprung her verfolgt werden. Es genügt der unbefangene Blick in die einfachsten sozialen Verkehrsformen des Tauschs, die, sei es als Kinderspiel und Randphänomen, sei es aus der alltäglichen Einkaufserfahrung, jedem Mitglied unserer Gesellschaft bekannt sind, um das Grundgesetz der Warenästhetik zu erkennen: daß nämlich die Eintausch- bzw. Kaufmotivation durch das »ästhetische Gebrauchswertversprechen« bestimmt ist, d. h. durch den Gebrauchswert, den ich mir aufgrund dessen, was mir die Ware objektiv verspricht, subjektiv verspreche. Dies ist der Ansatzpunkt und die Keimform, woraus das immer komplexere Schein-Reich der Warenästhetik sich entfaltet hat und täglich weiter entfaltet. Um die Entwicklung dieses Schein-Reiches nachzuvollziehen und um es zu analysieren, ist es nur erforderlich, die im zugrunde liegenden Interessenverhältnis enthaltenen Interessenstandpunkte, die Austragung ihres Gegensatzes und die dabei zur Anwendung kommenden Waffen genau zu studieren. Es bedarf dazu keiner weiteren Moral als derjenigen der wissenschaftlichen Ehrlichkeit und damit der rücksichtslosen Aufdeckung der Zusammenhänge, wie sie von sich aus sind. Allerdings ruft auf solchem Gebiet die bloße Analyse dessen, was ist, die »Furien des Privateigentums« auf den Plan, nämlich die Manöver derer, die das Licht der Öffentlichkeit, sobald es in ihre Praktiken hineinleuchtet, zu scheuen haben.

Die Beispiele, die dem Alltag entlehnten Materialien, die in dem vorliegenden Buch verarbeitet sind, stammen zum großen Teil aus der westdeutschen Gesellschaft. Von amerikanischen Freunden ist dagegen eingewandt worden, die Analyse hätte sich auf die US-Verhältnisse beziehen müssen. Hatte nicht Marx den Kapitalismus »an der Stätte seiner klassischen Entwicklung« studiert? Und hatte er nicht dem Leser aus den zurückgebliebenen Gesellschaften versichert, das entwickelte Land halte dem weniger entwickelten den Spiegel seiner Zukunft vor? Und ist der US-Kapitalismus nicht der entwickeltste? – So richtig der Einwand im allgemeinen ist, er verkennt, daß der Kapitalismus der BRD, Frankreichs, von England ganz zu schweigen, aber auch Schwedens usw. sich längst monopolistisch entfaltet hat. Entscheidend ist von der Sache her, daß sich aus dem Erfahrungsmaterial der genannten kapitalistischen Industrieländer – auch Japan könnte als

Beispiel genommen werden – die Entwicklung der Warenästhetik zur Ästhetik der Monopolware – und dies ist das
eigentliche Thema einer Kritik der Warenästhetik dieses Jahrhunderts – ohne jede Einschränkung aufzeigen läßt. Der
schwedische Leser mag selber urteilen – ebenso wie der englische, französische, japanische usw. –, ob nicht das verarbeitete
Material in seiner Struktur völlig »international« ist, d. h. ob
nicht seine begriffliche Verarbeitung und Verallgemeinerung
um keinen Deut anders aussähe, wenn sie von schwedischem,
britischem etc. Material ausgegangen wäre.

Zum sachlichen Argument kommt ein pragmatisches hinzu.
Die Rezeption von Analysen, die amerikanisches Material
verarbeiten, stünde außerhalb der USA in der Gefahr, daß
ihre Ergebnisse als allenfalls für Amerika zutreffende Übertreibungen angesehen werden. Denn die Phänomene sind in
der US-Gesellschaft z. T. so kraß entwickelt – u. a. aufgrund
des Fehlens bestimmter kultureller und politischer Schranken
–, daß z. B. dem europäischen Leser nahegelegt würde, sie und
ihre theoretische Verallgemeinerung in den eingeschliffenen
Bahnen eines gängigen ambivalenten Verhältnisses zu den
USA als »bei uns zum Glück nicht zutreffend« abzuwehren.
Die amerikanischen Verhältnisse würden sozusagen pauschal
als »Auswuchs« preisgegeben, der nicht viel besagt für die Auffassung der als »normal« empfundenen Verhältnisse im eignen Land. Diese Verdrängung wird gewiß nicht gelingen auf
der Grundlage des penetrant mittelmäßigen Materials aus der
westdeutschen Wirtschaft.

Bedürfen die Beispiele deshalb keiner weiteren Erklärung
über die nationalen Verständnisschranken hinweg, so verhält
es sich anders mit den zitierten Quellen. An und für sich
spielen sie keine Rolle für die wissenschaftliche Analyse. Das
einzig Bedeutende an ihnen ist, daß es fast ausschließlich
»bürgerliche« Quellen, Organe der Großbourgeoisie selber
sind, die zitiert werden. Dies hat nicht nur den Effekt, daß
ihre Sprache und Sichtweise zusätzliches Material zur Untersuchung beisteuern, sondern es hat vor allem den Zweck, den
Apologeten des Kapitalismus, die das alles gern als sozialistische Erfindungen abqualifizieren möchten, unwidersprechlich
vor Augen zu führen: Ihr selber habt es gesagt! Streitet es ab,
wenn ihr könnt!

Anmerkungen

1 Zur Diskussion dieser und anderer Probleme vgl. die Beiträge in diesem Band.

2 Zentralausschuß der Werbewirtschaft, *Öffentliche Meinung – Personalien – Neue Bücher*, Bonn-Bad Godesberg 1972/2.

3 *Warenästhetik, Sexualität und Herrschaft. Gesammelte Aufsätze.* Fischer-Taschenbücherei, Frankfurt/M. 1972.

4 T. Rexroth: *Warenästhetik – Produkte und Produzenten. Zur Kritik einer Theorie W. F. Haugs.* Kronberg 1974.

5 *Frankfurter Allgemeine Zeitung,* 13. 2. 75.

6 *Süddeutsche Zeitung,* 12. 10. 72.

7 *Vorlesungen zur Einführung ins »Kapital«,* Pahl-Rugenstein Verlag, Köln 1974.

8 Alle diese hier nur angedeuteten Fragen der Methode sind eingehend behandelt in den *Vorlesungen,* a.a.O.

Thomas Metscher
Tendenzen materialistischer Ästhetik
in der BRD*

I

Mit dem Thema »Tendenzen materialistischer Ästhetik in der BRD« ist ein Teilgebiet der Auseinandersetzung zwischen sozialistischer und bürgerlicher Ideologie umrissen. Die Vortragsreihe – und damit auch mein Thema – steht unter der Frage nach der *Möglichkeit* von Ästhetik heute. Es bleibt diese Frage so lange abstrakt und akademisch, als nicht auch das Gebiet der Ästhetik, wie des gesamten Kulturlebens, als *Feld ideologischer Auseinandersetzungen* verstanden wird. Mit Entschiedenheit möchte ich daher Claus Träger zustimmen, daß heute »Urteile über Kunst mit den Urteilen über das gesellschaftliche Dasein der Menschen, ihre wirklichen Geschicke, weitgehend identisch werden«.[1]

Ästhetik im Feld der Auseinandersetzung zwischen bürgerlicher und sozialistischer Ideologie, in der Perspektive des ideologischen Klassenkampfes – was heißt das? Was setzt das voraus?

Der marxistische Begriff des *ideologischen* (oder *theoretischen*) Klassenkampfes, wie er von mir hier zugrunde gelegt ist, bezeichnet – neben dem *ökonomischen* und *politischen* – eine der drei Grundformen des Klassenkampfes. Bereits Engels spricht von den »drei Seiten« des Klassenkampfes in der Geschichte der Arbeiterbewegung: »der theoretischen, der politischen und der praktisch-ökonomischen«[2], eine Unterscheidung, die von Lenin ausdrücklich übernommen wird.[3] Mit der ideologischen oder theoretischen Seite des Klassenkampfes ist an die Auseinandersetzung des wissenschaftlichen Sozialismus mit bürgerlicher Ideologie auf allen Ebenen und in allen Bereichen gedacht. So entschieden dabei für die

---

* Der Text basiert auf einem Referat, vorgelegt auf dem VII. Internationalen Kongreß für Ästhetik, 28. 8.-2. 9. 1972 in Bukarest. Er wurde am 30. 1. 1973 im Rahmen einer Veranstaltungsreihe zum Thema »Ist Ästhetik heute noch möglich?« an der Universität Freiburg i. Br. vorgetragen.

Auseinandersetzung zwischen Arbeiterklasse und Kapital auf der Einheit der drei Formen des Klassenkampfes bestanden und so entschieden die Priorität des politischen Kampfes betont werden muß, so wenig darf nach der anderen Seite hin die Schlüsselfunktion des *ideologischen Kampfes* gerade für den gegenwärtigen Stand der Klassenauseinandersetzungen unterschätzt werden. Durch die Existenz eines sozialistischen Weltsystems hat er gegenüber den Tagen von Marx, Engels und Lenin noch an zusätzlicher Bedeutung gewonnen. Dem Kampf der Arbeiterklasse und der mit ihr verbündeten Volksschichten gegen das Monopolkapital innerhalb der kapitalistischen Gesellschaft entspricht auf internationaler Ebene der weltweite Kampf des sozialistischen gegen das imperialistische System. Dieser nationale und internationale Kampf ist ohne die ständige ideologische Auseinandersetzung undenkbar. »Die gegenwärtige Phase der gesellschaftlichen Entwicklung in der Welt ist [...] durch eine zunehmende Verschärfung des ideologischen Klassenkampfes zwischen Sozialismus und Imperialismus charakterisiert.«[4] Von daher leitet sich die Notwendigkeit einer ständigen *Kritik bürgerlicher Ideologie* ab. Diese Kritik aber ist innerhalb der BRD noch weitgehend bestimmt als Reaktion gegen eine – das Ausbildungssystem und die Kommunikationsmedien total beherrschende – teils offen, teils versteckt aggressive antikommunistische, ja antisozialistische Propaganda. In erster Linie sind es heute sehr subtil eingesetzte Strategien einer Verschleierung der Klassengegensätze, die, im Zusammenhang mit den aggressiveren Formen des Anti-Sozialismus, dazu dienen, die Menschen unter Kontrolle zu halten.

Dem ideologischen Kampf des staatsmonopolistischen Systems gegen jeden Ansatz einer konsequenten sozialistischen Politik hat der Marxismus mit der Waffe wissenschaftlicher Kritik zu begegnen. In einem zweiten Schritt hat er den wissenschaftlichen Sozialismus offensiv vorzutragen. Dabei ist allerdings jedem Illusionismus vorzubeugen. Dem Marxismus in der BRD fehlt zur Zeit noch die Basis, um den ideologischen Kampf auf breiter Ebene *offensiv* führen zu können: Es fehlt eine starke, in den Massen verwurzelte marxistische Arbeiterbewegung, wie sie etwa in Frankreich und Italien in ungebrochener Kontinuität existiert.

Einige Worte zum Verhältnis von bürgerlicher und marxistischer Ideologie, bürgerlicher und marxistischer Wissenschaft.

Angesichts der von uns konstatierten Tatsache, daß unter den gegenwärtigen Bedingungen des nationalen und internationalen Kampfes Bedeutung und Schärfe der ideologischen Auseinandersetzung zugenommen haben, daß also »das Feld der Ideologie und des Geistes- und Kulturlebens« »mehr als je zuvor [...] zu einem Entscheidungsfeld für Frieden, Fortschritt und realen Humanismus geworden« ist[5], hat sich die Auseinandersetzung zwischen Imperialismus und Sozialismus auch auf ideologischem Gebiet der prinzipiellen Unvereinbarkeit der antagonistisch konfrontierten Klassenpositionen zu versichern. Nach wie vor gilt Lenins Satz: » [...] bürgerliche oder sozialistische Ideologie. Ein Mittelding gibt es hier nicht (denn eine ›dritte‹ Ideologie hat die Menschheit nicht geschaffen, wie es überhaupt in einer Gesellschaft, die von Klassengegensätzen zerfleischt ist, niemals eine außerhalb der Klassen und über den Klassen stehende Ideologie geben kann).«[6] Am *Gesichtspunkt einer prinzipiellen Unterscheidung der ideologischen Klassenpositionen* – auch im Sinne eines kritischen Kriteriums und methodologischen Leitfadens materialistischer Ideologiewissenschaft – muß der Marxismus mit Entschiedenheit festhalten.

Zugleich aber ist die Feststellung zu treffen – sie hat weitreichende praktische Konsequenzen für die konkrete Arbeit einer Kritik bürgerlicher Ideologien –, daß es sich bei Lenins Unterscheidung zwischen bürgerlicher und sozialistischer Ideologie um, erkenntnistheoretisch gefaßt, *ideo-typische Begriffe* handelt. Das heißt, diese Begriffe drücken ein *prinzipielles Verhältnis* aus, nämlich die den ideologischen Erscheinungen zugrunde liegende klassenspezifische Struktur, ihre *ideologische Typik.* Es gibt keine dritte Ideologie – einen dritten *Typus* von Ideologie –, so wenig, wie es einen ›dritten Weg‹ zwischen Sozialismus und Kapitalismus gibt. In der empirischen Konkretion allerdings können sich die ideotypischen Strukturen überlagern. Ja, empirisch vorliegende Ideologien sind zumeist höchst widerspruchsvolle Gebilde. Die prinzipielle Unvereinbarkeit der Standpunkte bedeutet nicht, jedenfalls nicht für den Marxismus, ein undialektisches Verfahren im Umgang mit bürgerlicher Ideologie. Der in den

Begriffen sozialistischer (oder marxistischer) und bürgerlicher Ideologie implizierte Gegensatz darf nicht im Sinne der undialektischen Relation von ›wahr‹ und ›falsch‹ gefaßt werden, der flachen Gleichsetzung des bürgerlichen mit einem schlechterdings falschen Bewußtsein also, in dem vulgärmarxistischen Sinn etwa (er ist in linksopportunistischen Gruppierungen weit verbreitet, ja geradezu ein Indiz für diese), daß derjenige, der sich in der Form eines politischen Glaubensbekenntnisses auf eine marxistische Position beruft, von vornherein der Wahrheit habhaft und damit jeder weiteren Anstrengung des Begriffs enthoben sei. Ein solches Vorgehen aber ist nicht das Vorgehen der Wissenschaft, sondern das Vorgehen der Theologie, und nicht einmal der besten Theologie. Mit dem wissenschaftlichen Sozialismus hat es nichts zu tun. Lenin selbst hat mit Nachdruck darauf hingewiesen, daß der wissenschaftliche Sozialismus zunächst und zuerst von Vertretern der *bürgerlichen Intelligenz* entwickelt wurde. »Die Lehre des Sozialismus ist [...] aus den philosophischen, historischen und ökonomischen Theorien hervorgegangen, die von den gebildeten Vertretern der besitzenden Klassen, der Intelligenz, ausgearbeitet wurden. Auch die Begründer des modernen wissenschaftlichen Sozialismus, Marx und Engels, gehörten ihrer sozialen Stellung nach der bürgerlichen Intelligenz an.«[6a]

Als erkenntnistheoretische Voraussetzung jeder Kritik besonderer Formen bürgerlicher Ideologie möchte ich festhalten: Bürgerliche Ideologie ist kein geschlossener Block, sie bildet kein widerspruchsfreies System, sondern spiegelt die Widersprüchlichkeit der Klassenposition bürgerlicher Intelligenz. Ihre Kritik bedarf daher der ständigen Differenzierung. Nicht nur muß prinzipiell auch auf dem Feld der bürgerlichen Ideologie selbst zwischen reaktionären und fortschrittlichen Positionen unterschieden werden. Über diese prinzipielle Unterscheidung hinaus ist zu sehen, daß es heute in zunehmendem Maße – und zwar aufgrund der verstärkt widersprüchlichen Position der Intelligenz im gegenwärtigen Kapitalismus – *Übergangspositionen* gibt, also Formen bürgerlicher Ideologie im Prozeß des Übergangs zur sozialistischen.

Die nur abstrakte Negation bürgerlicher Ideologie ist dieser selbst bewußtlos verfallen. Bürgerliche Ideologie als ein widersprüchliches System begreifen, bedeutet Herausarbeiten der Differenzen innerhalb der bürgerlichen Ideologie selbst. Das Geschäft einer solchen Differenzierung gehört zum Kern materialistisch-dialektischer Ideologiewissenschaft.

II

Auch die Entwicklung ästhetischer Theorie auf der Grundlage des historischen und dialektischen Materialismus, wie sie in zunehmendem Maße seit einigen Jahren in der BRD und West-Berlin zu beobachten ist, findet im Rahmen ideologischer und politischer Auseinandersetzungen statt, die in der Tat als mehr oder minder versteckte Formen von Klassenauseinandersetzungen gedeutet werden müssen. Die Hauptfaktoren dieser Auseinandersetzungen sind in wissenschaftstheoretischer Hinsicht die folgenden: (1) kritische Destruktion der verschiedenen Formen traditioneller bürgerlicher Ästhetik sowie der bürgerlichen Kunst- und Literaturwissenschaften unter gleichzeitiger Aufarbeitung der Überlieferung materialistischer Kulturwissenschaft und ihrer Vorgeschichte; (2) Auseinandersetzung mit und Abgrenzung von der Ästhetik der sogenannten *Frankfurter Schule* (»kritische Theorie«), wie sie am prägnantesten in der Kunstphilosophie Theodor W. Adornos vertreten ist, als der avanciertesten bürgerlichen Position, die zentrale Motive des Marxismus übernimmt. In diesen Zusammenhang gehört auch — bei aller Differenz zur kritischen Theorie — die Auseinandersetzung mit dem spekulativen Materialismus Ernst Blochs.

Die kritische Destruktion der Positionen traditioneller bürgerlicher Theoriebildung in den Kulturwissenschaften spielt sich an verschiedenen Fronten ab: in der politischen und wissenschaftlichen Auseinandersetzung in den lehrerbildenden Massenfächern, vor allem der Germanistik, sowie in den ideologischen Kämpfen auf dem Gebiet grundlegender ästhetischer und gesellschaftswissenschaftlicher Theoriebildung, wie sie von dem Westberliner *Argument* seit über zehn Jahren, heute auch von kulturpolitischen Zeitschriften wie *Kürbiskern* und *Alternative* offensiv geführt werden.

Die Auseinandersetzung mit der Ästhetik der *Frankfurter Schule* gewinnt besondere Bedeutung dadurch, daß diese seit Zerschlagung der faschistischen Herrschaft in Deutschland bis gegen Ende der sechziger Jahre, also im Zuge der westdeutschen Restauration, als die einzige offizielle und offiziell zugelassene Gestalt ›materialistischer‹ Philosophie in Westdeutschland gelten darf. Der Anspruch der *Frankfurter Schule*, wie auch der ihres bedeutendsten Vertreters auf dem Gebiet der Kunstphilosophie, Adorno, ist der eines Philosophierens in der Nachfolge von Hegel und Marx, gleichwohl unter veränderten gesellschaftlichen Bedingungen, ja es ist der Anspruch, einziger legitimer Erbe dieser philosophischen Tradition zu sein – die allein mögliche Form dialektischer Philosophie unter den Bedingungen gegenwärtiger Weltgesellschaft. Diese Bedingungen gestatten es nach Adorno nicht mehr, an der Konzeption des weltgeschichtlichen Prozesses als eines Fortschritts im Bewußtsein der Freiheit, sei es in idealistischer, sei es in materialistischer Fassung, festzuhalten. Die philosophische Erfahrung in der heutigen, sogenannten ›industriellen‹ Gesellschaft – und hier kennt Adorno keinen prinzipiellen Unterschied zwischen kapitalistischen und sozialistischen Gesellschaftssystemen – ist die einer *Erstarrung des Geschichtsprozesses.* Kein Anzeichen deute darauf hin, daß die im Marxismus antizipierte humane, weil klassenlose Gesellschaft sich aus den Bedingungen der Gegenwart je herausbilden würde. Deshalb seien die geschichtsphilosophischen Modelle der Tradition dialektischer Philosophie – auch die des historischen und dialektischen Materialismus – nicht mehr zu halten. Das folgende Zitat zeigt Adornos Umfunktionierung marxistischer Gedankengänge sehr deutlich: »Philosophie, die einmal überholt schien, erhält sich am Leben, weil der Augenblick ihrer Verwirklichung versäumt ward. Das summarische Urteil, sie habe die Welt bloß interpretiert [...], wird zum Defaitismus der Vernunft, nachdem die Veränderung der Welt mißlang.«[7] Dialektische Philosophie heute, die dem Auftrag gesellschaftskritischer Theoriebildung die Treue halten will, kann lediglich noch negativ, als bestimmte Negation je gegebener Faktizität (einer immer gleich schlechten Wirklichkeit), ihre historische Aufgabe erfüllen. Dies ist der Sinn »negativer Dialektik«. So eröffnet Adorno sein Buch gleichen Titels mit der Feststellung: »Die Formulierung Negative Dialektik verstößt gegen die Überlieferung. Dialektik will [...], daß durchs Denkmittel der Negation ein Positives sich herstelle; die Figur einer Negation der Negation benannte das später prägnant. Das Buch möchte Dialektik von derlei affirmativem Wesen befreien [...].«[8] Adornos Programm ist das Programm eines konsequenten Anti-Leninismus. Lenin ist der verborgene Gegner der kritischen Theorie. Ist für die leninistische Erkenntnistheorie die von Lenin selbst gegebene Bestimmung von Dialektik als der »Lehre von der Einheit der Gegensätze«[9] zentral, so reduziert die kritische Theorie Dialektik auf die Lehre vom Widerspruch, das heißt auf das Moment der Negativität, auf das Moment der Kritik. Die Negation der falschen Positivität jeweils gegebener Gesellschaft ist nach Adorno nun auch – mehr noch als das Werk des philosophischen Begriffs – das Wesen großer Kunst. Diese ist der subtilste Seismograph gesellschaftlicher Veränderungen. Zugleich ist sie eine ständige Kritik schlechter Wirklichkeit. Weit entfernt, in irgendeinem Sinne ›Ideologie‹ zu sein, bewahren allein noch die ›gelungenen Werke‹ die Hoffnung auf eine Welt geglückter Humanität – auf eine Welt, wie es in einer von Adornos ritualisierten Formeln heißt, »in der es anders wäre«. Dieser eminent geschichtsphilosophische, ja, polemisch gesprochen, geschichtsmetaphysische Charakter, den die Kunst im Denken Adornos in zunehmendem Maße zugesprochen bekommt, findet seine theoretische Begründung in dem von Adorno postulierten *Doppelcharakter der Kunst*, nämlich zugleich »fait social«, gesellschaftlich determiniert, und »autonom« zu sein. Kraft ihrer Form – wohlgemerkt nicht aufgrund einer materiell bestimmten und sozialphilosophisch bestimmbaren Inhaltlichkeit – ist Kunst »bestimmte Negation der bestimmten Gesellschaft«.[10] » [...] die absolute Freiheit in der Kunst [...] gerät in Widerspruch zum perennierenden Stande von Unfreiheit im Ganzen.«[11] Dieser Widerspruch trägt den Charakter einer ontologischen Bestimmung des Verhältnisses von Kunst und Gesellschaft. Es ist »die Idee einer von Grund auf oppositionellen Kunst«[12], deren Gesellschaftlichkeit sich in scheindialektischer Paradoxie gerade erst »durch ihre Gegenposition zur Gesellschaft« erfüllt, in der formalen Autonomie des von allen Inhalten emanzipierten artifiziellen Kunstprodukts: »Opposition gegen die empirische Realität als solche.«[13] Das wahre Kunstwerk ist so über jedes ›partikulare‹ Interesse erhaben. Einen bestimmten gesellschaftlichen Gebrauchswert kann es nicht besitzen. Die Kunst wird zur theologischen Instanz des Gedächtnisses einer abstrakten, weil körperlosen Humanität und zur Utopie einer ›ganz anderen‹, materiell nicht mehr faßbaren »Versöhnung« des Geschichtsprozesses: die Transsubstantiation der Wirklichkeit zur Kunst selbst. Die Ästhetik Adornos, ihren ›materialistischen‹ Ansprüchen und ihrer partiellen sozialwissenschaftlichen Fundierung zum Trotz, ist die philosophische Apotheose des spätbürgerlichen Ästhetizismus – verstanden als eine profanierte Kunst-Theologie.

Die Kunst als Statthalterin der Utopie – dies ist auch die Essenz der Blochschen Kunstphilosophie, wenn auch in einem von Adorno zu unterscheidenden Sinne. Denn ist der ›Materialismus‹ Adornos lediglich – wenn überhaupt noch in den späten Veröffentlichungen – Prätention des philosophischen Begriffs, so ist die Philosophie Blochs, zumindest in Stücken, materialistisch fundiert, tritt sie auch in einer Form auf, die mit dem Titel eines spekulativen Materialismus – er stammt von Habermas[14] – nicht unangemessen bezeichnet sein dürfte. Kunst ist Sichtbarmachen des »konkret-utopischen Horizontes«[15] des historischen Prozesses, der sich auf dem Weg über den Sozialismus im Kommunismus erfüllt. Mit dieser Konzeption hält Bloch entschieden am Modell eines materiell-teleologischen Geschichtsprozesses fest. Mag die Materialität konkreter gesellschaftlicher Verhältnisse in den spekulativen Aspekten seines Denkens gelegentlich verschwimmen, die geschichtsphilosophischen Prinzipien des historischen und dialektischen Materialismus werden von Bloch dabei nicht grundsätzlich preisgegeben. Kunst hat nun die Funktion, den Geschichtsprozeß in einer bestimmten historischen Gestalt erkennbar werden zu lassen, und zwar gerade in Hinsicht auf den »prospektiven Horizont«[16] begriffener Zukünftigkeit: »konkrete Utopie [...] am Horizont jeder Realität«.[17] In der Kunst artikuliert sich die Immanenz des Sinnes in der Geschichte. Künstlerischer Schein ist »sichtbarer Vor-Schein«[18], er geht auf eine nicht-religiös gemeinte »Vollendung« der Welt: »humanisierte Natur«[19] ist das »gottlose

Gebet der Poesie«.[20] Utopische Funktion aber besitzt Kunst für Bloch nicht — oder jedenfalls nicht allein —, wie für Adorno, kraft ihrer Formqualität, sondern als sinnliche Erscheinung materieller Inhalte, die die Kunst zu einer bestimmten Form der Erkenntnis aufarbeitet[21]: Artikulation der »unabgeschlossenen Bewegung der unabgeschlossenen Materie«.[22] — Trotz eines Mangels an sozialgeschichtlicher Präzision und des Fehlens einer methodologisch konsequenten Fundierung auf der Kritik der politischen Ökonomie sowie der Leninschen Erkenntnistheorie (den notwendigen Bedingungen für jede konsequent materialistische Ästhetik) sollte kein Zweifel bestehen, daß es eine umfassende systematische Ästhetik auf der Grundlage des historischen und dialektischen Materialismus heute nicht geben kann ohne die kritische Aneignung der Blochschen Philosophie.

Das Verhältnis des historischen Materialismus zu Adorno dürfte ein anderes sein. Es dürfte — trotz der unbestrittenen Gültigkeit vieler seiner Einsichten in das Verhältnis von Kunst und Gesellschaft und des unbestreitbar hohen formalen Niveaus seines Denkens — wesentlich kritisch sein. Nicht nur in der Adornoschen Kunstphilosophie, in der späten »kritischen Theorie« insgesamt setzen sich in zunehmendem Maße objektiv reaktionäre Tendenzen durch. Die theologische Akzentuierung des philosophischen Gedankens — sie findet sich auch bei Max Horkheimer und Herbert Marcuse — ist nicht das einzige Indiz dafür. Die Kritik der »reinen revolutionären Transzendenz« Marcuses, wie sie Wolfgang Fritz Haug am Gegenstand des *Eindimensionalen Menschen* geübt hat[23], trifft wesentliche Züge der späten »kritischen Theorie«. Die »kritische Theorie« geht, so weist Haug überzeugend nach, in letzter Konsequenz auf das »ganz Andere« eines abstrakten Utopismus. Indiz dafür: der ontologische Vorrang der Kategorie der Möglichkeit vor der der Wirklichkeit, die Tendenz der Transformation der Kritik von der bestimmten zur abstrakten Negation. Der Bruch mit dem Marxismus ist hier irreparabel vollzogen. Konsequent daher Habermas' Forderung, »die einzelnen Lehrstücke des Marxismus vorbehaltlos der fälligen Revision« zu unterziehen.[24] Über die allgemeine theoretische Revision des Marxismus hinaus tritt in den späteren Schriften Adornos eine aggressiv antikommunistische

Komponente hervor. Sie gipfelt in den hysterischen Invektiven gegen Georg Lukács.[25] Hier vernichtet ein undifferenzierter Haß gegen alles, was für den realen Sozialismus stehen könnte, die Qualität des philosophischen Gedankens. Claus Trägers harte Kritik am »beispiellos rüden Anti-Kommunismus« Adornos[26] erfolgte in diesem Beispiel sicher zu Recht – es sei Adornos »ebenso tristes wie anmaßendes Geschäft«, »die ganze sozialistische Wirklichkeit [...] im usurpierten Namen von Marx zu denunzieren.«[27]

III

Der der Philosophie Adornos zugrunde liegende ontologische Ansatz ist bereits 1963 von Friedrich Tomberg als eine »verschüttete Theologie« kritisiert worden, in einem Aufsatz, der die meines Wissens erste auf dem Niveau des historischen Materialismus stehende Kritik der *Frankfurter Schule* in der BRD enthält.[28] Tomberg gehört zu einer Reihe von jungen westdeutschen Wissenschaftlern, die seit einigen Jahren maßgeblich an der Neukonstituierung historisch-materialistischer Theorie arbeiten. Seine Schrift *Mimesis der Praxis und abstrakte Kunst* gibt den Aufriß einer materialistischen Kunsttheorie, die auf der Aristotelischen Vorstellung von Kunst als »Mimesis einer Wirklichkeit« aufbaut und die von dieser Wirklichkeit her – als der Grundlage jedes mimetischen Akts – ihre Kriterien bestimmt. *Widerspiegelung, Antizipation* und *Parteilichkeit* sind für Tomberg die »Grundkategorien der Mimesistheorie«. Die Kategorie der Widerspiegelung entnimmt Tomberg der Aristotelischen Auffassung von Kunst als »Mimesis der Praxis«, wobei Praxis den Sinn »gesellschaftlich notwendiger Tätigkeit« besitzt, das ist eine solche Tätigkeit, »die letztlich zur vollendeten Eudaimonie als der gelungenen Übereinstimmung von Mensch und Natur führen soll«.[29] Der von Aristoteles gewonnene Begriff der *Eudaimonie* hat für die kunstphilosophische Konzeption Tombergs eine zentrale Bedeutung. Bezieht sich nämlich Widerspiegelung auf die Darstellung einer als Eudaimonie begriffenen *gegebenen* Wirklichkeit, so meint Antizipation Mimesis »einer zukünftig wirklichen Eudaimonie«[30]: Vorgriff auf ein Noch-nicht-Wirkliches. Es ist dies für Tomberg die Essenz der *Schillerschen* Dichtungstheorie. Schillers Begriff des Ideals wird souverän von seiner Falsifikation durch die deutsche bürgerliche Germanistik befreit und in seiner Gültigkeit für eine historisch-materialistische Kunsttheorie aufgearbeitet. Dies kann allerdings nicht von Schillers idealistischen Prämissen her geschehen. Vielmehr ist Antizipation nur dann »als eine legitime Kategorie der ästhetischen Mimesis« anzuerkennen, wenn gezeigt wird, »daß auch dann die Mimesis einer vollendeten gesellschaftlichen Eudaimonie möglich ist, wenn diese erst in der Zukunft wirklich sein kann«.[31] Die vermittelnde Funktion zwischen historischer Faktizität und konkreter utopischer Antizipation kommt der Kategorie der *Parteilichkeit* zu. Sie ist Lukács' Arbeit *Tendenz und Parteilichkeit* entnommen und orientiert sich an Marx' Diktum, die Arbeiterklasse habe »keine Ideale zu verwirklichen; sie hat nur die Elemente der neuen Gesellschaft in Freiheit zu setzen, die sich bereits im Schoß der zusammenbrechenden Bourgeoisgesellschaft entwickelt haben«. Mit Hilfe des Begriffs der Parteilichkeit wird die der Herkunft nach idealistische Kategorie der Antizipation materialistisch auf die Füße gestellt: Antizipation heißt jetzt *Konkretion eines Real-Möglichen.* Die real-mögliche Perspektive der bestehenden Gesellschaft aber ist die kommunistische. Was bei Aristoteles Eudaimonie hieß, wird jetzt mit Marx als »Vollendung der Humanisierung der Natur und damit der Naturalisierung des Menschen« gefaßt, als Kommunismus. Kunst, die sich dieser gesellschaftlichen Perspektive konsequent bewußt bleibt, ist parteiliche Kunst. Parteilichkeit ist so keine subjektive Beurteilung, sondern »Bestandteil der objektiven Wirklichkeit«: »Widerspiegelung der gegenwärtig wirklichen Zukunft«.[32]

Mit der Diskussion der drei Grundkategorien der Mimesistheorie gibt Tomberg den kategorialen Grundriß für ein Verständnis der Entwicklung der europäischen Kunst zur Moderne. Kennzeichnend für den konsequenten Gebrauch der historisch-materialistischen Methode ist, daß die Grundbegriffe der Mimesistheorie nicht als zeitlose kategoriale Formen aufgefaßt sind, sondern als begriffliche Manifestationen »bestimmter Entwicklungsphasen der Wirklichkeit«. Aufgrund ihrer Allgemeinheit und Abstraktion sind sie noch nicht hinreichend, »den ganzen Prozeß der europäischen Kunst« theoretisch zu erfassen. Der notwendigen Spezifizierung dienen die *Kategorien mimetischer Abstraktion: Illusion, Humanität* und *Negation. Illusion* bezeichnet das in der Klassengesellschaft produzierte Moment ästhetischer Ideologiebildung: die gesellschaftlich notwendige Abstraktion der Wahrnehmung des Subjekts der herrschenden Klasse vom Klassencharakter seiner Herrschaft, seine illusionäre Ignoranz gegenüber der Existenz der unterdrückten produzierenden Klasse. Kunst wird so zur *Ideologie* im Sinne »eingeengter Erkenntnis«. Die Reduktion der Wahrnehmung zur Illusion gründet auf einer »besonderen Ideologie, die von vornherein die Erkenntnis der Wirklichkeit kanalisiert und ihre störenden Momente verschleiert. Die Illusion verhindert aber nicht die Erkenntnis, sondern engt sie nur ein. Sie [...] ist eine abstrakte Widerspiegelung«.[33] Wird Illusion im Sinne »abstrakter Widerspiegelung in der Klassengesellschaft« gefaßt, so ist *Humanität* – die zweite Form mimetischer Abstraktion – »abstrakte Antizipation in der kapitalistischen Klassengesellschaft«. Eudaimonie wird hier zur Kategorie der bürgerlichen Privatheit »in Abstraktion vom gesellschaftlichen Arbeitsprozeß«. Die ideologiegeschichtliche Bewegung, die Tomberg unter dem Begriff der Humanität faßt, ist der der Französischen Revolution folgende und von ihr ausgelöste Prozeß der Entwicklung der bürgerlichen Intelligenz in Deutschland von der sogenannten ›Klassik‹ zur ›Romantik‹. War in der deutschen Klassik Humanität noch als gesellschaftlich und historisch realisierbar konzipiert, so wird in der romantischen Bewegung, als Reflex der sich entfaltenden kapitalistischen Warenproduktion, Humanität zur Idee »jenseits jeder gesellschaftlichen Wirklichkeit«, Kunst zur Antizipation eines »von aller sinnlichen Wirklichkeit abgelösten [...] absoluten Ideals«.[34] Damit aber hat Kunst einen Grad von Abstraktion erreicht, der zu ihrer Selbstaufhebung führen muß. Der Begriff der *Negation* beschreibt den Zustand der Kunst in der Moderne: Negation als Abstraktion der Parteilichkeit in der »proletarisierten kapitalistischen Klassengesellschaft«. Für den bürgerlichen Künstler kann in dieser Gesellschaft »die Eudaimonie keine reale Perspektive mehr sein«. Weil ihm die Existenz des Proletariats »nur als ein integrierendes Moment der Bour-

geoisgesellschaft selbst erscheint«, ist kommunistische Parteilichkeit ihm nicht mehr als konkrete Alternative erfahrbar.
Die moderne bürgerliche Kunst geht so »aus der Erfahrung
eines endgültigen Scheiterns der freisetzenden Aktion hervor«.[35] Das ästhetische Subjekt erfährt sich als absolut auf
sich selbst zurückgeworfen. Die Attitüde der Negation wird
zur einzigen Möglichkeit seiner Selbstbestätigung. Die zusam-
mengebrochene Bourgeoisgesellschaft bleibt ihm »ein Trüm-
merhaufen, aus dem sich eine neue Wirklichkeit der Eudaimonie nie mehr bilden kann«. In dieser *sozialgeschichtlichen*
Erfahrung des ästhetischen Subjekts sind die materiellen
Gründe für Formalismus, Abstraktion und Subjektivismus der
spätbürgerlichen Kunst aufzusuchen. Die materielle Erfahrung des bürgerlichen Bewußtseins ist es, die Kunst in letzter
Konsequenz zur »Negation der gesamten Wirklichkeit«
treibt. Gesellschaftliche Praxis kann nur noch »als bar jeden
Sinnes« aufgenommen werden.[36] Dieser Prozeß führt konsequent zur Negation der Gegenständlichkeit des Wirklichen.
Kunst hebt sich in ihrem Grundcharakter als Widerspiegelung
auf. Aus den Deformationen der Kunst sind die Deformationen des gesellschaftlichen Lebens abzulesen. Moderne bürgerliche Kunst repräsentiert »die Zerstörung des Menschen als
des *zoon logon echon*«.[37]

Die Begriffe *Illusion, Humanität* und *Negation* bezeichnen
sozialhistorische Etappen des ästhetischen Bewußtseins. Sie
indizieren zugleich den Prozeß zunehmender Abstraktionen in der europäischen Kunst. An ihnen wird die Sozialgeschichte dieser Kunst dechiffrierbar. *Illusion* bezieht sich primär auf vorkapitalistische Herrschaftsverhältnisse, *Humanität* auf die klassische bürgerlich-kapitalistische Gesellschaft,
Negation bezeichnet die dominierende Kunstform beim
gegenwärtigen Stand der Produktionsverhältnisse, die Kunst
»der stagnierenden proletarisierten Gesellschaft«.[38]

Der letzte Teil von Tombergs Schrift, »Versuch einer Mimesistheorie der abstrakten Kunst«, bringt die systematische
Anwendung dieser Kategorien für eine Theorie der gegenwärtigen kapitalistischen Kunst. Materialistisch ist Tombergs
Analyse, weil sie den materiellen Bedingungen der Entste-
hungsgeschichte des ästhetischen Bewußtseins und der sich in
diesen Prozessen durchsetzenden künstlerischen Formen

nachforscht. Tomberg macht deutlich, daß die ästhetischen Kategorien – als objektivierte Formen des ästhetischen Bewußtseins verstanden – die dialektische Einheit eines ideologischen Prozesses artikulieren, dessen Bestimmungsgründe in Prozessen der Basis aufzusuchen sind: eine Entwicklung des ästhetischen Überbaus, dessen logisch-kategoriale Systematik (Systematik der ästhetischen Begriffe) in der *materiellen Systematik* sozialgeschichtlicher Bewegungen seinen Grund hat. Kunst, als eine parteiliche Widerspiegelung verstanden, der es »um die vollendete Wirklichkeit der Eudaimonie« geht[39], muß unter gesellschaftlichen Bedingungen, in denen die Erfahrung der Eudaimonie im Sinne einer gegenwärtigen Wirklichkeit auch in der Form der Illusion nicht mehr möglich ist, mit Notwendigkeit zur Antizipation werden. Eudaimonie ist dann konzipierbar weder als vergangene noch als gegenwärtige Gegenwart, sondern als vergegenwärtigte Zukunft: Resultat des historischen Prozesses selbst, die »vollständige menschliche Wirklichkeit« als »Verwirklichungsprozeß der Eudaimonie«. In diesem Sinne ist Kunst in der Lage, »Modelle zukünftiger Eudaimonie« zu entwerfen, die Bedeutung für gesellschaftliche Praxis besitzen. Die »vollendete Eudaimonie«, die die Modelle progressiver, *parteilicher* Kunst als real mögliche zu umreißen versuchen, bezeichnet Tomberg mit dem Begriff des Ideals. So hat auch die Kunst der revolutionären Bourgeoisie, die Kunst der bürgerlichen Gesellschaft in der klassischen Phase ihrer Emanzipation, *Humanität* als Ideal artikuliert, und zwar in der Form »einer Wirklichkeit, die kommen soll«. Erst unter den Bedingungen der gegenwärtigen Produktionsverhältnisse, in der »stagnierenden proleta risierten Gesellschaft«, demonstriert bürgerliche Kunst, »indem sie zur Negation wird, die Abwesenheit aller gegenwärtigen und das Fehlen jeder Perspektive für eine zukünftige Eudaimonie«.[40] Und doch sind selbst in den abstrakten Formen dieser Kunst noch Elemente der Eudaimonie-Wirklichkeit aufbewahrt. Noch die subjektivistische Abweisung gesellschaftlicher Praxis vollzieht sich »aus der Intention auf Eudaimonie«.[41] Noch im Zustand der vollendeten Subjektivation, in dem das ästhetische Subjekt allein sich selbst widerzuspiegeln die Kraft hat, hält es bewußtlos dem aller Kunst immanenten Eudaimonie-Versprechen die Treue angesichts einer

Wirklichkeit, die seinem Bewußtsein ein Festhalten an der Eudaimonie-Vorstellung als einem Moment der Wirklichkeit selbst verbietet. Dieser Kunst ist Eudaimonie nur mehr als abstrakte Utopie konzipierbar: im Paradoxon der »unmöglichen Möglichkeit«.[42] Hierin liegt die Dialektik ihrer Selbstzerstörung. Spätbürgerliche Kunst zerstört sich, indem sie sich, objektiven gesellschaftlichen Zwängen folgend, zum Medium der Wirklichkeitszerstörung macht. Sie wird zum ästhetischen Konstrukt der Absurdität. Sie fördert »genau das, wogegen sie Partei nimmt und löst so den Sinn ihrer Parteilichkeit in eine pure Absurdität auf«. So enthüllt sich die in der Erscheinung heterogene Formenwelt der spätbürgerlichen Kunst dem *Wesen* nach als ästhetische Konstruktion der Vergeblichkeit. Den Titel der Abstraktheit trägt diese Kunst zu Recht, weil sie »von dem Verwirklichungsprozeß der Eudaimonie, wo immer er vor sich gehen mag, in ihrer Widerspiegelung abstrahiert«.[43] Was die moderne bürgerliche Kunst noch an ›Wirklichkeit‹ zu signalisieren vermag, ist die Wirklichkeit der Katastrophe – die Katastrophe der Gesellschaft, deren Ausdruck sie ist. Hoffnung vermittelt sie allein durch das Faktum ihrer Existenz: daß sie, statt zu verstummen, sich weiterhin in unzähligen Produkten manifestiert.

Tombergs Schrift gibt, auf wenig mehr als hundert Seiten zusammengedrängt, den Aufriß einer sozialphilosophischen Theorie der europäischen Kunstgeschichte. Sie versteht sich ausdrücklich als kunsttheoretische Skizze einer historisch-materialistischen Mimesistheorie, deren vollständige Systematik erst in der anschließenden Diskussion zu erstellen wäre. Bei der weitgehend hypothetischen Anlage des Buchs ist es verständlich, daß die materialistische Präzision in manchen Teilen fehlt. Tomberg daraus einen Vorwurf machen zu wollen, würde an dem bewußt provisorischen und (für die gegenwärtigen bürgerlichen Kunstwissenschaften) provokatorischen Charakter seiner Schrift vorbeigehen. Wichtiger ist die Frage, und hier müßte die Diskussion ansetzen, ob das von Tomberg vorgeschlagene Kategoriensystem für ein theoretisches Verständnis der Entwicklung der europäischen Kunstgeschichte bereits ausreicht. Auf den Begriff gebracht, entwickelt Tomberg eine Ästhetik als Abbild- oder Widerspiegelungstheorie, ohne ausdrücklichen Bezug allerdings auf die

Erkenntnistheorie des dialektischen Materialismus. Von daher lassen sich die Unstimmigkeiten im Kategoriensystem der Tombergschen Schrift erklären. So ist etwa zu fragen, ob es begriffslogisch konsequent ist, Widerspiegelung, Antizipation und Parteilichkeit als kategoriale Grundformen einer umfassenden *Mimesistheorie* der Kunst aufzufassen und diesen Illusion, Humanität und Negation als Abstraktionen der logischen Grundformen an die Seite zu stellen, wobei die Kategorien ihre logische Einheit in dem Begriff der Mimesis selber haben. Die Gefahr einer allzu schematischen Verwendung der Begriffe liegt hier nahe; auch, daß mit ihnen allzu leicht etikettiert werden könnte, wo analysiert werden muß. Ohne einem kunsttheoretischen Nominalismus das Wort reden zu wollen, wäre nachzufragen, inwieweit eine weitere Präzision der Kategorien möglich ist. Daß ästhetische Mimesis immer eine Tendenz zur *ideologischen Affirmation* gegebener gesellschaftlicher Wirklichkeit besitzen kann, geht aus Tombergs Analysen unmißverständlich hervor, doch müßte auch hier historisch und logisch präzisiert werden, nicht nur in bezug auf das Verhältnis von Kunst und Ideologie, sondern generell in Hinsicht auf Probleme der *Dialektik mimetischer Affirmation.* Weniger differenziert noch als die Erörterung der Frage des ideologischen Charakters künstlerischer Widerspiegelung ist Tombergs Gebrauch des Begriffs der *Negation.* Tomberg setzt sich dem Einwand aus, den für jede materialistische Ästhetik zentralen Begriff der Negation durch seine restringierte Verwendung für die spätbürgerliche Kunst (als Abstraktion der Parteilichkeit) auf eine Weise festgelegt zu haben, die ihn für eine Bezeichnung kritisch-revolutionärer Kunst untauglich macht. Kunst als *bestimmte Negation,* das heißt als Medium einer *gesellschaftlich konkreten Kritik* schlechter Wirklichkeit (etwa in der für die progressiven Tendenzen der europäischen Literatur so typischen Form der Satire), erhält in dem theoretischen Schema Tombergs nicht den Platz, der ihr in einer materialistischen Ästhetik zukommen sollte. Schließlich sind Negation und Parteilichkeit als ästhetische Kategorien logisch und historisch in qualitativ anderen Korrelationen möglich als in den bei Tomberg verzeichneten. Schiller etwa, auf den Tomberg neben Aristoteles am häufigsten rekurriert, unterscheidet bereits zwischen drei material und kategorial differenzierten Dichtungs- beziehungsweise Kunstformen: *Idylle* (Antizipation der Wirklichkeit der Eudaimonie), *Elegie* (Verlust der Eudaimonie in der Wirklichkeit) und *Satire* (Kritik der Wirklichkeit als Mangel von Eudaimonie). Die *logisch und historisch* notwendige Ergänzung beziehungsweise Modifikation der Tombergschen Systematik wäre allerdings nur durch die konsequente Anwendung der Erkenntnistheorie des dialektischen Materialismus möglich, nicht durch Austausch oder Umformulierung einzelner Grundbegriffe.

Meine Einwände verstehe ich als konstruktive Kritik: als Hinweise auf die Richtung, in der die Systematik der Tombergschen Kunstphilosophie zu präzisieren und auszuweiten wäre. Ihre Verdienste sollen sie nicht schmälern. Tomberg hat einen konstruktiven Entwurf für eine historisch-materialistische Ästhetik heute vorgelegt. Zugleich stellt seine Schrift auf überzeugende Weise dar, daß es eine materialistische Ästhetik ohne Kenntnis der theoretischen Texte der europäischen Überlieferung nicht geben kann – so wenig es sie geben kann ohne die sozialphilosophische Reflexion auf die materiellen Voraussetzungen, auf denen die Kunst und ihre Theorie beruhen.

IV

Einer der wichtigsten Beiträge marxistischer Theorie in der BRD zur Analyse der Kultur unter den Bedingungen des Imperialismus sind Wolfgang Fritz Haugs Untersuchungen zur Warenästhetik, vorab sein 1971 erschienenes Buch *Kritik der Warenästhetik*. Der Gegenstand der ästhetischen Analysen Haugs ist nicht mehr auf das im traditionellen Sinne Kunstschöne beschränkt. Ästhetik heißt bei Haug, im Sinne der ursprünglichen und fundamentalen Bedeutung des Begriffs, *cognitio sensitiva*, sinnliche Erkenntnis, weiterhin: Theorie der Sinnlichkeit, als sinnliche Subjekt-Objekt-Beziehung verstanden. Erst in einem verengten Zusammenhang bezieht sich der Begriff auf Schönheit, »das heißt auf eine sinnliche Erscheinung, die auf die Sinne ansprechend wirkt«.[44] Haug will seine Arbeiten als »Beitrag zur Sozioanalyse des Schicksals der Sinnlichkeit und der Entwicklung der Bedürfnisse im Kapitalismus«[45] verstanden wissen, das heißt als »Analyse der sich im Kapitalismus weiterentwickelnden ästhetischen Subjekt-Objekt-Beziehung«.[46] Es geht ihm nicht um eine hypostasierte Wesenheit des Ästhetischen ›an sich‹, sondern um die »Funktionen des Ästhetischen für den Zusammenhalt der kapitalistischen Gesellschaft«.[47] Gegenstand seines Interesses sind also, vorsichtig gesprochen, Erscheinungen der allgemeinen gesellschaftlichen Kultur unter den Bedingungen des Monopolkapitalismus, Erscheinungen, die, der ökonomischen Sphäre entstammend, für die Gesamtheit der gesellschaftlichen Verhältnisse in dieser Kultur konstitutiv sind, und zwar im Sinne einer das Verhalten der Menschen insgesamt formierenden *Modellierung von Sinnlichkeit und Bewußtsein*. Für diese Erscheinungen hat Haug den Begriff *Warenästhetik* geprägt. Mit ihm tritt ein Objektfeld in den Blick, das für den Verwertungsprozeß des Kapitals im Spätkapitalismus zunehmende Bedeutung gewonnen hat: das Warenschöne. Es reicht von Aufmachung und Einkleidung des Warenkörpers selbst über Design, Reklame und Werbung bis hin zum System der Illusions- und Unterhaltungsindustrie. Die Kritik der Warenästhetik nun untersucht nicht einfach die ästhetische Erscheinung ›an sich‹ von Produkten (Gebrauchswerten) – sie untersucht die *Funktion* der ästhetischen Erscheinung von *Waren*, »einen aus der Warenform der Produkte entsprungenen, vom Tauschwert her funktionell bestimmten Komplex dinglicher Erscheinungen und davon bedingter sinnlicher Subjekt-Objekt-Beziehungen«: »Schönheit« als sinnliche Erscheinung, »wie sie im Dienste der Tauschwertrealisierung entwickelt und den Waren aufgeprägt worden ist, um beim Betrachter den Besitzwunsch zu erregen und ihn so zum Kauf zu veranlassen«.[48] *Kritik* der Warenästhetik heißt dabei, die wissenschaftliche, sozialökonomische Erklärung der mit dem Begriff der Warenästhetik bezeichneten Funktionszusammenhänge.

Die *Kritik der Warenästhetik* untersucht ein ökonomisches Verhältnis im gegenwärtigen Kapitalismus von gesamtgesellschaftlicher Bedeutung. Warenästhetik, dem Widerspruch im Tauschverhältnis (Gebrauchswert-Tauschwert) entsprungen, ist die der Tauschwertrealisation dienende »Erscheinung des

Gebrauchswertes«[49], wobei sinnliche Erscheinung der Ware und Sinn ihres Gebrauchswerts in einem solchen Maße auseinanderfallen, daß vom Aspekt der Tauschwertrealisation her die ästhetische Erscheinung des Gebrauchswerts tendenziell Vorrang erhält vor diesem selbst. Die »Ersetzung von Gebrauchswertkonkurrenz durch Eindruckskonkurrenz« bildet einen »tendenziell dominierenden Wesenszug des Monopolkapitalismus«.[50] Mit der zunehmenden Verselbständigung der Warenästhetik produziert das Kapital eine die Formen der sinnlichen Wahrnehmung der Menschen auch zunehmend verändernde Welt des »Schönen Scheins«: eine Inszenierung von Scheinlösungen der Grundwidersprüche der kapitalistischen Gesellschaft selbst. Was hier, in diesem »Scheinreich der Warenästhetik«[51], erscheint, ist der »Fetischcharakter der Ware in monopolkapitalistischer Besonderung«.[52] Die gesellschaftliche Bedeutung dieser im Interesse der Profitmaximierung produzierten Welt des Warenschönen liegt nicht allein in der Umprägung der subjektiven Sinnlichkeit und in der Deformation des Bewußtseins der Subjekte. Die mit der Kritik der Warenästhetik angezeigten Phänomene liefern insgesamt einen der wichtigsten Erklärungsgründe für das systemkonforme Verhalten der Menschen heute, auch und gerade für das Verhalten der Arbeiterklasse. So geht es hier in letzter Instanz »um eine Dimension des Klassenkampfes, in der von den Besitzenden und ihren Agenten mit großem Aufwand um das Bewußtsein der arbeitenden Klassen gekämpft wird«.[53]

Haugs »Beitrag zur Sozioanalyse des Schicksals der Sinnlichkeit und der Entwicklung der Bedürfnisse im Kapitalismus« scheint auf den ersten Blick sehr wenig mit Ästhetik im Sinne von Kunstphilosophie zu tun zu haben. Ich gehe jedoch davon aus, daß Ästhetik als Wissenschaft sich heute nicht mehr exklusiv auf die Gegenstände der Kunst und die Bedingungen und Formen der Produktion und Rezeption von Kunst beschränken darf. Vielmehr muß sich Ästhetik als ein Teil einer umfassenden gesellschaftswissenschaftlich begründeten Kulturwissenschaft begreifen, die ihren spezifischen Gegenstand in der mit dem Gesamtsystem der gesellschaftlichen Verhältnisse gesetzmäßig verbundenen *ästhetischen Aktivität des Menschen sowie den Formen der kulturellen Objektiva-*

tion dieser Aktivität besitzt. Von einem solchen Verständnis von Ästhetik her dürfte die Bedeutung der Haugschen Analysen für die gegenwärtige ästhetische Diskussion unmittelbar einleuchten. Und zwar besitzen sie eine *fundamentalwissenschaftliche* Bedeutung (insofern sie kulturelle Phänomene aus den ihnen zugrunde liegenden ökonomischen Bestimmungen entwickeln) für jede Theorie der modernen bürgerlichen Kultur. Die Haugschen Analysen betreffen grundlegende Tatbestände der ästhetischen Subjekt-Objekt-Beziehung im Kapitalismus. Damit beschreiben sie konstitutive Qualitäten der Totalität spätbürgerlicher Kultur.

Zur Bedeutung der Kritik der Warenästhetik für eine gegenwärtige materialistische Kulturtheorie und Ästhetik seien abschließend einige Gesichtspunkte thesenförmig skizziert.

1. Von der Voraussetzung her, daß jede materialistische Kulturtheorie von den grundlegenden ökonomischen Bestimmungen im Rahmen der Basis-Überbau-Konzeption auszugehen hat – *Basis und Überbau als gesamtkultureller Prozeß* verstanden –, trifft die Kritik der Warenästhetik ins Zentrum der Basis-Überbau-Problematik unter den Bedingungen des gegenwärtigen Stands der Produktionsverhältnisse. Sie analysiert ein ökonomisches Verhältnis im Monopolkapitalismus mit einer die gesamtkulturellen Prozesse dieser gesellschaftlichen Formation – und damit auch vermittelt den kulturellen Überbau – determinierenden Funktion. Das heißt, Haugs Analyse trifft Erscheinungen, die unmittelbar der ökonomischen Basis entspringen und eine für die gesamte subjektive und objektive Kultur der gegenwärtigen bürgerlichen Gesellschaft formierende Funktion besitzen (Universalismus der Waren-Welt). Aus diesem Grunde dürfte die Kritik der Warenästhetik auch methodologisch eine paradigmatische Bedeutung für die politökonomische Analyse von Erscheinungen imperialistischer Kultur besitzen.

2. Die Kritik der Warenästhetik legt Erscheinungen frei, deren Kenntnis für ein angemessenes Verständnis auch der elaborierteren ästhetischen Produkte der spätbürgerlichen Kunstproduktion unumgänglich sein dürfte. Das Verhältnis der Warenästhetik zum Ästhetizismus zum Beispiel ist von Haug selbst bereits analysiert worden.[54] Wie Haug nachweist, ist die indifferente Ästhetisierung jedes Erfahrungsgegen-

stands im Ästhetizismus Entsprechung der industriell unbegrenzten Produzier- und Reproduzierbarkeit des Ästhetischen in der kapitalistischen Warenproduktion. Sie ist, mit anderen Worten, Ausdruck der Durchästhetisierung der gesamten soziokulturellen Lebenswelt des Menschen im Interesse der Kapitalverwertung – die monopolkapitalistische Variante ›ästhetischer Kultur‹. Beiden gemeinsam – dem Ästhetizismus und der Warenästhetik – ist die Verkümmerung der Teleologie des praktischen Bewußtseins: das ist die differenzierte Bestimmung vernünftiger humaner Zwecksetzung.

3. Die Frage nach dem Verhältnis der Warenästhetik zu spätbürgerlichen Kunstformen betrifft nicht nur den Ästhetizismus als eine besondere Form spätbürgerlicher Kunst. Das am Beispiel des Ästhetizismus von Haug aufgewiesene Verhältnis von Warenästhetik und künstlerischer Form – von Kapital und Kunst – dürfte, in unterschiedlich vermittelter Gestalt, das Schicksal von Kunst unter den Bedingungen des Kapitalismus ingesamt betreffen. »Jedes Moment ästhetischer Produktion kann seiner Ausnutzbarkeit entsprechende besondere Funktionsbestimmtheit erhalten. Nicht anders ergeht es der Kunst als einer gesellschaftlichen Einrichtung, die eine unabgeschlossene Reihe von Werken und ein besonderes Rezeptionsverhältnis und dieses tragende Verhaltensweisen [...] und Institutionen [...] umfaßt.«[55] Das auch von Adorno und Tomberg angedeutete Faktum des – der Oberfläche nach – artistischen Formenreichtums spätbürgerlicher Kunstproduktion findet sein ökonomisches Analogon im Formenreichtum der ästhetischen Erscheinung der Warenproduktion und besitzt in diesem auch einen seiner wesentlichen Erklärungsgründe. Ich erinnere an die Verselbständigung der ›dekorativen‹ Aspekte im Formalismus, an die *Verselbständigung des ästhetischen Materials* als Indiz für die gesamte Avantgarde. Bestimmte Phänomene künstlerischer Produktion dürften begrifflich genau erst von der Theorie der *ästhetischen Innovation* her in den Griff zu bekommen sein (damit ist die »periodische *Neuinszenierung* des Erscheinens einer Ware«[56] bei gleichem oder oft tendenziell abnehmendem Gebrauchswert gemeint).

4. Den Zwängen der Kapitalverwertung gehorchend, wird

unter den Bedingungen des Spätkapitalismus die ästhetische Kreativität insgesamt, *solange sie bewußt oder bewußtlos dem Kapital und seinen Agenturen zu Diensten ist*, zu »schauerlichen Schattenwesen des schöpferischen Menschen«[57] degradiert. Und dies gilt nicht allein für das Schicksal der Kunst und des Kunstproduzenten unmittelbar in der Sphäre der Warenzirkulation. Der Tatbestand der Degeneration und Deformation ästhetischer Produktivität betrifft auch die dem ideologischen Schein nach autonome, in Wahrheit aber in jedem technischen Detail gesellschaftlich bestimmte Sphäre der angeblich zweckfreien ›höheren‹ künstlerischen Produktion. Am Beispiel der Kritik der Warenästhetik ist zu lernen: Künstlerische Produktion überhaupt ist nicht losgelöst vom Bereich der allgemeinen gesellschaftlichen Produktion wissenschaftlich zu begreifen, sondern muß aus dem Stand der Produktionsverhältnisse erklärt sowie in letzter Instanz aus deren Verhältnis zur Entwicklung der Produktivkräfte verstanden werden.

5. Die Kritik der Warenästhetik versteht sich als politökonomisch fundierte Kritik der gegenwärtigen bürgerlichen Kultur. In der Freilegung der Determiniertheit der manipulierten Subjekte durch Zwänge, die in den bestehenden Produktionsverhältnissen ihre Ursache haben, soll einem ideologischen und kulturellen Zustand entgegengearbeitet werden, in dem »die Opfer der unmenschlichen Manipulation die geistige Unterdrückung und Entmündigung als Freiheit, das fremde und falsche Bewußtsein als eigenes und wahres empfinden, es bejahen und sich mit ihm identifizieren«.[58] Haugs Kritik dieser Zwange bleibt jedoch nicht bei deren bloßer bewußtseinsmäßiger Reproduktion stehen, sondern begreift sich als Kampf um das Bewußtsein derer, die allein imstande sind, Verhältnisse umzuwerfen, unter denen der Mensch nach wie vor, wie der junge Marx sagte, »ein erniedrigtes, ein geknechtetes, ein verlassenes, ein verächtliches Wesen ist« – die Kritik der Warenästhetik ist ein Teil, und zwar ein wesentlicher Teil, des heute zu führenden ideologischen Kampfes.

V

Es war die Absicht dieses Vortrags, *erstens* einige systematische Momente der Auseinandersetzung mit bürgerlichen Positionen in der ästhetischen Theorie zu entwickeln, und *zweitens* die Ansätze einer materialistischen Gegenposition nachzuweisen.

Welche Schritte müßten zur Weiterentwicklung dieser
Ansätze unternommen werden?

Der Ansatz Tombergs, auf den Begriff gebracht, rekurriert
auf die marxistisch-leninistische Widerspiegelungstheorie.
Eine Weiterentwicklung dieses Ansatzes würde die Erarbeitung der erkenntnistheoretischen Grundlagen marxistisch-le-
ninistischer Philosophie implizieren mit dem Ziel einer
Bestimmung ästhetischer Theorie von der Erkenntnistheorie
her: ästhetische Theorie als Theorie der ästhetischen Erkenntnis.[59]

Der Ansatz von Haug bringt das Ästhetische im Zusammenhang mit einer umfassenden Kulturtheorie des Monopolkapitalismus ins Spiel. In dem Versuch einer Sozioanalyse der
ästhetischen Subjekt-Objekt-Beziehung entwickelt Haug seinen Gegenstand methodisch von der Kritik der politischen
Ökonomie her und in deren Kategorialität. Eine Weiterentwicklung dieses Ansatzes hätte einerseits in Richtung einer
Differenzierung der Kulturproblematik innerhalb des imperialistischen Weltsystems selbst zu erfolgen, das heißt im
Sinne einer Spezifizierung der grundsätzlichen Problematik
nach dem Stand der konkreten Klassenauseinandersetzungen,
der Stärke der marxistischen Arbeiterbewegung usw. Andererseits ist der Haugsche Ansatz in Richtung auf eine allgemeine historisch-materialistische Kulturgeschichte und Kulturtheorie zu entfalten und mit bereits vorliegenden Ansätzen abzustimmen.[60]

Parallel zu einer solchen systematischen Weiterentwicklung
materialistischer Kulturtheorie und Ästhetik in erkenntnis-
theoretischer sowie politökonomischer Hinsicht hat eine kritische theoriegeschichtliche Aufarbeitung zu treten. Und zwar
müssen wir uns einmal der Geschichte und Vorgeschichte dieser Seite marxistischer Theoriebildung versichern. Zum zweiten haben wir uns den Forschungsstand der Ästhetik und

Kulturwissenschaften in den sozialistischen Ländern anzueignen – wahrhaftig eine ›terra incognita‹ für den gesamten
westdeutschen Wissenschaftsbetrieb.

Daß die Erarbeitung und Weiterentwicklung ästhetischer
Theorie bewußt in den Zusammenhang grundsätzlicher politischer und ideologischer Auseinandersetzungen zu stellen ist
– darüber dürfte nach den eingangs gemachten Ausführungen
keine Unklarheit bestehen.

Es gibt keine über den Klassen stehende Ideologie, es gibt
keine unpolitische Wissenschaft. Auch im Bereich der Wissenschaft der Ästhetik, so fern diese den realen Kämpfen im
ökonomischen und politischen Sektor zu stehen scheint, stellt
sich die Frage nach Fortschritt und Reaktion. Ist sich ästhetische Theorie dessen bewußt, erübrigt sich die Frage nach ihrer
›Möglichkeit‹. Denn eine Theorie ist allein dann nicht nur
möglich, sondern im emphatischen Sinne auch wirklich,
wenn sie die Interessen der werktätigen Menschen ergreift.

Anmerkungen

1 C. Träger, *Studien zur Literaturtheorie und vergleichenden Literaturwissenschaft*, Leipzig 1970, S. 116.

2 K. Marx und F. Engels, *Werke (MEW)*, Bd. 18, S. 516 f.

3 W. I. Lenin, *Was tun?*, *Werke*, Bd. 5, Berlin 1971, S. 381 f.

4 *Der Imperialismus der BRD*, Frankfurt a. M. 1971, S. 504.

5 Träger, a.a.O., S. 97.

6 Lenin, a.a.O., S. 396.

6a Lenin, a.a.O., S. 386.

7 T. W. Adorno, *Negative Dialektik*, Frankfurt a. M. 1966, S. 13.

8 Ebd. S. 7.

9 *Konspekte zu Hegels ›Wissenschaft der Logik‹*, in: W. I. Lenin, *Werke*, Bd.
38, S. 214.

10 T. W. Adorno, *Ästhetische Theorie* (*Gesammelte Schriften*, Bd. 7, hrsg.
von G. Adorno und R. Tiedemann), Frankfurt a. M. 1970, S. 335.

11 Ebd. S. 9.

12 Ebd. S. 334.

13 Ebd. S. 379.

14 J. Habermas, *Ein marxistischer Schelling – zu Ernst Blochs spekulativem
Materialismus*, in: J. Habermas, *Theorie und Praxis*, Neuwied und Berlin
1967[2].

15 E. Bloch, *Das Prinzip Hoffnung*, Frankfurt a. M. 1959, S. 166.

16 Ebd. S. 257.

17 Ebd. S. 258.

18 Ebd. S. 242.

19 Ebd. S. 249.
20 Ebd.
21 Ebd. S. 257.
22 Ebd. S. 258.
23 W. F. Haug, *Das Ganze und das ganz Andere. Zur Kritik der reinen revolutionären Transzendenz*, in: *Antworten auf Herbert Marcuse*, Frankfurt a. M. 1969[4] (edition suhrkamp 263). Wieder veröffentlicht in: W. F. Haug, *Bestimmte Negation »Das umwerfende Einverständnis des braven Soldaten Schwejk« und andere Aufsätze*, Frankfurt/M. 1973 (edition suhrkamp 607).
24 Habermas, *Theorie und Praxis*, S. 334.
25 T. W. Adorno, *Erpreßte Versöhnung. Zu Georg Lukács: ›Wider den mißverstandenen Realismus‹*, in: T. W. Adorno, *Noten zur Literatur* 2, Frankfurt a. M. 1961.
26 Träger, a.a.O., S. 124.
27 Ebd. S. 123.
28 F. Tomberg, *Utopie und Negation. Zur Kunsttheorie Th. W. Adornos*, in: *Das Argument* 26, 1963 (1970[3]), S. 36-48. Wieder veröffentlicht in: F. Tomberg, *Politische Ästhetik*, Darmstadt u. Neuwied 1973.
29 F. Tomberg, *Mimesis der Praxis und abstrakte Kunst. Ein Versuch über die Mimesistheorie*, Neuwied 1968, S. 17.
30 Ebd. S. 28.
31 Ebd. S. 29.
32 Ebd. S. 31.
33 Ebd. S. 41.
34 Ebd. S. 53.
35 Ebd. S. 67.
36 Ebd. S. 68.
37 Ebd. S. 79.
38 Ebd. S. 93.
39 Ebd. S. 90.
40 Ebd. S. 93.
41 Ebd. S. 94.
42 Ebd. S. 96.
43 Ebd. S. 100.
44 W. F. Haug, *Kritik der Warenästhetik*, Frankfurt a. M. 1971, S. 10 (edition suhrkamp 513).
45 Ebd. S. 7.
46 Ebd. S. 141.
47 W. F. Haug, *Die Rolle des Ästhetischen bei der Scheinlösung von Grundwidersprüchen der kapitalistischen Gesellschaft*, in: *Das Argument* 64, 1971, S. 190.
48 Haug, *Kritik der Warenästhetik*, a.a.O., S. 10.
49 Ebd. S. 17.
50 Ebd. S. 41.
51 Ebd.
52 Ebd. S. 51.
53 Ebd. S. 136.
54 W. F. Haug, *Waren-Ästhetik und Angst*, in: *Das Argument* 28, 1964, S. 14-31. Überarbeitete Fassung in: W. F. Haug, *Warenästhetik, Sexualität und Herrschaft. Gesammelte Aufsätze*, Frankfurt/M. 1972 (Fischer Bücher des Wis-

sens 6155), S. 46-67.

55 Haug, *Kritik der Warenästhetik*, a.a.O., S. 159.

56 Ebd. S. 50.

57 Ebd. S. 119.

58 *Der Imperialismus der BRD*, a.a.O., S. 519.

59 Als Ansatz dazu siehe meinen Versuch *Ästhetik als Abbildtheorie. Erkenntnistheoretische Grundlagen materialistischer Kunsttheorie und das Realismusproblem in den Literaturwissenschaften*, in: *Das Argument* 77, 1972, S. 919-976.

60 Ich denke vor allem an die philosophische Diskussion um den Kulturbegriff, wie sei seit längerer Zeit in der DDR geführt wird. Siehe dazu E. Koch und E. Hinckel, *Zur marxistisch-leninistischen Theorie der Kultur*, in: *Einheit*, 1962, S. 45-58 und 99-113; D. Mühlberg, *Zur marxistischen Auffassung der Kulturgeschichte*, in: *Deutsche Zeitschrift für Philosophie* 12, 1964, S. 1037-54.

Karen Ruoff
Warenästhetik in America, or
Reflections on a Multi-National Concern

The aesthetization of commodities and marketplaces, the manipulation of human attitudes and needs in the service of accelerated sales has attained an unrivaled extension and intensity in the United States. In the present short survey of commodity-aesthetics in America I shall try to explore with the European, who may not have experienced firsthand the baptism of fire which life in America provides, some of the exotic – but nonetheless significant – terrain within the American commodity jungle. Attempts at trans-cultural understanding are indispensible not only due to the growing impact of supra-national corporations, but also because, as Marx pointed out in his Preface to the first German Edition of *Das Kapital*: »The country that is more developed industrially only shows, to the less developed, the image of its own future.«[1] This is not, of course, to say that the Federal Republic of Germany, or, for that matter, any other country, is destined to repeat exactly the experience of the United States. Historical factors too numerous and complex to outline here will insure that no two societies will ever develop in exactly the same way. However, I feel absolutely secure in predicting that the German reader will to an increasing degree have the dubious pleasure of experiencing many of the phenomena discussed here *am eignen Leibe*. The security of the prediction lies in the fact that this process is already well underway (as anyone who has shopped in a Supermarket in Los Angeles, a *Super Marché* in Paris and a *Supermarkt* in Berlin will certainly be able to verify). This is not just a matter of Europeans aping Americans for lack of ingenuity, but it is rather a reflection of the inner logic of monopoly-capitalist development.

As an American living in Europe I have had the opportunity of assessing the American situation from the perspective of relatively less-developed Germany: I have come to view as in some ways culturally unique such humans as the Southern California oil worker I once knew, whose habit it was to counteract the summer heat by creating arctic conditions at home with an air conditioner, and then to repose in an electrically heated blanket to avoid an icy death in this simulated north pole. Perhaps this particular fellow – due to the sundry swindles and malfeasances known collectively as the »oil crisis« – should be considered part of a dying breed, a sort of human do-do bird; but still, the question that presents itself to me – and I suspect to more than a few other Americans – is: Can analyses of commodity-aesthetics, of consumer manipulation and the whole range of advanced advertizing techniques often associated in the public mind with monopoly capitalism, purporting to have been deduced from Karl Marx's classical analysis of the capitalist mode of production and taking relatively less-developed Western Europe as their primary object, – can such analyses possibly have any relevance to the American experience?

The answer, of course, is: It depends on the analysis. While this answer may not appear to have that distinguishing profundity so cherished by intellectuals, it has the advantage of being true. The purpose of the present paper will be to try to show how one such analysis may be applied in apprehending the seemingly incomprehensible phenomenon of daily American life. In his book *Kritik der Warenaesthetik,* W. F. Haug has traced the historical development of commodity-aesthetics from the inherent contradictions of commodity production to its logical extension (and intensification) in the capitalist – and particularly the monopoly-capitalist – mode of production. Although the logical structure of Haug's analysis is impressive, some may take issue with his reliance upon examples from the relatively less-developed (West) German experience. Would not this seeming inversion of Marx' method of studying capitalism on its »classic ground«[2] merely afford the American theorist the rather disappointing prospect of beholding the image of his national past?

This might have been the case had Haug merely compiled a massive and intricate tale of mischief and woe. Haug's primary concern, however, was not to catalogue surface-phenomena in Germany, but rather to investigate commo-

dity-aesthetics as necessary outgrowths of fundamental economic relationships.[3] Whereas an intimate acquaintance with
the United States might well have given Haug impetus to a
further extension of his analysis in some areas (who knows? –
it still might), a glance at the poundage of American work in
this field suggests that an excessive dose of America can have
a debilitating effect on the mind. Haug's comment that »Der
Stoff ist nämlich schlagend; er übertrifft alle Fantasie an
Fantastik und alle lehrhafte Verdeutlichungsabsicht an Deutlichkeit. Doch gerade darin liegt die Gefahr für ein untheoretisches Herangehen [...]«[4], is particularly applicable to the
American situation. The helplessness of most American criti-
cism of commodity-aesthetics is intimately linked to the
overwhelming complexity of its object. Now that the hippie-
movement has failed in its effort to ignore America – on the
theory that it would go away (which it didn't, although the
hippies mostly did) –, it seems high time to begin trying to
understand it.

I

In the United States shopping has been elevated to the position of most-practised national sport. Though this is a fact
which the sports-casters have, as yet, chosen to neglect, a
cursory glimpse at the gleaming shrines which have been
erected for the »pleasure and convenience« of shoppers suggests the true constellation of national priorities. The shopping stadium of the late 1960's only vaguely resembles its
predecessor; the onetime motley array of competing department stores, posing in glaring defiance at odd ends of an
expanse of parked cars is being systematically replaced by the
»mall«, a massive and elaborate construction housing in excel-
lent harmony many Department Stores and speciality shops.
A mall air-conditions, musicizes and hermetically seals an
area as large as several city blocks. It replaces the mundane
emptiness of the natural sky with the lofty pastells of plaster,
and replenishes the earth, more or less, by studding it with
simulated stone trash containers, miniature replicas of grand
waterfalls, and Astro-turf.[5] Once injected into the leisurely

corridors of the mall, one is absolutely isolated from the bleakness of the outside world – from the invariable surface-level parking lot with a capacity of thousands and the unrelenting monotony of suburbia beyond it. A convenient arrangement, one must concede, for the world's busiest »consumers«.

It is not surprising that foreign visitors and disgruntled Americans are wont to complain of a rampant »consuming craziness« of national dimensions. There is in America a lot of buying, or, as you will, a lot of selling – there is, most certainly, a lot of both. But although a commodity bought is a commodity sold, buying is not selling, nor is selling buying. The interests which motivate each of these acts are at once mutually dependant and diametrically opposed. To speak of »consuming« as a national obsession, as a sort of cumulative character weakness, is to blurr the distinctions between particular interests (in this case between those of the purchaser who seeks to obtain the means to satisfy his needs, and business interests trying to realize a return on an investment) which are absolutely essential to an understanding of the phenomena under consideration. It is in precisely this opposition of interests, an expression of the basic contradiction between use-value and exchange-value, that Haug identifies the functional necessity of commodity aesthetics within a monopoly-capitalistic economy. Although I will not reiterate Haug's argumentation here, I will make use of certain analytical tools which he has developed.

Commodity aesthetics did not first appear with monopolization, but its influence remained relatively restricted in the pre-monopoly phase of capitalist development. As long as manufacturers of a commodity competed on the local market, the specific qualities of the object in question – i. e., its probable ability to perform the generally accepted tasks of such a commodity – were more significant to the potential purchaser than the identity of the producer of that commodity. As some manufacturers were able to increase their relative strength, they were able to establish a market for specific *brand*-commodities. The subordination of use value to brand identification was at once a first effect of and was instrumental in monopolization.[6] After a certain point in this development, the synonymization of brand name and commodity type is so complete that there is no adequate generic name, at least none which is widely used, for certain groups of commodities: an American blows his nose on *Kleenex* even if the package is marked *Chiffon*, gulps *Coke* with ice although the bottle may vigilantly insist it's *Royal Crown* or *Diet Rite* or *Pepsi*, and might even answer the seemingly tautological question »What brand *Levi's* are you wearing?« with the impossible retort: »*Wranglers*«.[7]

The concentration of capital reduces the number of competing firms in most significant branches of the economy, and – assuming the process stops short of complete monopolization – reduces the inclination of the remaining firms to actually compete, with each other. However, the decline in genuine competition does not bring a corresponding decline in the number of brand offerings which confront the consumer: the appearance of competition replaces the reality. Americans have in fact witnessed a veritable brand-name blossoming in the last decade. This is in part due to the fact that the products of large conglomerates now saturate markets which were earlier supplied by primarily local producers. A cornerstone of modern corporate marketing-strategy is the launching by the same company of several similar products, which – to the naked eye – seem to be competing with each other in the marketplace.

This practice is a favorite in the branches of cleaning products and cosmetics. A recent visit to just one store turned up the following products from the *Proctor & Gamble* company:

BOLD, the »regulated sudsing detergent« which »Powers out dirt – Powers in brightness«;

TIDE, »America's favorite«, »for cleaning you can count on«;

SALVO, the »convenient tablet-detergent for laundry«; »all-Temperature« CHEER, »the hot, warm, and cold water detergent«;

DREFT, which »gets diapers and baby clothes cleaner than ever before«; and

IVORY SNOW, which softens as it cleans.

But the task of choosing between these is relatively easy compared to that of selecting a product such as skin cream, which is applied directly to the body. The problem here is not, of course, that any of the products is likely to *harm* the skin, but: which of the following *Revlon* products is most likely to evoke from a vintage '35 epidermis the youthful glow and the soft, moist palm of a blushing seventeen-year-old?

MOON DROPS Firming Skin Toner, will »smooth and stimulate in the gentlest, most natural way«, whereas »medicated«, »enriched formula« *SILICARE Healing & Protective Lotion* is »so effective, regular use could end your dry skin problems forever«.

ACQUAMARINE Moisture Lotion might do the trick; but can a mere moisture lotion compete with

INTIMATE SUPER Moisture Lotion for hands and body? Of course,

WILD LEMON Moisture Lotion doesn't just moisten, it »turns even dry skin soft and juicy-smotth in seconds«. It probably does not, however, relieve »extremely dry« skin in five ways like

NATURAL HONEY Dry-Skin Relief Moisture Lotion does. »For the first time, real honey (nature's own moisturizer) has been blended with natural oils, proteins and soothing herbs to give instant, lasting relief – even if your skin is so dry it hurts.«

Under these conditions, »free competition« is reduced to a competition not of substances, but of commodity images. Brand commodities now compete, not to build Better Mousetraps, but to »impress« the customer. The creation of a national commodity image is a feat which can be attempted by only the most powerful companies, and is a prime means by which their power is solidified and increased.

The techniques of persuasion used in creating the »appeal« of a commodity are not arbitrary. Bertolt Brecht, living in sometimes baffled exile in Santa Monica (California), touched on the commonplace acceptance of these techniques, which had contributed to a shift in the meaning of the american word »to sell«: »Ich [...] versuche die Bedeutung des Wortes ›to sell‹ (verkaufen) zu verstehen. Wenn in einer Drogerie ein Mädchen jemandem ein belegtes Butterbrot verkauft, stellt sich das Wort gehorsam ein. (Man ißt hier hauptsächlich in Apotheken, wo man auch gleich die Vitamine in Pillenform verkauft bekommen kann, die dem Essen fehlen, sowie einige Laxative, die einem beim Verdauen helfen.) Jedoch verkauft man hier jemandem auch eine Ansicht über Surrealismus, das heißt, das Wort ›verkaufen‹ bedeutet da, die Ansicht jemandem aufzureden. *Es bedeutet eigentlich nur, in jemandem ein unwiderstehliches Bedürfnis nach etwas zu erzeugen, was man gerade wegzugeben hat.*«[8]

The ability to »appeal« has its basis in the wishes and interests of the potential buyers: these are the »subjective conditions of appeal«[9] on which the marketing perspective is based. It is the task of the marketing technician to identify the secret yearnings and hidden fears of the potential purchaser, to call to his attention gaping voids in his personality and to suggest the ability of Brand-X to fill them. This »promise of use-value«[10] is based on the needs of the potential buyer, not on the ability of the commodity to satisfy those needs. The standard American advertising slogan »Satisfaction guaranteed or your money back« is a boldly outdated relic from the days when underwear offered not deliverance but support, and when cleaning solutions were expected to maintain the sanitation of the house, not the sanity of the housewife. The commodities of today are not wholly devoid of use-value, but their utility is not that which they promise. It is not uncommon that the difference between the promise and the fact is as great as that between *Marlboro Country* and tobacco road.

The constellation of human needs which the marketing perspective must heed is not, however, static. The marketing perspective must honor existing subjective conditions of appeal in order to *alter* them, in order to *create* a need for Brand-X. Of course these needs develop independently of purchasing power; thus the success of commodity aesthetics is measurable not only in increased sales, but in increased theft as well.

The constellation of social priorities in the United States *is* such that institutionalized unemployment forces significant numbers of Americans into a pattern of perpetual plundering. The imposing presence of armed guards and barred windows in ghetto shopping centers contributes to the impression that theft in America is practiced primarily by the purchasing-powerless. But theft is by no means restricted to the seamy side of the *American Dream.* »Shoplifters are not sick people«, insists the food industry magazine *Supermarketing*, »they are Mr. and Mrs. America and their kids.«[11] God apparently still helps those who help themselves.

The exact extent of shoplifting in the U.S. is difficult to determine, since »inventory shrink«« can be effected by many means other than shoplifting (i. e., fraudulent delivery, employee theft, etc.), but the intensity and sophistication of American theft-prevention suggests that it is a problem of somewhat greater significance than in Germany. Some food stores are now placing tiny »bugs« in the packaging of high-risk articles which are electrically neutralized when the article passes over the check-out counter. If an article was not paid for, the »bug« is detected electronically at the exit, and a neon sign flashes above the door: »Your forgot to pay for an item. Either return it or pay for it at the check-stand. If you proceed beyond this point an alarm will sound.«[12] Such techniques however will doubtless encourage Americans to rely more heavily on the time-honored practice of testing the use-value promise of commodities on the spot: a *Coca Cola* for example, is consumed at leisure as one shops, and a »deposit« might even be collected on the bottle as one leaves the store. The food industry calls this practice, rather appropriately, »grazing«.

Of course, thievery and »grazing« are the »regrettable« – but unavoidable – hazards of a process whose intended *culmination* is the act of sale, which releases for reinvestment the original capital embodied in the commodity (plus – so long as the world is in order – an increase for the faithful steward who invested it rather than squandering it in riotous living). The act of purchase, on the other hand, marks the *beginning* of the consuming-process, in which the purchaser seeks to satisfy specific needs. For the duration of consumption the purchaser remains more or less immune to the persuasive propaganda of commodities which seek to satisfy the same needs. It is therefore in the interest of capital to reduce the consumption time of a commodity by minimizing its use-value content.

There are several ways to control the duration of a use-value. Commodities, for example, may be programmed to self-destruct after a certain longevity. This practice of »planned obsolescence« is not necessarily limited to modifications of physical construction, which amount to a sort of inner time-bomb. An American producer of potato peelers employed an ingenious variation of planned obsolescence after reading a survey which showed that the average American family buys a potato peeler every two years – not because the old one has worn out, but because it was inadvertently discarded with potato peelings. The clever peeler-producer thus had his products redesigned to resemble the color and texture of potato peels – so they would be thrown away.[13]

Bertolt Brecht described the essence of planned obsolescence very well in 1929, when he observed: »Der alte Anzug ist Bruder des neuen, und er sorgt für seinen Bruder.«[14] Though he made this observation while considering the poor quality of clothing, it describes equally well another method of reducing the consumption-time of commodities, that which Haug describes as »aesthetical innovation«. The appearance of a commodity or its container is periodically re-designed, »dating« older replicas of the commodity, establishing a new standard. The neutrality of the term »dated«, originally meaning merely either inscribed with a date or having a fixed term[15], has been abandoned in America; it has come to mean obsolete. Clearly, the latest fashion is as »dated«, in the traditional sense, as grandmother's bonnet; otherwise it could not be identified as the *latest* fashion. But »dated« in contemporary America means *out*-of-fashion, indicating that the user has either neglected his social duty of observing the latest norms or, what is worse, is financially unable to do so. This shift in the meaning of »dated« reflects the influence aesthetical innovation has had on attitudes in the United States, where grandmother's bonnet (not unlike grandmother herself), finds little solace in old age.

Aesthetical innovation of the appearances of commodities themselves (as opposed to that of their packaging) has been particularly intense in the clothing and automobile branches. In the not distant past, aesthetical innovation in the clothing industry was generally limited to women's wear. Women's shoes went from spike-heeled and pointed to round-toed and squat within a few fleeting years; skirt lengths raced from the calf to the lower buttocks (or higher, depending on where the individual lower buttocks happened to be located), down to the ankle and back to the calf. This was viewed by many males as just another expression of congenital female light-headedness, the kind of thing which renders women incapable of driving intelligently, etc. But today men who dressed in the sixties essentially as they had in the fifties are strutting around in pink plaid suits with purple ruffled shirts and polka-dotted bow ties. The hippie movement in America assisted in preparing the ground for »radical« aesthetical (i. e., superficial) innovation in men's clothing by spurning traditional modes. What was initially a loosening of dependence on the conventional was soon pre-empted by convention itself as a method of setting new dependencies.

II

Establishing the functional determination of commodity-aesthetics and its necessity in monopoly capitalistic economies supplies a firm basis from which to pursue the inquiry. But in what ways does commodity-aesthetics condition human sensuality, and what are its lasting effects?[16]

It is commonly assumed that customer demand determines the nature of commodities produced, and that industry is simply supplying »what the little Missus wants«. This is not only a common bit of mis-guided folk-wisdom (whereby the »greed« of »the nation« is often seen as a serious sin which will surely be punished forthwith), but is a favorite contention of such industry apologists as a Professor of Marketing (imagine a Professor of Marketing) at Northwestern University who, in a virtual paroxysm of mixed metaphors asserted before the *National Commission on Food Marketing*: »Not the exploiter and not the robber baron but the *consumer* is king today. And [...] because of his ›dollar ballots‹ the *consumer will continue to be king*. Every day he casts those ballots at the cash registers. Business has no choice but to discover what he wants and to service his wishes, even his whims.«[17] In the sense that the capital embodied in a commodity can only be redeemed if that commodity proves to have been the product of socially necessary labor (that is, if the commodity is accepted by purchasing-powerful consumers as necessary in satisfaction of exist-

57

ing needs) it is true that »business« has no choice but to service our wishes. Capital serves, is forced to serve — and *rules* by serving. The satisfaction of certain human needs (namely those which are backed by effective purchasing power) is merely the means to an end: profit.

The commodity itself is a hybrid, reflecting the conflict of interest between buyer and seller — between human needs and those of a system based on profit. The inner antagonism of the commodity is expressed in the disjunction of the appearance of the commodity from its substance: the immediate surface ceases to be the mere outside of the commodity — the humble contour separating a product of labor from the air. The appearance first becomes splendid in itself, then develops a second and even lovelier skin, a package; and finally disconnects itself entirely from the body of the commodity to circulate freely as the blithe spirit of its advertising image. The freely circulating »aesthetical abstraction of the commodity«[18] acts as a mirror of longing[19], reflecting to us unsatisfied sides of our beings, promising to serve in their satisfaction.

These developments can all be seen clearly on the German example. It is now possible to »purchase« the entire exterior of a Berlin public transit vehicle for bus-sized circulation of aesthetical abstraction; early-evening television features half-an-hour of miniature advertisements (of about the quality of drive-in theater ads for popcorn), and the packages on German shelves have long since ceased to resemble those of *CARE*. But Germans have yet to experience a condition which has already strongly influenced the consciousness of two generations of Americans: the hyper-permeation of commodity aesthetics into virtually every sphere of life.

The most striking vehicle of American commodity-aesthetics (and probably the most influential national educator) is television, an institution of far greater significance in the United States than in Germany. The average American child, for example, spends more time watching television during the first six years of his life than he will spend attending the first six years of school.[20] West Berlin is considered a particularly privileged European city for television viewing because six programs are available: three BRD, two DDR, and (to special

TV receivers) AFN; the greater Los Angeles area (including Santa Barbara, San Bernardino, & Palm Springs) receives, in comparison, 18 stations. The weekly Berlin television schedule is printed on 26 pages of *Hör Zu* (whereby approximately half of each page is taken by pictures and commentary), and can be printed on a single newspaper page (c. f. the Thursday *Tagesspiegel*); the L. A. T. V. Guide, excluding columns and reviews, comprises 90 pages. On Tuesday, Dec. 18, 1973 at eight o'clock p. m. an American in Los Angeles had a choice between 15 offerings, among them: *Maude* (popular comedy), *King Kong Escapes* (thriller), the Blue-Gray football game, *La Senora Joven, War and Peace* (Part 5 of Tolstoy), *International Voice of Victory* (who knows?), *The Plot to Overthrow Christmas* (drama), and *Roller Game* (sport); he can top the evening off with the *Praise the Lord God Club* at 10:30, or he can watch all night long.

But however intensively the common man in the *City of the Angels* is »entertained«; the main function of American television is the distribution of Warenaesthetik. Most TV stations are private, and are financed primarily by selling advertising.[21] TV programs are interrupted regularly at intervals of about 10 minutes for a total of up to 18 minutes an hour for »commercials«. A glance through an industry magazine, *Broadcasting*, removes any lingering misconceptions about the primarily informative nature of television. The ad of a San Francisco channel seeking advertising: »If you lived in San Francisco [...] you'd be sold on *KRON-TV*«, i. e. »You« (as marketing man) would be »sold« (in Brecht's sense) on the ability of *KRON-TV* to »sell« (in Brecht's sense). Another *Broadcasting* ad, by the producers of the film series *Young Doctor Kildare* trying to sell it to TV channels, reveals the extent to which the use-value of television for the viewer (entertainment) is the mere (though necessary) by-product of commodity-aesthetics. »JUST HOW WELL IS THE YOUNG DOCTOR DOING? Very. Example 1: New York: Kildare delivered more women 18-34 than any other WCBS 7:30 prime-time access half-hour.«[22] Note: the good doctor is praised not for *entertaining* more women between the ages of 18-34 than the WCBS programs shown at 7:30 on other days, but for *delivering* them – *sie werden geliefert, ja ausgeliefert.*

Although the paid »commercial« is the most significant element of commodity propaganda, it would be a mistake to neglect the significance of non-paid commercial information distributed by the American media. A good example is the *Top 40*, the weekly listing of the forty best-selling »pop« recordings. The *Top 40* is not, as the european might presume, a statistic of interest only to the executives of recording companies, but is an »happening« via radio with which entire teenage weekends are absorbed. Disc-jockeys in all parts of the country begin the *Top 40* countdown at the bottom of the list and proceed with agonizing, weekend-devouring slowness toward Number One, depositing intermittently in the national adolescent consciousness a standardly outrageous and ceaselessly cacophonous assortment of disc-jockey burps, giggles and moans, the sweet statistics of successful record sales, and, last but not least, the songs themselves. These are not paid »commercial« announcements, but »entertainment« – a distinction which has clearly become academic in a system in which entertainment is the mere means of gaining influence over the purchasing habits of the entertained. Or, as the Radio-station *WBAL (Radio 11),* which broadcasts the *Top 40* to the Teenie Boppers of Baltimore, succinctly confided to the readers of an industry publication: »The *Top 40* is to *Radio 11* as *Radio 11* is to the *Top 40* [...] using one another.«[23] The popularity of the records which appear in the *Top 40* stands in direct relation to the exposure which these records were given during previous beat programs; the *Top 40* as finished product, as thrill-packed entertainment bargain, attracts adolescent awareness and thereby »delivers« it to the perpetual reproduction of the phenomena and to the paid advertising announcements of the radio station.

The repeated confrontation with specific songs and, more significantly, the clarification of their relative popularity among hordes of peers aids in the creation of new dependencies. But the reproduction of the *Top 40,* and thereby of recording-industry capital, involves not only the emerging indispensibility of new, unbought records, but the erosion of dependency on already purchased records, thus casting teenage loyalities about like straws in the wind. A thing of beauty is still, in America, a joy – but not forever.

The very contradiction which severs the traditional use-value, the sense of a commodity, from its exterior and from its free-floating aesthetical abstraction appears, when driven to the American extreme, as the absolute *unity* of use-value and commodity aesthetics. So it is that commercial jingles become »hits« in their own right (*Benson & Hedges*, and the *Coke* – song: »I'd like to teach the world to sing / It's the real thing«), and tee-shirts imprinted with beer labels and sweaters woven in the pattern of cigarette packages are sold as commodities. American's pay for advertising not only indirectly as hidden costs in the price of commodities, but directly, purchasing commodity-aesthetics as a commodity itself. Much of the »entertainment« which is broadcast to the American public is instrumental in setting the stage for such folly, having as its theme the glorification of commodities, and marketing men may rejoice that »television actually sells the generalized idea of consumption«.[24] A description of one popular »game« show (and there are many of this sort) may help the European understand the significance of this statement.

Let's Make a Deal is an early afternoon program which American housewives watch as they, say, do the ironing. The setting is the studio room, including the audience and a stage with several curtains. The guests in the studio audience have come outrageously dressed, or have painted their teeth green and carry a tooth brush two meters long, or have disguised themselves as carrots, etc., in an attempt to attract the attention of the *Master of Ceremonies (MC)*. The guest who succeeds at this is given the opportunity to »sell« her »commodity« (something which she has brought with her for this purpose) for, say $ 200 to the *MC*. The guest may keep these $ 200, or she may »trade« for an unknown quantity hidden behind one of the curtains. This is, however, not a trade of equivalent-value, rather is tantalizing precisely because it *violates* the principle of equivalent exchange: For the $ 200 one might receive a motorboat, or a vacuum cleaner, or (alas) a sour pickle. Let us say, the guest has bad luck, and wins the sour pickle; her world is crushed. The generous *MC* attempts to save the day: he offers to »trade« another unknown quantity for the sour pickle – and our guest wins an automatic dishwasher. As she jumps for joy, the *MC* informs her that the sour pickle which she has just traded for an automatic dishwasher was in reality not a sour pickle, but symbolized a pickle-shaped sports car – in which the *MC* drives off into the (smog obscured) sunset. During these acts of »trade« a frenzied voice in the background describes the many high points of the commodities which appeared in the game, and thanks the generous companies which donated them to »Let's Make a Deal«. Mrs. America irons on. The projection of the television viewer – which is greater than by, say, *Lotto*, because the disappointment and joy of the real participants personalizes the event – prepares her for real participation in the process which the spectacle described is intended to serve: a »deal« according to the rules of equivalent exchange.[25]

Commodity-aesthetic and »entertainment« have been merged most elaborately in the Southern California »amusement park«, *Disneyland*. Admission to the park, excluding the price of rides – that is, excluding amusement – is $ 4.00 for an adult. This sum entitles one to presence in *Disneyland* (a privilege which was incidentally denied long-haired men after hippies stormed *Fort Apache* on Independence Day in 1969, replacing the American flag with the Viet Cong Flag), and entrance to free »exhibits«, of which there are precious few. One such exhibit is *America the Beautiful*, presented by *American Telephone and Telegraph*, where one is received in a waiting room where one can test one's »dialing« speed on the new push-button telephone or match wits with an electronic brain in a game of *TicTacToe*, etc. A sweet-young- thing hostess informs the gathering crowd of 150 that this is her »fun job« for six months, after which time she will go back to her »regular« job with *AT & T*. »I want to get to know all of you at once, so yell out your first name everybody... That's fine. Now that we're better acquainted, we'll be going into the next room to see Walt Disney's 18-minute movie *America the Beautiful*.« The film was filmed simultaneously by nine movie cameras mounted on a circular base, and is shown on nine screens forming a 360° circle. The film begins with a patriotic song while on each of the nine screens is projected the name of a different *AT&T* subsidiary. Ideological highpoints of the film are a village church in Vermont, »symbol of a God-fearing people who carved a nation out of the wilderness«; marching troops on the grounds of the three military academies (*West Point*, the *Colorado Air Force Academy*, and *Annapolis*) who are »trained in the same spirit of duty and sacrifice and service to country«; the *Western Electric* factory in Indianapolis, part of that »Great Family of *AT&T*«, where telephones are »turned out« by the millions; Miami Beach with its 362 hotels, »practically one for each day of the year«. The film ends with a shot of the Statue of Liberty and the words »the one million men and women of the *Bell* system hope you will enjoy your stay at *Disneyland*.« There were in the past several such free »exhibits«, but the trend is to charge admission for such perpetrations of commodity propaganda, as the *Monsanto* exhibit now does.

The children's ride, *It's a small World*, sends boats of 8-10 children and parents floating into the small world of the *Bank of America*, which »Welcomes you to a magic show of all the world's children«, in which animated puppets portray what all the world's children do – namely dance and sing in costume. The lilting refrain »It's a small world after all« echoes pathetically during the entire ride. At the exit are posted the signs: »Adios«, »Goodbye«, »Sayonara«, »Au Revoir« – and »Wherever you got throughout the world you're never far from *Bank of America*«, a point made abundantly clear by the ride itself. That the *Bank of America* should be grinning its giddy smile from the faces of all the world's children is in America an utter *Selbstverständlichkeit* (and who criticizes this »cute« spectacle identifies himself as an enemy – of all the world's kids).

So accustomed is the American to the ever-presence of commodity-aesthetic, so integrated is it into his experience, that its *forms* are perpetrated even there, where commodity-specific *content* is forbidden. The American Armed Forces Radio and Television Network cannot broadcast commercial announcements of any sort, but it interrupts programs at the same intervals as american commercial broadcasts for »public service« announcements: GI's should meet more Germans, babies shouldn't be left unattended in shopping carts, drunks shouldn't drive, one shouldn't smuggle dope, fire department telephone numbers should be kept handy, people should love each other, paper bags should be used more than once – or any random combination of the above. These are not straight-forward announcements (e. g., »don't leave children unattended in shopping carts«), but are constructed in the devious style of commercial messages, and have less the effect of informing the listener than of supplying him with the fragmented program patterns to which he is accustomed.[26]

III

The human effects of the process whose movens and methods we have briefly described remain to be assessed. The conditioning of human sensuality can be observed on the example of the sad fate of body odor in America.

A prominent advertising man, David Ogilvy, recently lauded the creative role of advertising in an interview. When asked whether »advertising creates artificial wants«, he replied: »You bet it does – and I'm very proud of it: When I was a boy, everybody stank and then we wicked advertising men came along and told people that they'd be more attractive if they'd use deodorants. They'd never heard of deodorants and they certainly didn't want them. Now they've heard of them, they want them and they use them, and everyone's better off.«[27] What Ogilvy here described is not only the solution, but the *creation* of a problem; the humans of Ogilvy's boyhood did not stink, but they *do* stink in retrospect. And American memories of european vacations invariably include vivid nasal impressions, of an elevator full of Germans in Mannheim or a subway in Berlin; Germans, like Americans of yesteryear, stink (but *nicht mehr lange*). The problem with Ogilvy's »artificial wants« is that the wants are real: the national nose is a precision instrument capable of detecting social irregularities at a single whiff.

The offensive against body odor, however, involves not only the use of deodorant sprays, but of deodorant soaps, and deodorant powders. The female body, of course, requires additional care, and the vagina is treated regularly with scented and, yes, *flavored* (or at least this is the intimation) rinses and sprays. According to an ad in *Woman's Day,* the fight against »B. O.«[28] has recently made a great new advance in *Wet Ones,* which finish the job which toilet paper only begins:

»Frankly, bathroom tissue is limited – it's dry. You also need *Wet Ones* moist towelettes for complete personal cleanliness [...] You will find them helpful in keeping yourself as clean as you would like to be [...] One final point for you women and your daughters. *WET ONES* have a pleasant, fresh scent. So they not only make you feel clean. They make you feel fresh.«[29]

The ad ends with the comforting words: »*WET ONES* – the final step to personal cleanliness.« This of course does not mean that next month a whole new realm of personal filth will not be discovered, but rather implies that you can, for the moment, only be »totally« clean with an antiseptic anus.

Haug discusses this problem complex not a sone of »artivicial wants« – which, again, smacks of customer-king ideology – but as one of »corrupting use-values«.[30] A short history of chocolate pudding may clarify the mechanism of corrupting use-values: Grandmother made chocolate pudding from »scratch«, using chocolate, eggs, etc. We tots of the post-World War II baby boom remember it as something which was made by mixing an envelope of powder with milk and sugar and stirring for an agonizingly long period of time until it thickened; Instant Pudding was developed some time later and required merely the whipping of powder into milk, without cooking; today pre-fab pudding can be bought in little poptop cans. Today's pudding tastes »bad« to the tongue that can remember »good« puddings, but it tastes like pudding to the others. The ability to *make* chocolate pudding belongs to the lost arts, as does the ability to taste it. The point, however, is not to glorify good-old-days which probably weren't, but to call into question the motivation for such changes.

The examples are virtually endless: never in human history has well-enough been left so seldom alone. The effects of this are not *only* seen in the seemingly erratic norms of american fashion and behavior. Despite the limitless appetite for corporate profits, commodity aesthetics reaches its own – relative – boundaries in the wake of its ceaseless hyperbole. Some limits are inherent: adjectives such as fabulous, new, fantastic, fantabulous, etc. lose their impact through over-use, and the broadcasting industry has begun to complain of a »clutter« effect – i. e., reduced viewer awareness – resulting from piggy-backed ad-spots. Producers of brand-name products have seen fit to run TV ads justifying brand names, without which life would be without its spice, and we might just as well be in Albania.[31] The incredible multiplicity of brand names spreads a bewilderment whose effects are clearly observable in commodity-aesthetics which attempt to capitalize (sic) on precisely that bewilderment: after being confronted with dozens upon dozens of tantalyzing smells with which to disguise any B. O. which survived the B. O.-removal process mentioned above, Americans are now being offered something which will *really*, finally, set them apart – a cologne which is characterized not by its scent, but rather by its ability to bring out, in a flattering way, the smell of *you*: splash on a little *You're the Fire* and you're guaranteed to smell like – you (leave it off, and you won't?).

This is not to say that commodity-aesthetics or the economic relationships of which it is an expression will simply disappear into its own twilight zone, like the snake devouring its own tail. But acute social problems accompany the economic anarchy of which commodity-aesthetics is one very visible. Expression, and even as these problems are exploited in turn, as a means of commodity promotion, they are intensified. Consider, for example, the suggestion of *General Motors* that you drive like a »human cannonball« in your new *Buick*, »like you hate it – it's cheaper than psychiatry!«[32]

1973 was a good year for American corporations. Profits were maintained in most industries and radically raised in some. On the other hand it wasn't such a good year for the average American. Real wages fell 4%.[33] Already in many small ways the world has become a little bit less »pretty«. When the American of a year ago drove in to get gas he usually came away not only with gas, but with clean windshields, checked oil and water, double trading stamps, and assorted plastic flimmies for the kiddies. In the early months of 1974 he was often lucky after waiting in line for several hours to come away even with the gas.

This and similar processes can be expected to continue and to spread as long as the American people are willing to put up with it. There are increasing signs that this may not be too long. George Meany who in late 1972 and 1973 was still leading the labor movement through such green pastures as the war in Vietnam, knee-jerk anti-communism and the tacit acclamation of Richard Nixon, has already begun to toy with the idea of nationalization of the oil companies (it is also a sign of Meany's unending political astuteness that he broke off his love-affair with Nixon at least slightly before Nixon became the first American president to be run out of town on a – still private – rail).

I would not, of course, want to suggest that the present generation of public leaders in the U.S.A. (including most of the top leadership of the labor movement) are in any way suited to provide solutions to the problems of which they are an integral part. They are no more in a position – or of a mind – to control a rampaging *Warenästhetik* than they are to change the economic and social structures which produce it. This is a task which *can* only be performed by the American people. Whether it actually *will* be performed by them, is another question entirely. However, the struggle for Civil Rights and equal opportunities, the oppositional movement against the War in Vietnam and certain aspects of the Watergate hydra, when viewed against the backdrop of prolonged economic stagnation, have certainly raised new political perspectives within the U.S.A.

Anmerkungen

1 Karl Marx, *Das Kapital, MEW* vol. 23, East Berlin, 1970, p. 12.
2 Ibid.
3 Haug speaks in this connection of the *ökonomische Formbestimmtheit* of commodity aesthetics. *Kritik der Warenästhetik*, Frankfurt am Main, 1971, p. 9.
4 Ibid., p. 11.
5 A synthetic grass developed for indoor arenas in which the popular sports of football and baseball are played; named after the *Astro-Dome* in Houston, Texas.
6 Haug, *Warenästhetik*, p. 26.
7 Where generic names have managed to stand their ground there has been an intensive effort to create a condition of national amnesia: margarine produ-

cers for example advertised their products for years as being as good as »the high-priced spread«.

8 Bertolt Brecht, *Gesammelte Werke* vol. 20, Frankfurt am Main, 1967, p. 299. [Italics K. R.]

9 C. f. Haug, *Warenästhetik*, p. 39.

10 Ibid., p. 17.

11 Jennifer Cross, *The Supermarket Trap*, New York 1971, p. 104.

12 Ibid., p. 111.

13 Vance Packard, *The Waste Makers*, Pelican repr. 1971, p. 53.

14 Brecht, *Gesammelte Werke* vol. 20, p. 35.

15 *Oxford English Dictionary*, Oxford, 1933.

16 Haug discusses these problems in his investigation of the »Technokratie der Sinnlichkeit« which involves »Herrschaft über Menschen, ausgeübt auf dem Wege ihrer Faszination durch technisch produzierte künstliche Erscheinungen«, *Warenästhetik* p. 55.

17 Qt. by Cross, *Supermarket Trap*, p. 13.

18 Haug, *Warenästhetik*, p. 60 ff.

19 Ibid., p. 64.

20 *Psychology Today*, November 1973, p. 15.

21 Network and spot television advertising in 1973 totaled $ 2.6 billion. *Broadcasting*, May 27, 1974, p. 44.

22 *Broadcasting*, Jan. 29, 1973, p. 45.

23 Ibid., p. 43.

24 Qt. by Packard, *Waste Makers*, p. 207.

25 This description was the pipe dream of an American who had not actually seen *Let's Make a Deal* for several years; I assumed I had exaggerated, over-compensating for my long absence. However, after returning to America for a brief visit, I was forced to conclude that I had indeed distorted the American »game« show: it is in fact more bizarre than I had recalled.

26 And which he apparently needs. On the basis of common reactions of Americans to European TV, one may assume that Americans would find no time to eat, to drink, and attend to other pressing bodily functions were it not for TV commercials.

27 *Newsweek*, Feb. 4, 1974, p. 48.

28 Not only is body-odor unacceptable to the American nose nowadays, but the word itself is unacceptable in some circles, its hushed utterance invariably being accompanied by a little blush. People with this particular aversion are wont to refer to it as »B. O.«

29 *Woman's Day*, Feb. 1974, p. 7.

30 Haug, *Warenästhetik*, p. 66.

31 Cross, *Supermarket Trap*, p. 37-38.

32 Qt. by Morton Mintz, Jerry S. Cohen, *America, Inc.: Who Owns & Operates the United States*, New York 1972, p. 392.

33 *Newsweek*, March 4, 1974, p. 42.

Diethart Kerbs
Design, Kosmetik, Mode, Werbung –
manipulierte Sinnlichkeit ohne Sinn?

Zur Grundlegung einer Kritik der Warenästhetik

Ein Buch ist vorzustellen, das wie kein anderes geeignet ist
der Kunstpädagogik, die sich gerade nicht ausschließlich als
*Kunst*pädagogik versteht, neue Impulse und eine Verbreite-
rung der theoretischen Basis zu vermitteln: Wolfgang Fritz
Haugs *Kritik der Warenästhetik* – ein schmaler Band
und doch ein grundlegendes Buch für alle, die sich mit den
Erscheinungsformen und Funktionen des Ästhetischen in der
modernen, kapitalistischen Industriegesellschaft beschäftigen
wollen. Dieses Buch ist die erste wissenschaftliche Theorie
über Design, Kosmetik, Mode, Werbung usw., die nicht an der
Oberfläche der Erscheinungen kleben bleibt, sondern dahin-
terschaut, Ursachen und Bewegungsgesetze aufdeckt. Die
Analyse beginnt bei den ökonomischen Grundproblemen,
wird dann auf einzelne Probleme (wie z. B. ästhetische Innovation und künstliche Produktvergreisung, Schaufenstergestaltung und Verkäuferschulung) angewendet und endet bei
der übergreifenden gesellschaftlichen Alternative zwischen
Kapitalismus bzw. Faschismus einerseits und Sozialismus
andererseits. Im Anhang ist Haugs Antwort auf eine Umfrage
des *Internationalen Design Zentrums Berlin* abgedruckt.[1]
Frühere Aufsätze des Verfassers zum gleichen Thema, die in
den Zeitschriften *Kursbuch* und *Argument* veröffentlicht wurden, sind in das Buch eingearbeitet.
  Haug geht nicht von der Fülle der ästhetischen Erscheinungen aus, sondern von den wirtschaftlichen Grundlagen, d. h.
von einer sehr genauen ökonomischen Untersuchung der Frage: Was geschieht eigentlich, wenn etwas getauscht, gekauft,
verkauft wird? Worin bestehen die Interessen der beiden Seiten, die sich im Tausch- oder Kaufakt begegnen, und worin
besteht der Unterschied zwischen diesen Interessen? »Treibendes Motiv und bestimmter Zweck für jede Seite im Tausch

zweier Waren ist das Bedürfnis nach dem Gebrauchswert der Ware der jeweils anderen Seite. Zugleich ist die eigene Ware und mit ihr das fremde Bedürfnis nur Mittel zu jenem Zweck. Der Zweck eines jeden ist dem jeweils andern nur Mittel, um durch Tausch zum eigenen Zweck zu kommen. [...] Das Verhältnis ändert sich mit dem Dazwischentreten des Geldes. Wo Geld den Tausch vermittelt, zerlegt es ihn nicht nur in zwei Akte, in Verkauf und Kauf, sondern es scheidet die gegensätzlichen Standpunkte. Der Käufer steht auf dem Standpunkt des Bedürfnisses, also auf dem Gebrauchswertstandpunkt: sein Zweck ist der bestimmte Gebrauchswert; sein Mittel, diesen einzutauschen, ist der Tauschwert in Geldform. Dem Verkäufer ist derselbe Gebrauchswert bloßes Mittel, den Tauschwert seiner Ware zu Geld zu machen, also den in der Ware steckenden Tauschwert in der Gestalt des Geldes zu verselbständigen. [...] Vom Standpunkt des Gebrauchswertbedürfnisses ist der Zweck der Sache erreicht, wenn die gekaufte Sache brauchbar und genießbar ist. Vom Tauschwertstandpunkt ist der Zweck erfüllt, wenn der Tauschwert in Geldform herausspringt.« (S. 14 f.) »Die Warenproduktion setzt sich zum Ziel nicht die Produktion bestimmter Gebrauchswerte als solcher, sondern das Produzieren für den Verkauf. Gebrauchswert spielt in der Berechnung des Warenproduzenten nur eine Rolle als vom Käufer erwarteter, worauf Rücksicht zu nehmen ist. [...] Vom Tauschwertstandpunkt aus ist der Prozeß abgeschlossen und der Zweck realisiert mit dem Akt des Verkaufs. Vom Standpunkt des Gebrauchswertbedürfnisses aus ist derselbe Akt nur der Beginn und die Voraussetzung für die Realisierung seines Zwecks in Gebrauch und Genuß.« (S. 16) »Zwischen den beiden Standpunkten ist ein Unterschied wie zwischen Tag und Nacht. Sobald sie erst einmal getrennt vorkommen, ist ihr Widerspruch auch schon eklatant.« (S. 16)

Nachdem Haug so die klassischen Kategorien Gebrauchswert und Tauschwert[2] erläutert hat, beschreibt er die Auswirkungen, die der Widerspruch zwischen ihnen zeitigt: »Hinfort wird bei aller Warenproduktion ein Doppeltes produziert: erstens der Gebrauchswert, zweitens und extra die Erscheinung des Gebrauchswertes. Denn bis zum Abschluß des Verkaufsaktes, womit der Tauschwertstandpunkt seinen Zweck erreicht hat, spielt der Gebrauchswert nur insofern eine Rolle, als der Käufer ihn sich von der Ware verspricht. Vom Tauschwertstandpunkt aus kommt es bis zum Schluß, nämlich dem Abschluß des Kaufvertrages, nur aufs Gebrauchswertversprechen seiner Ware an.« (S. 16 f.) Folglich löst sich »das Ästhetische der Ware im weitesten Sinne: sinnliche Erscheinung und Sinn ihres Gebrauchswertes, [...] hier von der Sache ab.« (S. 17) Das Ästhetische, die sinnliche Erscheinung der Ware wird zum »Träger einer ökonomischen Funktion«, »zum Instrument für den Geldzweck.« (S. 17)

Damit sind die grundlegenden Unterscheidungen getroffen und die Ursachen bezeichnet, aus denen im entwickelten Kapitalismus das entsteht, was Haug »Warenästhetik« nennt. Eigentlich müßte er es in Analogie zu den Begriffen des »Kunstschönen« und des »Naturschönen« der klassischen Ästhetik das »Warenschöne« nennen, wie er es auch an einer Stelle (S. 11) tut. Denn unter »Warenästhetik« versteht er nicht die Lehre oder die Theorie vom Warenschönen, sondern dieses selbst – also nicht eine bestimmte Schönheitslehre, die es zu kritisieren gilt, sondern eine bestimmte Sorte von Schönheit, nämlich solche, »wie sie im Dienste der Tauschwertrealisierung entwickelt und den Waren aufgeprägt worden ist, um beim Betrachter den Besitzwunsch zu erregen und ihn so zum Kauf zu veranlassen.« (S. 10) Eine Theorie dieser Schönheit lag bisher nicht als kritisierbare vor, sie wird erst mit diesem Buch als kritische formuliert.

In seinem Vorwort distanziert Haug sich zwar von der »kritischen Theorie« der »Frankfurter Schule«, doch hat er mit ihr gemeinsam, daß er (hier als erster) die Theorie eines weiten Gegenstandsbereichs als Kritik einer ebenso theorielosen wie ideologischen Praxis formuliert. In der Methode und in den grundlegenden Begriffen orientiert Haug sich streng an Marx, in der Sprache, im Satzbau und in der Metaphernbildung ist freilich auch das Vorbild Adornos und insbesondere das Ernst Blochs deutlich spürbar. Von einzelnen, eher zu lyrisch geratenen Stellen (z. B. auf S. 106 f.) abgesehen, gereicht diese Sprache dem Buch durchaus zum Vorteil. Es ist Haug gelungen, außerordentlich komplexe Sachverhalte so darzustellen, daß auch der Laie sie ohne ökonomisches Spezialstudium verstehen kann. Wobei es zur Ergänzung freilich sehr nützlich wäre, wenigstens die 50 Seiten des ersten Kapitels im 1. Band des *Kapital* von Karl Marx zu lesen. Wo immer künftighin etwas Fundiertes über die Fragen der Mode und der Kosmetik, der Verpackung und des Styling oder Design, der Werbung und der Konsumsteuerung ausgesagt werden soll, wird man um dieses Buch nicht herumkommen. Allerdings droht derartigen Büchern heute in Westdeutschland kaum noch die Gefahr, von rechts widerlegt als vielmehr totgeschwiegen oder unreflektiert abgelehnt zu werden, weil der Autor sich deutlich als Marxist zu erkennen gibt. Gerade dieses Buch tritt aber den Beweis dafür an, daß außerhalb der marxistischen Methode keine wissenschaftliche Klärung bestimmter Sachverhalte möglich ist, und weist so die Notwendigkeit dieses Denkansatzes auch für all diejenigen nach, die sich seinen praktisch-politischen Konsequenzen noch entziehen zu müssen meinen.

Besonderen Raum nimmt in Haugs Buch die Ausbeutung der Sexualität oder – wie er es nennt – die »Technokratie der Sinnlichkeit« ein. »Wenn Marx einmal bemerkt, ›die Ware liebt das Geld‹, dem sie mit ihrem Preis als ›mit Liebesaugen winkt‹, so bewegt sich die Metapher sich auf sozialgeschichtlichem Grund. Denn eine Gattung der starken Reize, mit denen die Produktion von Waren zum Zwecke der Verwertung operiert, ist die der Liebesreize. Dementsprechend wirft eine ganze Warengattung Liebesblicke nach den Käufern, indem sie nichts anderes nachahmt und dabei überbietet, als deren, der Käufer eigene Liebesblicke, die die Käufer wiederum werbend ihren menschlichen Liebesobjekten zuwerfen. Wer um Liebe wirbt, macht sich schön und liebenswert. Allerlei Schmuck und Textil, Duft und Farbe bieten sich an als Mittel der Darstellung von Schönheit und Liebeswert. So entlehnen die Waren ihre ästhetische Sprache beim Liebeswerben der Menschen. Dann kehrt das Verhältnis sich um, und die Menschen entlehnen ihren ästhetischen Ausdruck bei den Waren. Das heißt, hier findet eine erste Rückkoppelung statt von der aus Verwertungsmotiven aufreizenden Gebrauchsgestalt der Waren auf die Sinnlichkeit der Menschen.« (S. 20) »So verwandelt der Tauschwert, der die Sexualität in seinen Dienst nimmt, sie sich selber an. In ihre Oberfläche werden zahllose Gebrauchsdinge eingewickelt, und die Kulissen des sexuellen

Glücks werden zum häufigsten Warenkleid oder auch zum Goldgrund, auf dem die Ware erscheint. Die allgemeine Sexualisierung der Waren hat die Menschen mit einbezogen. Sie stellte ihnen Ausdrucksmittel für bisher unterdrückte sexuelle Regungen zur Verfügung. Vor allem die Heranwachsenden ergriffen diese Möglichkeit, ihre Nachfrage zog neues Angebot nach sich. Mit Hilfe neuer Textilmoden wurde es möglich, sich als allgemein sexuelles Wesen zu inserieren. Darin ist eine merkwürdige Rückkehr zum sozialgeschichtlichen Ausgangspunkt. Wie einmal die Waren ihre Reizsprache bei den Menschen entlehnten, so geben sie ihnen jetzt eine Kleidersprache der sexuellen Regungen zurück. Und machen auch die Kapitale der Textilbranche ihren Profit damit, so ist doch damit die veränderte Kraft der sich tastend herausentwickelnden Befreiung der Sexualität nicht unbedingt wieder eingefangen.« (S. 68 f.)

Dies ist eine der neuralgischen Stellen des Buches. Haug formuliert selbst die Vermutung der Hoffnung auf eine Befreiung der Sexualität nur negativ. In einer Fußnote zu dieser Stelle ergänzt er ebenso zögernd und skeptisch, »das Interesse der Freiheit in der Instanz des Sexuellen« dürfe nicht anders als »sehr schwach und ständiger Ambivalenz unterworfen gelten, wobei nicht abzusehen ist, daß das emanzipatorische Gewicht irgendwann einmal stärker als das der Vereinnahmung sein sollte.« (S. 69) Hier zeigt das Buch die Spuren oder Wunden der Diskussion, mit der die westdeutsche Linke ihre politische Entwicklung reflektiert und frühere Hoffnungen zu Grabe getragen hat. Noch vor zwei Jahren hatte Haug sich in seiner Kritik an Reimut Reiche[3] sehr viel optimistischer zu dieser Frage geäußert: »Die volle Freiheit der Sexualität ist mit der ökonomischen Herrschaft des Kapitals nicht zu vereinbaren. Sie steht in doppelter Frontstellung: gegen das Ausbeutungsverhältnis in der Produktionssphäre und gegen das Auftreten der Staatsmacht in Beziehungen direkter Herrschaft. Der in seinem Bestand durch ökonomische Krisen und Kampf der Arbeiter gegen das Kapital – und sei es auch ›nur‹ um mehr Lohn und ›Mitbestimmung‹ – gefährdete Kapitalismus und sein Staat werden u. a. wieder mit Sexualfeindschaft reagieren und mit der Mobilisierung sexueller Angst und sexuellen Neides. Die Sozialisten sollten diese Wendung zur neuen Prüderie, wie sie übrigens Schelsky fürs kommende Zeitalter erhofft und voraussagt, nicht selber vorwegnehmen. Sie würden dem Gegner das politische Geschäft dadurch erleichtern.« Schließlich gibt Haug zu bedenken, »daß die Massen in der Vergangenheit eher zuviel als zuwenig ›Frustrationstoleranz‹ bewiesen haben. Wenn sie sinkt bei wachsender Befriedigungsmöglichkeit, sinkt sie auch gegenüber kommenden ›Frustrationen‹, die das System des Kapitalismus vor allem den lohnabhängigen Massen zufügen wird. Je weniger Mangel und Verzicht zur zweiten Natur geworden sind, desto ungeduldiger werden die Massen sich in kommenden Entbehrungssituationen verhalten. Was sie erst einmal richtig haben, kann ihnen nicht wieder weggenommen werden, ohne ihren Aufstand auszulösen.«

Diese Argumentation, von der Haug sich heute möglicherweise distanziert, ist hier deshalb so ausführlich zitiert worden, weil sie vielleicht dazu helfen kann, bereits absehbaren Mißverständnissen und Fehlverwendungen des Haugschen Buches entgegenzuwirken. Es besteht nämlich die Gefahr, daß die Kritik an der Warenästhetik, die aus guten Gründen sehr radikal formuliert ist, zur Ablehnung jeglichen sinnlichen Genusses führt, bzw. Schönheit und Sinnlichkeit nur noch als »fauligen Zauber des Warencharakters« (Benjamin, vgl. Haug S. 112) zu erkennen vermag. Das würde bedeuten, daß sinnliche Reize nicht mehr sinnlich erfahren, sondern nur noch intellektuell denunziert und kritisiert werden können. Das ohnehin sehr gebrochene Verhältnis der deutschen Linken zum ästhetischen und erotischen Genuß würde noch antagonistischer – schließlich wäre die dauerhafte Verbindung von Kapitalismus und Hedonismus auf der einen, Sozialismus und Asketismus auf der anderen Seite auch von links her zementiert, und zwar wider allen Gebrauchswert, den doch gerade der Sozialismus für sich in Anspruch nimmt.[4] Wer davon profitiert, wurde im letzten Zitat bereits deutlich gesagt.

Was dieses Buch von seinen Lesern – und besonders von den politisch bewußteren – verlangt, ist der uneingeschränkte Nachvollzug von Kritik und Entlarvung bei gleichzeitiger Selbstbehauptung der eigenen ästhetischen und erotischen Bedürfnisse gegen das Buch. Insofern ist es bedauerlich, daß

Haug nur sprachlich und nicht auch inhaltlich bei Bloch geborgt hat, der sich gerade um die Überwindung dieser Kluft viele Gedanken gemacht hat.[5] Wir müssen die radikale Kritik unseres gegenwärtigen Gesellschaftszustandes leisten, ohne uns selbst dabei um die sinnliche und affektive Seite unseres Lebens zu bringen. Das heißt: Wir müssen die Sinnlichkeit entfalten, ohne die Reflexion zu beschädigen. Die Zukunft, gerade wenn sie im Sinne Haugs sinnvoll sein soll, braucht keine sinnenfeindlichen Scholastiker, die den Kapitalismus bloß theoretisch auseinandernehmen, sondern Menschen, die ihn praktisch überwinden – also Menschen, die seelisch so organisiert sind, daß sie auf praktische Rückschläge und Niederlagen nicht sofort wieder in die Theorie regredieren. Dazu gehört gewiß auch ein identisches Verhalten zum eigenen Körper, das frei von Ekel und Angst ist – das somit auf lange Sicht auch frei sein sollte von theoretisch untermauertem Abscheu vor dem eigenen Genußverhalten. Der Schock, den das Haugsche Buch manchem bereiten wird, ist gewiß notwendig und in vielfacher Hinsicht heilsam – nur sollte man sich nicht davon lähmen lassen, sondern weiterhin versuchen, die emanzipatorischen Momente der Sinnlichkeit mit der politischen Kritik und Aktion zu versöhnen.[6] Es kommt ja wohl nicht von ungefähr, daß dieses Buch zu einem Zeitpunkt erscheint, an dem die motorischen Energien der westdeutschen Linken bis auf einen sehr kleinen Rest verkümmert zu sein scheinen, da alle raumgreifenden Bewegungen (seien sie hedonistischer Natur wie im Tanz oder kontestativer Natur wie in der Straßendemonstration) in die Studierstuben zurückgenommen worden sind. Wenn das eine notwendige Lernphase ist, so sollte die Reflexion doch über sie hinausgreifen können.

Auf die Schule angewendet bedeutet all dies, daß nicht nur die falsche Anschauung, die falsche Sinnenhaftigkeit entlarvt und abgebaut werden muß (wozu die *Kritik der Warenästhetik* ein vorzügliches Instrumentarium bietet), sondern daß die emanzipatorischen Inhalte, die an die Stelle dessen treten sollen, auch sinnlich faßbar werden müssen. Das gilt besonders für die historische Dimension, die in Haugs Buch leider zu kurz kommt. Eine Aufhebung der bürgerlichen Geschichtszensur ist nur möglich, wenn die von ihr unterdrückten Wirklichkeiten erfahrbar gemacht werden können. Gegen die Bilder all der Könige, Schlösser und Schlachten, mit denen die Anschauung der Schüler gefüttert wurde, kommt keine noch so leicht faßliche »Geschichte der Arbeiterbewegung« an. Wieviel Ideologie gerade der Kunstunterricht in Betrachtung historischer Bildwerke transportiert, ist noch kaum deutlich genug ins selbstkritische Bewußtsein des Faches gerückt. Jedenfalls sind bisher keine Konsequenzen daraus gezogen worden. Die Aufarbeitung der Geschichte als Versinnlichung des Schicksals der unterdrückten Klassen und ihrer Befreiungskämpfe steht trotz einiger Vorarbeiten[7] noch aus. Wiederum gilt es nicht bloß die höfische oder bürgerliche Kultur vergangener Zeiten als eine Kultur der Unterdrückung und Ausbeutung zu denunzieren, sondern sowohl die in sie eingegangene Intelligenz und Phantasie uneingeschränkt zu würdigen als auch die tatsächliche Lage all derer anschaulich zu machen, auf deren Schultern und durch deren Arbeit solche Kultur überhaupt nur je errichtet werden konnte. Die Kunstgeschichte muß gegen den Strich gebürstet werden: bis sie die Fragen des lesenden Arbeiters[8] beantwortet.

Auch die Kritik der Warenästhetik, speziell die der Werbung und der Illusionsindustrie, müßte um ihre anschauliche historische Dimension ergänzt werden.[9] In der Geschichte der Reklame[10] zum Beispiel überschneidet sich die Wirtschafts- und Sozialgeschichte mit der Kultur- und Kunstgeschichte. Hier gibt es Themen und Material in Fülle für einen kritischen interdisziplinären Unterricht, in dem Kunsterzieher, Geschichts- und Deutschlehrer in Projekten kooperieren könnten. Schließlich hängt auch die Kritik und Analyse gegenwärtiger Werbung und Warenästhetik in der Luft, wenn sie nicht historisch an die Entwicklung der Gesellschaft zurückgeknüpft wird. Durch das Buch von Haug wird solche Analyse materialistisch fundiert, durch eine zusätzliche Aufarbeitung der geschichtlichen Dimension würde sie historisch verankert. Erst in der historisch-materialistischen Methode bietet sich dieser ganze Gegenstandsbereich so dar, daß seine gesellschaftliche Bedeutung sichtbar wird. Von nun an braucht das Interesse an seiner Erforschung kein zufälliges antiquarisches oder ästhetisches mehr zu sein, sondern kann sich selbst als ein politisches begreifen.

Im Vorwort seines Buches sagt Haug: »Dem Leser werden zu jedem Punkt der Entwicklung andere – vielleicht bessere – Beispiele einfallen. Der Stoff ist nämlich schlagend; er übertrifft alle Fantasie an Fantastik und alle lehrhafte Verdeutlichungsabsicht an Deutlichkeit. Doch gerade darin liegt die Gefahr für ein untheoretisches Herangehen, das sich seine Begriffe nicht sorgfältig entwickelt. Das Material mag überdeutlich sein – aber oft deutet es in die falsche Richtung. Es ist fantastisch – aber wenn man sich davon faszinieren läßt, entstehen wahnhafte Theorien. Daher sei dem Leser empfohlen, besonders aufmerksam auf die Entwicklung der Begriffe zu achten. Sie werden als Werkzeuge angeboten. Sie sollen ihren Anwender befähigen, jedes Phänomen von seiner Form- und Funktionsbestimmung her aufzufassen, seine Entstehung und Funktion unter Beachtung unterschiedlicher Verursachungs- und Wirkungsweisen darzustellen. Das Gebiet, dessen systematische Erschließung hier begonnen wurde, verlangt seiner unbestreitbaren Bedeutung für die Aufrechterhaltung spätkapitalistischer Herrschaftsverhältnisse wegen noch vieler gründlicher Bearbeitung im Detail.« (S. 12) Der Rezensent darf hinzufügen: dieses Buch ermöglicht solche Arbeit erst. Was bisher an *Beiträgen zur Kritik der Bewußtseinsindustrie* (Untertitel des von Hermann K. Ehmer herausgegebenen Buches *Visuelle Kommunikation*, Köln 1971) von seiten der Kunstpädagogik vorgelegt wurde, mußte dieser theoretischen Fundierung noch weitgehend entraten und blieb dementsprechend zumeist im Phänomenologischen stecken. Mit der *Kritik der Warenästhetik* ist nun nicht nur die Möglichkeit eröffnet, sondern zugleich die Aufforderung ergangen und der Maßstab gesetzt für eine qualifizierte (kunst-)pädagogische Arbeit in diesem Gegenstandsbereich. Die Notwendigkeit dieser Arbeit besteht schon lange – viele haben sie eingesehen, etliche haben sie begründet, einige haben bereits damit begonnen. Nun gibt es endlich auch schärfere Werkzeuge.

Nachbemerkung

Diese Besprechung – sie erschien Anfang 1972 in Heft 15 der Zeitschrift *Kunst + Unterricht* – war seinerzeit vermutlich die erste ausführlichere Stellungnahme von kunstpädagogischer Seite. Es war damit zunächst nicht mehr beabsichtigt, als nachdrücklich und befürwortend auf das Buch aufmerksam zu machen. Daher die langen Zitate im Text. Seitdem hat die kunstpädagogische Diskussion – jedenfalls dort, wo sie überhaupt als eine offene und lernfähige Diskussion stattfindet – die *Kritik der Warenästhetik* in ihren Argumentationszusammenhang aufgenommen. Freilich gibt es auch in unserem Fach Lehrer und Lehrstuhlinhaber, die sich erfolgreich gegen alle Versuchungen wehren, ihren Gedankenhaushalt um Gesichtspunkte und Kategorien zu erweitern, die das Verhältnis von Fachinhalten und gesellschaftlicher Realität problematisieren könnten. In der an einer fortschrittlichen Weiterentwicklung der Kunstpädagogik interessierten Fachöffentlichkeit wird jedoch seit 1971/72 theoretisch und praktisch mit der *Kritik der Warenästhetik* gearbeitet, wie sich in den letzten fünf Jahrgängen der drei größeren kunstpädagogischen Fachzeitschriften *Kunst + Unterricht, Zeitschrift für Kunstpädagogik, Mitteilungen des Bundes Deutscher Kunsterzieher* leicht nachlesen läßt. Verschiedentlich ist das Thema »Warenästhetik« sogar bis in Richtlinien, Lehrpläne und Handreichungen für den Kunstunterricht vorgedrungen – freilich nur in SPD/FDP-regierten Bundesländern und auch dort meist nur für die Sekundarstufe II. Als ein Beispiel mag der *Grundkurs Warenästhetik* in den *Handreichungen für Lernziele, Kurse und Projekte im Sekundarbereich II* des Niedersächsischen Kultusministeriums aus dem Jahre 1972 dienen (Drucksache 301 – 200 I – Sek. II – 12/72).

In Zukunft wird es für die Kunstpädagogik zunächst darum gehen, die Möglichkeit der Weiterarbeit mit den von Haug vorgeschlagenen Kategorien und Methoden zu verteidigen. Und zwar aus zweierlei Gründen. Einmal, um die Denkfreiheit, die Redefreiheit, die Forschungsfreiheit als solche – auch für Marxisten – zu verteidigen, also um zu verhindern, daß wissenschaftliche Erkenntnisse aus politischem Opportunismus unterdrückt werden, und daß sich auch unter Lehrern eine stillschweigende Selbstzensur breitmacht, die vorweg alles das als undenkbar und unlehrbar aus dem Unterricht ausklammert, was den Unwillen der Obrigkeit erregen könnte. Und zum anderen, weil mit der *Kritik der Warenästhetik* Schülern und

Lehrern eine wissenschaftliche Methode an die Hand gegeben ist, mit deren Hilfe sie eine Vielfalt von Erscheinungen ihres eigenen täglichen Lebens besser als bisher begrifflich fassen, beschreiben und analysieren können; weil hier von der Wissenschaft Werkzeug zum Abbau von Unmündigkeit bereitgestellt wird – Werkzeug, dessen Erprobung erlaubt sein muß, um seine Tauglichkeit testen zu können. Denn selbstverständlich kann es auf die Dauer nicht genügen, einmal erreichte Erkenntnisfortschritte zu verteidigen und den bildungspolitischen Geländegewinn vor den Angriffen der Reaktion zu schützen. Die Diskussion geht weiter, und es ist im Interesse der Wissenschaftlichkeit von Erkenntnis, daß sie weitergeht. Nur dann ist nämlich der einmal erreichte Stand der Kenntnisse und Methoden ein verteidigenswerter, wenn er sich weiterhin den Prüfungen der Kritik und der praktischen Anwendung (und d. h. auch der Gefahr der Falsifizierung) aussetzt.

Der Kunstpädagogik kann es allerdings, da sie nicht bloß eine ästhetische, sondern zugleich eine pädagogische Disziplin ist, nicht genügen, die wissenschaftliche Debatte zu verfolgen und die Kritik der *Kritik der Warenästhetik* zu verarbeiten; sie muß auch die politisch-praktische Dimension dieses Themas bedenken. Bisweilen kommt es schon vor, daß Schüler, die in den Fächern Deutsch, Politik oder Kunst mit Unterrichtseinheiten zur Analyse von Werbung überfüttert worden sind, auf solche »kritischen« Themen abweisend reagieren, etwa wie es Schülerinnen (allerdings in der Oberstufe eines katholischen Privatgymnasiums) einer Lehrerin gegenüber aussprachen, die ein Thema zur Kritik von Kosmetikwerbung vorschlug: »Sie haben kein Recht, uns unglücklich zu machen.« Hinter dieser zunächst hilflosen und unreflektierten Abwehr steckt ein Motiv, das ernst zu nehmen ist. Der Lehrer darf es nicht bei der Negation der schlechten Wirklichkeit, die gleichwohl die herrschende ist, mit der man also gleichwohl leben muß, bewenden lassen. Er darf sich nicht damit zufrieden geben, dem Kapitalismus die schöne Maske vom häßlichen Gesicht gerissen zu haben, und dann die Schüler sich selbst überlassen, sondern er muß die Frage nach den Alternativen und Perspektiven, die Frage nach der antikapitalistischen Strategie wenigstens ansatzweise beantworten können. Wenn er nachweist, daß und warum hier, in der Gesellschaft des Profitstrebens, des Konkurrenzverhaltens und der Entfremdung, keine Heimat ist, dann müßte er auch Wege zeigen und Handlungsmöglichkeiten eröffnen können, durch die Heimat herstellbar wird. Beispiele, an denen sich Hoffnungen festmachen lassen, Erfolge und Niederlagen, aus denen sich lernen läßt, gibt es genug in der Geschichte der sozialen Kämpfe.

Doch gerade wenn der Lehrer das tut, wenn er nicht bei der Kritik stehenbleibt, sondern mit den Schülern Auswege und Ansatzpunkte für eine Überwindung der kritisierten Zustände sucht, kommt er in Schwierigkeiten. Denn da sich hier alsbald die Frage nach der Organisierung antikapitalistischer Initiativen und Interessen stellt, und da nun leider von manchen Behörden dieser Bundesrepublik der Verfassungsauftrag und der Volkswille in fahrlässiger Weise mit dem gegenwärtigen Wirtschaftssystem gleichgesetzt werden, muß der Lehrer, der sich als Kritiker des Kapitalismus zu erkennen gibt, damit rechnen, sogleich als Gegner der sogenannten FDGO (der »freiheitlich-demokratischen Grundordnung«) denunziert und verfolgt zu werden. Hier zeigt sich das Paradox, unter dem heute schon Tausende von Lehrern leben und arbeiten müssen: je offener und ehrlicher sie eine fortschrittliche Meinung vertreten und begründen, je deutlicher sie die Überwindung bestehender Unrechtsverhältnisse fordern, desto mehr gefährden sie ihren Arbeitsplatz, desto mehr beschwören sie die Gefahr herauf, eines Tages gegen einen angepaßten, obrigkeitshörigen Duckmäuser ausgetauscht zu werden. Die Frage ist nur, ob man bei dem Versuch, dieser Gefahr auszuweichen, so weit gehen sollte, daß man am Ende selbst jener Duckmäuser geworden ist, vor dem man die Schüler bewahren wollte. So führt die Diskussion um die pädagogische Anwendung und Umsetzung einer kritischen Ästhetik unmittelbar an die politischen Konflikte der bundesrepublikanischen Gegenwart heran, zu der eben auch die Auseinandersetzungen um Einschüchterungsmaßnahmen, Berufsverbote und Entlassungsverfahren gegen linke Lehrer gehören. Gerade in den ästhetischen Fächern wie Kunst, Musik und Deutsch sind aber fortschrittliche Lehrer nicht minder notwendig als in allen anderen Fächern, Lehrer also, die den Ersatzangeboten der kapitalistischen Illusionsindustrie und der konsumorientierten Freizeitsteuerung kritisch gegenüberstehen, und die diese Haltung nicht bloß emotional oder kulturkritisch, sondern politisch und ökonomisch-soziologisch begründen. Ist es doch häufig schon so, daß Schüler ihre Vorstellungen eines »humaneren Wohnens« kaum anders als in den Klischees der Wohnwerbung zu artikulieren vermögen, d. h. daß selbst die wünschbaren Alternativen zur herrschenden Realität schon von den Agenturen eben jener Mächte vorgeprägt sind, denen wir das »glanzvolle Elend« der Gegenwart verdanken.

Eine Pädagogik, die erkannt hat, welche Auswikungen die »Technokratie der Sinnlichkeit« auf die Sozialisation von Kindern und Jugendlichen hat, kann daran nicht mehr vorbeisehen oder so tun, als gäbe es alles das nicht, was die Vorstellungswelt der Schüler so nachhaltig beeinflußt. Sie verrät sich selbst, wenn sie dieses Feld dem Gegner kampflos überläßt. Insofern ist der Konflikt um die linken Lehrer ein Konflikt, der aus der Sache selbst entstanden ist, aus der Aufgabe nämlich, innerhalb einer kapitalistischen Gesellschaft einen Unterricht zu machen, in dem Werte der politischen und kulturellen Demokratie noch ernstgenommen werden. Unsere Gesellschaft wird, solange sie einerseits vom Kapitalismus beherrscht bleibt (also auch seine Folgen erleidet) und andererseits gleichwohl sensibel empfindende und aufrichtig denkende Menschen hervorbringt, immer wieder auch den Typus des Lehrers produzieren, der mit der herrschenden Wirtschaftsordnung und den staatlichen Behörden, die sich mit dieser leider allzu unbedenklich identifizieren, in Konflikt gerät. Was als das Werk einer sogenannten »radikalen Minderheit« hingestellt wird, ist in Wirklichkeit ein Ergebnis der gesellschaftlichen Widersprüche und wird von diesen immer wieder neu hervorgebracht werden.

Diethart Kerbs, April 1975

1 Zitat daraus: »In kapitalistischer Umwelt kommt dem Design eine Funktion zu, die sich mit der Funktion des Roten Kreuzes im Krieg vergleichen läßt. Es pflegt einige wenige – niemals die schlimmsten – Wunden, die der Kapitalismus schlägt. Es betreibt Gesichtspflege und verlängert so, indem es an einigen Stellen verschönernd wirkt und die Moral hochhält, den Kapitalismus wie das Rote Kreuz den Krieg.« (S. 175).

2 Diese Kategorien werden ausführlich erklärt im ersten Kapitel des ersten Bands des *Kapital* von Karl Marx. In: Marx/Engels: *Werke*, Berlin 1968, Band 23, S. 49-98. Zur weiteren Verdeutlichung empfiehlt sich der Ausstellungskatalog: *Funktionen bildender Kunst in unserer Gesellschaft*, Gießen 1971.

3 Wolfgang Fritz Haug: *Sexuelle Verschwörung des Spätkapitalismus?* (= eine Kritik an Reimut Reiches Buch: *Sexualität und Klassenkampf. Zur Abwehr repressiver Entsublimierung*, Frankfurt/Main 1968) in: *neue kritik*, Heft 51/52, Februar 1969, S. 87-108, dieses Zitat auf S. 108 (Wiederabdruck des zitierten Aufsatzes in: W. F. Haug, *Warenästhetik, Sexualität und Herrschaft*, 1971).

4 Vgl. dazu: Horst Kurnitzky: *Versuch über Gebrauchswert*. Berlin 1970.

5 Vgl. vor allem: Ernst Bloch: *Das Prinzip Hoffnung*, Frankfurt/Main 1959.

6 Herbert Marcuse hat vor drei Jahren sogar die Hoffnung ausgeprochen, daß emanzipatorische ästhetische Bedürfnisse politische Umwälzungen auslösen könnten: »Der radikale gesellschaftliche Gehalt der ästhetischen Bedürfnisse wird offenkundig, wenn das Verlangen nach ihrer elementarsten Befriedigung in eine Gruppenaktion größeren Ausmaßes übersetzt wird. Vom harmlosen Anstoß zur besseren Planung von Wohnbezirken und dem Wunsch nach Schutz vor Lärm und Unrat bis zu dem Drängen auf Absperrung ganzer Stadtteile für Automobile, auf Entkommerzialisierung der Natur, auf vollständigen städtischen Umbau und auf Geburtenkontrolle – solche Aktionen nehmen gegenüber den Institutionen des Kapitalismus und ihrer Moral mehr und mehr umstürzlerischen Charakter an.« Herbert Marcuse: *Versuch über die Befreiung*. Frankfurt/Main 1969, S. 49.

7 Vgl. zum Beispiel: Otto Rühle: *Illustrierte Kultur- und Sittengeschichte des Proletariats*. Erster Band, Berlin 1930. Reprint im Verlag Neue Kritik, Frankfurt/Main 1971.

8 Bertolt Brecht: *Fragen eines lesenden Arbeiters*
»Wer baute das siebentorige Theben?
In den Büchern stehen die Namen von Königen.
Haben die Könige die Felsbrocken herbeigeschleppt?
Und das mehrmals zerstörte Babylon –
Wer baute es so viele Male auf? In welchen Häusern des goldstrahlenden Lima
wohnten die Bauleute?
Wohin gingen an dem Abend, wo die Chinesische Mauer fertig war, die Maurer?
Das große Rom ist voll von Triumphbögen. Wer errichtete sie? [. . .]«
(Auszug) in: Bertolt Brecht: *Gesammelte Werke*, Werkausgabe Band 9, Frankfurt/Main 1967, S. 656 f.

9 Vgl. für den Bereich der Mode das Buch von Mechthild Curtius und Wulf D. Hund: *Mode und Gesellschaft. Zur Strategie der Konsumindustrie*. (Modelle für den politischen und sozialwissenschaftlichen Unterricht, Modell 12), Frankfurt/Main 1971.

10 Aus der Fülle des historischen Beleg-Materials sei nur erwähnt das zweibändige Werk von Paul Ruben: *Die Reklame, ihre Kunst und Wissenschaft*, Berlin, 4. Auflage 1914, das auf S. 272-340 des ersten Bandes ein kommentiertes Literaturverzeichnis von 512 Nummern enthält. Vgl. auch: Hans Buchli: *6000 Jahre Werbung. Geschichte der Wirtschaftswerbung und der Propaganda*, Berlin 1962.

Rainer Paris
Kommentare zur Warenästhetik

Warenhunger

I

Im Zuge der marxistischen Differenzierung und Kritik »eindimensionaler« Manipulationstheoreme untersucht Wolfgang Fritz Haug in seinem Ansatz zu einer Theorie der Warenästhetik die Funktion besonderer Erscheinungsformen von Waren sowie speziell deren Auswirkungen auf die Bedürfnisstruktur und das Bewußtsein der Arbeiterklasse.[1] Dabei geht er zunächst aus von der Marxschen Analyse der Warenform und des Austauschprozesses.[2]

Bereits auf der Basis der privaten Warenproduktion treffen auf dem Markt die sich gegenseitig bedingenden und zugleich ausschließenden Standpunkte von Käufer und Verkäufer aufeinander: das Interesse des Warenproduzenten, seine Ware zu verkaufen, d. h. den Wert seiner Ware zu realisieren, und das Interesse des Konsumenten, diese Ware zu gebrauchen, den Gebrauchswert dieser Ware zu vernutzen. Der Produzent, gerade weil er auf dem Tauschwertstandpunkt steht, ist daher gezwungen, dem Gebrauchswertstandpunkt des Konsumenten Rechnung zu tragen: Nur sofern die abstrakt menschliche Arbeit des Produzenten zugleich als konkret nützliche Arbeit zur Befriedigung eines speziellen Bedürfnisses fungiert, die produzierte Ware also einen Gebrauchswert hat, ist er in der Lage, den Warenwert auf dem Markt zu realisieren. Indem sich so erst im nachhinein, nämlich auf dem Markt, herausstellt, ob die in einem Produkt vergegenständlichte individuelle Arbeit überhaupt gesellschaftlich notwendig war, d. h. ob die Ware einen Wert hat, erscheint der Markt bereits dem privaten Warenproduzenten als eine Instanz übergeordneter Rationalität, die sich zwar seinem Einfluß entzieht, zugleich aber – wie Haug richtig bemerkt – in ihm den Eindruck erweckt, »*als ob* nach Plan produziert worden wäre.«[3] Dies gilt modifiziert auch für den

Konsumenten: Der Erwerb der Ware auf dem Markt ist für ihn die notwendige Voraussetzung zur Befriedigung seines Bedürfnisses; »die Waren müssen sich [...] als Werte realisieren, bevor sie sich als Gebrauchswerte realisieren können.«[4]

Auf der Basis spezifisch kapitalistischer Warenproduktion ist nun die kontinuierliche Realisation des produzierten Warenkapitals zu fungiblem Geldkapital eine Grundbedingung für das relativ krisenfreie Funktionieren des Systems. Die Vermeidung von Stockungen im Kreislauf des industriellen Kapitals und daraus möglicherweise resultierender Überproduktion ist dabei ebenso treibendes Motiv des Kapitalisten wie die Erhaltung günstiger Reproduktions- und Akkumulationsbedingungen. Er hat daher zudem das Interesse, die Waren *möglichst rasch* abzusetzen: »Je nach dem verschiedenen Grad der Geschwindigkeit, womit das Kapital seine Warenform abstößt und seine Geldform annimmt, oder je nach der Raschheit des Verkaufs, wird derselbe Kapitalwert in sehr ungleichem Grad als Produkt- und Wertbildner dienen und die Stufenleiter der Reproduktion sich ausdehnen oder verkürzen.«[5] Die Realisation des Werts der produzierten Warenmasse stellt so für den Kapitalisten stets ein Hauptproblem dar; erst hier realisiert sich für ihn der produzierte Mehrwert.

Dieser Vorrang der Realisationsfunktion wirkt unter monopolkapitalistischen Bedingungen verstärkt zurück auf die Produktion der Gebrauchswerte selbst: diese müssen so beschaffen sein, daß die Bedürfnisse, auf die sie zugeschnitten sind, immer nur partiell befriedigt werden, um so den Absatz neu produzierter Waren zu gewährleisten. Dies geschieht zunehmend sogar auf dem Wege der gezielten Verschlechterung der Gebrauchswerte.[6] Die der kapitalistischen Produktionsweise immanenten Destruktionskräfte erscheinen so im Sinne eines crisis management teilweise gebändigt: an die Stelle der anarchischen massenhaften Vernichtung von Waren in akuten Krisensituationen ist die planvolle partielle Vernichtung der Gebrauchswerte getreten, die den »normalen« Produktionsprozeß charakterisiert.

Die Grundfrage einer marxistischen Theorie der Warenästhetik ist nun die, inwieweit es dem Kapital gelingen kann, die rapide Verschlechterung der Gebrauchswerte durch aufwendige Verschönerung der Waren zu »kompensieren«. Haug geht aus von der These, daß das Kapital in großem Umfang ästhetische Techniken entwickelt und anwendet, die in zunehmendem Maße das Vorhandensein des Gebrauchswerts einer Ware lediglich *suggerieren*: *Im Zuge der Verselbständigung der Realisationsfunktion tritt eine tendenzielle Ablösung des bloßen Gebrauchswertscheins vom realen Gebrauchswert ein.* »Indem sich [...] der Tauschwert als treibender Zweck der Warenproduktion durchgesetzt hat, wird hinfort in der Warenproduktion ein Doppeltes produziert: nicht nur der zugestandene Gebrauchswert, sondern, mit eigenen Techniken und separaten Überlegungen und Anstrengungen, die Erscheinung von Gebrauchswert, das ästhetische Gebrauchswertversprechen. Ziel der Produktionsanstrengung ist es hinfort, in der Warenproduktion die Ware mit Reizen und Gebrauchswertversprechungen so zu inszenieren, daß sie verkauft wird, daß sie eher verkauft wird, daß sie im Gegensatz zu anderen Waren verkauft wird.«[7] Diese Doppelung bzw. Zweigleisigkeit der Produktion hat ihren Ursprung eben darin, daß die Realisation der Waren als Gebrauchswerte erst *nach* ihrer Realisation als Werte erfolgen kann: »bis zum Verkauf, mit dem der Tauschwertstandpunkt seinen Zweck erreicht, spielt der Gebrauchswert tendenziell nur als Schein eine Rolle.«[8]

Dieser Schein von Gebrauchswert ist freilich kein Gespinst, sondern hartes empirisches Faktum. Seine Entfaltung geschieht zunächst über die unmittelbare ästhetische Aufmachung, sodann die aufwendige Verpackung – nicht zweckgebunden, sondern als »das eigentliche Gesicht« der Ware[9] – bis hin zur vollends vom Warenkörper räumlich und zeitlich getrennten Werbung und Reklame. Waren werden so systematisch »aufgebaut«. Der funktionellen Notwendigkeit stets neu zu stimulierender Bedürfnisdispositionen entspricht in der zeitlichen Abfolge ein »Wechsel von modisch unterschiedenen Warengenerationen« – eine Technik, die Haug als »ästhetische Innovation« bezeichnet.[10] »Durch periodische Neuinszenierung des Erscheinens einer Ware verkürzt sie die Gebrauchsdauer der in der Konsumtionssphäre gerade fungierenden Exemplare der betreffenden Warenart«[11]; die neue Erscheinung eines analogen Gebrauchswerts soll so den

Gebrauchswert bereits erworbener Waren diskreditieren. Dabei handelt es sich jedoch nicht um eine *reale* Verkürzung der Gebrauchsdauer, sondern – wie noch näher zu zeigen ist – um eine eher symbolische Verkürzung der Gebrauchsdauer im Bewußtsein des Konsumenten, der die ihm verfügbaren Gebrauchswerte gleichsam zwanghaft[12] ins Verhältnis setzt zu denen, die auf dem Markt neu erscheinen. Vom Tauschwertstandpunkt aus ist diese Differenzierung zunächst aber unerheblich, da im Akt des Neuerwerbs einer Ware die Unterschiede der Motivationen zum Kauf ausgelöscht erscheinen.

Es besteht also in der kapitalistischen Warenproduktion die Tendenz, die überdimensionierte Erscheinung der Gebrauchswerte mit einer fortschreitenden Reduktion der realen oder besser: der realisierten Gebrauchswerte zu koppeln. »Es ist das Ideal der Warenästhetik: das gerade noch durchgehende Minimum an Gebrauchswert zu liefern, verbunden, umhüllt und inszeniert mit einem Maximum an reizendem Schein, der per Einfühlung ins Wünschen und Sehnen der Menschen möglichst zwingend sein soll.«[13] – Dieser Tendenz der Warenästhetik entspricht in der Konsequenz das Auseinanderklaffen von realer und scheinhafter Befriedigung der menschlichen Bedürfnisse (Scheinbefriedigung) und damit eine mögliche Diskrepanz zwischen den artikulierten Bedürfnissen und den Objekten zu ihrer Befriedigung. Zugleich erschwert die Warenästhetik jedoch ein Bewußtsein dieser Diskrepanz: Da die Funktionsbestimmung der Warenästhetik, die der Realisation des Werts der produzierten Waren, niemals die vollständige Abstraktion des Gebrauchswertscheins von den Waren erlaubt, erfolgt die Stimulierung neuer Bedürfnisse immer bereits im Hinblick auf deren sofortige Befriedigung in Warenform.

Bezogen auf die Arbeiterklasse stellt sich dieser Mechanismus der Verschleierung so dar, daß die Befriedigung der aktuellen Bedürfnisse der Arbeiter, d. h. der Verzehr ihrer »Lebensmittel«[14], gebunden erscheint an die Produktion dieser Lebensmittel *als Waren*. Insofern die Arbeiter ihre Lebensmittel nicht anders als in Warenform erhalten können, erscheint ihnen die kapitalistische Warenproduktion als unabdingbare Voraussetzung zur Befriedigung ihrer unmittelbaren Lebensbedürfnisse. Da zudem der Markt den Schein der

Gleichberechtigung zwischen Arbeiter und Kapitalist in sich birgt – beide treten als individuelle Konsumenten auf –, erzeugt die Warenästhetik als potenzierter Warenfetischismus beständig »das kapitalistische Zerrbild einer klassenlosen Kultur«[15] als *den objektiven Schein einer Lösung des Grundwiderspruchs von Lohnarbeit und Kapital innerhalb des kapitalistischen Systems.* »Um sich gegen diesen Schein zu behaupten, muß das Klassenbewußtsein der Werktätigen ihn durchschauen als Propaganda. Denn die kapitalistische Propaganda der Waren wirkt zugleich als Propaganda für kapitalistische Warenproduktion. [...] Die Macht der Warenpropaganda resultiert nicht aus Manipulation im Sinne bloßer Gaukelbilder der Werbung und Anreizung allein. Ihren realen Kern hat sie in den Gebrauchswerten der Waren und in deren allgemeiner Zugänglichkeit. Gegen ihre eigenen Bedürfnisse und ihre Befriedigung könnten die Massen kein Klassenbewußtsein aufrechterhalten. Wie die Waren in der Zirkulationssphäre den harten Kern der Warenpropaganda darstellen, ohne den sie wie offener Hohn empfunden würde, so *der sich als Lohnforderung in der Produktionssphäre konkretisierende Warenhunger als der harte Kern, an dem Klassenbewußtsein sich aufrichtet.*«[16]

II

Die letztere, allzu lineare theoretische Ableitung der »Gewerkschaftsstrategie«[17] ist im folgenden kritisch zu überprüfen. Zunächst einige differenzierende Einwände:

1. Der warenästhetische Aufwand gilt nicht für alle Warenkategorien in gleichem Umfang. Die besonderen Bedürfnisse, auf die er abzielt, sind durchaus unterschiedlicher Natur: Grundbedürfnisse im engeren Sinne sind dabei relativ ausgespart.[18] Insofern Grundbedürfnisse eben *vorausgesetzt* werden können, stellt sich das Realisationsproblem in diesen Bereichen für die Kapitalisten nicht in gleicher Schärfe, wenngleich auf Grund des starken Konkurrenzdrucks in diesen Produktionssektoren auch hier die Tendenz besteht, die Produktion der Gebrauchswerte enger an Techniken der Warenästhetik zu binden.

2. Haug hat die Bedeutung der Konkurrenz für die Warenästhetik nur gestreift, obwohl dieser Aspekt vom Standpunkt des Einzelkapitalisten aus erst den Anstoß zur gezielten Anwendung warenästhetischer Techniken gibt: seinem unmittelbaren Interesse nach werden die Schlachten der Warenästhetik um prozentuale Marktanteile geschlagen; daran bemißt sich ihr direkter Erfolg.[19] Wichtig ist in diesem Zusammenhang auch die Rolle, die im gegenwärtigen Stadium des Monopolkapitalismus der Fiktion »freier« Konkurrenz in bezug auf das Bewußtsein der Konsumenten zukommt. Diesen erscheint die freie Konkurrenz zwischen den Kapitalisten gleichsam als Garantie auf den Gebrauchswert der Waren; deren Konkurrenz sei zugleich Konkurrenz der Warenqualitäten. Das erklärt auch, warum *ein* Konzern mitunter *mehrere* Produkte der gleichen Warenkategorie produziert und warenästhetisch gegeneinander aufbaut, um damit eine marktbeherrschende Position zu erreichen oder zu festigen. Der bloße Schein ökonomischer Konkurrenz fungiert so als zusätzlicher Stimulus zur Realisation des Werts der produzierten Warenmasse.[20]

3. Die Warenästhetik ist vorrangig auf diejenigen Bereiche zentriert, in denen die zureichende Befriedigung der Bedürfnisse relativ unabhängig von der Vernutzung des *materiellen* Gebrauchswerts der Waren geschieht; diese Waren haben für den Konsumenten in hohem Maße einen eher symbolischen, *»sozialen« Gebrauchswert*, der neben den unmittelbaren realen Gebrauchswert der Waren tritt. Dazu zwei Beispiele: Das Interesse am neuesten Automodell speist sich weniger aus der Erfahrung technischer Untauglichkeit des alten Fahrzeugs als vielmehr aus der *zusätzlichen* Gebrauchswertbestimmung, den sozialen Status des Besitzers symbolisch zu signalisieren.[21] Auch im Bereich der Produktion von Textilien, dem Paradebeispiel der ästhetischen Innovation, ist der Zuschnitt der Warenästhetik auf gerade diese Dimension des Gebrauchswerts der Waren offenkundig: »modisch« zu sein fällt hier mit der Befriedigung des Grundbedürfnisses nach Kleidung unmittelbar zusammen; Kleider »machen« Leute.

4. Auch den propagierten Bildern nach gilt die warenästhetische Produktion der separaten Erscheinung der Gebrauchswerte vorrangig ihrer »sozialen« Dimension. Dies läßt sich

selbst dort nachweisen, wo eine direkte Relation zwischen dem Besitz einer Ware und sozialem Prestige nicht besteht. Die Waschmittelwerbung z. B. konstruiert als sozialen Bezugsrahmen für die Anwendung ihrer Produkte zumeist eine Konkurrenzsituation zwischen Hausfrauen, die sich im Weiß, das »weißer nicht geht«, gegenseitig überbieten. Auch die von Haug zu Recht hervorgehobene Technik der Ausstattung der Waren mit sexuellem Schein, die »allgemeine Sexualisierung der Waren«[22], kann das belegen: sie bezieht die Waren vorab auf die besondere Deformation sexuellen Verhaltens als Konkurrenzverhalten.

Indem so die Warenästhetik die »soziale« Dimension der Gebrauchswerte zum bevorzugten Anknüpfungspunkt nimmt, zielt sie weniger auf die scheinhafte Befriedigung der menschlichen Bedürfnisse schlechthin als vielmehr bereits konkret auf deren *spezifisch kapitalistische* Form, in der die Bedürfnisse nur verzerrt und unzureichend artikuliert und befriedigt werden können. Die von Enzensberger in bezug auf Marcuse getroffene Differenzierung, »falsche« Bedürfnisse als kapitalistische Zurichtung realer und legitimer Bedürfnisse zu begreifen[23], gilt so auch für die Analyse der Warenästhetik: die »soziale« Dimension der Gebrauchswerte ist ihre kapitalistische. Die Macht der Warenpropaganda resultiert mithin nicht nur aus den (realen) Gebrauchswerten der Waren und deren allgemeiner Zugänglichkeit[24], sondern besteht darüber hinaus eben darin, daß sie jenen Aspekt der Gebrauchswerte der Waren betont, der im Kapitalismus das Streben und Sehnen der Menschen bestimmt: ihre Konkurrenz untereinander. Die Warenästhetik erzeugt so permanent ein Bewußtsein fundamentaler Ungleichwertigkeit sowohl der Waren wie der Menschen; zugleich kettet sie damit das Bewußtsein an die »scheinhafte Totalität«[25] der ideologischen Bilderwelt des Kapitalismus.

Der heuristisch eingeführte Begriff der »sozialen« Dimension kann nun marxistisch zurückgeführt werden auf das im engeren Sinne *historische* Element der Kategorie des Gebrauchswerts. Marx hat klar hervorgehoben, daß die Dialektik der Entwicklung der Produktivkräfte und Produktionsverhältnisse die Entfaltung der menschlichen Bedürfnisse miteinbezieht.[26] Dies gilt nicht nur in dem linearen

Sinne einer »Komplizierung« der menschlichen Bedürfnisse im Zuge des Anwachsens der Arbeitsproduktivität, sondern betrifft in weiterem Umfang die besondere *Form* der Befriedigung der Bedürfnisse sowie den besonderen *Inhalt*, mit dem die Bedürfnisse *bewußt* artikuliert werden: die Bedürfnisse selbst und die Art und Weise, in der sie den Menschen zu Bewußtsein kommen, sind geprägt vom gesellschaftlichen Sein und dessen immanenten Widersprüchen. Insofern also die Gebrauchswerte der Waren zugleich die Bedürfnisse repräsentieren, die sie befriedigen, reproduziert sich durch sie hindurch auch deren historisches Moment. Davon zu abstrahieren hat die Konsequenz, den Bedürfnissen selbst die historische Dimension ihrer Entfaltung implizit abzusprechen.

Daß die Massen *gegen* ihre eigenen Bedürfnisse und deren Befriedigung kein Klassenbewußtsein aufrechterhalten könnten[27], erscheint daher nur vordergründig plausibel: die jeweils vorhandenen Konsumbedürfnisse der Arbeiter, die Notwendigkeit ihrer physischen und psychischen Reproduktion, werden hier gleichgesetzt mit den Bedürfnissen der Arbeiterklasse schlechthin, die Notwendigkeit ihrer kapitalistischen Befriedigung in Warenform wird vorab akzeptiert. Auch die unmittelbaren Bedürfnisse der Arbeiter sind aber in der Form, in der sie bereits artikuliert werden, bestimmt vom falschen Schein und an die soziale Wirklichkeit des Kapitalismus und deren Bewußtseinsformen gebunden. *Als Klasse* hat die Arbeiterklasse – aller subjektiven Verkennung zum Trotz – jedoch in letzter Instanz das objektive historische Interesse der Revolutionierung und Beseitigung der kapitalistischen Produktionsverhältnisse, ja, sie *ist* deren wirkliche Negation. Dem politischen Inhalt nach weisen daher die Bedürfnisse der Arbeiterklasse auch über den Rahmen der kapitalistischen Gesellschaft hinaus. Dies impliziert eine objektiv widersprüchliche Bedürfnisstruktur, eine dauernde Spannung zwischen den unmittelbaren materiellen Bedürfnissen und den explizit politischen Bedürfnissen der Arbeiterschaft. Ihr Klassenbewußtsein muß sich daher auch gegen die eigenen aktuellen Konsumbedürfnisse aufrechterhalten können; im Gegenteil: das Maß, in dem die Arbeiter in der Lage sind, ihre politischen Erfolge auch gegen kurzfristige Verbesserungen ihrer materiellen Lebenssituation zu behaupten, taugt als Kriterium für die Entfaltung ihres Klassenbewußtseins. Gerade die prinzipielle Widersprüchlichkeit der Situation der Arbeiter, ihre objektiv gespaltene Bedürfnisstruktur, hat Haug an dieser Stelle unterschlagen; mit der historischen Dimension der Bedürfnisse kommt ihm auch deren Dialektik abhanden.

III

Der eigentliche politische Brennpunkt der Haugschen Analyse der Warenästhetik ist nun der Begriff des *Warenhungers*. In ihm scheinen die subjektiven Momente der Warenästhetik auf einen theoretischen Nenner gebracht und zugleich der strategische Ansatz zu einer Repolitisierung der gewerkschaftlichen Lohnkämpfe angedeutet. Die warenästhetisch stets neu stimulierten Bedürfnisdispositionen verdichten sich zu einer psychischen Grundeinstellung, die einzig im Erwerb der propagierten Waren Befriedigung erheischt, zugleich aber – eben auf Grund der nur scheinhaften Befriedigung der Bedürfnisse – in der Produktionssphäre die subjektiven Bedingungen für eine Verschärfung der Lohnforderungen schafft. Haug sieht hier den entscheidenden Hebel zur Ausbildung von Klassenbewußtsein; der Warenhunger sei »der harte Kern, an dem Klassenbewußtsein sich aufrichtet«.[28] Dieser zentrale politische Stellenwert macht es notwendig, Funktion und Charakter des Warenhungers genauer zu bestimmen.

Der Warenhunger ist neurotisch, d. h. sein Auftreten ist relativ unabhängig vom jeweiligen Grad der Sättigung. Ihrem eigenen Ideal angenähert erzeugt ihn die Warenästhetik als ein Bedürfnis neurotischer Kauflust, die, an den realen Gebrauchswerten der Waren nur noch marginal interessiert, schließlich in der Ersatzbefriedigung des bloßen Kaufaktes selbst gipfelt.[29] Vorausgesetzt ist dabei freilich eine allgemeine Situation, in der die Befriedigung der Grundbedürfnisse den Konsumenten als selbstverständlich gesichert erscheint. In Situationen relativer Knappheit dagegen wird der Aspekt des Warenhungers nahezu bedeutungslos, ähnlich wie beim Neurotiker in akuten Notsituationen die neurotische Komponente des Verhaltens ausgesetzt erscheint. Die Bedeutung des Warenhungers ist daher einzugrenzen auf

Phasen ökonomischer Prosperität[30]; insofern ist es falsch, dem Waren*hunger* implizit die Qualität und die Dringlichkeit eines Grundbedürfnisses zuzuschreiben.

Haug selbst hat übrigens den neurotischen Charakter des Warenhungers tendenziell durchschaut, ohne freilich daraus die politische Inkonsequenz des eigenen Ansatzes zu folgern: »Solange die ökonomische Funktionsbestimmtheit der Warenästhetik besteht, gerade also, solange das Profitinteresse sie antreibt, behält sie ihre zweideutige Tendenz: indem sie sich den Menschen andient, um sich ihrer zu vergewissern, holt sie Wunsch um Wunsch ans Licht. Sie befriedigt sie nur mit Schein, *macht eher hungrig als satt.*«[31] Indem so aber der durch die Warenästhetik aufgestachelte Warenhunger stets die Bedingungen zu seiner eigenen Erzeugung erneut reproduziert, bietet er von sich aus keinen Zugang, diese Spirale politisch zu durchbrechen: *am Warenhunger richtet sich nur Warenhunger auf.* Die erhöhte Spannung zwischen realer und scheinhafter Befriedigung der menschlichen Bedürfnisse bleibt daher bestehen; auch steigende Löhne erlauben nur deren kurzfristige Kompensation. Der Warenhunger ist so nur das psychische Korrelat zum Verwertungsdrang des Kapitals: dessen Heißhunger nach Mehrwert erheischt für die Zirkulationssphäre die Disposition des Warenhungers, um die Realisation des produzierten Warenkapitals kontinuierlich zu sichern. Seiner objektiven Funktion nach fällt also der Warenhunger mit der ökonomischen Funktionsbestimmtheit der Warenästhetik zusammen.

Auch die subjektiven Rückwirkungen des Warenhungers auf die Produktionssphäre sind eher ambivalent: dem Warenhunger verdankt der Kapitalist auch die Bereitschaft zur Ableistung profitabler Überstunden sowie eine Verschärfung des Konkurrenz- und Leistungsdrucks der Arbeiter untereinander.

Dem Grad der politischen Bewußtheit nach entspricht dem Warenhunger so allenfalls eine Grundhaltung diffusen Unbehagens; Klassenbewußtsein als die bewußte, organisierte Durchsetzung der eigenen Klasseninteressen durch die Produzenten selbst ist davon *qualitativ* verschieden.

Die Beschränkung der strategischen Perspektive auf die Lohnfrage überschätzt zudem deren politische Bedeutung. Marx hat nie einen Zweifel daran gelassen, daß in der Form des Lohns das Kapitalverhältnis dem Arbeiter mystifiziert erscheint als ein Verhältnis »gerechten« Tauschs. Am Stücklohn z. B. ist zu zeigen, daß der erzeugte Schein, »als ob ihm [dem Arbeiter, R. P.] sein Produkt gezahlt werde und nicht seine Arbeitskraft«[32], die Existenz des Mehrwerts erfolgreich zu verhüllen vermag. In der Ausrichtung der Strategie auf den gewerkschaftlichen Lohnkonflikt ist daher das Problem der Entfaltung politischen Klassenbewußtseins nur verlagert: Lohnforderungen tasten den durch die Warenästhetik zementierten Schein der Rationalität der kapitalistischen Produktionsverhältnisse nicht an.

Haugs Theorie der Warenästhetik beansprucht insofern zu Recht politische Relevanz, als sie betont, daß die integrative Funktion der Warenästhetik im Aufrichten des objektiven Scheins einer Lösung des Grundwiderspruchs von Lohnarbeit und Kapital begründet ist – einer *Schein*lösung zwar, die subjektiv jedoch zugleich als Schein*lösung* dieses Widerspruchs erlebt wird. Daß das Klassenbewußtsein der Arbeiter diesen Schein als Propaganda »durchschauen« muß, hier also ein agitatorischer Anknüpfungspunkt gegeben ist, sei nicht bestritten; wohl aber das Diktum, daß das Klassenbewußtsein an diesem Schein sich »aufzurichten« habe. Gerade der neurotische Charakter des Warenhungers verbürgt die Systemgebundenheit dieser Strategie als in letzter Instanz reformistischen Zirkel. Ein strategischer Ansatz zur *wirklichen* Lösung des Grundwiderspruchs von Lohnarbeit und Kapital greift in der Perspektive des bloßen »Durchschauens« falscher, scheinhafter Lösungen dieses Widerspruchs wesentlich zu kurz.

Anmerkungen

Warenhunger

1 Diesem Aufsatz liegen die Arbeiten Haugs *Zur Kritik der Warenästhetik*, zitierte Fassung in: *Kursbuch* 20, S. 140-158, überarbeitete Fassung in: W. F. Haug, Warenästhetik, Sexualität und Herrschaft, Frankfurt a. M. 1972, S. 11 ff.; und *Die Rolle des Ästhetischen bei der Scheinlösung von Grundwidersprüchen der kapitalistischen Gesellschaft*, in: *Das Argument* 64, S. 190 bis 213, zugrunde.

2 Vgl. dazu die ersten beiden Kapitel des *Kapital* Bd. I. Es kann hier nicht

darauf ankommen, die Marxsche Warenanalyse auch nur im groben Umriß nachzuzeichnen. Ich beschränke mich daher auf eine knappe Referierung derjenigen Aspekte, die Haugs Theorie der Warenästhetik unmittelbar tangieren. Ein zumindest rudimentäres Verständnis der Marxschen Kategorien ist dabei jedoch vorausgesetzt.

3 *Die Rolle des Ästhetischen . . .*, S. 204, Hervorhebung bei Haug.

4 K. Marx: *Das Kapital I*, in: Marx/Engels, *Werke (MEW)* Bd. 23, S. 100.

5 K. Marx: *Das Kapital II*, *MEW* Bd. 24, S. 45.

6 Vgl. dazu E. Mandel: *Marxistische Wirtschaftstheorie*, Frankfurt a. M. 1970, S. 445 f.

7 *Die Rolle des Ästhetischen . . .*, a.a.O., S. 196.

8 *Zur Kritik der Warenästhetik*, a.a.O., S. 143.

9 *Die Rolle des Ästhetischen . . .*, a.a.O., S. 196.

10 a.a.O., S. 197.

11 *Zur Kritik der Warenästhetik*, a.a.O., S. 148 f.

12 Zum neurotischen Charakter des Warenhungers vgl. unten (Abschnitt III).

13 *Zur Kritik der Warenästhetik*, a.a.O., S. 156.

14 »Lebensmittel« bezieht sich hier nur auf den Aspekt der materiellen Reproduktion des Arbeiters. Zur schillernden Verwendung dieses Begriffs bei Marx, der zudem die Entfaltung der menschlichen Sinne und Fähigkeiten in der Dimension unentfremdeter Arbeit umschließt vgl. K. Marx: *Ökonomisch-philosophische Manuskripte*, *MEW*, Ergänzungsband, 1, S. 512 f.

15 *Die Rolle des Ästhetischen . . .*, a.a.O., S. 201.

16 a.a.O., S. 202, Hervorhebung R. P.

17 Darunter seien summarisch alle strategischen Ansätze verstanden, die eine Entfaltung von Klassenkämpfen vorrangig über eine Repolitisierung der gewerkschaftlichen Lohnkämpfe anstreben und durch Bildung einer breiten »antimonopolistischen« Einheitsfront den Übergang zu einer sozialistischen Gesellschaftsordnung erhoffen. Die in diesem Aufsatz angerissene Kritik richtet sich nicht gegen die Auffassung, an den unmittelbaren Interessen der Arbeiter anzuknüpfen, sondern dagegen, die Entfaltung spontaner Klassenkämpfe bereits im Ansatz auf die Lohnfrage zu beschränken.

18 Eine scharfe analytische Trennung der Grundbedürfnisse von den »abgeleiteten« Bedürfnissen erscheint jedoch schwierig, da diese im Akt der Befriedigung zumeist zusammenfallen.

19 Es erscheint daher nicht zufällig, daß gerade unter diesem Gesichtspunkt einer direkten, empirisch signifikanten Verhaltens- oder Einstellungsänderung das Problem der »werblichen Kommunikation« bisher in den empirischen Sozialwissenschaften angegangen wurde.

20 Auch die dem Prinzip der freien Konkurrenz nachgebildete Pluralität politischer Parteien sowie deren parlamentarischer Markt erscheinen so indirekt bestätigt: die künstlich aufgerichtete Fassade ökonomischer Konkurrenz festigt zugleich die des interessenpluralistischen Staates.

21 Die Affinität der Warenästhetik zur Statussymbolik läßt zudem vermuten, daß die Warenästhetik in dieser Ausrichtung eher die mittelständischen, aufstiegsorientierten Käuferschichten erreicht als die Angehörigen der traditionellen Arbeiterklasse, die aufgrund ihrer materiellen Lebenssituation in weit größerem Umfang auf die Ausnutzung der realen Gebrauchswerte der Waren angewiesen bleiben.

22 *Zur Kritik der Warenästhetik*, a.a.O., S. 157.

23 H. M. Enzensberger: *Baukasten zu einer Theorie der Medien*, in: *Kursbuch* 20, S. 171.

24 *Die Rolle des Ästhetischen* . . ., a.a.O., S. 202.

25 a.a.O., S. 201.

26 Vgl. dazu den Abschnitt *Bedürfnis, Produktion und Arbeitsteilung*, in: K. Marx: *Ökonomisch-philosophische Manuskripte, MEW* Ebd. I, S. 546 ff.

27 *Die Rolle des Ästhetischen* . . ., a.a.O., S. 202.

28 a.a.O., S. 202.

29 So warb z. B. das Westberliner Einkaufszentrum *Forum Steglitz* mit dem Slogan: »Kaufen ist schön!«

30 Haug selbst bezieht seine Untersuchung auf »das als normal geltende Funktionieren des gesellschaftlichen Systems . . .« (*Die Rolle des Ästhetischen* . . ., a.a.O., S. 195).

31 *Zur Kritik der Warenästhetik*, a.a.O., S. 158, Hervorhebung R. P.

32 K. Marx: *Das Kapital I*, a.a.O., S. 582.

Warenproduktion und Erscheinungsproduktion

Haugs *Kritik der Warenästhetik*[1] beansprucht, »die Erscheinungen der Warenästhetik ökonomisch abzuleiten und im Systemzusammenhang zu entwickeln und darzustellen« (S. 11). Der Begriff der »Warenästhetik« bezeichnet dabei »einen aus der Warenform der Produkte entsprungenen, vom Tauschwert her funktionell bestimmten Komplex dinglicher Erscheinungen und davon bedingter sinnlicher Subjekt-Objekt-Beziehungen. Die Analyse dieser Beziehungen eröffnet einen Zugang zur subjektiven Seite in der politischen Ökonomie des Kapitalismus, soweit das Subjektive zugleich Resultat und Voraussetzung ihres Funktionierens darstellt« (S. 10). In dieser Bestimmung des Begriffs der Warenästhetik und der Perspektive ihrer Untersuchung sind bereits verschiedene Momente des analysierten Gegenstandes zusammengefaßt, die nun im einzelnen theoretisch entfaltet werden.[2]

Die marxistische Analyse der Warenästhetik setzt zunächst an bei den allgemeinen Bestimmungen der Warenanalyse in den Anfangskapiteln des *Kapital*: der quantitativen Vergleichbarkeit der Waren als Wertausdrücke, ihrer qualitativen Unvergleichbarkeit als Gebrauchswerte, der Polarisierung von Tausch- und Gebrauchswertstandpunkt sowie – als Basis der Warenästhetik – beim Fetischcharakter der Ware als dingliche Repräsentanz spezifisch gesellschaftlicher Verhältnisse. Ist mit dem Auftreten des Handelskapitals die historische Verselbständigung und gesellschaftliche Lokalisierung des Tauschwertstandpunktes einmal vollzogen, so kann im alleinigen Interesse an der Abwicklung des Tauschs, der Realisierung des Warenkapitals, der Gebrauchswertstandpunkt des Konsumenten durch die aufreizende Erscheinung der Waren, das bloße Gebrauchswert*versprechen*, korrumpiert werden. Die Produktion der separaten Erscheinung der Gebrauchswerte (Erscheinungsproduktion) gilt so in der kapitalistischen Warenproduktion als zusätzlicher Garant der Realisationsfunktion: »Das ästhetische Gebrauchswertversprechen der Ware wird zum Instrument für den Geldzweck.« (S. 17) Im Tauschwert der Ware erscheint also ihre besondere

Qualität als Gebrauchswert zwar ausgelöscht, zugleich aber muß, gerade im Interesse der Erfüllung des Tauschwertstandpunktes, die Gebrauchswertqualität der Waren zugestanden, zumindest suggeriert werden. Die Warenästhetik fungiert so als Scheinlösung des warenimmanenten Widerspruchs von Tausch- und Gebrauchswert.

Unter monopolkapitalistischen Bedingungen wird nun innerhalb der Warenproduktion die warenästhetische Erscheinungsproduktion der Gebrauchswerte vorrangig nach zwei Seiten hin ausgedehnt: erstens als »Unterordnung des Gebrauchswerts unter die ›Marke‹« (S. 26 ff.), d. h. als gezielte Reduktion der Gebrauchswertvorstellung auf den signalartig wirkenden Markennamen, und zweitens, über die ständige Stimulierung »neuer« Bedürfnisse, als modische Variation aufeinander folgender Warengenerationen, als »ästhetische Innovation«. (S. 48 ff.) Hier überschneiden sich symbolische und reale Verschlechterung der Gebrauchswerte; das Kapital versucht so, über die Realisierung des Werts der produzierten Warenmasse (und darin des geschaffenen Mehrwerts) hinaus zugleich die Realisations*bedingungen* neu produzierter Waren zu erhalten.

Abgezogen von dieser Ableitung der ökonomischen Funktionsbestimmtheit der Warenästhetik untersucht Haug nun zunächst die allgemeinen Auswirkungen und Folgen der Warenästhetik auf die subjektive Sinnlichkeit und die Bedürfnisse der angesprochenen Konsumenten. Da die Entfaltung der Warenästhetik zugleich als Prozeß der Ablösung des Gebrauchswertscheins vom realen Gebrauchswert der Waren, als »ästhetische Abstraktion« (S. 60 f.), aufzufassen ist, kann sie als innovatives Moment der Warenproduktion erst unter monopolkapitalistischen Bedingungen ungehemmt wirken; erst hier wird die Realisation für den Kapitalisten ein zwingendes Problem außerhalb der klassischen Konkurrenz.[3] Im Zeitalter ihrer technischen Reproduzierbarkeit führen die optische Zirkulation der Warenbilder und die ständige Berieselung mit stimulierenden Reizen der Warenästhetik zu einer »Technokratie der Sinnlichkeit« (S. 55 ff.), ja zu einer »Modellierung« der Triebbedürfnisse selbst. Dies betreffe nicht nur die quantitative Ausdehnung der Warenreize, sondern in weiterem Umfang auch die qualitative Brechung der menschlichen

Sinnlichkeit. Haug schwankt hier in der Einschätzung der Warenästhetik zwischen Marginalität und verabsolutierter Bedeutung: die ästhetische Innovation ist ihm zugleich »noch das geringste der Übel, die der Kapitalismus gegenwärtig zu bieten hat« (S. 54) und »eine Instanz von geradezu anthropologischer Macht und Auswirkung, d. h. sie verändert fortwährend das Gattungswesen Mensch: in seiner dinglichen Einrichtung und materiellen Lebensweise ebenso wie in der Wahrnehmung, Bedürfnisbefriedigung und Bedürfnisstruktur.« (S. 54) In dieser Hinsicht korrumpieren die Warenästhetik und zum Teil die Gebrauchswerte selbst die Bedürfnisse und das Bewußtsein der Menschen; die Bedürfnisbefriedigung in Warenform erscheint als Bedürfnisbefriedigung schlechthin.

Das manipulative Erscheinungsbild des kapitalistischen Systems als harmonische, interessenpluralistische Fortschrittsgesellschaft mit bunter Warenwelt und gesicherter Befriedigung der Bedürfnisse wird selbst etwas, dessen industrielle Produktion und Reproduktion das Kapital ständig forciert. Für diese umfassende Produktion der ästhetischen »Aufmachung« des Systems prägt Haug in Abgrenzung zu älteren Ansätzen[4] den Begriff der »Illusions- oder Zerstreuungsindustrie« (S. 155 ff.), die ihre Profite im sogenannten »Freizeitsektor« damit erzielt, daß sie die falschen Rationalisierungen der Massen über ihr Angebot aufgreift und bestärkt und darüber hinaus der warenästhetischen Propaganda anderer Branchen breiten Raum gibt. In diesem Zusammenhang schlägt Haug vor, einen Neuansatz der Interpretation massenwirksamer Produkte der Illusionsindustrie im Hinblick darauf zu versuchen, inwieweit in diesen Produkten nicht nur das kapitalistische Interesse an der Verschleierung und reaktionären Verzerrung der realen Verhältnisse, sondern ebenso der von den Massen verdrängte Wunsch nach kollektiver und solidarischer Praxis durchschlägt: die heile Welt z. B. der Trivialliteratur sei so »als illusionärer und zielverschobener Sozialismus-Ersatz« aufzufassen. Haug sieht in diesem Vorschlag den Ansatz zu einer interpretativen »Hermeneutik der bestimmten Negation« (S. 158 f., Anm. 21).

Über den ökonomisch funktionsbestimmten Rahmen der Warenästhetik hinaus wird in der kapitalistischen Erscheinungswelt auch die isolierte Kunstproduktion vereinnahmt.

Sofern die Arbeit des »freischaffenden« Künstlers als indivi-duelle, freilich nur scheinhafte Aufhebung der Entfremdung *innerhalb* der kapitalistischen Gesellschaft aufzufassen ist und so als Schein einer Emanzipation vom kapitalistischen Ver-wertungsinteresse fungiert[5], macht sich das Einzelkapital in seiner repräsentativen Gestalt diesen Schein zunutze (S. 164 ff.). Eine parallele Tendenz besteht auch auf der Ebene der Erscheinung des staatlichen Systems als ganzem: so z. B. in der Stilisierung des faschistischen Staats zum monumenta-len Gesamtkunstwerk (S. 169 ff.). Haug verweist hier auf Benjamins Stichwort der faschistischen »Ästhetisierung der Politik«, allerdings mit der Modifizierung, die Massenwirk-samkeit der faschistischen Politik und Propaganda weniger aus den Möglichkeiten ihrer technischen Reproduktion abzu-leiten als sie vielmehr auf die Instrumentalisierung bestimmter, der Arbeiterbewegung entlehnter Momente kollektiver Praxis zurückzuführen.

Im Abschnitt über den »Einfluß der Warenästhetik auf die Arbeiterklasse« (S. 132 ff.) leitet Haug die politische Dimen-sion der Warenästhetik vom Gebrauchswertstandpunkt der Arbeiterklasse ab. So gilt die Arbeiterklasse dem Kapitalisten nicht nur als direkter Produzent des privat anzueignenden Mehrwerts, sondern sie ist darüber hinaus, als Masse der Konsu-menten, einer verstärkten »sekundären Ausbeutung« (Marx) in der Zirkulationssphäre ausgesetzt. Da hier jedoch die Rea-lisation des Warenkapitals zu fungiblem Geldkapital das unmittelbare Interesse des Kapitalisten ausmacht, d. h. Arbei-ter und Kapitalist gleichermaßen nur als individuelle Konsu-menten (Besitzer von Geld) auftreten, entsteht in der Zirkula-tionssphäre beständig der Schein einer illusionären »klassen-losen« Gleichberechtigung, den die Warenästhetik, die alle trifft, noch untermauert: als Scheinlösung des Grundwider-spruchs von Lohnarbeit und Kapital verhindert die Warenäs-thetik ein adäquates Bewußtsein der Arbeiterklasse über ihre eigenen Bedürfnisse – ein Mechanismus, der gerade darin begründet ist, daß die Arbeiter ihre materiellen Lebensbe-dürfnisse nicht anders als in Warenform befriedigen können und damit ihren unmittelbaren Gebrauchswertstandpunkt *gegen* ihr Klassenbewußtsein kehren müssen.

Haug freilich verneint diesen Gegensatz: »Die Macht der

Warenpropaganda resultiert nicht aus Manipulation im Sinne bloßer Gaukelbilder der Werbung und Anreizung allein. Ihren realen Kern hat sie in den Gebrauchswerten der Waren und in deren allgemeiner Zugänglichkeit. Gegen ihre eigenen Bedürfnisse und ihre Befriedigung könnten die Massen kein Klassenbewußtsein aufrechterhalten. Wie die Waren in der Zirkulationssphäre den harten Kern der Warenpropaganda darstellen, ohne den sie wie offener Hohn empfunden würde, so der sich als Lohnforderung in der Produktionssphäre konkretisierende Warenhunger als der harte Kern, an dem Klassenbewußtsein sich aufrichtet.« (S. 137 f.).[6]

In dieser perspektivischen Verkürzung der politischen Implikationen der Warenästhetik zur gewerkschaftlich zu vertretenden Lohnforderung, zu der der Warenhunger sich »konkretisiert«, wird das Problem der Entfaltung politischen Klassenbewußtseins verlagert auf die Ebene des politischen und ökonomischen Scheins der »demokratischen Spielregeln«, der »Tarifautonomie«, »Sozialpartnerschaft« etc., bzw. es wird an diejenigen bestehenden Organisationen der Arbeiterklasse delegiert, die in diesem Feld agieren. Befangen in der *Sozialstaatsillusion*[7] werden so die Bedürfnisse und Motivationen der Arbeiter von der Zirkulationssphäre auf die Produktionssphäre rückgekoppelt; die widersprüchlichen Erfahrungen in der Produktionssphäre selbst werden dabei vernachlässigt. Zwar wird die Mystifikation des Kapitalverhältnisses im Medium des Lohns durchaus angedeutet (S. 153), aber die Haugsche Darstellung bietet keinen Ansatz, *diesen* Schein politisch zu durchbrechen. Eine Analyse der Entfaltung von Klassenbewußtsein, die sich im wesentlichen auf die Realisationsbedingungen des Kapitals beschränkt und die Produktionsbedingungen, unter denen die Arbeiter den Gebrauchswert ihrer Arbeitskraft für den Kapitalisten realisieren, außer acht läßt oder nur streift, wird in der theoretischen Ableitung einer strategischen Perspektive notwendig zu kurz greifen.

Darüber hinaus entspricht die Vorstellung einer Verschärfung der Widersprüche im traditionellen Aufgabenbereich der Gewerkschaften aufgrund der Scheinlösung von Widersprüchen in der Zirkulationssphäre der für die *Theorie des staatsmonopolistischen Kapitalismus* konstitutiven Reduktion des geschichtlichen Prozesses auf eine mechanische Verschränkung von Scheinlösung und Verschärfung der systemimmanenten Widersprüche des Kapitalismus. So formuliert z. B. Dieter Klein die These, »daß sich *im Maße* relativer Lösungen des Widerspruchs zwischen Produktivkräften und Produktionsverhältnissen dieser Widerspruch verschärft«[8]; die Erscheinung dieser Verschärfung sei allerdings variabel. Falsch ist diese These vor allem deshalb, weil sie dem kapitalistischen System selbst die Chance zu zeitweiliger relativer Stabilisierung abspricht und so das vom Standpunkt des Kapitals durchaus erfolgreiche crisis management kaum erklären kann. Diesem linearen Fortschrittsglauben der Revolution entspricht bei Haug die konsequente Ausklammerung der Frage, inwieweit die traditionellen Organisationen der Arbeiterklasse dazu in der Lage sind, die aktuell widersprüchlichen Tendenzen der kapitalistischen Produktionsweise adäquat aufzunehmen und politisch weiterzutreiben. Statt dessen grenzt Haug sich ab gegen Strategien, die »die totale Negation der Warenwelt« betreiben (S. 138). Dabei wird bewußt überzeichnet: selbst Propagandisten der Tat verbanden mit ihren Aktionen immer nur den Anspruch einer *exemplarischen* Negation, die sich freilich – anders als bei Haug – gegen die kapitalistische Zurichtung der Bedürfnisse und die Warenform ihrer Befriedigung richten sollte. Das bei dieser stilisierenden Argumentationsweise implizite politische Interesse Haugs kann hier nur vermutet werden: bei aller Kritik der Warenästhetik die der Waren*verhältnisse* zu vernachlässigen und so das Problem des Fortbestehens von Warenverhältnissen in den Ländern des »sozialistischen Lagers« gar nicht erst zu thematisieren.[9]

Am Beispiel der warenästhetischen Instrumentalisierung des sexuellen Scheins demonstriert Haug den widersprüchlichen Charakter der Warenästhetik auch im Hinblick auf ihre potentiell befreienden Auswirkungen. Zwar versucht das Kapital, die umfassende Stimulierung sexueller Wünsche und Begierden, die »Modellierung« der Triebbedürfnisse, über die aufreizende Inszenierung und Ausstattung der Waren mit sexuellem Schein stets in konkrete Kaufmotivation umzumünzen, doch ist damit – wie Haug richtig bemerkt – »die verändernde Kraft der sich tastend herausentwickelnden Befreiung der Sexualität nicht unbedingt wieder eingefangen« (S. 69). Zwar zielt die Technik der Warenästhetik darauf, aus einem Bedürfniskomplex jeweils nur diejenigen »Bedürfnissegmente« herauszugreifen, die unmittelbar in Warenform befriedigt werden können (S. 120), doch zeigt gerade das Beispiel der sexuellen Stimulierung, daß diese Beschränkung der affizierten Bedürfnisse auf bestimmte Bedürfnissegmente, in der Konsequenz: die Restriktion der Bedürfnisse selbst, keinesfalls immer und vollständig gelingt.

Dies impliziert eine zumindest partielle Revision der These *repressiver Entsublimierung* (R. Reiche). Zwar ist offenkundig, daß die Warenästhetik über die Beschränkung der sexuellen Stimuli auf vorwiegend prägenitale Appelle objektiv sexuell repressive Funktionen erfüllt, wobei dieser regressiven Tendenz spezifisch neurotische Strategien der Bedürfnisbefriedigung (»Warenhunger«) nur entsprechen. Darüber hinaus muß jedoch gesehen werden, daß die warenästhetisch forcierte Entsublimierung der Triebbedürfnisse nicht *nur* repressiven Charakter hat, sondern zugleich auch progressiv zu entfaltende Triebenergien freigesetzt werden. In dieser Dimension geht die Warenästhetik in ihrer in der Warenform eingebundenen repressiven Funktion nicht auf.

Das bedeutet aber zugleich: Die potentiell emanzipatorischen Momente der Warenästhetik bestehen vor allem dort, wo es den Menschen gelingt, die wirkliche Befriedigung ihrer Bedürfnisse von ihrer kapitalistischen Befriedigung in Warenform zu differenzieren[10], *die warenästhetisch angezielte Unmittelbarkeit dieser Bedürfnisse gegen ihre kapitalistische Zurichtung durchzusetzen.* Gerade darum ist es falsch, undifferenziert »die eigenen Bedürfnisse« anzuführen, gegen deren Befriedigung (in Warenform) die Massen kein Klassenbewußtsein aufrechterhalten könnten (S. 137).[11] Die reale Emanzipation zum Klassenbewußtsein wird dagegen auch dort ansetzen, wo eine Befriedigung gerade der kooperativen, sozialen Bedürfnisse, der Keim der Solidarität, der Vermittlung durch die symbolisierenden Waren[12] enträt und so in der Konsequenz der Warenästhetik ihre ökonomische Funktionsbestimmtheit entzieht, d. h. sie als *Waren*ästhetik zerstört. Politisch geht es also darum, die spontanen Bedürfnisimpulse der Warenästhetik, die z. B. im »Erlebniskauf« (S. 86 ff.) wieder gebunden werden sollen, so aufzunehmen, daß ihre wirkliche Befriedigung die Warenästhetik selbst ad absurdum führt.[13]

In diesem Zusammenhang gewinnt noch ein weiterer Aspekt an Bedeutung. Die Warenästhetik restringiert die menschlichen Bedürfnisse unter dem Anschein der Aufhebung dieser Restriktion, ja sie erzeugt den Schein einer explosiven Ausdehnung der Bedürfnisse. Diese kapitalistische Restriktion der Bedürfnisse findet nun ihren Niederschlag auch in der zunehmenden Unfähigkeit, die Bedürfnisse adäquat anzusprechen bzw. umgekehrt sie zu artikulieren. Die »Warensprache« (Marx) ist bei aller vom Verwertungsinteresse diktierten Innovation eine *restriktive Sprache* – eine Sprache, deren syntaktische und semantische Restriktion die reale Verdinglichung der menschlichen Verhältnisse nicht nur anzeigt, sondern stets erneut stützt. Parallel zu dieser restriktiven Entfaltung der Sprache der Werbung[14], die alle noch menschlichen Beziehungen nach dem Grad ihrer ökonomischen Ausbeutbarkeit durchforscht, ist eine Verkümmerung der Sprache selbst dort festzustellen, wo sie als »Verkaufsgespräch« zur Abwicklung des Tauschs noch erforderlich war (S. 70 ff.). Die Mechanisierung und Rationalisierung der Verkaufsfunktionen, die vollständige Versachlichung des Tauschs zum stummen Handeln liquidieren so den Rest einer sprachlichen Kommunikation, die – insofern gesellschaftlich dysfunktional – einer reflexiven Selbstverständigung der Menschen über ihre wirklichen Bedürfnisse auch nur den Vorwand geben könnte.

Diesen Restriktionszusammenhang zwischen sprachlicher Artikulation der Bedürfnisse und den Bedürfnissen selbst gilt es politisch aufzubrechen. »Das Phänomen, das für alle Beobachter der Mai-Revolte am überraschendsten kam, war das *außerordentliche Bedürfnis nach Kommunikation und kollektivem Leben,* war die Begeisterung, mit der breite, von den Modellen der Konsumgesellschaft geprägte Massen sich gegen diese Modelle auflehnten, von ihrer Absurdität überzeugt waren und – wenn auch nur für einen Augenblick – bereit schienen, auf sie zu verzichten, schließlich die Leichtigkeit, mit der die Massen in dieser kollektiven Erfahrung ihre eigenen Kommunikationsmittel, die Fähigkeit, sich selbst zu organisieren, und in der Revolte ihre eigene Disziplin fanden.«[15]

Zusammenfassend lassen sich nun einige Kriterien und Ansatzpunkte formulieren, an denen eine kulturrevolutionäre politische Praxis unter den gegenwärtigen Bedingungen kapitalistischer Waren- und Erscheinungsproduktion inhaltlich zu orientieren wäre: 1. Die Unmittelbarkeit der warenästhetisch stimulierten Bedürfnisse kann insofern politisch aufgegriffen und forciert werden, als sie von der Warenform abgelöst werden kann. 2. Die Erfahrung der Kluft zwischen den eigenen Bedürfnissen und dem kapitalistischen Befriedigungsangebot kann nur im größeren Rahmen einer durch sie motivierten Selbstverständigung über die zugrunde liegenden objektiven Bewegungsgesetze des kapitalistischen Produktions- und Reproduktionsprozesses politisch verarbeitet werden. 3. Eine wichtige Aufgabe ist es, in solidarischer Praxis und Diskussion die kapitalistische Restriktion der Sprache und damit die Mystifikation der Produktionsverhältnisse selbst zu durchbrechen: »Sprechen heißt Handeln durch Enthüllen.«[16] 4. Unbedingt ist zu verhindern, daß die freiwerdenden spontanen Impulse zu einer »neuen Innerlichkeit« des subjektiven Bewußtseins regredieren (und so dem Kapital neue Marktlücken erschließen!); vielmehr sind auch die organisatorischen Bedingungen dafür zu schaffen, diese Momente *politisch* zu entfalten.

Um Mißverständnissen vorzubeugen: Es geht hier nicht darum, Marcuses emphatische Verabsolutierung der Dimension des Ästhetischen zu »einer Art Eichmaß für eine freie Gesellschaft«[17] unreflektiert zu erneuern; im Gegenteil: die kulturpolitische Arbeit kann nur dann mit dem unmittelbar politischen Kampf sich verbinden, wenn sie von der Blendung durch den isolierten ästhetischen Schein gleichermaßen freikommt wie die politische Praxis vom politischen. Haug ist zuzugestehen, den ästhetischen Schein der Warenwelt und des Systems als ökonomisch und ideologisch funktionsbestimmt abgeleitet und damit theoretisch durchbrochen zu haben; dem politischen Schein hingegen ist er erlegen. Insofern ist der Anspruch »bestimmter Negation« nur bedingt eingelöst; denn diese ist bestimmt nicht nur in dem Sinne, »daß sie weiß,

worauf sie hinauswill und mit wem sie sich dabei verbündet«
(S. 8), sondern darüber hinaus – im Anschluß an die *11. These
über Feuerbach* –, daß sie weiß, *was sie zu tun hat*: Das Bünd-
nispostulat ist kein Ersatz für Praxis.

Anmerkungen

Warenproduktion und Erscheinungsproduktion

1 W. F. Haug: *Kritik der Warenästhetik*, Frankfurt a. M. 1971, Zitate und
Belegstellen werden im Text durch in Klammern gesetzte Seitenangaben
nachgewiesen.
2 Ich beschränke mich hier auf den theoretischen Argumentationsstrang des
Buches. Haug verarbeitet zudem eine Fülle an empirischem Material und
Beispielen, wobei die Borniertheit der Anzeigensprache zuweilen als unfreiwillige Komik bis auf die Stilebene der Darstellung durchschlägt: »Indem das
Unterhosen produzierende Kapital einen Platz an der Profitsonne anstrebt,
rücken zunächst die Unterhosen ins Licht.« (S. 106)
3 Zuweilen wird der Zustand kapitalistischer Konkurrenz als bloße »Eindruckskonkurrenz«, Konkurrenz auf der Erscheinungsebene (S. 36 ff.), warenästhetisch beschworen. Vgl. auch oben, R. Paris: *Warenhunger*, S. 89.
4 Haug grenzt sich ab von den Begriffen »Kulturindustrie« (Adorno, Horkheimer) und »Bewußtseinsindustrie« (Enzensberger), ohne dies jedoch über eine
summarische Abqualifizierung der *kritischen Theorie* hinaus im einzelnen zu
begründen. Als Kritikpunkte führt Haug völlig unvermittelt die konvergenz-
theoretischen Tendenzen der *kritischen Theorie* sowie den – wie er meint ›
»kuriosen« Begriff der immateriellen Ausbeutung bei Enzensberger an
(S. 155 f.). Dagegen ist jedoch darauf zu bestehen, daß diese Ansätze bei aller
Überzeichnung der von ihnen beschriebenen neuen Tendenzen der kapitalistischen Produktionsweise für eine materialistische Analyse der gegenwärtigen
Situation durchaus relevant bleiben und fortzuführen sind.
5 Dieser Schein wirkt um so stärker, als der erzielte Preis bestimmter Kunstwerke in keinem Verhältnis mehr zum darin vergegenständlichten Quantum
gesellschaftlich notwendiger Arbeit, also ihrem Wert, steht, d. h. der Wert hier
nicht mehr als indirekter Gradmesser des Preises gelten kann. Der Grund dafür
besteht in der gesellschaftlichen Monopolstellung der Kunst bzw. dessen, was
dafür zu gelten hat.
6 Anmerkung entfällt.
7 Vgl. W. Müller, C. Neusüss: *Die Sozialstaatsillusion und der Widerspruch
von Lohnarbeit und Kapital*, in: *Probleme des Klassenkampfes*, Sonderheft I,
Westberlin, Erlangen 1971.
8 D. Klein: *Revolutionäre Strategie und antiimperialistischer Kampf in
Westeuropa*, Facit Reihe 3, Köln 1969, S. 24. Hervorhebung R. P.
9 Vgl. dazu C. Bettelheim: *Über das Fortbestehen von Warenverhältnissen
in den »sozialistischen Ländern«*, Internationale Marxistische Diskussion I,
Berlin 1970. Unbenommen sei Haug demgegenüber der Anspruch, im

Abschnitt *Vergleich mit dem Sozialismus, um das spezifisch Monopolkapitalistische der Warenästhetik zu verdeutlichen* (S. 138 ff.) den Ursprung einiger Vorurteile gegenüber dem äußeren Erscheinungsbild der DDR aus dem Fehlen vergleichbarer warenästhetischer Anstrengungen durchaus schlüssig nachgewiesen zu haben.

10 Dies relativiert freilich die von Haug formulierte Hypothese: »Je irrationaler von der Klassenlage her das erzwungene Opfer sinnlich-sinnhafter Ansprüche ist, desto wichtiger für die Stabilisierung wird die Belohnung in Warenform.« (S. 151) Welche Bedürfnisse sind hier angesprochen? Daß der skizzierte Zusammenhang die unmittelbar materiell zu befriedigenden Lebensbedürfnisse der Arbeiter trifft und hier die Stabilisierung nicht anders als in Warenform (und das heißt in diesem Zusammenhang nur: in dinglicher, materieller Form) erfolgen kann, sei durchaus zugestanden. Gleichwohl ist gerade politisch zu bedenken, daß solche Stabilisierung zunächst nur der unmittelbaren Reproduktion der Ware Arbeitskraft entspricht und insofern die Stabilität des Systems selbst noch nicht in Frage stellt.

11 Zur objektiv gespaltenen Bedürfnisstruktur der Arbeiterklasse vgl. auch: O. Negt: *Soziologische Phantasie und exemplarisches Lernen,* Frankfurt a. M. 1968, S. 52.

12 Zu Recht stellt Haug die Prognose, daß durch die Entfaltung der Warenästhetik die Symbolfunktion der Waren in Zukunft verstärkt werde (S. 127).

13 Am Beispiel der rapide zunehmenden Warendiebstähle zeigt Haug, wie die Auswirkungen der Warenästhetik auch gegen die manipulative Absicht des Kapitals ausschlagen können. (S. 45 ff.) Dabei ist offenkundig, daß in der bloßen Verkehrung des Tauschverhältnisses zur eigenmächtigen Aneignung der Waren die emanzipatorische Chance, die gerade darin besteht, die Fixierung an diesen Waren zu durchbrechen, keinesfalls eingelöst ist. Allerdings wird auch hier deutlich, daß die bei Haug betriebene Rückkoppelung der Auswirkungen der Warenästhetik auf die Ebene gewerkschaftlicher Lohnforderungen, deren Durchsetzung doch nur kompensatorische Bedürfnisbefriedigung erlaubt, die potentiell emanzipatorischen Momente der Warenästhetik gerade nicht aufnimmt.

14 Vgl. dazu bei Haug den Abschnitt über »Werbelyrik« (S. 159 ff.), auch M. Berg: *Negative Didaktik oder die Entfesselung der Produktivkraft Sprache,* in: *Alternative* 74, Berlin 1970, S. 187.

15 L. Magri: *Der französische Mai und die Revolution im Westen,* zitiert nach M. Schneider: *Gegen den linken Dogmatismus, eine »Alterskrankheit«* des Kommunismus, in: *Kursbuch* 25, 1971, S. 113. Hervorhebung R. P. – Eine ähnliche Perspektive deutet Haug in einer Anmerkung nur an: »Für politische Arbeit ist die Redefähigkeit wieder von zentraler Bedeutung. Wenn sich die Massen politisch bewegen, kommt es zu massenhafter Veränderung der Redefähigkeit.« (S. 78, Anm. 8)

16 J.-P. Sartre: *Was ist Literatur?* Reinbek bei Hamburg 1958, S. 17.

17 H. Marcuse, *Versuch über die Befreiung,* Frankfurt a. M. 1969, S. 48.

Nachbemerkung

Der Wiederabdruck meiner – vor gut drei Jahren entstandenen – Beiträge zur Diskussion der Warenästhetik gibt mir Gelegenheit zu einem korrigierenden Kommentar. Dabei betrifft die Korrektur weniger die einzelnen Ansatzpunkte und Argumente der Kritik an Haug (die ich auch heute noch im wesentlichen für richtig halte), sondern vielmehr die Tatsache, daß diese Kritik weniger am Gegenstand der Warenästhetik selbst entfaltet und vorangetrieben wurde als vielmehr auf einen politisch motivierten Schlagabtausch hin zentriert war. Besonders der zweite Aufsatz – eher eine erweiterte Rezension – argumentiert streckenweise in dieser verkürzten und stilisierenden Perspektive. Ein deutlicher Mangel dieser Arbeiten ist also sicher der, daß sie sich zu sehr an der bei Haug meines Erachtens aufgesetzten politischen Konsequenz des »Umschlags« von Warenhunger in Lohnforderungen festmachen und hierzu relativ abstrakt eine voluntaristische Gegenposition beziehen, die heute, speziell auf die Gewerkschaftsfrage bezogen, sicher nicht mehr durchgehalten werden kann.

Den Grundansatz meiner Kritik, der auf die Notwendigkeit einer Differenzierung des Bedürfniskonzepts zielt, halte ich freilich auch weiterhin für richtig und sinnvoll. *Die Kritik der Warenästhetik darf sich nicht auf einen warenfixierten Bedürfnisbegriff festlegen lassen;* sie muß – gerade wenn sie die Grenzen der warenästhetischen »Modellierbarkeit« von Bedürfnissen aufzeigen will – über einen umfassenden Begriff menschlicher Bedürfnisse verfügen, der Status- und Konsumbedürfnisse ebenso enthält wie das Bedürfnis nach Kontakt, Kommunikation, solidarischen Lebensformen usw. Und hier scheint mir nach wie vor das Grundproblem einer politischen Einschätzung der Warenästhetik zu liegen: ob und inwiefern sie langfristig auch gegen ihre ursprüngliche ökonomische Zweckbestimmung subkulturelle oder gar massenhafte Umdefinitionen von Bedürfnissen ermöglicht und befördert, wobei die Erfahrung einer fundamentalen Diskrepanz zwischen den neudefinierten Bedürfnissen und den im Rahmen der kapitalistischen Gesellschaft möglichen Befriedigungsformen auch politisch neue Mobilisierungschancen eröffnen würde. Gleichwohl scheint ein dauerhafter Politisierungseffekt nur dann und in dem Maße erreichbar, wie es gelingt, im Rahmen der sozialistischen Bewegung selbst alternative, solidarische Formen der Bedürfnisbefriedigung real zu antizipieren und zu entfalten.[1]

Dezember 1974   Rainer Paris

---

[1] *Warenproduktion und Erscheinungsproduktion* erschien zuerst in: *Ästhetik und Kommunikation* 7, 1972, S. 25 ff., *Warenhunger* zuerst in: *Ästhetik und Kommunikation* 5/6, 1972, S. 58 ff.

Heinz Hirdina
Rezension der *Kritik der Warenästhetik*
in den *Weimarer Beiträgen*

Die Warenhäuser des Westens ziehen nicht nur potentielle Käufer an. Magnetisch wirken sie ebenso auf Theoretiker, besonders auf jene Analytiker des Kapitalismus, die angesichts der vergegenständlichten Ergebnisse des Profitstrebens kulturelle Kritik ihrer Gesellschaftsordnung betreiben.

Den Theoretikern geht es um die Zirkulation, in der die Produktionsverhältnisse und die darin eingeschlossenen Distributionsverhältnisse sinnlich-konkret in der Gestalt der Ware erscheinen. Wie die Schrift von Wolfgang Fritz Haug zeigt, birgt dies aber auch die Gefahr der theoretischen wie methodischen Überbewertung der Zirkulation in sich, die nur als unselbständiges Vermittlungsglied zwischen Produktion und Konsumtion zu begreifen ist.

Trotz ihrer Unselbständigkeit ist die Zirkulation aber jene Sphäre, in der die Wünsche und Ziele von Produzenten und Konsumenten zum ersten Mal sichtbar aufeinanderprallen.

Der künftige Eigentümer tritt der Ware in zweifacher Gestalt gegenüber: als Käufer in einem ökonomischen Prozeß und als künftiger Nutzer in einem kulturellen Prozeß. Die sozialökonomischen Determinanten der ästhetischen Aufmachung von Waren werden deshalb gerade beim Kaufakt überzeugend faßbar. Wolfgang Fritz Haug hat dies in seinen Aufsätzen im *Argument*[1] und im *Kursbuch*[2] sowie in der vorliegenden Schrift zum Warenschönen bewiesen. Er befaßt sich seit Jahren ständig differenzierter mit der »Aufmachung und Propagierung der für den massenhaften Konsum bestimmten Waren«.[3] Sein Ziel ist dabei, »den Zusammenhang der Produktion und Propagierung von Waren einerseits, von Bewußtsein und Bedürfnissen der Menschen andererseits zu analysieren«.[4]

Ästhetische Probleme und die Ästhetik tangierende Fragen werden damit für einen Bereich formuliert, der durch seine Alltäglichkeit ästhetische Rezeptionsgewohnheiten entscheidend prägt und verändert – eine Alltäglichkeit, die an die ästhetische Rezeption von Architektur, von Unterhaltungsmusik, von Trivialliteratur oder Illustriertenaufmachung erinnert, sich aber durch ihre sinnlich-konkrete Verbindung zu ökonomischen Prozessen von dieser Rezeption unterscheidet.

Wolfgang Fritz Haug beschreibt diese Art von Rezeption, und er weist nach, wie die Rolle des Ästhetischen, der Emanzipation der Sinne zu dienen und damit zur universellen Aneignung der Welt beizutragen, umfunktioniert wird. Der Autor zeigt die Kultivierung dieser ästhetischen Rezeption als Folge ihrer ökonomischen Verwertbarkeit durch den kapitalistischen Produzenten. Gleichzeitig müssen sich die Erscheinungsformen des Warenschönen mit der Abstumpfung der Sinne selbst ändern, so daß der äußersten Differenziertheit ästhetischer Mittel und Techniken schließlich die entleerte Subjektivität als Gefäß für ständig neue Reize gegenübersteht.

Haug weist das nach an den subjektiven Folgen wie objektiven Wandlungen des Warenschönen. Luxusgüter, Verführungen durch Werbung, Anreize zu modischem Verschleiß und die Qualitätsversprechungen von Verpackung und Warenzeichen werden von ihm auf das Verhältnis von Tauschwert und Gebrauchswert zurückgeführt. Es leiten sich aus Haugs Analysen Fragen ab, die in zweierlei Hinsicht für uns interessant sind: Was leistet Haug zur historischen und sozialökonomischen Fundierung kultureller Kapitalismuskritik? Und wie tragfähig ist seine Basis für theoretisches Reflektieren über die ästhetische Aufmachung von Waren unter den Bedingungen sozialistischer Warenproduktion? Haug will mit seiner Schrift einen Schritt weiter gehen als Baran und Sweezy, die nach seiner Aussage die »Verkaufsförderung« durch Aufmachung und Propagierung von Waren allzu einseitig an die Entwicklung des Monopolkapitals in unserem Jahrhundert binden. Demgegenüber will er nachweisen, daß die »Grenze zwischen Gebrauchswert einerseits und zu Konsum und daher zu Kauf anreizender Aufmachung der Waren andererseits nicht erst in diesem Jahrhundert verschwimmt«.[5] Zu diesem Zweck wendet er sich den bei Marx entwickelten »ökonomischen Funktionen des Tausches, der Warenproduktion und der Kapitalverwertung« zu.[6]

Der manipulierte Konsument wird bei Haug zum Ausgangspunkt kultureller Kapitalismuskritik und gleichzeitig zum Angelpunkt für die Beschreibung und Kritik einer im Sinne der kapitalistischen Produzenten perfekt funktionierenden Zirkulationssphäre, die ihre Spuren in das Bewußtsein, in die Bedürfnisse und Verhaltensweisen der Konsumenten gräbt.

Dieser Kritik fällt in den zeitlich früheren Veröffentlichungen Haugs und in den Prämissen seiner neuesten Schrift das Ästhetische insgesamt zum Opfer. Er schreibt: »Das Ästhetische der Ware im weitesten Sinne: sinnliche Erscheinung und Sinn ihres Gebrauchswerts, löst sich hier von der Sache ab. [...] Mit dem System von Verkauf und Kauf tritt auch der ästhetische Schein, das Gebrauchswertversprechen der Ware als eigenständige Verkaufsfunktion auf den Plan.« (S. 17) Auf dieser Position Haugs basieren dann auch weite Passagen seiner Warenästhetik, von daher werden die konkreten Beispiele ästhetischer Konsumentenverführung interpretiert: Haug verzichtet dann im späteren Verlauf seiner Kritik per definitionem auf eine generelle Kritik des Warenschönen und reduziert sie auf den sozialen Gebrauch dieses Ästhetischen: »Ähnlich verhält es sich bei der Kritik der Warenästhetik. Sie richtet sich nicht gegen die Verschönerung bestimmter Dinge, ganz im Gegenteil; sondern sie zeigt, wie eine losgelassene ökonomische Funktion des Kapitalismus mit der Macht einer Naturkatastrophe durch die sinnliche Welt fegt und alles das, was sich ihr nicht fügt, wegfegt und bestimmte Einzelzüge, die ihr entgegenkommen, ungeheuer aufnimmt, verstärkt und zur Herrschaft erhebt, um die des Kapitals zu befestigen.« (S. 141)

Mit dieser, der Verteufelung des Ästhetischen in der oben zitierten Definition entgegenstehenden Einschränkung gewinnt er eine Position, die aus der Sackgasse der kritischen Theorie herausführt. Man kann den Weg der Erkenntnis bei Haug selbst verfolgen, wenn er zunächst das Warenschöne nur in seiner persönlichkeitsdeformierenden Funktion beschreibt, dann hinter der Manipulation eine Befreiung auf biologischer Ebene entdeckt und schließlich nach dem Zusammehang zwischen politischer Emanzipation und dem Warenschönen fragt.

Es können hier nicht die Beweise wiederholt werden, die Haug beibringt, um zu zeigen, »wie und in welche Richtung die Bedürfnisstruktur der Menschen sich ändert unter dem Eindruck der veränderten Befriedigungsangebote, die die Waren machen«. Hier sollen nur jene Passagen genauer betrachtet werden, in denen das Ästhetische nicht nur als Indiz für die totale Manipulation des Individuums betrachtet wird, sondern in denen etwas vom Widersprüchlichen dieses Ästhetischen als Indiz für die Widersprüchlichkeit aller Kapitalismusentwicklung sichtbar wird: ihrer zivilisationszerstörenden wie zivilisierenden Tendenz. Zunächst entdeckt Haug diese Widersprüchlichkeit in der Sexualisierung der Mode, deutet damit an, daß sich Freisetzung von Subjektivität auch innerhalb der Manipulation vollziehen kann: »Mit Hilfe neuer Textilmoden wurde es möglich, sich als allgemein sexuelles Wesen zu inserieren. Darin ist eine merkwürdige Rückkehr zum sozialgeschichtlichen Ausgangspunkt. Wie einmal die Waren ihre Reizsprache bei den Menschen entlehnten, so geben sie ihnen jetzt eine Kleidersprache der sexuellen Regungen zurück. Und machen auch die Kapitale der Textilbranche ihren Profit damit, so ist doch damit die verändernde Kraft der sich tastend herausentwickelnden Befreiung der Sexualität nicht unbedingt wieder eingefangen.« (S. 69)

Ein Beispiel zur Wohnmode zeigt das Schillernde solcher Befreiung: »Diese Wohnung ist ›sexy‹ wie eine frühere Spielart ›gemütlich‹. [...] Mag sie auch emanzipatorischen Triebregungen entsprungen sein, die das Kapital aufgespürt, zum Anlaß für eine Gestaltungsidee genommen und in Warenform verwirklicht hat — nachdem diese Sexuallandschaft einmal gekauft ist, weil sich Triebregungen des Käufers Befriedigung in ihr versprachen, wird sie eine bestimmte Triebstruktur züchten, die nicht mehr identisch ist mit der zum Ausgangspunkt der ›Idee‹ genommenen.« (S. 121) Das zunächst befreiend Scheinende entpuppt sich als umfunktioniert durch die Gesetze der Kapitalverwertung, denen schließlich auch »die Modellierung der menschlichen Sinnlichkeit« (S. 122) unterworfen wird.

Haug kommt aber schließlich vom biologisch bestimmten Individuum zu seiner Klassennatur, die anonyme Masse der Käufer verlassend, zur Arbeiterklasse. Er schreibt im Kapitel *Der Einfluß der Warenästhetik auf die Arbeiterklasse* über politisierende Folgen des Warenschönen: »Die Macht der

Warenpropaganda resultiert nicht aus Manipulation im Sinne bloßer Gaukelbilder der Werbung und Anreizung allein. Ihren realen Kern hat sie in den Gebrauchswerten der Waren und in deren allgemeiner Zugänglichkeit. Gegen ihre eigenen Bedürfnisse und ihre Befriedigung könnten die Massen kein Klassenbewußtsein aufrechterhalten. Wie die Waren in der Zirkulationssphäre den harten Kern der Warenpropaganda darstellen, ohne den sie wie offener Hohn empfunden würde, so der sich als Lohnforderung in der Produktionssphäre konkretisierende Warenhunger als der harte Kern, an dem Klassenbewußtsein sich aufrichtet.« (S. 137 f.)

Das Kurzschließen von Warenhunger und Klassenbewußtsein erklärt sich aus der programmatischen Absicht des Autors, seine kulturelle Kritik in der Zirkulationssphäre anzusiedeln. Das führt sowohl zur Überbetonung von Zirkulation wie ihrer vergegenständlichten Erscheinung, der Ware. Haug nähert sich der Arbeiterklasse als jener Kraft, die den schönen Spuk zu eigener Befreiung vereinnahmt und umfunktioniert. Das umfunktionierte Warenschöne, das so gar nicht im Sinne der kapitalistischen Produzenten wirkt, wird in solcher funktionalen Überbewertung aber ebenso illusionistisch, wie die einstige Überbetonung der Manipulationsgewalt in der negierenden Kritik verblieb.

Diese Veränderungen seiner Position sind allerdings nicht nur ein Pendeln um den Mittelpunkt. Haug nähert sich dem Mittelpunkt über die soziologische Vereinfachung. Das gibt seiner Schrift jenen moralischen Impetus, der nötig ist, um zunächst einmal die heiligen Kühe des Kapitalismus ohne Bedauern zu schlachten. Haugs Stärke liegt in der Kritik, in der Analyse jener Verfahren, mittels derer die Konsumenten in ausbeutbare Objekte verwandelt werden. Daß sich hinter dem Rücken der manipulierenden Produzenten gegenläufige Prozesse abspielen, ist Haug zwar bewußt, es fehlt aber deren Artikulation jene sinnliche Konkretheit und Überzeugungskraft, die seiner Polemik eigen ist. Haugs Position ist zu differenzieren, was die Widersprüchlichkeit kapitalistischer Entwicklung anbetrifft, und sie ist zu relativieren, was seine Konzentration auf die Zirkulationssphäre angeht.

Wir können dabei an jene Passagen seiner Schrift anknüpfen, die zeitlich offenbar die jüngsten sind und in denen er sich mit dem Warenschönen unter sozialistischen Produktionsverhältnissen beschäftigt. Er geht davon aus, daß hier die »Warenproduktion durch die übergreifende Organisationsform der Planwirtschaft zu einem wesentlich unselbständigen Moment herabgesetzt ist«. (S. 138)

Unter diesen Bedingungen wandelt sich die Funktion des Ästhetischen in der Zirkulationssphäre: nicht mehr Konkurrenzprodukte sollen sich ästhetisch signifikant voneinander unterscheiden, und nicht mehr Planlosigkeit des Produzierens muß zu planloser Konsumtion mittels ästhetischer Reize verführen. Einzig entscheidend ist die Information über den Gebrauchswert: unterschiedliche Qualitäten für differenzierte Bedürfnisse auf verschieden hohem Niveau. Haug folgt so weit, daß er den Waren und ihrer Verpackung Informationsfunktion in diesem Sinne zugesteht. Er folgt aber nicht mehr bis zum ästhetischen Charakter dieser Information. Dies ist offenbar seinem tiefen Mißtrauen gegenüber der manipulativen Verwertbarkeit ästhetischer Mittel in der Zirkulation geschuldet, denn Haug wendet sich keinesfalls gegen eine Verschönerung der Waren, die sich erst in der Konsumtionssphäre entfaltet. Was sich aber in der Konsumtion entfalten soll, muß vorher bereits erkennbar sein. Denn zunächst können wir nicht ignorieren, daß ein Industrieprodukt in seinem Lebenszyklus nacheinander Arbeitsgegenstand, Arbeitsprodukt, Ware und zuallerletzt Gegenstand der Konsumtion ist. Den Wandel seiner Daseinsweisen muß jedes Produkt aber in wesentlich unveränderter Gestalt durchmachen, die mitunter in Kollision gerät zur Dynamik des gesellschaftlichen Reproduktionsprozesses. Ein großer Teil der Funktion ändert sich, aber die Form bleibt dieselbe. In der ästhetisch wertbaren Gestalt eines Industrieproduktes spiegeln sich damit mehr oder weniger deutlich alle Phasen des gesellschaftlichen Reproduktionsprozesses. Die Evidenz der einzelnen Phasen ist sowohl vom Produkt selbst wie von der sozialen Wertigkeit der einzelnen Phasen abhängig, davon also, welche Phase Mittel, welche Zweck ist.

Was bedeutet dies für die Phase der Zirkulation allgemein unter den Bedingungen gesellschaftlicher Produktion?

Das zeitliche Auseinanderfallen von Austausch und Konsumtion bewirkt, daß der erste Kontakt zwischen potentiellen

Konsumenten und Gebrauchsgegenstand als Kontakt zwischen potentiellen Käufern und Ware wirksam wird. Gleichgültig dabei, ob es sich um die Werbung vor dem Kaufakt handelt oder um den Kaufakt selbst – dieser erste Kontakt ist ein Akt aufmerksamen Betrachtens.

Historisch hat sich daraus die immer wirksamere Funktion des Ästhetischen als wesentliches Element des Zirkulierens von Waren herausgebildet, denn vor dem Benutzen in der Konsumtion besteht für den künftigen Konsumenten in der Regel keine natürliche Bedingung für die Erprobung der realen Gebrauchseigenschaften. Sie werden vermittelt dargeboten. Was dem realen Gebrauch am nächsten kommt: das »Probieren«, probeweise Benutzen, Kosten usw., kann bei vielen Warengruppen – bedingt durch Dimension, hygienische und zeitliche Faktoren – immer weniger verwirklicht werden. An die Stelle der realen Nutzung treten daher Formen, die nur über das Bewußtsein wirken: die intellektuelle, auf das Vorstellungs- und Abstraktionsvermögen zielende Information durch Erläuterung, Bedienungsanweisung usw. und die direkt auf das Wahrnehmungsvermögen zielende Form, die auch die ästhetische Information trägt.

Im Doppelcharakter der Waren liegt die Möglichkeit, diese ästhetischen Informationen zur Vorspiegelung eines nicht vorhandenen Gebrauchswertes zu nutzen.

Auf diesen möglichen, aber nicht zwangsläufigen Mißbrauch des Ästhetischen innerhalb der Warenproduktion hat Haug hingewiesen: »Hinfort wird bei aller Warenproduktion ein Doppeltes produziert: erstens der Gebrauchswert, zweitens und extra die Erscheinung des Gebrauchswertes.« (S. 16 f.) Diese Bestimmung ist allerdings nur typisch für die kapitalistische Warenproduktion, und historisch eng begrenzte Gültigkeit hat auch die Haugsche Aussage, daß diese Doppelung und nachfolgende Trennung des Einheitlichen eine Folge des »in Personen auseinandergelegten Widerspruchs von Gebrauchswert und Tauschwert« ist (S. 16). Die doppelte Funktion eines Produkts, einmal stoffliche und zum anderen informationelle Bedeutung zu haben, ist Wesen jedes Produktes, das hergestellt wurde, um unter den Bedingungen vergesellschafteter Produktion ein Bedürfnis zu erfüllen. Solche Informationen über die Existenz einer Ware, ihre Qualität und ihre Herkunft werden immer mehr zur notwendigen Bedingung des Kaufaktes, je mehr qualitativ unterschiedene Waren ein Grundbedürfnis erfüllen.

Während der Zirkulation ist es gerade die Erscheinung des Gebrauchswertes, die Information über ihn, und nicht der Gebrauchswert selbst, der dem Käufer zugänglich ist. Die Gebrauchsfunktionen erschließen sich vor allem über die Gestalt einer Ware. Das Gleichgewicht von Gestalt und Funktion als Basis ästhetischen Genießens bleibt dem künftigen Konsumenten vorenthalten, weil sich erst in der Konsumtion die Funktion in der Handhabung erschließt und die ästhetische Erfahrung bestätigt oder korrigiert. Demgegenüber wird das Ästhetische in der Zirkulationssphäre zum Beispiel in seiner Verweisfunktion benötigt: Es verweist auf nichtästhetische Qualitäten. Auch Haug erfaßt diese Funktion, zieht aber daraus keine entsprechenden Schlußfolgerungen. Der Sinn des spezifisch ästhetischen Charakters dieser Verweisinformationen ergibt sich aus der Möglichkeit, die Informationsaufnahme zu beschleunigen, zu verkürzen und zu intensivieren.

Neuheitsgrad, Leistungsfaktoren, funktionale Besonderheiten, modische Aktualität oder voraussehbare Lebenszeit können über solche Informationen erschlossen oder durch ästhetisch starke Reize verdeckt werden.

Differenzierung des Angebots setzt also eine differenzierende Wahrnehmung von seiten der Käufer voraus, denn nur so können differenzierte Angebote auf differenzierte Bedürfnisse treffen. Diese Kultivierung der Wahrnehmung vollzieht sich im ständigen Durchbrechen von Wahrnehmungsstereotypen. Das heißt, die materiellen Objekte der Wahrnehmung müssen eine bestimmte subjektive Reizschwelle überwinden, die mit der Vielfalt des Warenangebotes beim Käufer immer höher rückt. Im gleichen Maße muß also die Qualität der Informationen zunehmen, und dies besonders in ästhetischer Beziehung. Unter den Bedingungen zunehmender Informationsflut ist die Verwendung ästhetischer Mittel in der Zirkulationssphäre also nicht mit Konsummanipulation gleichzusetzen; sie ergibt sich aus der Zunahme qualitativ unterschiedener Waren selbst. Eine soziale Wertung dieses Sachverhaltes ist erst möglich, wenn wir das Wachstum der ästhetischen Informationen (qualitativ und quantitativ) mit dem qualitativen und quantitativen Wachstum gegenüberstehender Gebrauchswerte gleichsetzen. So ist zu unterscheiden, ob die Forcierung ästhetischer Informationen bei gleichbleibendem oder zurückgehendem Gebrauchswert zu Impulskäufen ausgenutzt wird, zu Käufen also, wie sie in der kapitalistischen Warenproduktion massenhaft durch die Verwertung des Unbewußten und Vorbewußten ausgelöst werden, oder ob sie als Ergebnis gesellschaftlicher Produktion auf die Bildung sozialistischer Bedürfnisse zielen oder für die Beschleunigung der Bedarfsdeckung eingesetzt werden.

Da die Rationalität sozialistischen Produzierens gesellschaftlich nur wirksam wird, wenn sie auf rationelle Weise steigende Bedürfnisse befriedigt, erscheint die Zirkulationssphäre als Vermittlungssphäre besonders dem Gesetz der Zeit unterworfen: Der Weg eines Gebrauchswertes vom Produzenten zum Konsumenten soll möglichst kurz sein. Das schließt neben stofflichen Prozessen die informationelle Vorbereitung des Konsumenten durch Werbung und Verpackung ein. Ästhetisch drückt sich bei diesen Informationsträgern der Zusammenhang zum Wirken des Gesetzes der Ökonomie der Zeit in einer höheren Intensität der ästhetischen Reize aus, die mit der äußerst kurzen Zeitdauer ihrer Wirkmöglichkeit korrelieren. Erst die Funktionsbestimmung dieser starken ästhetischen Reize gestattet ihre kulturelle Wertung. Die Geister scheiden sich, wenn diese starken Reize im Hinblick auf die kapitalistischen Produzenten oder im Hinblick auf den sozialistischen Konsumenten geplant werden. Ist im ersten Fall der Konsument Mittel zum Zweck kapitalistischer Verwertung, so ist er im zweiten Fall Zweck sozialistischen Produzierens.

Gewiß ließen sich die Differenzierungen und Relativierungen der Haugschen Position noch fortführen. Aber das entscheidende Verdienst von Haug bleibt, daß er mit Konsequenz versucht hat, das methodische Arsenal der Ästhetik auf marxistischer Grundlage durch die Untersuchung der ökonomischen Prozesse so zu erweitern, daß konkrete Aussagen zum Warenschönen gewonnen werden können. Diese Methode ist von Bedeutung nicht nur in bezug auf die von ihm behandelte Zirkulationssphäre, sondern auch im Hinblick auf die theoretische Analyse ästhetischer Rezeption und ästhetischer Qualitätskriterien im gesamten Reproduktionsprozeß.

1 Wolfgang Fritz Haug: *Warenästhetik und Angst*, in: *Das Argument*, Berlin (West), *Probleme der Ästhetik II*, 6 (1964) 1 (3. Auflage 1969), S. 14-31; ders.: *Die Rolle des Ästhetischen bei der Scheinlösung von Grundwidersprüchen der kapitalistischen Gesellschaft*, in: *Das Argument, Probleme der Ästhetik III*, 13 (1971) 3, S. 190-213.

2 Wolfgang Fritz Haug: *Zur Kritik der Warenästhetik*, in: *Kursbuch*, 20, Frankfurt a. M. 1970, S. 140-158.

3 Ebd. S. 140.

4 Ebd. S. 141.

5 Ebd.

6 Ebd.

Wolfgang Fritz Haug
Gibt es eine sozialistische Warenästhetik?[1]

I

In der *Kritik der Warenästhetik* habe ich untersucht, wie aus den gegensätzlichen Interessen in Tauschverhältnissen eine Funktion entspringt, die das Ästhetische der Waren zum Zwecke der Realisierung ihres Werts in Dienst nimmt. In entwickelteren Verhältnissen der bürgerlichen Gesellschaft, unter der Herrschaft des Geldes und erst recht unter der des Kapitals, tritt diese Funktion immer umfassender in Erscheinung. Im Monopolkapitalismus ist daraus ein ständig an Bedeutung gewinnender Komplex von instrumentalisierten ästhetischen Erscheinungen entstanden, ein komplexer Mechanismus der *Warenästhetik*, der mit den Bedürfnissen und Verhaltensweisen der Menschen ihre gesamte Lebensgestaltung und Weltanschauung beeinflußt. Die wissenschaftliche *Kritik* dieses Komplexes konnte nichts anderes heißen, als die Wirkungszusammenhänge bloßzulegen und in den von ihnen bestimmten ästhetischen Gebilden die gesellschaftlichen Verhältnisse und Interessengegensätze sichtbar zu machen. Ein wichtiges theoretisches Problem ist dabei die Unterscheidung zwischen den ästhetischen Bestimmungen, die einem Produkt als Gebrauchswert zukommen, und denen, die ihm speziell als Ware zukommen, kurz: die Grenzziehung zwischen Produktästhetik und Warenästhetik.

Seit ihrem Erscheinen hat die *Kritik der Warenästhetik* immer wieder den mehr oder minder aufrichtig gemeinten Vorwurf gegen sich erregt, sie propagiere, als Kritik am Ästhetischen der Waren, unästhetische Waren oder eine graue, freudlose Welt von »Kriegskommunismus«. Den Vogel schoß die *Frankfurter Rundschau* ab. Mit Bedauern nahm ihr Rezensent die sozialistische Perspektive der Kritik der Warenästhetik zur Kenntnis. Um sie besser ankreiden zu können, verballhornte er sie zunächst. Folgenden Nonsens verkaufte er seinen Lesern als Referat:

»Um das Bild von einer klassenlosen Bedürfnisgesellschaft aufrecht-erhalten zu können, müßte die Macht der Warenpropaganda gebrochen werden. Dies wiederum aber setzte voraus, daß die allgemeine Zugänglichkeit von Waren unterbunden werden müßte. Für den, der diesen Faden weiterspinnt, ergibt sich, daß Haug alle auf Waren (»Lebensmittel«) gerichteten Bedürfnisse mitunterbinden oder wenigstens kontingentieren wollen muß.«[2]

»Lebensmittelkartendenken« nennt der Rezensent der *Frankfurter Rundschau* das, was herauskommt, wenn er den Faden der Kritik der Warenästhetik weiterspinnt. Waren = Lebensmittel; Kritik der Warenästhetik läuft folglich hinaus auf Unterbindung des Zugangs zu Lebensmitteln. – Die *Frankfurter Allgemeine* fügte dieser Perspektive noch einen weiteren tristen Grauton hinzu, indem sie andeutete, der Niedergang bzw. das niedrige Niveau der Kunsthandwerke einschließlich der Kochkunst in Westdeutschland hänge irgendwie damit zusammen, daß »die neomarxistische These populär wurde, ›Warenästhetik‹ diene nur der Verschleierung des kapitalistischen Profitstrebens«.[3]

Die Rechnung scheint klar: Ästhetik = Kunsttheorie. Waren = Lebensmittel, Kritik der Warenästhetik also = Kritik der Kochkunst. Schon sind wir bei der ›grauen, freudlosen Welt des Sozialismus‹, diesem bekannten Topos des ideologischen Klassenkampfes. Aber derartige Argumente sind ebenso fälscherhaft wie fadenscheinig, und man könnte sich einen Jux aus ihnen machen und zur Tagesordnung übergehen.

Anders ist es mit einer jüngst in den *Weimarer Beiträgen* erschienenen Kritik.[4] Sie ist nicht nur deshalb sehr ernst zu nehmen, weil sie aus einem sozialistischen Land kommt, sondern auch, weil ihr Autor, Heinz Hirdina, sich eingehend mit der weiterführenden Frage nach *Stellung und Funktion des Ästhetischen in der sozialistischen Warenproduktion* befaßt. Dabei versucht er, dieses für den Sozialismus Spezifische in Auseinandersetzung mit der *Warenästhetik* zu bestimmen. Seine Generalbefürchtung angesichts meiner Kritik der Warenästhetik, wenn er ihre Konsequenz für den Sozialismus überdenkt, ist eine »Verteufelung des Ästhetischen«. In den Prämissen der Kritik der Warenästhetik falle »das Ästhetische insgesamt zum Opfer«. Wenn dies einem Vertreter des Sozialismus so erscheinen kann, ist dann nicht vielleicht auch an den eingangs zitierten Vorwürfen mehr dran als bloße Finten von klein- und großbürgerlichen Helden des ideologischen

Klassenkampfes? Es ist deshalb zu prüfen, ob es richtig ist, daß schon im Ansatz der Kritik der Warenästhetik das Ästhetische geopfert wird. Interessant ist dies aber erst so recht eigentlich im Zusammenhang mit der Hauptfrage, die für Hirdina dahinter lauert und die jenseits des Horizonts der Kritik der Warenästhetik liegen mußte: *Gibt es eine sozialistische Warenästhetik?* Oder wie er selbst es formuliert: »Wie tragfähig« ist die »Basis« der Kritik der Warenästhetik »für theoretisches Reflektieren über die ästhetische Aufmachung von Waren unter den Bedingungen sozialistischer Warenproduktion?«

Aber wie kann der Eindruck entstehen, die Kritik der Warenästhetik richte sich gegen das Ästhetische schlechthin? Schließlich heißt es doch dort ausdrücklich:

> »Sie richtet sich nicht gegen die Verschönerung bestimmter Dinge, ganz im Gegenteil; sondern sie zeigt, wie eine losgelassene ökonomische Funktion des Kapitalismus mit der Macht einer Naturkatastrophe durch die sinnliche Welt fegt und alles das, was sich ihr nicht fügt, wegfegt und bestimmte Einzelzüge, die ihr entgegenkommen, ungeheuer aufnimmt, verstärkt und zur Herrschaft erhebt, um die des Kapitals zu befestigen.«[5]

Hirdina zitiert diese Stelle als Beleg dafür, daß »Haug dann im späteren Verlauf seiner Kritik per definitionem auf eine generelle Kritik des Warenschönen [verzichtet] und sie auf den sozialen Gebrauch dieses Ästhetischen [reduziert].« Hier liegt ein Mißverständnis vor. Denn Programm und Gegenstand der Kritik der Warenästhetik können nicht bestimmte ästhetische Erscheinungen – und noch nicht einmal bestimmte ästhetische Techniken – sein; sondern hier geht es darum, einen *Wirkungszusammenhang* zu analysieren, innerhalb dessen bestimmte *Erscheinungen als Träger einer Funktion* sich herausbilden. Dabei wird nicht das Ganze der Ware untersucht, sondern »nur« die darin enthaltene Bestimmung des Warenästhetischen. Aus einer mehrdimensionalen Realität wird zu Zwecken der Untersuchung eine einzige Dimension: ein bestimmter *Funktionskreis,* isoliert und in seiner Eigengesetzmäßigkeit analysiert. »Isoliert« ist vielleicht mißverständlich ausgedrückt. Denn wie wird dabei zu Werke gegangen? So, daß in den genetisch einfachsten und logisch elementaren Formen des Tausches die Keimform aufgesucht und nachgewiesen wird, wie und nach welchen Gesetzmäßigkeiten sich aus ihr die Warenästhetik entfaltet.

Wie andere vor ihm kritisiert Hirdina dieses Verfahren als »Überbetonung der Zirkulation wie ihrer vergegenständlichten Erscheinung, der Ware«. Abgesehen davon, daß die Ware nicht die »vergegenständlichte Erscheinung der Zirkulation« ist, scheint Hirdina nicht zu sehen, daß Marx das gleiche Verfahren im *Kapital* anwendet. Er geht dort keineswegs von der Produktion aus, sondern von der Ware, deren Charaktere er allerdings als Ausdruck und Bewegungsform bestimmter Produktionsverhältnisse aufweist. Kapitalistische Produktion ist eben Produktion unter der Herrschaft des Werts; die Analyse hat dem Rechnung zu tragen, indem sie mit der Untersuchung des Werts und der Wertform beginnt. Erst jetzt können die Entwicklungen dargestellt werden, die von den Wertformen bestimmt sind.[6] Dies gilt auch für die Warenästhetik. Dieser Begriff faßt ja »nur« das Ästhetische der Ware, *soweit* es aus ihrer Warennatur bestimmt ist, d. h. soweit es Funktion der Realisation des Werts ist. Dabei taucht die Schwierigkeit auf (die viele verwirrt hat), daß zwischen so definierter Warenästhetik und Gebrauchswert kein sachlich eindeutiger, sinnlich feststellbarer Trennstrich zu ziehen ist. Nur analytisch sind sie trennbar und müssen schärfstens getrennt werden. In der Sache geht – durchaus mehrdeutig – das eine ins andere über. Aber das ist kein Einwand gegen die Analyse eines Funktionskreises unter Abstraktion von anderen Aspekten und Wirkungszusammenhängen; im Gegenteil, nur auf diesem Umweg lassen sich komplexe Realitäten überhaupt studieren. Man darf nur den Teilaspekt nicht verabsolutieren.

Damit scheint ein erstes Mißverständnis ausgeräumt zu sein. Aber durch diese Klärung wird eine zweite Unklarheit sichtbar. Denn in der weiter oben zitierten Stelle hatte ich ja von der »Verschönerung bestimmter *Dinge*« gesprochen, gegen die sich die Kritik der Warenästhetik mitnichten richte. Hirdina interpretiert diese Äußerung als Abkehr von den Prämissen, indem er aus den »Dingen« »Waren« macht. Ich reduzierte, bemerkt er, meine Kritik von einer generellen Kritik des Warenschönen auf eine seines sozialen Mißbrauchs. Hier kommt es auf Genauigkeit an. Die Kritik gilt ja gar nicht dem

»Warenschönen« an sich, sondern dem Funktionszusammenhang der Warenästhetik. Das ist insofern nicht dasselbe, als damit klar sein müßte, daß es nicht um die Kritik von Ästhetischem geht, dieses also weder geopfert noch gar verteufelt wird. Gleichsam auf den Nenner der meisten Mißverständnisse, auf das Zentralproblem, stößt man, wenn man darüber stolpert, daß Hirdina für nützliche »Dinge« oder Gebrauchswerte wie selbstverständlich »Waren« sagt.

Bei genauerem Nachlesen der Rezension Hirdinas findet man, daß dieses Versehen – Arbeitsprodukte oder nützliche Dinge kurzerhand mit Waren gleichzusetzen – an allen wichtigen Stellen – wichtig für die Frage nach der ästhetischen Aufmachung der Waren im Sozialismus – wiederkehrt. »Unter den Bedingungen gesellschaftlicher Produktion« bewirke »das zeitliche Auseinanderfallen von Austausch und Konsumtion«, daß der erste Kontakt zwischen dem potentiellen Konsumenten und dem Gebrauchswert als Kontakt »zwischen potentiellen Käufern und Ware« zustandekomme, woraus folge, daß hier das aufmerksame Betrachten auf seiten des Käufers und die ästhetische Information von seiten der Ware wichtig sind. Nun ist dieses zeitliche Auseinanderfallen, wie ich nachgewiesen habe, in der Tat die Bedingung für die Möglichkeit von Warenästhetik, weil hierin begründet ist die Kauf-auslösende Funktion des bloß Abstrakt-Ästhetischen der Ware, ihres ästhetischen Gebrauchswertversprechens. Obwohl Hirdina und ich in dieser Frage übereinstimmen, habe ich Bedenken gegen einige Punkte in seiner Darstellung. Zunächst: Was soll »unter den Bedingungen gesellschaftlicher Produktion« bedeuten? Bei Marx ist es der ökonomische Ausdruck für Sozialismus bzw. Kommunismus (zwischen diesen beiden Formationen wird im *Kapital* noch nicht unterschieden).[7] Aber es kann dies doch nicht sein, denn dann dürfte Hirdina nicht so selbstverständlich von »Austausch«, »Käufer« und »Ware« sprechen. Im Kommunismus als vollendeter gesellschaftlicher Produktion werden diese Kategorien einmal jede Wirklichkeit verloren haben. – Unterstellt aber, Hirdina meinte private Warenproduktion, die ja insofern auch gesellschaftlich ist, als in ihr jeder »für den Markt«, also »gesellschaftlichen Gebrauchswert« produzieren muß, und als sie in den Schranken des Privateigentums die gesellschaftliche Stufenleiter der Produktion entwickelt: auch dann bliebe noch eine weitere Unklarheit; denn daß »Käufer« und »Ware« die sozialen Charaktere sind, die Konsument und Gebrauchswert hier zunächst tragen, folgt nicht aus dem zeitlichen Auseinanderfallen von Aneignung und Konsumtion, sondern in Verhältnissen privater Warenproduktion aus der Herrschaft des Privateigentums. Ist es nur eine unklare Ausdrucksweise oder wird hier zwischen den Gesellschaftsformationen und ihren bestimmenden Formen ungenügend unterschieden? Ist es nur eine nachlässige Redeweise, wenn es heißt, »daß ein Industrieprodukt in seinem Lebenszyklus nacheinander Arbeitsgegenstand, Arbeitsprodukt, Ware und zu allerletzt Gegenstand der Konsumtion ist«? Sollte man nicht deutlich machen, auf welche Gesellschaftsformen bezogen diese Aussage nur Geltung beanspruchen kann? Auf den Kommunismus bezogen kann sie es jedenfalls nicht. Ebensowenig kann sie es bezogen auf die Produkte, die schon in der sozialistischen Warenproduktion nicht den Weg über Ware-Geld-Beziehungen gehen, weil sie etwa unmittelbar innerbetrieblich dem gesellschaftlichen Konsum der Werktätigen zugute kommen. Auch in einer sozialistischen Gesellschaft wie der DDR existieren bereits Vorgriffe auf den Kommunismus. Diese Hinweise mögen pedantisch erscheinen; es gilt jedoch zu sehen, daß eine Kategorie wie die der »Ware« in eine andere Ebene gehört als »Arbeitsgegenstand«, »Arbeitsprodukt«, »Konsumtion«. Die Ware ist etwas historisch Besonderes und Vorübergehendes, während die anderen Bestimmungen für den Menschen naturnotwendig, »ewig« sind.

Für die leitende Frage nach der ästhetischen Aufmachung von Waren unter den Bedingungen sozialistischer Warenproduktion sind solche scheinbaren Spitzfindigkeiten nun doch von grundlegender Bedeutung. Wenn ich recht sehe, müßte Hirdina deshalb, weil er zwischen den Gesellschaftsformationen und ihren spezifisch bestimmenden ökonomischen Formen nicht scharf genug unterscheidet, zu der Auffassung kommen, daß man im Grunde sehr wohl von sozialistischer Warenästhetik sprechen kann. Er meint, daß ich unter dem Eindruck des kapitalistischen Mißbrauchs von Warenästhetik diese fälschlicherweise pauschal kritisiere. Hirdina dagegen:

»Erst die Funktionsbestimmung dieser starken ästhetischen Reize gestattet ihre kulturelle Wertung. Die Geister scheiden sich, wenn diese starken Reize[8] im Hinblick auf die kapitalistischen Produzenten oder im Hinblick auf den sozialistischen Konsumenten geplant werden.«

Sprachlich ist der Satz höchst unklar. »Im Hinblick auf den kapitalistischen Produzenten« müßte wohl heißen »im Interesse des Kapitals und im Hinblick auf die potentiellen Käufer«. Abgesehen davon, ist es in der Tat notwendig, von der Analyse der jeweiligen Funktionsbestimmung auszugehen. Nur kann dies nicht heißen, daß man bestimmte fertige Phänomene einfach danach »bewertet«, in wessen Interesse sie benutzt werden. Es muß bereits das Phänomen selber, seine Verfertigung, aus der bestimmenden Funktion abgeleitet werden. Nur so wird sein »Wesen«, sein »innerer Bau« erfaßbar. Ein Stück weit geht Hirdina einen solchen Weg, wenn er das zeitliche Auseinanderklaffen von Aneignung und Konsum zum Ansatzpunkt für die Funktionsbestimmung von Ästhetischem nimmt. Aber er versäumt es, die ökonomischen Formen näher zu untersuchen, z. B. zwischen Aneignung überhaupt und Kauf als besonderer Form zu unterscheiden und, dies vor allem, die Besonderheit derjenigen Formen der sozialistischen Warenproduktion zu bestimmen, die auch im Kapitalismus vorkommen (Ware, Geld usw.).

Statt dessen benennt er nacheinander einige Merkmale der ästhetischen Aufmachung der Waren im Sozialismus, die auf eine Neuauflage der kapitalistischen Warenästhetik hinauszulaufen scheinen. So scheint, im Spiegel seiner Darstellung, das Ästhetische der Waren im Sozialismus immer mehr an Bedeutung zu gewinnen, scheint mit einer immer »höheren Intensität der ästhetischen Reize« operiert zu werden, scheint es geradezu einen Automatismus der unabschließbaren qualitativen Differenzierung der Waren, ihrer ästhetischen Innovation und einer immer aufreizender werdenden Warenästhetik zu geben, in der jede Ware den andern die Schau stehlen zu wollen scheint. Die potentiellen Käufer müssen dabei ständig umerzogen, ihre Wahrnehmungsart muß ständig neu geprägt werden »in einem ständigen Durchbrechen von Wahrnehmungsstereotypen«. Diese Dynamik scheint, wie die der qualitativen Vervielfältigung der Produkte, der ökonomi-

schen Form der Waren zu entspringen, deren funktionale
Ästhetik sich wechselseitig hochzuschaukeln scheint: »D. h.
die materiellen Objekte der Wahrnehmung müssen eine
bestimmte subjektive Reizschwelle überwinden, die mit der
Vielfalt des Warenangebots beim Käufer immer höher rückt.«
Kein Wunder, daß Hirdina diese Bedingungen als solche »zunehmender Informationsflut« charakterisieren zu müssen
scheint.

II

Ich sagte: es *scheint* so zu sein. In Wirklichkeit entspringen die
von Hirdina genannten Erscheinungen keineswegs automatisch der ökonomischen Formbestimmung der Ware im Sozialismus, sondern einer Reihe verschiedener Umstände und
Zwecksetzungen, die ich später andeuten möchte. Doch zuvor
scheint es mir interessant, eine Reportage einzublenden, in
der ein Journalist der großbürgerlichen *Frankfurter Allgemeinen (FAZ)* seine Eindrücke von einem Besuch des Leipziger
Warenhauses »Centrum« wiedergibt.[9] Von Interesse sind vor
allem die Warencharaktere, die er teils von oben herab, teils
und überwiegend aber erstaunt als entscheidend anders denn
die aus der kapitalistischen Warenwelt gewohnten darstellt.

   »Nichts quillt hier über, drängt sich auf, fällt mit der Verführung
sich vordrängender Farbe und Spürbarkeit und Geruch über einen her,
zieht, packt und überwältigt. Die ›Konsumfront‹, um ein Wort von
Karl Bednarek zu benutzen, verläuft sozusagen [...] anders herum:
nicht die Ware geht mit der Fülle ihrer Versprechungen den Käufer an,
der, halb zog es ihn, halb sank er hin, in die Warenhauswelt einge-
drungen ist – der Käufer ist es vielmehr, der der Ware nachstellt,
sucht, läuft und sie nach dem sechsten Gang und dem dritten ›Ham’
wa’ nicht‹, vielleicht findet. Die Ware ist [...] nicht aggressiv geworden.«

   An den beiden Stellen in diesem Zitat, die mit dem Auslas-
sungszeichen [...] gekennzeichnet sind, habe ich jeweils das
Wörtchen »noch« ausgelassen. Dem *FAZ*-Reporter stellt sich
der beschriebene Zustand als rückständig dar, »die Ware ist
noch nicht aggressiv geworden«. Aber muß sie es im Sozialismus werden? Im Fortgang des Berichts merkt der Reporter

anscheinend, daß hinter der unaggressiven Art der Waren etwas »Prinzipielles, mehr oder minder Gewolltes« steckt.

»Was sich da in Regalen und auf Verkaufstischen stapelt, bietet sich kaum an, zieht sich gleichsam auf seinen Gebrauchswert zurück. Wer hier kauft, der bekommt nicht ein Gran mehr als das, was er braucht, neue Schuhe oder einen Mantel oder eine Küchenmaschine ... Die Ware verspricht nicht, sagen wir, Zufriedenheit, Glück und Wohlbefinden, sondern trockene Füße, beschützte Blöße und die Erfüllung von Notwendigem. Das rührt an Prinzipielles, denn es ist, mehr oder minder, gewollt. ›Keine Reizangebote, nicht Umsatz um jeden Preis ist unser Ziel‹, sagt der Handelsfunktionär, versehen mit den höheren Weihen der sozialistischen Kaufhauskultur, Diplom, Schulungen und, sogar, Westreisen zum Vergleich. ›Was wir wollen, das ist, unsere Kunden gut mit dem zu versorgen, was sie brauchen.‹«

Daß es keinen Grund gibt, angesichts dieses prinzipiellen Gegensatzes zwischen kapitalistischer und sozialistischer Warensphäre von einem diesbezüglichen »Noch-nicht« des Sozialismus zu sprechen, wird dem zitierten Reporter vollends klar, wo er, wenig später, das »Prinzipielle, mehr oder minder Gewollte« näher erfaßt –und der Leser prüfe, ob er dieses Prinzipielle nicht auch mehr oder minder will:

»Denn nicht nur der Begehrlichkeit, Eitelkeit und Demonstration der lieben überschätzten Einzigartigkeit soll hier kein Platz geboten werden. Mit ihnen fehlt auch der Mechanismus, der dank ihrer die [kapitalistische] Gesellschaft in Bewegung hält, mit einem Wort: der Markt, das Gerangel um den Anteil, der Profit, schwer erkämpft oder mit der linken Hand leichthin mitgenommen.«

An der Stelle im Zitat, an der in Klammern das Wort »kapitalistisch« steht, heißt es in der *FAZ* »Überfluß«. Der von Unterkonsumtion und »mit linker Hand leichthin mitgenommenen« Monopolprofiten, die, im Verein mit den staatlichen Rüstungsaufträgen, eine permanente Inflation vorantreiben – der durch diese, durch Arbeitslosigkeit (teils periodisch, teils chronisch) und ungezählte damit einhergehende Übel heimgesuchte und die Menschheit heimsuchende Kapitalismus soll neben dem »bloß« auf dem Versorgungsstandpunkt stehenden Sozialismus als »Überflußgesellschaft« erscheinen. (Für den großbürgerlichen Teil der *FAZ*-Leser mag er das sein.) – Doch sehen wir einmal von solchen ideologischen Bezeichnungen ab, dann verrät der erstaunte Ton dieses Berichts so etwas wie die Ahnung, daß es sehr gut auch ohne Kapitalisten geht, ja, daß am Ende gar die humanistischen Ideale, die man im *FAZ*-Feuilleton noch manchmal hochhält – Ideale vom mündigen, rationalen Menschen und von einer demselben dienenden Gesellschaft – heute im Sozialismus einen realen Ort bekommen. Denn an Stelle der eingespannten Not, Angst, Triebe aller Art, des universellen Gegeneinander, der Konkurrenz und Profitgier, mit einem Wort: an Stelle all dessen, was u. a. in Gestalt der Warenästhetik als Instrument und Ausdruck im Kapitalismus wirkt, verlangt der Sozialismus bewußte gemeinsame, politisch organisierte Anstrengungen. Oder, wie sich diese Eigentümlichkeit des Sozialismus im Bericht des großbürgerlichen Blattes spiegelt:

»Doch anders« – nämlich anders als im Kapitalismus – »ist hier nicht nur dieser ganze Hinter- und Unterbau des Geschäfts über den Ladentisch. Anders ist auch, daß er hier nicht ins Verborgene verbannt, nicht hinter die Oberfläche der Etagen und Verkaufstische in Lager und Büros und Kantinengespräche verdrängt ist. Zu einem gewissen Teil soll das Räderwerk zutage treten, soll wahrgenommen und honoriert werden. Auf Tafeln und Anschlägen werden die Überlegungen offenbart, die sich Verkäufer und Lageristen, die Einkäufer und selbst die Herren von der oberen Etage machen oder doch machen sollen, [...]. Mit Abstand führende Vokabel ist, wenn man recht sieht, Kooperation: da soll im Rahmen von Vereinbarungen, die den markigen Titel ›Arbeiterversorgung‹ führen, der [...] Kontakt zwischen [...] Betrieb und [...] Kaufhaus kurzgeschlossen werden.«

III

Ist es angesichts der prinzipiell anderen Wirkungszusammenhänge nicht angebracht, statt von sozialistischer Warenästhetik von Produktästhetik zu sprechen? Müßte nicht mit Profitgerangel, Konkurrenz und dem ganzen Kapitalfetischismus, bei dem die Menschen vom Produkt ihrer eigenen Hände beherrscht werden – müßte nicht mit alledem auch die Warenästhetik verschwunden sein? Hirdina wäre aufzufordern, zu differenzieren zwischen den systemspezifischen ökonomischen Formen und Funktionen. Vor allem Produkt sollte nicht unbesehen gleich Ware gesetzt werden. Und über den Sozialismus sollte in kommunistischer Perspektive gesprochen werden. Dies hat den Vorzug, daß man dann auf keinen Fall gerade die von der bürgerlichen Gesellschaft für die Phase des Sozialismus notwendig beibehaltenen Formen für die spezifisch neuen verkennt. Diese Formbestimmungen durcheinanderbringen heißt, den Konvergenztheoretikern in die Hände arbeiten. Solche theoretischen Unklarheiten wirken sich für die Sozialisten fast unmittelbar politisch lähmend, weil desorientierend, aus.

Die Aufforderung, die Formbestimmungen sorgsamer abzuleiten und zu differenzieren, richtet sich nicht allein an Hirdina. Wenn man das *Handbuch der Werbung*[10] aus der DDR sich ansieht, findet man die vorstehend kritisierten Unschärfen vergröbert wieder. Die Kritik an diesem *Handbuch* kann hier nicht ausführlich belegt und durchgeführt werden. Trotzdem seien wenigstens einige Ergebnisse angedeutet. Die Vorwürfe, die in der DDR dem Werk *Politische Ökonomie des Sozialismus und ihre Anwendung in der DDR*[11] gemacht worden sind, treffen unvergleichlich stärker auf das *Handbuch* zu. Wird dort der Systemcharakter des Sozialismus überbetont, so daß ein systemkonservativer Zug hineinkommt, der der notwendigen Entwicklung zum Kommunismus entgegenstehen könnte, so fehlt hier die kommunistische Perspektive völlig und werden die Kategorien der Ware und der sie begleitenden Verkehrsformen fast ganz verabsolutiert. Es mag dies methodisch daran liegen, daß versäumt wird, den Gegenstand des *Handbuchs* dialektisch zu entwickeln, aus einer sorgfältigen Funktionsanalyse der Politischen Ökonomie des Sozialismus abzuleiten. Fragwürdig ist schon die Benennung der Produktionsverhältnisse, wenn dabei als Gegensatz der »›Konstruktionsschemata‹ der Ökonomie« zwischen Kapitalismus und Sozialismus in Frage steht: »Ist dieses Konstruktionsschema auf Profit oder auf eine humanistische Erziehung der Menschen ausgerichtet?« (S. 55) Ist das erzieherische Konstruktionsschema wirklich der Kernbegriff des Sozialismus? Abgesehen davon: mangels einer Ableitung der Begriffe und mangels kommunistischen Horizonts droht alles zu verschwimmen, vor allem der Unterschied zwischen Werbung und Nichtwerbung. Oftmals wird Werbung umstandslos mit Information oder Aufklärung gleichgesetzt. Man kann damit einverstanden sein, daß der Begriff des

»Marketing« als für den Sozialismus ungeeignet abgelehnt wird, weil es sich dabei – wie allerdings nicht analytisch ausgeführt wird – nicht um ein »klassenindifferentes Patentrezept« handelt (S. 52). Dafür werden die Begriffe »Image« und »Meinung«, auch »öffentliche Meinung«, als Zielbegriffe beibehalten; die Meinung wird nicht vom Wissen unterschieden.

Immer wieder fällt auf, daß im *Handbuch* ganz heterogene Funktionen abgehandelt werden als homogene. Solche, die aus der Warenform entspringen, werden nicht geschieden von solchen, die aus dem gesellschaftlichen Charakter der Produktion entspringen; Außenhandelsnotwendigkeiten werden nicht oder allenfalls ungenügend von Binnenhandelsfaktoren, Handel mit kapitalistischen Ländern wird ungenügend vom Handel mit anderen sozialistischen Ländern abgehoben. Gerade für die richtige Behandlung von Fragen der Grenzziehung zwischen Produktästhetik und Warenästhetik im Sozialismus sind aber solche Unterscheidungen wesentlich. Insbesondere die Angewiesenheit auf den Export führt zu ökonomischer Interaktion von Gesellschaftssystemen gegensätzlicher Art. Über die westdeutschen Fernsehprogramme wirkt die warenästhetische Propaganda mächtig in die DDR-Bevölkerung hinein. Nicht selten muß die Warenproduktion sich diesen Einwirkungen anpassen. Derartige Faktoren sollten von genuin sozialistischen sorgsam geschieden werden, sonst hält man, wie dies im *Handbuch* geschieht, etwa die beständige Innovation der Produkte für ein Wesensgesetz des Sozialismus. Es scheint mir nützlicher, anstelle eines aufgeblähten, bestimmte sozialistische Zielbegriffe verdeckenden Begriffs von Werbung die spezifischen, vielfältigen *Probleme sozialistischer Absatzpolitik* unter den Bedingungen von Exportabhängigkeit, die sich zum erheblichen Teil mit Systemkonkurrenz überlagert, zu analysieren. Hier wird man darauf stoßen, daß bestimmte Effekte kapitalistischer Warenästhetik unvermeidlich in den Sozialismus hineinwirken werden.

Das repräsentative zweibändige *Ökonomische Lexikon* der DDR[12] vermeidet zwar in dem Artikel *Werbung* einige der Übertreibungen des Werbungs-Handbuchs, teilt aber mit ihm die grundsätzlichen Schwächen. Der Stichwortartikel beginnt im selben neutralen, unkritischen, über den Klassen- und Systemgegensätzen schwebenden Ton:

> »Werbung – bewußte, zielgerichtete Beeinflussung von Menschen, die einen ganz bestimmten Zweck verfolgt. Die W. durchdringt das gesamte gesellschaftliche Leben . . .«

Ihre allgemeine Ursache seien die Arbeitsteilung und die raum-zeitliche Trennung von Produktion und Konsumtion – Bestimmungen, die für jede höherentwickelte Gesellschaft Geltung haben, selbstverständlich auch für den Kommunismus. Aber aus der raum-zeitlichen Trennung der Produktion von der Konsumtion geht nur die Notwendigkeit eines eigenen Distributionssystems und Informationssystems hervor. Sieht man näher hin, was im *Ökonomischen Lexikon* an konkreten Werbungsfunktionen aufgeführt wird, so stößt man auf einen ganzen Komplex rein informativer, ausdrücklich nichtpersuasiver Funktionen wie Gebrauchsanweisung, Wartungsanleitung usw. Was im Kapitalismus euphemistisch-ablenkende Bezeichnung ist, »Produktinformation«, wäre hierfür rechtens am Platze. Die Weiterentwicklung der Produktion und der gesellschaftlichen Beziehungen verlangt auch die der Bedürfnisse, des konsumierenden Verhaltens. Die Unterstützung auch dieses komplexen Prozesses heißt – Werbung; ebenso die Anstrengungen, die unternommen werden, eine möglichst effektive Ausnutzung der Ressourcen zu erwirken. Dann heißen Werbung aber wieder die Anstrengungen, die einzelbetriebliche Umsatzsteigerung oder »Erhöhung der Handelsspannenerlöse« zum Ziel haben. Insgesamt bleiben die ökonomischen Form- und Funktionsunterschiede ungeschieden in einem trüben Halbdunkel. Vielleicht spiegelt diese theoretische Unentschiedenheit ein objektiv nicht ganz geklärtes Zusammenspiel der planwirtschaftlichen Allgemeinheit einer Bedarfsdeckungswirtschaft und der Partikularismen der einzelnen betrieblichen Produktionseinheiten wider.

Ungleich politischer als das *Handbuch der Werbung* handelt Martin Kelm diese Zusammenhänge in seiner Dissertation *Produktgestaltung im Sozialismus* ab.[13] Der Schein von Neutralität stellt sich in seiner Darstellung nicht ein. Aus dem Gegensatz des Kapitals zur Lohnarbeit leitet er eine entscheidende Modifikation der Gebrauchswerte der Waren im Kapitalismus ab. Darin, daß im Kapitalismus die Arbeit wesentlich für den Profit verwendet wird, zur Gebrauchswertproduktion für manipulierte Bedürfnisse, liege »die Ursache dafür, daß sich in der kapitalistischen Produktion der Gebrauchswert [...] vom eigentlichen sittlichen, sozialen, schöpferischen Wert menschlicher Arbeit – die einerseits Ausdruck menschlicher Kultur ist, andrerseits aber von den Kapitalisten für ihren Profit ausgenützt wird – trennt.« Kelm bringt das Ergebnis dieser Trennung in die Formel: »Gebrauchswert und Kulturwert fallen auseinander« (S. 78). Die kapitalismuskritischen Passagen bei Kelm leiden darunter, daß an Stelle ökonomischer Analysen ein Typ von Aussagen tritt, bei dem oft einfach dekretiert wird: »es liegt im Wesen des Kapitalismus, daß ...« Statt das Wesen abzuleiten, wird aus einer unterstellten Wesensidee expliziert. Fast immer verkehrt sich bei solchen Aussagen der (mehr oder weniger mechanische) Systemeffekt zum Systemzweck. »Da im Wesen des Imperialismus der Antihumanismus liegt, wird auch die Erzeugnisgestaltung« – nie humanistisch sein können (S. 80). Oder: »Es liegt im Wesen des Kapitalismus, die Massen urteilsunfähig zu halten, um die Bedürfnisse für den Absatz von Waren manipulieren zu können.« (S. 75) Der Wirkungszusammenhang erscheint hier auf den Kopf gestellt, denn es ist umgekehrt der Mechanismus der Warenästhetik, der die ihm Ausgesetzten verdummt. (Der durch eine Art von Wesensschau kompensierte Mangel an ökonomischer Funktionsanalyse mag mit die Ursache sein für die vielen Wiederholungen und die Schwächen der Gliederung. Am roten Faden der ökonomiekritischen Methode von Marx könnte alles viel kürzer, übersichtlicher und leichter nachprüfbar dargestellt werden.)

Trotz dieser Schwächen hat Kelms Arbeit den entschiedenen Vorzug, daß sie sich vom Geist technokratischer Neutralität fernhält. Nachdrücklich wird die Besonderheit des Sozialismus hervorgehoben. Es wird vom Ansatz her verdeutlicht, daß Produktästhetik Teil sozialistischer Kulturpolitik ist. Freilich sind auch hier einige Schwächen der Begrifflichkeit anzumerken, weil sie sich eben bei der Abgrenzung des Sozialismus vom Kapitalismus geltend machen. Zwar wird die Systemkonkurrenz genannt, doch ihr Hineinwirken in den Bereich der Produktgestaltung bleibt unanalysiert. Dies zeigt

sich schon daran, daß zwischen Außen- und Binnenhandel nur
beiläufig, oft auch gar nicht unterschieden wird. Dabei spre-
chen die Beispiele, die Kelm reichlich bringt, eine deutliche
Sprache — etwa das von den hochwertigen elektronischen
Geräten aus DDR-Fertigung, die »durch eine mangelhafte
Oberfläche visuell wertlos [waren], so daß daraus negative
Folgen für den Absatz entstanden.« (S. 42) Es dürfte ja wohl
auf der Hand liegen, daß diese Absatzminderung nicht im
Bereich der eigenen Planwirtschaft erfolgte, sondern auf den
Außenmärkten, die durch den Plan nicht erfaßbar sind.

Der Zusammenhang von Produktästhetik und Exporterlö-
sen, der nicht gründlich analysiert wird, schlägt sich nieder in
einer Art subjektiver Wertlehre:

»Die Erzeugnisgestaltung beeinflußt also die Steigerung des
Gebrauchswerts der Erzeugnisse bei Senkung des Aufwands und fördert den Tauschwert. Ökonomischer Wert und Tauschwert der
Erzeugnisse werden entscheidend davon bestimmt, welches Verhältnis
die Menschen zu den Erzeugnissen haben« (S. 52).

Diese Beziehung, die auf die Seite des Gebrauchswerts
gehört, wird natürlich durch die Gestaltung beeinflußt, der
Wert im ökonomischen Sinn dagegen nicht (oder nur insofern,
als dadurch der gesellschaftlich notwendige Arbeitsaufwand
beeinflußt wird). Der Zusammenhang, mit dessen theoretischer Verallgemeinerung es hier hapert, diktiert der DDR-
Wirtschaftspolitik eines der Gesetze ihres Handelns — denn
ihr Erfolg ist von Exporterfolgen abhängig: »Unsere eigenen
Erfahrungen bestätigen immer wieder, daß eine moderne und
geschmackvolle Gestaltung wesentlichen Einfluß auf die
Weltmarktfähigkeit der Erzeugnisse und damit auf die Höhe
der Exporterlöse hat.«[14] Der Auftrag an die sozialistischen
Produktgestalter, der sich hier abzeichnet, ist zum Teil notwendig widersprüchlich. Da es bei Massenproduktion oft eine
unhaltbare Verschleuderung von Aufwand bedeuten würde,
getrennte Serien für den Inlandskonsum und für den Weltmarkt zu produzieren, sollen die Gestalter bei allen für beide
Bereiche produzierten Waren versuchen, sie in ihrer Ästhetik
sowohl weltmarktgängig zu gestalten, als auch mit denselben
Produkten die Herausbildung sozialistischer Lebensweise zu
fördern. Eine konsequente revolutionäre Produktästhetik ist
unter diesen Bedingungen nicht zu erwarten. Vielleicht rührt

es daher, daß die ästhetischen Theoreme dem Gestalter Wirkungsansprüche aufgeben, in denen das Gebrauchswertversprechen auf inadäquate Weise von der Gestaltung getragen werden soll. »Empfinden wir eine Küchenmaschine durch die Gestalteigenschaften als hygienisch, ein Meßinstrument als präzise?« (S. 33) Was nützt uns ein Thermometer, wenn es aufgrund seiner Gestalteigenschaften genau aussieht, die Temperatur aber ungenau angibt? Ob in diesem Wirkungsauftrag nicht doch der bewußtlose Abdruck einer ästhetischen Verkaufsfunktion zu sehen ist?

Bei alledem ist Kelms Dissertation bereits bedeutend klarer und fundierter als die ebenfalls 1971 in gekürzter Fassung veröffentlichte (von Fehlern strotzende) Übersetzung der Arbeit von I. S. Wassiljewa über »Produktionsästhetik«, die 1968 in der Sowjetunion erschienen ist.[15] Der Titelbegriff darf nicht wörtlich genommen werden, weil man sich sonst wundert, welche Vielfalt von Disziplinen hier unter einen neuen Hut gebracht sind. Der Schrift wird man wohl am ehesten gerecht, wenn man sie als Versuch begreift, das vielfältige Tätigkeitsfeld des – wie wir im Westen sagen würden – Designers im Sozialismus darzustellen. Die Darstellung ist freilich in vieler Hinsicht unbefriedigend. Statt Wirkungszusammenhänge zu analysieren, werden erreichenswerte Ziele in einer Weise artikuliert, die ständig Wunsch und Wirklichkeit durcheinanderbringt. Die Verhältnisse werden so – verbal – pausenlos noch weiter vervollkommnet. Unzählige Wiederholungen, ermüdende Versicherungen bestimmen den Ton. Über den Kapitalismus wird aus einigen Klassikerzitaten etwas zusammengestellt. Die Auffassungen über Warenästhetik und über die Bedeutung des Designs in der Produktionssphäre im Kapitalismus sind großenteils entweder faktisch falsch oder unerlaubt naiv. Ein wichtiger Begriff ist naturgemäß der Begriff der »Schönheit«. Dieses Wort kommt bei Wassiljewa häufig vor, es wird auch an die Bemerkung des jungen Marx angeknüpft – die übrigens mißverständlich ist und auch hier wieder einmal mißverstanden wird –, daß der Mensch »nach den Gesetzen der Schönheit formieren« (vgl. S. 23) kann. Während an der zitierten Stelle bei Marx sich immerhin eine materialistische Ableitung des Schönheitsbegriffs andeutet, findet sich eine solche nicht einmal versuchsweise in Wassiljewas Buch. Der Designer, der danach gestalten wollte, bliebe gänzlich seinem Gefühl überlassen. Die genauer sprechenden Passagen der Arbeit betreffen arbeitswissenschaftlich erforschte Sachverhalte, Fragen der Hygiene, der Vermeidung von Arbeitsunfällen usw. Aber hierüber informiert man sich immer noch besser in einschlägigen Untersuchungen.

Zurück zu Kelm. Gemessen am Stand von Wassiljewas Schrift drückt seine Dissertation einen großen Fortschritt aus. Trotz vieler Schwächen bleibt hervorzuheben, daß er im Entscheidenden die Produktästhetik als politische Frage begreift. Innovationen, auch ästhetische, der Produkte haben die Bedeutung, auf der Grundlage technologischer Revolutionierung die kulturelle Revolutionierung des Systems der Bedürfnisse voranzutreiben. Es ist deshalb wichtig, diese Prozesse gesellschaftlich bewußt zu gestalten. In dem Maße, in dem die Zusammenhänge von Produktion und Konsumtion auch in dieser Hinsicht Gegenstand bewußter Selbstbestimmung der Gesellschaftsmitglieder werden, schwindet eine der Erscheinungsformen des Fetischcharakters, der den Produkten menschlicher Arbeit als Waren eigen war, nämlich der naturwüchsig sich entwickelnde stumme, mit bewußtloser Verlockung operierende Zwang, der in der Warenästhetik wirksam ist.

IV

Die Kritik der Warenästhetik untersucht einen bestimmten Funktionszusammenhang, innerhalb dessen, im Rahmen antagonistischer Interessenverhältnisse, Ästhetisches als Mittel eingesetzt wird. Die Funktion der Warenästhetik entspringt der Warenform des Produkts auf dem Boden privat-arbeitsteiliger Produktion. Bestimmte Erscheinungen oder gar das Ästhetische insgesamt *außerhalb* dieses Funktionszusammenhangs sind damit nicht bewertet. Es ist von mir nie bestritten – wenn auch nicht zum Gegenstand einer Abhandlung gemacht –, daß jeder Gebrauchswert mehr oder weniger ein »Ästhetisches« ist. Will man daher von der ästhetischen Gestaltung von Waren sprechen, soweit diese Gestaltung nicht aus mit der Warenform zusammenhängenden Funktionen hervorgetrieben wurde, so sollte man Kategorien wie »Produktästhetik« oder »-Gestaltung« verwenden, auf keinen Fall aber die Kategorie Warenästhetik.

Bei der Untersuchung des Zusammenhangs von Produktästhetik und Warenform im Sozialismus müssen die einzelnen Funktionszusammenhänge und Triebkräfte besonders scharf herausgearbeitet werden. Soweit die eigentümlichen Triebkräfte der sozialistischen Gesellschaft voll zur Geltung kommen, ist jeder Automatismus, jeder fetischartige Zwang und jede dingliche Macht aus den Gestaltungsprozessen geschwunden. Sorgsam davon zu unterscheiden sind Wirkungszusammenhänge, die das ökonomische System des Sozialismus mit kapitalistischen Faktoren in Wechselwirkung bringen: der Außenhandel mit kapitalistischen Ländern und seine mögliche Rückwirkung müssen getrennt untersucht werden. Die hieraus entspringenden Gesetzmäßigkeiten sind zu begreifen als ein besonderer Teil sozialistischer Absatzpolitik. In der *Politischen Ökonomie des Sozialismus* wird dies nicht klar genug differenziert; die Folge ist, daß Neuigkeitszwang, Konkurrenz, Kampf um den »Marktanteil im Interesse eines hohen Umsatzes« u. ä. m. wie dem Sozialismus gesetzmäßig entspringende Tendenzen auftauchen (S. 791).

Klarer stellen sich diese Zusammenhänge dar im sowjetischen *Lehrbuch Politische Ökonomie*.[16] Hier werden auch Probleme erfaßt, die in der Politischen Ökonomie des Sozialismus Momente von »Warenästhetik« entspringen lassen könnten. Zu nennen ist vor allem das Problem der Realisation der Ware bei »relativer Selbständigkeit der Absatzsphäre«, wobei der Grad dieser relativen Selbständigkeit gesteigert werden kann durch »die Ungleichheit der Interessen von Produzent und Käufer« (S. 297 f.). Über die Nichtidentität der Interessen hinaus konstatiert das *Lehrbuch* die Existenz von Widersprüchen der sozialistischen Warenproduktion, vor allem eines »Widerspruchs zwischen konkreter und abstrakter Arbeit« (S. 267). Die Auffassung deutet sich an, daß sozialistische Warenproduktion an der Widersprüchlichkeit aller Warenproduktion partizipiert, wenn auch mit entscheidenden Unterschieden zu den verschiedenen Formen privater Warenproduktion. Doch auch diese Widersprüche der sozialistischen und die Gemeinsamkeit aller Warenproduktion werden nur andeutungsweise, nur inkonsequent ausgesprochen. Die Inkonsequenz zeigt sich vor allem darin, daß das Instrumentarium der sozialistischen Planwirtschaft nicht systematisch aus derartigen Systembestimmungen abgeleitet wird. Diese »Inkonsequenz« entspringt aber, soweit ich sehe, nicht irgendeiner falschen Rücksichtnahme, sondern einer objektiven »Unentschiedenheit«, die nichts anderes als den transitorischen Charakter der sozialistischen Warenproduktion widerspiegelt. Die sozialistische Warenproduktion kann eben kein abgeschlossenes »System« bilden. Die Kommunisten benutzen sie zur Vorbereitung kommunistischer Verhältnisse.

In wohlweislicher Verständnislosigkeit beobachten die Propagandisten des Kapitalismus die Symptome dieses transitorischen Charakters. Phänomene wie Werbung, Marketing, ästhetische Innovation, die im Kapitalismus von der demokratischen Öffentlichkeit viel kritisiert werden, spießen die Kapitalpropagandisten mit Vorliebe aus dem Sozialismus auf. Sie zeigen an diesen Trophäen zweierlei: erstens die angebliche Konvergenz der Systeme (»daß die es auch haben und genauso machen«); zweitens die mindere Qualität des Sozialismus bei aller Konvergenz mit dem Kapitalismus (»daß sie es noch nicht einmal richtig machen können«). Werbung aus Verhältnissen sozialistischer Warenproduktion wird besonders gern als propagandistischer Knüppel benutzt; sie eignet sich ja insofern tatsächlich dafür, als ihre Funktionsbestimmung durchaus nicht eindeutig sein kann, fehlt doch die Hauptbestimmung aus privater Warenproduktion: die der Konkurrenz. Hier ein Beispiel dafür, wie das *Handelsblatt* unter Gebrauch eines *Prawda*-Artikels diese objektive Unentschiedenheit der Werbung im Sozialismus ausschlachtet:

Eine wertfreie Erkenntnis
Die Zeiten, da Werbung in der Sowjetunion keine Rolle spielte, sind vorbei, schreibt die ›Prawda‹. [...] Allerdings ist das Werbeniveau noch sehr niedrig. [...] So überwiegen [...] allgemein gehaltene Sprüche: ›Trinkt mehr Säfte‹, ›Kauft Eis!‹ Dann heißt es: ›Fliegt mit der Aeroflot‹; dabei gibt es gar keine andere Fluglinie. [...] Besonderen Anstoß nahm die ›Prawda‹ an folgenden Slogans: ›Nicht nur Kinder haben Angst vor dem Zahnarzt‹ (Werbung für Zahnpasta) oder ›Abonniert Zeitungen und Zeitschriften‹. [...] ›Für Tee, Kaffee

und Kakao ist Zucker unentbehrlich‹. Werbung, so klärt die ›Wahrheit‹ [Übersetzung von Prawda, Anm. d. Verf.] ihre Leser auf, brauche talentierte Profis. Gewissermaßen eine wertfreie Erkenntnis.[17]

Bei Betrachtung der Beispiele zeigt sich: in ihnen wird durchgängig für Gebrauchswerte »geworben«, keineswegs für Marken in Konkurrenz zu anderen Marken. Auch der Name »Aeroflot« übersetzt sich einfach mit »Luftflotte«. Auch Profis können über die fehlende Funktionsbestimmung der Konkurrenz nicht hinweg; der sowjetischen Werbung »fehlen« nicht die Profis, sondern die Herrschaft des privaten Profits über die Produktion. Gewissermaßen eine wertvolle Erkenntnis.

Nun sind die vom *Handelsblatt* aus der *Prawda* aufgelesenen Beispiele deshalb besonders witzig, weil in ihnen nur gewisse allseits bekannte Gebrauchswertnamen rühmend aufgerufen werden (»Zucker ist unentbehrlich«). Anders ist es mit Produkten, deren Gebrauchswert nicht allgemein bekannt ist, weil sie neuartig sind. In diesem Fall ist Produktinformation notwendig. Dies ist im übrigen die einzige Funktionsbestimmung, die das sowjetische *Lehrbuch* der »Werbung« zuweist, ohne den Widerspruch zu reflektieren, daß nicht-persuasive Information nicht »Werbung« ist. Ganz anders als das *Handbuch der Werbung* und als das *Ökonomische Lexikon* erwähnt das *Lehrbuch* die Werbung in einem Kontext, der sie kommunistisch relativiert:

»Die Werbung als Mittel der Information der Bevölkerung über die Zweckbestimmung und die Eigenschaften der Waren muß einen gebührenden Platz einnehmen. Große Bedeutung kommt auch den verschiedenen Formen für die Verbesserung der Kundenbedienung zu. Die Einbeziehung der Kunden in die gemeinsamen Bemühungen zur Lösung der mit der Verbesserung des Handels und der Versorgung verbundenen Probleme, ihre eigenständige Tätigkeit sind ein wichtiges Element bei der Vorbereitung eines kommunistischen Apparates der Produktenverteilung.« (S. 311)

Man sieht, die »Arbeiterversorgung«, über deren Programmbegriff der *FAZ*-Korrespondent gestolpert war, wird hier als das zentrale Ziel, auf dessen Erreichung hin die verschiedenen ökonomischen Mittel transformiert werden müssen, genannt.

Nun sind die Beispiele aus dem *Handelsblatt* natürlich

besonders einfach, es gibt kompliziertere. Und für die Frage nach der Warenästhetik im Sozialismus ist die Werbung nicht das schwierigste Problem, weil ihre ökonomische Funktionsanalyse relativ unkompliziert ist. Allerdings erfaßt die ökonomische Funktionsanalyse einen politischen Daseinsgrund der Werbung nicht: den der Beeindruckung der Bevölkerung durch die Werbung im Kapitalismus, das bewußtlose Vermissen dessen, was der Moralist Packard in seiner arglosen Oberflächlichkeit »eine farbenreiche, unterhaltsame Seite des amerikanischen Lebens« nennt.[18] Noch wirkungsvoller als auf dem Gebiet der »Werbung« werden ökonomische Faktoren durch politische bzw. durch Auswirkungen der Systemkonkurrenz überlagert im Bereich der Geschmacksbildung, wie sie sich in Moden ausdrückt. Anders als in der kapitalistischen Wirtschaft folgt in der sozialistischen Warenproduktion die ästhetische Innovation oft der Geschmacksbildung. In der kapitalistischen »erzwingt« die ästhetische Innovation die Änderung der Bedürfnisse. Ein mächtiger Impuls auf allen möglichen, durch »Geschmack« bestimmten Gebieten kommt wohl nach wie vor aus den entwickeltsten kapitalistischen Ländern, vor allem aus den USA, deren Massenkultur die fast weltweit Standards setzende dieses Jahrhunderts geworden ist. Phänomene der ästhetischen Produktinnovation sind daher besonders komplex; ihre Analyse muß die heterogenen Determinanten und ihr Zusammenwirken klar und deutlich herausarbeiten. Wiederum leuchtet ein, warum die Kapitalpropagandisten solche Phänomene mit Vorliebe benutzen. Sie sprechen eine Sprache, die sich bei einem Gebrauch, der sich geschickt an der Oberfläche hält und jede mögliche Erkenntnis vermeidet, wirksam benutzen läßt. Als Textil- und Krawattenindustrie im »Westen« aus gemeinsamen Profitinteressen durchgesetzt hatten, daß Krawatten wieder breiter wurden[19], um die noch in Gebrauch befindlichen Krawatten ästhetisch zu veralten (dies das Interesse der Krawattenindustrie) und um bei der Herstellung neuer Krawatten mehr Stoff zu verkaufen (dies das Textil-Interesse), wirkte dieser Coup in die Sowjetunion hinein, nur daß hier die Produzenten an sich überhaupt kein Interesse daran hatten. Die sowjetischen Krawattenhersteller produzierten, der Geschmacksänderung folgend, breitere Krawatten. Das führte wiederum zu einem Engpaß. »Der

›Rohstoff‹, die Gewebe und chemischen Fasern, hätten«, wie die *FAZ* wohlgefällig unter Berufung auf die *Prawda* berichtete, »vor wenigen Monaten noch für die Herstellung von 9,3 Millionen Krawatten ausgereicht. Durch das Aufkommen der breiten Krawatten, für die etwa das 1,5- bis Zweifache an Geweben benötigt werde, sei die Produktionsmöglichkeit rapide verringert. [...] So wird die Produktionskapazität«, schließt die *FAZ,* »von der Mode überrollt.«[20] (Man sieht, die Ziele des Roll-back sind bescheidener geworden.) Ein Jahr später verarbeitet Peter Hort in derselben Zeitung den Artikel eines Dozenten der Hochschule für Ökonomie der DDR, worin, ohne ausdrücklichen Bezug auf die Interaktion der konkurrierenden Gesellschaftssysteme in diesem Punkt eine engere Orientierung der Produktion an der »Mode« und an den Prozessen der ästhetischen Innovation verlangt wird. Die ästhetische Veraltung wird in dem zitierten Artikel wie folgt gefaßt: »Entspricht ein Produkt [die *FAZ* zitiert: ›ein Konsument‹] in seinem Äußeren nicht oder nicht mehr den modischen Erfordernissen, dann verschleißt es moralisch, und zwar um so stärker, je unmittelbarer ästhetische bzw. modische Aspekte bei der Bedürfnisbefriedigung im Vordergrund stehen.«[21] Das Problem der »Ladenhüter« begründet Schneider – übervorsichtig, wie mir scheint – damit, daß die Produktion »nur teilweise den gewachsenen kulturästhetischen Bedürfnissen der Bevölkerung« der DDR genüge. Ob dem »Wachsen« der ästhetischen Standards nicht doch etwas mehr analytische Aufmerksamkeit geschenkt werden sollte? Vielmehr, wenn man es getan hat, sollte man es auch deutlich machen. Der praktische Vorschlag, den Schneider macht, zieht durchaus eine Konsequenz aus der Tatsache des »Übergreifens« der in der kapitalistischen Warenästhetik aggressiv modellierten ästhetischen Bedürfnisse auf die Bevölkerung des sozialistischen Landes. Um von der ästhetischen Innovation nicht erst dann überrascht zu werden, wenn sie in Gestalt veränderten Käufergeschmacks auf die Handelsorganisation trifft, fordert Schneider die Ausbildung einer Modeforschung, die u. a. »das kapitalistische Modeschaffen und die sich abzeichnenden Tendenzen kritisch auszuwerten« habe, wobei selbstverständlich gilt: »Sozialistisches Modeverhalten darf sich nicht an den Auswüchsen des kapitalistischen Modegeschehens orientieren.« In einem Ton, der höhnisch sein will, aber für meine Ohren auch unsicher und verkrampft klingt, kommentiert der *FAZ*-Autor: »Doch was sind Auswüchse? Plateausohlen? Marlene-Dietrich-Hosen? Mini-Shirts? Und bitte schön: Wieviel Dekolleté, wieviel Bein darf die sozialistische Lady zeigen? Auf diese brennenden Fragen bleibt Schneider die Antwort schuldig.« Unfreiwillig sagt Hort uns somit, daß die Auswüchse das Normale sind im Kapitalismus. Andererseits ist das Problem einer sozialistischen Modepolitik unter den gegebenen Umständen zweifellos sehr komplex, und Schneider spricht es nur auf umwegige, das heiße Eisen nur mit der langen Zange pauschaler Begriffe anpackende Weise aus: Es muß versucht werden, eine Lösung zu finden, die einen Kompromiß realisiert zwischen der aus der kapitalistischen Gesellschaft übergreifenden Warenästhetik und ihren Innovationen einerseits sowie den planwirtschaftlichen Erfordernissen andererseits; endlich dürfen ja auch die kulturpolitischen Ziele des Sozialismus nicht einfach preisgegeben werden, und sie vertragen sich nicht mit den Mechanismen kapitalistischer Warenästhetik. Höhnisch tönt es aus dem Hort des Großbürgertums:

Wir sind ganz neugierig, wie die ersten Kleider aussehen werden, die den kulturästhetischen, kulturpolitischen, betrieblichen und planwirtschaftlichen Bedürfnissen der DDR allseitig entsprechen. ›Auswüchse des kapitalistischen Modegeschehens‹ haben wir sicherlich nicht zu erwarten. Vielleicht werden wir aber erfahren, was Auswüchse sozialistischen Modegeschehens sind.

Übrigens wirkt die Interaktion der Systeme auf dem Gebiet der Warenästhetik, vermittelt über Handelsbeziehungen, auch in umgekehrter Richtung. Die einfache Gebrauchswertorientiertheit der sozialistischen Warenproduktion hat dazu geführt, daß in der Bundesrepublik das Massengeschäft auf bestimmten Sektoren des Textilmarkts zu großen Teilen mit »Ostware« bestritten wird. In der bundesrepublikanischen Textilindustrie hat diese Konkurrenz die Ausrichtung auf Markenartikel und ästhetische Innovation verstärkt, sozusagen als eigentliche Domäne des Kapitals übriggelassen. Viele Produzenten von Unterwäsche zogen sich gänzlich in diese Domäne zurück. Ein Beispiel für viele: »Gegenüber der Importware aus den Staatshandelsländern [...] ist man im

Hause Falke immer stärker in die Abwehr mit einem hoch-wertigen und stärker auf die Mode abgestellten Genre über-gegangen.«[22] Die Preise sind in diesem »Genre« etwa doppelt so hoch wie bei einfacher Unterwäsche. In dieser Markttei-lung – wiewohl sie die noch immer schwächere Weltmarktpo-sition der sozialistischen Länder im Vergleich zu den führen-den kapitalistischen Ländern widerspiegelt – liegt, wie man sieht, durchaus ein tieferer Sinn.

Zurück zu unserer Ausgangsfrage: Gibt es eine sozialistische Warenästhetik oder nicht? Um nicht ins Pfaffentum zu verfal-len, das bekanntlich mit Büchern jede Realität wegbeweist, ist es offenbar nützlich, die Frage deutlicher zu formulie-ren. Es geht nicht um das faktische Vorkommen von wa-renästhetischen Erscheinungen in sozialistischen Ländern, sondern es geht darum, nach Ursachen, nach Wirkungszusam-menhängen zu fragen. Die Frage muß also lauten: Entspringt der sozialistischen Warenproduktion als solcher, unter Abstraktion von externen Einflüssen, die Funktion der Warenästhetik? Die Antwort ist: Sollten die materiellen Hebel so angesetzt sein, daß sie ein gesellschaftlich unkontrol-lierbares materielles Interesse hinter das Realisationsproblem klemmen, so wird dieser Interessendruck sich seine Wege bah-nen, und die »Ungleichheit der Interessen von Produzent und Käufer« könnte sich wieder zu jenem bürgerlichen Gegensatz zurücksteigern, aus dem dann die Warenästhetik hervorgeht. Es wird jedoch klar geworden sein, daß bei gesellschaftlicher Planung der Produktion diese Möglichkeit so gut wie nicht gegeben ist. Ohne Druck eines gegensätzlichen Interesses hin-ter dem Realisationsproblem der Waren gibt es keine Waren-ästhetik.

Anmerkungen

1 Stark überarbeitete und erweiterte Fassung eines ursprünglich in *tendenzen*, Mai 1974, erschienenden Diskussionsbeitrags.
2 Jürgen Schmidt, *Am Ende aufs Glatteis. Haug's »Kritik der Warenästhe-tik«*, in: *Frankfurter Rundschau*, 31. 5. 72; merkwürdigerweise erschien am 2. 8. 72 in derselben Zeitung eine etwas überarbeitete Fassung derselben Rezen-sion, mit gleichem Titel, aber dem veränderten Untertitel: *Haugs Versuch über das Schicksal der Sinnlichkeit im Kapitalismus.*

3 Vgl. hierzu A. G., *Nicht immer nur Andenken-Rosen*, in: *FAZ* vom 10. 6. 72.

4 Heinz Hirdina, *Rezension der »Kritik der Warenästhetik«*, in: *Weimarer Beiträge*, Heft 12/1973, S. 173-179. Unverändert nachgedruckt im vorliegenden Band.

5 *Kritik der Warenästhetik*, S. 141.

6 Die Methode des *Kapital*, vor allem das Verfahren entwickelnder Ableitung und die dabei berührten Probleme materialistischer Begriffsbildung sind untersucht in meinen *Vorlesungen zur Einführung ins »Kapital«*.

7 Vgl. dazu: *Die Bedeutung von Standpunkt und sozialistischer Perspektive für die Kritik der politischen Ökonomie*, in: *Das Argument* 74/1972.

8 Wenn ich in der *Kritik der Warenästhetik* von dem Warentypus der »starken Reize als Instrument des handelskapitalistischen Verwertungsinteresses« (a.a.O., S. 19 f.) sprach, so meinte ich Dinge wie Feuerwaffen und Feuerwasser oder scharfe Gewürze (nach einem, mit dem große Vermögen gemacht wurden, nannte das Volk die Handelskapitalisten »Pfeffersäcke«). Hirdina meint hier natürlich etwas anderes. Aber es sei ihm über die Grenze zweier gegensätzlicher Sozialformationen zugerufen, daß auch die starken Reize der kapitalistischen Warenästhetik – Sex, Karrierismus, Prestigeneid, Geldgier, Angst vor dem Altern usw. usf. – nichts sind, was in der sozialistischen Gesellschaft »im Hinblick auf den sozialistischen Konsumenten geplant« wird.

9 Hermann Rudolph, *Das Warenhaus ›Centrum‹ in Leipzig*, in: *FAZ* vom 10. 2. 73, Beilage.

10 *Handbuch der Werbung*, Verlag Die Wirtschaft, Berlin/DDR 1969, 2. überarbeitete Auflage.

11 *Politische Ökonomie des Sozialismus und ihre Anwendung in der DDR*, Dietz Verlag, Berlin/DDR 1969.

12 *Ökonomisches Lexikon*, 2. Aufl., Berlin/DDR 1970, S. 1116 f.

13 Martin Kelm, *Produktgestaltung im Sozialismus*, Dietz Verlag, Berlin/DDR 1971.

14 Bericht an die 13. Tagung des ZK der SED v. 15.-17. 9. 1966, zit. im Anhang bei Kelm, S. 122, neben einer ganzen Reihe von interessanten Dokumenten zu Maßnahmen und Institutionen der Produktästhetik.

15 I. S. Wassiljewa, *Produktionsästhetik und Nutzeffekt der Arbeit*, Verlag die Wirtschaft, Berlin/DDR 1971.

16 *Lehrbuch Politische Ökonomie Sozialismus*, übers. a. d. Russischen, Verlag Marxistische Blätter, Frankfurt/M. 1972.

17 *Handelsblatt*, 28. 8. 74.

18 Vance Packard, *Die geheimen Verführer*, 1. Kapitel.

19 Der Vorgang ist beschrieben in der *Kritik der Warenästhetik*, S. 51 f.

20 *FAZ*, 26. 2. 72.

21 Gernot Schneider, in: *Die Wirtschaft*, Heft 5, Januar 1973; zit. n. Peter Hort, *Auf der Suche nach der sozialistischen Mode*, in: *FAZ*, 17. 2. 73. Hier auch die weiteren Zitate.

22 *FAZ*, 20. 3. 74.

Wolfgang Fritz Haug
Exkurs über ökonomische Ableitung
und Widersprüchlichkeit von Warenästhetik

Wenn die ökonomische Ableitung das theoretische Kernstück der *Kritik der Warenästhetik* ist, so ist das Unverständnis für dieses Verfahren der Angelpunkt, um den sich die meisten Fehldeutungen drehen.

Bei »bürgerlichen« Rezensenten erwartete ich kein Verständnis für die Marxsche materialistische Methode. Aber ich war dann doch überrascht, wenn mancher unverblümt kapitalfreundliche Schreiber mehr Verständnis dafür zeigte als mancher »linke«. Der »Linke« Michael Buselmeier z. B. prüft kurz die Windrichtung im allgemeinen und im besonderen und teilt mit: die Kritik der Warenästhetik vertritt »die sowjetmarxistische Linie«.[1] Zunächst stutzt man, denn in der (vielfältigen) sowjetischen Literatur findet sich (vielleicht *noch*) kaum ein Verständnis für diesen Gegenstand und seine spezifische Analyse. Aber Buselmeier wollte auch gar nicht eine Tatsachenfeststellung treffen, sondern ein Urteil lancieren, das unter den gegebenen Verhältnissen in der BRD eine bedrohliche Bedeutung hat. Brecht würde ihn darob ein »Reptil« genannt haben.[2] Gleichwohl dreht sich auch solche Perfidie um ein sachliches und methodisches Unverständnis. Man sehe, was Buselmeier an meiner Methode bemängelt: Haug »analysiert nur die Instrumentalisierung der Bedürfnisse und Gebrauchswerte für die [...] Kapitalverwertung« — nur! Hier nun Buselmeiers Vorstellung vom wahrhaft marxistischen Verfahren: es geht darum, zu beschreiben, »wie diese Bedürfnisse inhaltlich aussehen« und »das verdinglichte Bewußtsein versuchsweise zu beschreiben«. Der Marxismus ist für Buselmeier offensichtlich vor allem eine beschreibende Methode; die Analyse von Funktionszusammenhängen der Kapitalverwertung gilt ihm als spezifisch sowjetisches Verfahren. Jeder Leser, der sich erinnert, daß in der *Kritik der Warenästhetik* die durch und durch widersprüchliche Einspannung der menschlichen Sinnlichkeit und Triebe in die kapitalistischen Sozialbeziehungen hergeleitet wird, mag die Konklusion Buselmeiers mit Erstaunen zur Kenntnis nehmen: »Das *Spezifische* der Sinnlichkeit im Kapitalismus, ihre *widersprüchliche* Struktur, wird nicht erfaßt.«

Die dann folgende »Kritik« indes trifft mich zu Recht, denn ich habe in der Tat keine »systemsprengenden Möglichkeiten, die im Bereich der Sinnlichkeit liegen«, dem Leser vorgegaukelt. Ich habe gezeigt, daß alle Momente des Zusammenhangs der Warenästhetik – also auch die menschliche Sinnlichkeit, soweit sie in Wechselbeziehung zur Warenästhetik steht – zweideutig bleiben, daß das Widersprüchliche auf dieser Ebene weder gelöst noch gesprengt wird. Für jegliche Orientierung scheint mir wichtig, daß man an der Einsicht in die Widersprüchlichkeit festhält, also weder sich in Alpträume restloser Vereinnahmung noch in Illusionen systemsprengender Kraft verliert. Z. B. darf, wie ich in der *Kritik der Warenästhetik* formulierte, »das Interesse der Freiheit in der Instanz des Sexuellen nicht anders als sehr schwach und ständiger Ambivalenz unterworfen gelten, wobei nicht abzusehen ist, daß das emanzipatorische Gewicht irgendwann einmal stärker als das der Vereinnahmung sein sollte.«[3] – Was dem einen sin Uhl... Von anderer Seite, die sich selber »kommunistisch« nennt und es für revolutionäre Politik hält, bestimmte Erscheinungsformen der KPD aus der Weimarer Zeit nachzuahmen, wird mir nun gerade das, was Buselmeier zu Recht bei mir vermißt, zu Unrecht zugeschrieben: ich hätte es unternommen, »eine sprengende Dialektik in der kapitalistischen Konsumsphäre nachzuweisen«.[4] Friedrich Rothe, von dem dieser Satz stammt, hat bei der Auseinandersetzung mit meinen Schriften nicht nur derart erfolgreich die Augen zugedrückt, daß er nur noch Popanz sah, sondern auch noch so viel Verständnislosigkeit in dem, was er selbst sagt, bewiesen, daß es sich wohl nicht lohnt, weiter darauf einzugehen. Dächte er anders, hielte es ihn schwerlich bei einer Gruppierung, die schon 1971 in ihrem Organ *Rote Presse-Korrespondenz* das unfreiwillige Kabarett so weit trieb, die *Kritik der Warenästhetik* als eine Art repräsentative »Stimme des Revisionismus« zu zitieren. – Hatte Friedrich Rothe mir die Revolution-aus-dem-Konsum-Losung unterstellt, so, von gleicher politischer Seite, Detlev Michel das Gegenteil: »Die schöne Erscheinung wird zur Triebkraft, die die Massen vollständig überwältigt und die Ursache für den gesellschaftlichen Zustand bildet«.[5] Statt der von mir angeblich »vollständig überwältigten Massen« (die es natürlich nicht gibt), sieht Michel in illusionistischer Phraseologie das vollständig klassenbewußte Proletariat (das es so, zumal gegenwärtig in der BRD, ebensowenig gibt). Die Sache hat durchaus ihre Logik. Bei der Analyse eines grundwidersprüchlichen Phänomens sehen, je nach politischer Option, die einen nur die eine Seite, die andern nur die andere; sie rufen das Gegenteil und erweisen sich gleichermaßen unfähig zu einer Dialektik, die unabdingbar ist für die soziale Bewegung, soll sie nicht ständig in Sackgassen sich verrennen. – Es wäre müßig nachzuweisen, daß Michel in seinem blinden agitatorischen Eifer an den entscheidenden Stellen einfach das Gegenteil des wirklich Ausgeführten unterstellt. Aber interessant ist immerhin, was er nun als richtige materialistische Methode vorschlägt: »Eine materialistische Untersuchung des Inhalts der Reklame, ihrer Ästhetik etc., ebenso des Inhalts der bürgerlichen Massenkultur hätte deshalb auszugehen von den Arbeits- und Lebensbedingungen der Massen, vom Zustand der proletarischen Organisationen und des Klassenbewußtseins.« Nichts gegen konkrete inhaltliche Untersuchungen! Aber sie sind erst möglich – wann wird das der Vulgärmaterialismus endlich begreifen? – auf der Basis einer ökonomischen Ableitung des Gegenstands und der Begrifflichkeit, nicht anders, als Marx es im *Kapital* vorgeführt hat. Rothe, Michel und tutti quanti mögen einmal im *Kapital* nachschlagen, wo dort Arbeits- und Lebensbedingungen des Proletariats behandelt werden; vielleicht zerbrechen sie sich einmal den Kopf darüber, warum Marx nicht davon ausgeht.

Einer der unverzichtbaren Vorteile, den die ökonomische Ableitung auf dem Felde der Warenästhetik bringt, ist die Einsicht in die Widersprüchlichkeit der Phänomene. An dieser Einsicht hängt mitunter sehr viel. Wer sie nicht hat, schwankt zwischen Illusion und Alptraum. Es führt zu Verhaltensweisen, die einander entgegengesetzt und doch gleichermaßen falsch sind und vernichtende Niederlagen einbringen können, wenn man eine der beiden Seiten des Widerspruchs verabsolutiert. Heißt heute eine dementsprechende (falsche) Alternative: Proletkult oder »underground«, »neue Sensibilität« usw., so stellte sich die Sache in den fünfziger und sechziger Jahren in der BRD etwas anders dar. Vielen schien – auf dem Wege über Wirtschaftswunder und steigendes Niveau des materiellen Konsums – die Arbeiterklasse »endgültig integriert« und die Widersprüchlichkeit des kapitalistischen Systems stabilisiert. »Dialektik pendelt aus«, konnte Adorno schreiben und den Sieg des Absurdismus über den Sozialismus verkünden.[6] Gleiches sagte mit anderen Worten Herbert Marcuse unter dem Beifall der Studentenbewegung. In einer Situation, in der dem materiellen Konsum, der Warenästhetik und anderen Techniken und Dimsenionen der Manipulation die endgültige Stillstellung der sozialen Bewegung zugeschrieben wurde, kam es darauf an, nachzuweisen, daß in der Produktion und Konsumtion von Waren sowie in der Warenästhetik der Grundwiderspruch des Systems – trotz aller Schein-Lösungen – keineswegs aufgehoben war, sondern daß allenfalls die Erscheinungsformen, in denen er sich manifestierte, modifiziert waren. – Daß Dialektik nicht »ausgependelt« ist, dürfte inzwischen auch in der Bundesrepublik kaum mehr zu übersehen sein. Ein ganzer Satz von Ideologemen, die alle an dem scheinbaren Stillstand der Welt in der Adenauer-Ära hingen, ist damit wirksamer entkräftet, als es alle Ideologiekritik vermochte. Selbst solche Sprüche wie der vom Tauschwert, der an die Stelle des Gebrauchswerts getreten sei – wie sie allerdings noch Prokop in die siebziger Jahre weiterträgt –, sind nicht mehr aktuell. Damals galt es solchen Sprüchen gegenüber darauf hinzuweisen, daß selbst die bloße Bezogenheit von Arbeitern auf materiellen Konsum nichts ist, was der allgemeinen Bewegung entzogen wäre, daß auch Lohnforderungen und Lohnkämpfe ein Moment der Dialektik sind, auch wenn es in ihnen nur um Geld und mittels desselben um Waren und ihren Konsum zu gehen schien. Daher der viel (und gern) mißdeutete Topos des »Warenhungers«, der mit allen möglichen Bedeutungen befrachtet worden ist und den ich deshalb heute so nicht mehr einführen würde. Er sollte provozieren, und er hat provoziert. Er sollte die kritischen Interpreten dieses und jenes Phänomens »als Ware« mit der Nase darauf stoßen, daß die Beziehung auf Waren nicht einfach als Alternative der Ausbildung von Klassenbewußtsein entgegengesetzt werden durfte, daß vielmehr in der eigentümlichen Beziehung der Lohnarbeiter auf die Waren, die sie zum Leben brauchen, und in der Beziehung, die sie zum Kapital unterhalten müssen, um über den Lohn an diese Waren zu kommen, der Treibsatz des Klassenkampfes in nuce enthalten ist. In diesen Formen fängt der Gegensatz immer wieder an, sich zu betätigen; sie sind also nicht undialektisch als etwas ihm platt Entgegengesetztes aufzufassen. Rainer Paris[7] hat die Kategorie des »Warenhungers« uminterpretiert zu einem Begriff für »neurotisch« falsche Bedürfnisse, ja, geradezu für eine vom Kapitalverwertungsprozeß erzeugte und ihm entsprechende subjektive Pathologie: »Der Warenhunger ist so nur das psychische Korrelat zum Verwertungsdrang des Kapitals: dessen Heißhunger nach Mehrwert erheischt für die Zirkulationssphäre die Disposition des Warenhungers, um die Realisation des produzierten Warenkapitals kontinuierlich zu sichern. Seiner objektiven Funktion nach fällt so der Warenhunger mit der ökonomischen Funktionsbestimmtheit der Warenästhetik zusammen.« Warenhunger wird so zur Kategorie für die subjektive Warenästhetik, d. h. für die Sinnlichkeit, soweit sie auf Waren bezogen ist. Man kann darüber diskutieren, ob eine solche einseitige Feststellung eines »psychischen Korrelats« sinnvoll ist. Daß sie problematisch ist und sofort irreführend wird, wenn man vergißt, daß sie nur ein Moment in einem Funktionszusammenhang bezeichnen könnte, sollte klar sein. Michael Schneider hat mit seiner Kategorie des »warenästhetischen Zwangscharakters« – und grundsätzlich mit seiner unbefangenen, von keiner Wissenschaftlichkeit gehemmten Übertragung ökonomischer Begriffe ins Psychische und psychischer Begriffe ins Ökonomische –, unter Verwendung vieler interessanter Zitate und Materialien, unfreiwilligerweise vorgeführt, wie weitgehend bei solchem Isolieren der Momente aus ihrem wirklichen Funktionszusammenhang die Begriffsbildung außer Kontrolle geraten kann.[8] So kann man im Ernst weder die Psychoanalyse neubegründen noch eine politische Strategie fundieren. – Bei Paris scheinen mir die Kategorien dem ökonomischen Zusammenhang noch näher, seine Uminterpretation des Begriffs »Warenhunger« scheint mir eher diskutabel zu sein. Vollkommen falsch aber wird es, wenn er die Bedeutung, die er in den Begriff hineindeutet, meiner Verwendung desselben unterschiebt, wenn er schreibt: »Der eigentliche politische Brennpunkt der Haugschen Analyse der Warenästhetik ist nun der Begriff des *Warenhungers*.« In Wirklichkeit ist dies allenfalls der Punkt, wo eine etwas grobe Ohrfeige brennt, die ich gewissen »kritischen Theoretikern« versetzt hatte. Sie bewiesen in vielen Tonlagen, daß durch die Warenform der Produkte nurmehr Tauschwert konsumiert würde, mit dem Erfolg, die Arbeiter alle zu »Warenfetischisten« zu machen, so daß in der Orientierung der Arbeiter auf materiellen Konsum der Klassengegensatz entschärft sei, die Arbeiter endgültig integriert seien, die Gesellschaft »eindimensional« kraft »repressiver Befriedigung« der Bedürfnisse geworden sei, damit Dialektik auspendle usw. usf. Wenn ich diese Theoreme hier nur als Ideenbrei karikiere, so nicht aus purer Bosheit, sondern um ein geistiges Klima zu skizzieren, auf das hin folgender Passus der *Kritik der Warenästhetik* geschrieben worden ist:

»Die Macht der Warenpropaganda resultiert nicht aus Manipulation im Sinne bloßer Gaukelbilder der Werbung und Anreizung allein. Ihren realen Kern hat sie in den Gebrauchswerten der Waren und in deren allgemeiner Zugänglichkeit. Gegen ihre eigenen Bedürfnisse und ihre Befriedigung könnten die Massen kein Klassenbewußtsein aufrechterhalten. Wie die Waren in der Zirkulationssphäre den harten Kern der Warenpropaganda darstellen, ohne den sie wie offener Hohn empfunden würde, so der sich als Lohnforderung in der Produktionssphäre konkretisierende Warenhunger als der harte Kern, an dem Klassenbewußtsein sich aufrichtet. Die totale Negation der Warenwelt [...] kann [...] keinen solchen Ansatz darstellen.« (137 f.)

Paris liest fälschlicherweise aus diesem Zitat »die Beschränkung der strategischen Perspektive auf die Lohnfrage« heraus. Von »Beschränkung« ist keine Rede. Vielmehr geht es um die Einsicht, daß sich aus den Lohnkämpfen ein Prozeß der Bildung von Klassenbewußtsein und Organisierung der Arbeiter historisch ergeben hat und immer wieder ergibt, der weit über den Anlaß hinaustreibt. Es wäre besser, ich hätte deutlicher davon gesprochen. – Im Gegensatz zu einer abstrakt-radikalen Orthodoxie aus Begriffsstutzigkeit, wie sie Detlef Michel vertritt, sieht Paris auch die Notwendigkeit, der Warenästhetik als wirksamer Propaganda von seiten der Arbeiterorganisationen entgegenzuwirken.[9] »Daß das Klassenbewußtsein der Arbeiter diesen Schein als Propaganda ›durchschauen‹ muß, hier also ein agitatorischer Anknüpfungspunkt gegeben ist, sei nicht bestritten; wohl aber das Diktum, daß Klassenbewußtsein an diesem Schein sich ›aufzurichten‹ habe.« Davon, daß am Schein sich Klassenbewußtsein aufrichte, ist bei mir wiederum keine Rede; vielmehr spreche ich von Lohnforderungen, die zu Lohnkämpfen als der elementaren Form ökonomischen Klassenkampfes führen, was gewiß kein Schein ist. Für die schwedische Ausgabe wie für künftige Neuauflagen habe ich den oben zitierten Passus leicht abgeändert. Von den Lohnforderungen heißt es jetzt : sie sind der harte Kern, »an dem Klassenbewußtsein sich *aufzurichten beginnt*«; es folgt eine erläuternde Anmerkung:

»Diese These ist – von linksradikaler Seite nur allzu bereitwillig! – als Festlegung der Bedürfnisse auf solche nach Waren, und des Klassenbewußtseins auf das Bewußtsein derer, die um Lohnerhöhung kämpfen, mißverstanden worden. Meine Formulierung wird verständlich, wenn man im Auge behält, daß sie ursprünglich in die westdeutsche Studentenbewegung hineingesprochen war, in der das scheinradikale Vorurteil herrschte, das Zusammenspiel von Manipulation und materiellem Konsum hätten die Arbeiterklasse endgültig integriert und politisch kastriert. Hier war es wichtig, darauf hinzuweisen, daß die Dialektik der historischen Bewegung auch durch die ihr unmittelbar entgegengesetzten Formen weiterwirkt. Diejenigen, die alles sofort ›ganz anders‹ wollen und bei jeder konkreten Vermittlung ›Revisionismus‹ wittern, die abstrakten Puristen also, sind durch solche Hinweise denn auch nachhaltig provoziert worden. Und da oft im Widerspruch gelernt wird, nehme ich diese Aufregung als Anzeichen, daß meine Argumentation nicht wirkungslos geblieben ist.«

An dieser Stelle breche ich die Auseinandersetzung ab und übergebe sie dem Leser zur Fortführung – falls er die Erfahrung machen sollte, daß sie ihn an der einen oder anderen Stelle angeht. Nur ein Vorwurf sei noch einmal aufgenommen, weil er dem, der ihn erhebt, ins Auge zu gehen und ihn auf gefährliche Weise blind zu machen droht für die gegenwärtige politische Situation in den kapitalistischen Industrieländern und für eine ganze Dimension politischer Aufgaben. Ich meine Rothes einfältige Unterstellung, ich vermeinte »in der Scheinerfüllung des kapitalistischen Warenangebots« – für die Formulierung kann ich nichts! – »einen Motor für die Revolutionierung der Konsumenten zu entdecken«. Lassen wir ihn bei seiner Meinung! Wenn er aber weiter unterstellt, ich würde »auf ein breites Bündnis klassenunspezifischer Konsumentenmassen hoffen«, kündigt sich die totale Verständnislosigkeit für ein entscheidendes Moment des Zusammenhalts der spätbürgerlichen parlamentarischen Demokratie an. Denn so illusionär jene mir unterschobene Hoffnung wäre, so töricht ist es, nicht zu sehen, daß ja der gegenwärtige Kapitalismus im politischen Bereich auf keiner andern als einer derart »klassenunspezifischen« Massenbasis sich »demokratisch« stabilisiert. Wäre er allein auf die in irgendeinem engeren Sinne »bürgerlichen« Kräfte beschränkt, würde die Stabilisierung längst nicht mehr gelingen können. Der passiv »staatstragende« Bundesbürger ist der, dessen bewußte Interessen sich ganz oder weitgehend privatisiert, in die Sphäre des Konsums zurück- und zusammengezogen haben, der unpolitische Verbraucher, der, an den sich eine Tarnorganisation der Großindustrie in Wahlzeiten mit der Suggestion wandte, im Falle eines SPD-Sieges habe er damit zu rechnen, in Zukunft abends zu Funktionärsversammlungen zu müssen, statt wie bisher sein Bier in Ruhe trinken zu können. In der spätbürgerlichen Basismasse der Entpolitisierten sind die Interessen und die Interessengegensätze weitgehend latent. Die *Kritik der Warenästhetik* kann einen Teilbeitrag liefern zu unserer gesellschaftlichen Selbsterkenntnis, indem sie die Augen öffnet für den sozialen Gehalt einer ganzen Dimension dessen, was das Interesse der Unpolitischen so nachhaltig absorbiert.

Anmerkungen

1 Michael Buselmeier (Hrsg.), *Das glückliche Bewußtsein*, Neuwied 1974, S. 228, Anm. 5.

2 Vgl. B. Brecht, *Arbeitsjournal*, Eintragung vom 9. 9. 43; ferner das Editorial zu *Argument* 81, XV. Jg. 1973, S. 556.

3 *Kritik der Warenästhetik*, S. 69, Anm. 10.

4 Friedrich Rothe, *Das Geheimnis der Warenästhetik*, in: *Materialistische Wissenschaft 2. Von der kritischen zur historisch-materialistischen Wissenschaft*, Berlin 1971, S. 40-42.

5 Detlef Michel, *Manipulationstheorien und Massenfeindlichkeit*, in: *Kunst und Gesellschaft*, Nr. 18/19, S. 168.

6 Vgl. Th. W. Adorno, *Versuch das Endspiel zu verstehen*, in: *Noten zur Literatur II*, Frankfurt/M. 1961. Vgl. dazu W. F. Haug, *J.-P. Sartre und die*

Konstruktion des Absurden, Frankfurt/M. 1966, S. 26 ff.

7 Vgl. seinen in diesem Band abgedruckten Beitrag.

8 Michael Schneider, *Neurose und Klassenkampf. Materialistische Kritik und Versuch einer emanzipativen Neubegründung der Psychoanalyse*, Reinbek bei Hamburg 1973, vgl. etwa S. 292 ff.

9 Detlef Michel dagegen: »Dem muß die Marxsche Analyse entgegengehalten werden, die keinen Zweifel daran läßt, daß Zirkulationskosten den Gebrauchswert in keiner Weise tangieren. Die Eigenschaften, die Haug dem Gebrauchswert zuschreibt, existieren nicht. Der Gebrauchswert einer Ware, die in den Konsum des Lohnarbeiters eingeht, hat nur die Eigenschaft, ein gesellschaftliches Bedürfnis zu befriedigen und damit als Moment der Reproduktion der Arbeitskraft zu fungieren. Solch ein Lebensmittel ist notwendig.« (Es folgt ein Zitat, worin Marx seinen nicht wertenden, ökonomischen Gebrauchswertbegriff bekräftigt). – Hier tangieren die Kosten offensichtlich doch den Gebrauchswert einer Argumentation, die zu billiger Spiegelfechterei verkommt.

Wolfgang Fritz Haug
Wirkungsbedingungen einer
»Ästhetik von Manipulation«

Die Anführungszeichen um Ästhetik von Manipulation sollen andeuten, daß die folgenden Überlegungen sich u. a. auf einen Aufsatz zurückbeziehen, der 1963 unter diesem Titel im *Argument* erschienen ist und in dem ich nebenbei den Begriff »Warenästhetik« geprägt habe. Auf die im Titel angedeutete Problematik zurückzukommen, gab es zwei Anlässe. Den ersten Anlaß bot eine Ausgabe von gesammelten Aufsätzen aus den Jahren 1962-1970.[1] Es gab Gründe, diese alten Aufsätze wieder zu veröffentlichen. Es kursierten Raubdrucke, und es kam vor, daß sie als Geheimtip oder als Quelle unkontrollierbarer Zitate gegen meine heutige Position ins Feld geführt wurden. Also wollte ich die Gelegenheit nützen, gröbste Fehler zu verbessern, vor allem aber im Nachwort selbstkritische Anmerkungen mit in Umlauf zu setzen. So wurde es notwendig, noch einmal auf die Voraussetzungen jener ersten Versuche zurückzukommen.

Den zweiten Anlaß lieferte die Schlußbemerkung einer Rezension der *Kritik der Warenästhetik*, die von Hans Heinz Holz im Rundfunk gesprochen wurde. Er sah in meinen Analysen Berührungspunkte zu Untersuchungen und Untersuchungsgegenständen, mit denen er sich selbst beschäftigte — vor allem in dem Buch *Vom Kunstwerk zur Ware*, wo auch jene Radio-Rezension unter dem Titel *Exkurs über Warenästhetik* abgedruckt ist.[2] Der Exkurs enthält eine These, der zufolge aus dem Handel mit Kunstwerken der »Untergang des Ästhetischen selbst« hervorgegangen sei. Diese seine These bringt Hans Heinz Holz dann wie folgt mit der Warenästhetik in Zusammenhang: »Der Vermarktung des Kunstwerks [...] entspringt das Bedürfnis des individuellen Käufers nach einer Ästhetisierung der Konsumgüter.« Das Wort »entspringt« suggeriert, vielleicht ungewollt, den Status der

* Überarbeitete Fassung eines Vortrags bei den Frankfurter »Römerberg-Gesprächen« 1974.

Aussagenverknüpfung als einer materialistischen Ableitung der Warenästhetik. Wäre die Verknüpfung seiner These von der »Depravation des Kunstwerks als Ware« mit dem Ursprung der Warenästhetik als sozialökonomische Ableitung ernstgemeint, so müßte sie mich natürlich herausfordern. Unabhängig davon gibt mir auch die originäre These von Holz zu denken. Ist es wirklich so, daß die Warenform das Kunstwerk zerstört? In einer kritischen Schlußbemerkung weist Holz auf eine Voraussetzung hin, von der er meint, daß ich sie unausdrücklich meinen Untersuchungen zugrunde gelegt habe. Und zwar gehe in das, was er meine »Deskription der Funktion des ästhetischen Scheins im Spätkapitalismus« nennt,

»doch eine Voraussetzung unausdrücklich ein: daß nämlich das Ästhetische, unverfälscht, die Region menschlicher Selbstverwirklichung oder Freiheit sei, und daß sein Mißbrauch, seine Verfälschung nur deshalb möglich sei und wirklich werden könne, weil er sich lügnerisch auf diesen eigentlichen Charakter des Ästhetischen stütze. Haugs Konzeption hängt mit vielen Fäden noch an der Vorstellung der deutschen Klassik, die eine Konvergenz gesellschaftlicher und individueller Freiheit im tertium regnum der Kunst antizipierte. Der Soziologie des Ästhetischen wird hier stillschweigend eine Anthropologie der Sinnlichkeit unterlegt, deren kritisches System noch nicht ausgearbeitet ist.«

Ich nehme den Ball dort auf, wo Holz ihn hingeworfen hat, und komme zurück auf die in meinen bisherigen Schriften in der Tat teils unausgesprochenen, teils nur flüchtig skizzierten Voraussetzungen, die ich machte, wenn ich bestimmte Wirkungszusammenhänge analysierte. Ich will versuchen, das »stillschweigend Unterstellte« in Worte zu fassen, um es der Diskussion und der Überprüfung zugänglich zu machen.

Bisher hatte ich angenommen, daß meine Schriften eher dadurch Anstoß erregen könnten, daß einerseits allzu weitgehend anthropologische Bedingungen ausgeklammert sind, daß meine Untersuchungen allzu weitgehend sich auf das Herausarbeiten sozialer Funktionszusammenhänge, Prozesse der ökonomischen Indienstnahme usw. beschränkten, und daß andererseits das Ästhetische – in dem Sinne, wie es in der Regel im Feuilleton vorkommt, also verstanden als das, was die »Kunst« ausmacht – in meinen Schriften zu kurz komme.

Ich gebe ja schon im Vorwort der *Kritik der Warenästhetik* eine recht dürre, operationalisierte Definition dessen, was ich zunächst unter diesem Wort verstehe. Insofern überraschte mich diese Kritik von Hans Heinz Holz; ich machte mich dann aber daran, einmal zu untersuchen, welche unausgesprochenen Voraussetzungen eigentlich erfüllt sein müssen, damit die Analysen der Kritik der Warenästhetik stimmig sind.

Ich gehe zu einem Kernpunkt dieser Analysen unter dem Stichwort *Ästhetische Abstraktion*. Dieses Stichwort hat es in sich, weil es zur Bezeichnung eines Prozesses dient, von dem ich meine, daß er nicht nur für die Ästhetik der Ware, sondern überhaupt für die Ausbildung eines besonderen Interesses und besonderer Techniken für das, was wir das Ästhetische nennen, Bedeutung hat. Die Untersuchung des Theorems von der ästhetischen Abstraktion macht es notwendig, bestimmte Vorgänge auf der Seite der Produkte zu betrachten. Diese Betrachtung ist einseitig, beruht auf einer Abstraktion; denn selbstverständlich sind diese Vorgänge ihrerseits gesteuert durch das Einklinken bestimmter Gestaltungen in die Sinnlichkeit der Menschen, so daß das Beharren auf dieser einen Seite des Objektiven den Vorgang verfehlen würde. Trotzdem beginne ich mit der objektiven Seite und nehme dann die subjektive hinzu.

Ganz kurz die Grundthese: Wenn Produkte menschlicher Arbeit Ware oder gar Warenkapital darstellen, dann sind diese Produkte widersprüchlich bestimmt. Damit soll gesagt sein, daß sie zwei Funktionen zugleich erfüllen müssen, die miteinander in Konflikt geraten. Einerseits müssen die Gebrauchswerte sein, das sind Lebensmittel im allerweitesten Sinne – den Begriff gebrauche ich also hier nicht, wie man ihn in der Zusammensetzung Lebensmittel-Geschäft benutzt, sondern zur Bezeichnung der Mittel, die wir zum Leben gebrauchen –, andererseits müssen sie sich als Träger von Wert oder, wenn Warenkapital, von Wert und Mehrwert bewähren. In Konflikt miteinander geraten die beiden Bestimmungen deshalb, weil sie nichts anderes ausdrücken als ein antagonistisches gesellschaftliches Verhältnis. Es stehen sich ja, wo immer die Ware als Ware betätigt, also getauscht oder verkauft wird, zwei Kontrahenten gegenüber. Dieses selbe Ding Ware ist für die eine Seite interessant als Lebensmittel, für die andere dagegen als Verwertungsmittel – ich drücke es gleich so aus, wie es spezifisch für die kapitalistische Gesellschaft ist –, genauer: als Mehrwertträger, und es muß zugleich beide Funktionen erfüllen. Dabei liegt hier nicht ein einfaches Gegeneinander zweier gleichstarker Funktionen vor, sondern eine der beiden Seiten dominiert eindeutig, nämlich die der Wert- bzw. Verwertungsfunktion. Daß sie dominiert, ist Ausdruck eines Besitzverhältnisses; das heißt, die Ware gehört dem, der sie benutzt für Verwertungszwecke. Verhältnisse, in denen unsere Lebensmittel, soweit sie Arbeitsprodukte sind, Träger dieser Doppelfunktion werden, unterwerfen diese, wie ich in der *Kritik der Warenästhetik* zeige, einer wahren Zerreißprobe. Denn gerade insofern die Ware für ihren Besitzer nur als Wertträger interessant ist, also gerade dann, wenn man die Ware in ihrer Funktion als Wertträger nimmt, muß sie im Lichte des entgegengesetzten Interesses erscheinen und gezeigt werden. Ihre Funktion als Wertträger hat sie für ihren Besitzer dann optimal, wenn er sie erscheinen machen kann, als wäre sie das extreme Gegenteil; wenn er sie dem, der an Lebensmitteln interessiert ist, in der Erscheinung extrem entgegengehen lassen kann, also eine entgegenkommende Erscheinung auf den Standpunkt hin inszeniert, der seinem Interessenstandpunkt diametral entgegengesetzt ist. Hier ist ein Interessen-Antagonismus, innerhalb dessen mit Schein nach der Logik des Gegenteils gekämpft wird. Es gibt viele Geschichten in Literatur und Mythologie, die diesen Interessen-Antagonismus gestalten, er muß als sehr einschneidend gespürt worden sein, die Griechen haben ihre Schöpfungsgeschichte damit verknüpft, die Prometheus-Sage. – Dieser Antagonismus führt nun nach meiner Auffassung dazu, daß die Oberfläche oder die Erscheinung der Ware abgezogen wird vom Warenkörper, sich gleichsam von ihm losreißt – natürlich ist er immer noch ein erscheinendes Ding, es ist damit nicht gesagt, daß er seine Oberfläche verliert –, und daß die abgelöste Erscheinung ein funktionell gesondertes Zwischenwesen bildet, weder etwas noch nichts, oder, wie es im zweiten Teil des *Faust* von den Undinen heißt: »Durch Weiberkünste, schwer zu kennen, verstehen sie vom Sein den Schein zu trennen, und jeder schwört, das sei das Sein.« Aber dies ist nicht alles. Damit jeder schwören kann, das sei das

Sein, reicht es nämlich nicht, eine bloß formal-ästhetische Form abzuziehen – ein Begriff von Ästhetischem, der sich auf Kombination von Form und Farbe oder Ähnlichem beschränken würde, könnte diese Wirkung gerade nicht fassen. Es geht also hier nicht um sinnliche Daten in verengter, auch bedeutungsmäßig abstrakter Fassung, sondern mit der Sinnlichkeit der Ware – darunter sei jetzt verstanden der Gesamtkomplex der sinnlichen Daten – wird auch der *eine* Sinn, dieser soziogenetisch längst gegen die anderen Sinne verselbständigte Sinn abgezogen. Soll heißen: Gerade Sinn und Zweck der Produkte, ihre *ratio essendi*, gerade das, was weiter reicht als ihr unmittelbares So-Sein und was sie umfassender bestimmt, wird mit-abstrahiert und mit-ästhetisiert. Zum Sprachgebrauch: »ästhetisiert« soll hier nicht heißen, daß das Produkt in künstlerische Gestaltung genommen wird, sondern ich gebrauche das Wort in dem Sinne, daß Sinnlichkeit und Sinn der Sache, des Gegenstandes, gleichsam entleibt, entgegenständlicht werden, abgezogen werden von der konkreten Materialität der Sache und zum selbständigen Gegenstand übrigens auch von zunehmend speziell ausgebildeter Produktion gemacht werden, sozusagen umgedichtet zu einer komplexen ästhetischen Botschaft.

Diesen Vorgang nenne ich ästhetische Abstraktion. Ich behaupte, daß er im grundlegenden Mechanismus unserer Gesellschaft, in einem Mechanismus, der im Laufe von Zehntausenden von Jahren entstanden ist und sich schließlich als die Zellenform der bürgerlichen Gesellschaft erwiesen hat, nämlich im Tausch, keimförmig enthalten ist. Mit dieser Behauptung, ästhetische Abstraktion entspringe dem Tausch, will ich die im Grunde ganz banale Tatsache ausdrücken, daß, solange der Privateigentümer die Hand auf seiner Ware hat, diese Ware wirken kann nur, aber auch wirken muß, in einer Form, die sie lediglich der Erscheinung nach »zirkulieren« läßt, aber eben nicht der Sache nach zirkulieren lassen kann. Die Warenbesitzer machen daher immer wieder die Erfahrung, daß nicht *die* Ware gekauft wird, die etwas *ist*, sondern daß *die* zunächst gekauft wird, die nach etwas *aussieht*. Das ist eine jeden Tag von neuem zu erlebende Tatsache; sie führt dazu, daß die Warenbesitzer, die diese Gesetzmäßigkeit nicht beachten, mehr oder weniger ins Hintertreffen geraten oder vom Markt verschwinden, während die anderen vom Markt positiv sanktioniert werden, so daß hier einer der Mechanismen am Werke ist, die eine Art Darwinismus unter den Warenproduzenten in Gang setzen. Der hier skizzierte Selektionsmechanismus wird sich besonders wirksam erweisen in dem Kampf, der zur Monopolisierung der Lebensmittelproduktion führt. Indem der belohnt wird, der es kann und tut, und der bestraft wird, der es nicht kann oder nicht tut, werden die Warenproduzenten ungeheuer angestachelt zur Ausbildung solcher Fähigkeiten. Der Sinn für ästhetische Abstraktion, für die Dimension des Ästhetischen der Dinge um seiner selbst willen, unter Absehen von den Dingen, wird durch die positiven und negativen Sanktionen des Marktes geweckt oder herausgezwungen.

Noch einmal die andere Seite dieses Gesichtspunktes: Ästhetische Abstraktion in der hier abgeleiteten Form ist nichts als der Reflex des Privateigentumsverhältnisses, daß die Sache einem gehört, der die Hand darauf hat und der in diesem seinem Griff nicht locker läßt – bis er jemanden gefunden hat, der ihm dafür das Äquivalent gibt –, obwohl die Sache für ihn als konkrete nichts bedeutet, sondern nur als Mittel, an ein Äquivalent zu kommen, er also darauf angewiesen ist, daß er jemanden findet, dem die Sache als Ding etwas bedeutet und der bereit ist, das Äquivalent fahren zu lassen. Genau *diese Schranke des Privateigentums zwischen mir und dem Lebens-Mittel* ist es, die sich *auf der anderen Seite als ästhetische Abstraktion* äußert.

Was ist denn nun die Wirkungsbedingung dieses Mechanismus? Ich komme zurück auf die eingangs zitierte These und die Unterstellung von Hans Heinz Holz. Deshalb frage ich jetzt nach der Grundannahme, die ich machen mußte, damit der gerade skizzierte Funktionskreis operieren kann. Offensichtlich mußte nichts selber Ästhetisches unterstellt werden. Es bedurfte z. B. nicht der anthropologischen Grundannahme, daß der Mensch mit einem Sinn für Kunst ausgestattet ist und nun durch Kunstbeigabe zur Ware zum Kauf manipuliert wird. Ganz im Gegenteil. Erstens reichen die beiden Annahmen, daß ich etwas als Lebensmittel brauche und daß der andere es benutzt, um sich ein Äquivalent dafür anzueignen, aus, um den Wirkungsmechanismus zu erklären. D. h. von diesen beiden Voraussetzungen aus, die Tauschbeziehungen implizieren, läßt sich zureichend erklären, daß ich auf die ästhetische Abstraktion, die auf mich zukommt, dann auch eingehe, sie in mich einklinken lasse und wirklich ein Äquivalent gebe und das Ding, dem diese Erscheinung vorausging, eintausche. Darüber hinaus aber erlaubt vielleicht der hier bloßgelegte Mechanismus auch noch einen Einblick in den soziogenetischen Mit-Ursprung einer Entwicklung, die sehr viel später – denn es dreht sich hier um soziogenetische Prozesse, die vor Jahrtausenden begonnen haben – zu dem führt, was wir etwa *Kunst* nennen. Ich sagte: *Mit*-Ursprung. Ich bin weit davon entfernt, ihn zu verabsolutieren. Selbst wenn man annähme, daß bestimmte Fähigkeiten im Menschenwesen schlummern, latent, als Anlage bestehen, bliebe immer noch die Frage, was eigentlich diese Fähigkeiten aus dem Schlummer reißt, was sie aus der Latenz in die Aktualität holt. Ich meine, im Wirkungszusammenhang der für den Warentausch funktionalen ästhetischen Abstraktionen einen soziogenetisch ungemein wirksamen Stachel zu Entwicklungen in dieser Richtung gefunden zu haben.

Soweit wäre zunächst eine Antwort auf den Einwand von Holz gegeben. Es bedarf nicht der idealistischen Annahme des Ästhetischen als einer »Region menschlicher Selbstverwirklichung oder Freiheit« usw., sondern ganz im Gegenteil, ich meine sogar zeigen zu können, wie die Ausbildung einer solchen idealischen Sphäre ästhetischen Scheins einen Mit-Antrieb erfährt. Im übrigen ist mit diesen wenigen Bemerkungen keineswegs dieses eigene Reich abgeleitet.

Ich will jetzt eine weitere unausdrückliche Grundannahme meiner Theorien hier offenlegen, die mich dazu führte, davon zu sprechen, daß die bürgerliche Gesellschaft vor anderen Gesellschaften u. a. dadurch ausgezeichnet ist, daß in ihr der bloße Schein – das Wort Schein mag man hier gut und böse zugleich verstehen, es soll hier durchaus ambivalent klingen – von Grund auf einen hohen Rang einnehmen muß. Das ist die These. Worin ist sie begründet? In der *Kritik der Warenästhetik* habe ich teilweise im zweiten, dann im ganzen vierten Teil versucht abzuleiten, daß und wie die Mechanismen, die in der Warenästhetik relativ leicht herauszuarbeiten sind, aufgrund bestimmter Zusammenhänge überspringen in allgemeinere gesellschaftliche Bereiche, Mechanismen hervortreiben, die dann im Bereich dessen, was man vielleicht mißverständlich wieder politische Ästhetik nennen könnte[3], sowieso in der Repräsentations-Ästhetik, eine wichtige Rolle spielen werden, oder in einem anderen Bereich, der sehr wichtig ist, nämlich dem der kulturellen Warenproduktion oder auch »Kulturwarenproduktion«[4], wo nämlich die Ästhetik der Ware nichts dem Gebrauchswert Äußerliches ist, sondern in ihn selber zurückschlägt auf eine Weise, die ununterscheidbar machen kann, wo nun eigentlich die Grenze zwischen dem ästhetischen Gebrauchswert und diesem gesonderten funktionellen Zwischenwesen namens Warenästhetik liegen soll.

Die ganzen Analysen, die ich im vierten Teil des Buches mache, beruhen, wenn ich das recht sehe, auf folgender Grundannahme, die, bei Licht betrachtet, womöglich nicht ganz unproblematisch ist. Es ist die Annahme, daß der Mensch ein gesellschaftliches Wesen sei; nicht nur das, sondern auch ein praktisches, und zwar gemeinschaftlich praktisches Wesen. Daraus geht die folgende Annahme hervor: daß überall dort, wo diese Gemeinschaftlichkeit gehemmt oder gar zertrümmert wird, wo Isolierschichten die Entfaltung des Zusammenhangs oder seiner Realisierung verhindern, eine Pathologie entspringt, also ein Leidenszustand und eine Dynamik, aus diesem Leiden herauszukommen. Wobei ich wiederum die Unterstellung mache, daß aus dem Leiden herauszukommen, ein Grundstreben des Menschen ist. Der große Komponist und bedeutende Theoretiker Hanns Eisler drückte dieselbe Annahme in einem seiner Gespräche mit Hans Bunge – und zwar im letzten, zehn Tage vor seinem Tod geführten – folgendermaßen aus: »»Es ist nicht gut, daß der Mensch allein sei‹ – was in der Bibel steht – betrifft nicht nur die Ehe, sondern auch das Kollektiv. *Der Mensch ist ein gesellschaftliches Produkt. Es stößt und treibt ihn immer zum Gesellschaftlichen.*«[5] Man muß nur die Einsiedlerbewegung des Christentums betrachten, und man wird sehen, daß das einsiedlerische Sich-Abschneiden, das sich Vereinzeln gegen das Gattungswesen, gegen Verkehr und Praxis mannigfacher Art, eine sonderbare Dynamik hervorbringt, nämlich zu einer ungeheuerlichen Phantastik der Versuchungen führt. Es gibt sehr viel kirchliches Schrifttum über die »Versuchungen der Heiligen«. Diese Versuchungen wurden zum Teil erfahren wie eine Art imaginäres Fernsehen; es ist so, daß dem Heiligen, um ihn herum, in seiner Klause, in seiner menschenleeren Einöde, auf seiner Säule oder wo immer, Lichtbilder erscheinen menschenähnlicher Form, schöne Frauen, scheußliche Fabelwesen, Wesen mit Geschlechtsmerkmalen, die der Versuchte nicht abweisen kann. Vielleicht darf man diese ungeheuerliche Phantastik der Versuchungen deuten als eine Art imaginäres Seelenfernsehen, Wahnbilder und Zwangsvorstellungen nach außen projiziert, im Zuge des verzweifelnden Versuchs der Verarbeitung dieser Pathologie der Einsiedelei. Es fällt auf, wie sehr solche Phantasien, die im zweiten, dritten, vierten Jahrhundert in irgendeiner Wüste hervorgebracht wurden und von dort in die Heiligen-Literatur eingegangen sind, bestimmten Ausbildungen der abendländischen Kunst entgegendrängen. Sind sie nicht wie ein Aufstand der Imagination gegen einen unerträglichen Zustand, der gleichwohl sich auferlegt wird, ein Aufstand, in dem sich all die Strebungen der Imagination bemächtigen, sich ihrer bedienen, die an dem durch die Einsiedelei Abgeschnittenen hängen? Alles spricht dafür, daß diese Verbildlichungen – so kann man das doch nennen, wenn jemand diese Erscheinungen hat, das Wort Verbildlichung ist fast eine Übersetzung von Imagination – eine Reaktion auf Verdrängungen sind; daß der Beziehungswahn und die Verschiebung der Ich-Grenze in den Versuchungen Reaktionen auf das einsiedlerische Eingrenzen des Ichs, auf das Abschneiden von Beziehungen sind; daß jedes Isolieren gegen die gemeinschaftlich-praktische Natur des Menschen ebenso viele fantastisch-unwillkürliche, vergebens bekämpfte Versuche der Überwindung der Isolation hervorbringt.

An der Einsiedelei ist das drastisch zu zeigen. Aber der Bürger als aufrechtes Individuum, mit dem ganzen Stolz seiner Einsamkeit und Freiheit, wie er nicht nur in der Sonderform des Bildungsbürgers das 18. und 19. Jahrhundert bevölkert, und wie er im 20. Jahrhundert im Gehen ist seit dem Ersten Weltkrieg, im Davongehen oder im Sich-wieder-Bükken, der Bürger, mit seiner Art von aufrechtem Gang, bietet

Beispiele, die schon näher an unser Thema heranführen. Was wir als »Kunst« bezeichnen, was durchaus eine Erfindung der bürgerlichen Gesellschaft ist – ich gehe aus von den Bedeutungen, die man mit dem Wort Kunst verbindet, das ist also keine Kunsttheorie, sondern eine analytische Feststellung, was in der Regel pragmatisch mit dem Begriff verbunden ist –, was das ist, wird man nicht verstehen können, wenn man nicht die seelische Ökonomie des aufrechten Gangs des Bürgers mitbedenkt. Denn was ist es eigentlich, was den Bürger aufrechterhält? Und was ist es dann andererseits wieder, was diese Haltung schwinden machen wird? Ich meine, die Antwort findet man bei der Analyse der bürgerlichen Praxis. Darunter verstehe ich eine Praxis – ich muß das jetzt in der Kürze sehr allgemein formulieren und viele Besonderungen aussparen –, die auf die eine oder andere Weise auf dem Privateigentum besteht, eine Praxis, die auf dem basiert, was dann doppeldeutig »Vermögen« heißt, auf Privatvermögen. D. h. nämlich, daß sich hier ein Individuum auf der Basis seines Vermögens isoliert gegen alle anderen Privateigentümer; daß er mit ihnen auf der Basis seines Vermögens unmittelbar im Verhältnis eifersüchtigster wechselseitiger Bewachung und Konkurrenz stehen muß; daß er auf der Ebene all der Tätigkeiten, die einer vollbringen muß, um sein ererbtes Vermögen zu erwerben, um es zu benutzen – um diesmal *Faust I* zu umschreiben –, in eine Beziehung zu anderen kommt, die ihn in ein reines Atom verwandelt. Hier darf er keinem trauen als sich selbst. Er darf nirgendwohin arbeiten als in seine eigene Tasche. Das ist die Haltung der Einsamkeit des Geschäftsmannes vor dem Abschluß des Kontraktes.

Dies ist, mehr oder minder abvariiert, anderthalb bis zwei Jahrhunderte lang die sich zwar entfaltende, aber in ihrer Grundbestimmung im wesentlichen unveränderte Basis, auf der nun der aufrechte Gang oft nur mühsam aufrechterhalten wird, z. B. durch einschneidende Tabus, die jedem bürgerlich Nachwachsenden aufs neue vermittelt werden müssen, die also jedes Individuum, wenn es aufwächst, aufs neue erlernen und verinnerlichen und zu festen Fähigkeiten seiner selbst machen muß. Es bildet im übrigen dieser Ablauf in idealisierter Form den Gegenstand des bürgerlichen Bildungsromans. Der aufrechte Gang dessen, der auf der Basis seines

Privatvermögens sich bewegt, hat seine spezifischen Versuchungen. Es sind zwar andere als die des Einsiedlers, aber denen in gewisser Weise durchaus vergleichbar. Auch der Privatbesitzer hat seine Todsünden, seine Genüsse, die ihn gefährden. Es sind nicht nur Geschlecht und Gaumen als die nächstliegenden gefährlichen Genußformen, die zur Wollust und zur Verschwendung führen, die auch immer wieder thematisiert sind in der Literatur, oder eine andere, mehr tauschwertorientierte Leidenschaft, etwa die des Spielers, sondern es sind auch höhere, purifizierte Formen, wie z. B. der Genuß der Erkenntnis oder der Anschauung oder der Kunstgenuß, die immer wieder höhere Söhne und Töchter in Versuchung führten, daß sie dem Kommerz zu entkommen strebten, um in dieser »höheren Welt« Kompensation zu finden, ein »eigentliches Sein« zu finden, mit dem sie sich dann identifizieren könnten. Das ist durchaus auch eine Todsünde in der Perspektive des auf der Basis des Privatvermögens aufrecht zu erhaltenden aufrechten Ganges, der bürgerlichen Selbständigkeit.

Die Abwehr all dieser Versuchungen stiftet eine Dramatik, die vergleichbar ist der Abwehrdramatik bei den Einsiedlern. Ich zitiere stellvertretend für viele C. W. Hufeland, einen Arzt, der mit Immanuel Kant korrespondierte und der ein an ihn gerichtetes Schreiben Kants herausgab unter dem Titel, den ich wohl zu vermerken bitte: *Von der Macht des Gemüts, durch den bloßen Vorsatz seiner krankhaften Gefühle Meister zu sein.* Der Titel spricht Bände. Denn die Gefühle werden jetzt auf neue Weise krankhaft, und die Macht zu ihrer Beherrschung ist jetzt gefragt. Hufeland nennt »das Höchste, was der Mensch erreichen kann: den Sieg über sich selbst«. Den Satz hat man von vielen anderen vor und nach Hufeland gehört. Wenn man diesen Satz: Das Höchste, was der Mensch erreichen kann, ist der Sieg über sich selbst, einmal genauer ansieht, fällt auf, daß er vollkommen inhaltsleer scheint, eine Art formalisierter Ethik. Es geht nicht um einen Sieg in bestimmter inhaltlicher Richtung, z. B. um den Sieg über das Unrecht im Namen der Gerechtigkeit. Allerdings geht es im Kontext gegen den Leib im Namen des Geistes. »Das Leben des Leibes muß jenem immer untergeordnet und von ihm beherrscht werden...« An der absoluten Unterwerfung des Leibes hängt »alle wahre Freiheit, Selbständigkeit, Selbstbeherrschung, Selbstaufopferung« – man sieht, die Reizwörter überschlagen sich förmlich, setzen zum Salto mortale an. Der »Geist«, der da herrschen können muß, ist kein anderer als der Geist bürgerlicher Selbständigkeit, ganz private Haltung, deshalb ganz inhaltsleer. Deshalb geht es bei dem bürgerlichen »Sieg über sich selbst« um nichts Bestimmtes, sondern nur um den Sieg als solchen, die pure Form der Selbstherrlichkeit, die pure Form, daß man Herr ist – und dieser Herr muß bürgerlich zuerst ein Herr über sich selber auf der Basis seines Vermögens sein. So ist auch Hufeland zu verstehen, denn er, dem der Sieg über sich selber vermeintlich das Höchste ist, er meint etwas anderes damit, es ist ihm nämlich der Lohn wichtig, der für diesen Sieg dabei winkt. Der Bürger steht allein gegen eine Welt von Feinden auf seinem Privatvermögen und fällt mit demselben. Brecht wird dieses Thema in den *Sieben Todsünden des Kleinbürgers* wiederaufnehmen – allerdings nicht mehr in bezug auf den Großbürger, sondern den Kleinbürger, zudem in der Zeit seines Vergehens – und die Kleinbürgerfamilie singen lassen: »Wer über sich selber den Sieg erringt, erringt auch den Lohn!« Aber wenn man Hufeland auf diese Weise analytisch interpretieren darf, will auch er wohl sagen, nicht der Sieg um des Sieges willen, sondern der Sieg um einer bestimmten Art von Lohn willen sei es, was das Höchste für den bürgerlichen Menschen ist. Aufgrund der unbestimmten Eigenart des Lohns und der zu erreichenden »Selbstherrlichkeit« muß der Sieg als Sieg um seiner selbst willen erscheinen. Zum Lohn winkt das, was einem bürgerlichen Individuum auf der Basis seines Privatvermögens Selbständigkeit, diese wichtige materielle Bedingung des bürgerlich aufrechten Ganges, garantiert.

Was aber ist, wenn dieser Lohn schwindet? Wenn Inflation das Vermögen aufzehrt? Oder wenn der Gang der Monopolisierung die selbständige ökonomische Existenz vernichtet? Dann schwindet mit dieser Basis, mit diesem Vermögen auch das Vermögen des aufrechten Ganges, und eine neue Pathologie auf höherer Ebene setzt ein. Diese weiterzuverfolgen ist jetzt nicht mein Gegenstand.

Gestützt auf die vorstehende Skizze, läßt sich nun die andere These besser begründen, der zufolge die bürgerliche Gesellschaft sich u. a. dadurch auszeichnet, daß in ihr bloßer Schein, ästhetische Abstraktion in noch zu skizzierender inhaltlicher Bestimmung, einen von Grund auf wichtigen Rang hat. Damit will ich sagen, daß auf der Grundlage des gemeinschaftlich praktischen Wesens des Menschen das Abschneiden der vollen Entfaltung dieser Praxisstruktur, dieser Gemeinschaftlichkeit, sich u. a. darin äußert, daß jedes Ziel, das sich einer setzt und wofür er bestimmte, unmittelbar dem Ziel dienende Mittel braucht, in der Gesellschaft keine andere Gültigkeit haben kann als die des Mittels für andere Zwecke. Unter bürgerlichen Verhältnissen ist das Soziale die Negation des Individuellen. D. h. es ist in dieser Gesellschaft grundsätzlich nicht möglich, daß auf der Ebene dessen, was für ein Individuum überhaupt »ein Ziel, auf's Innigste zu wünschen« sein kann, ein solches Ziel eine andere als private Realität haben kann. Gesellschaftlich, also allgemein, im Netz der sich entfaltenden Verwertungs- und Tauschbeziehungen, kann nur Realität haben, was Träger von Wertkategorien ist. Es tut sich allerdings in der Gesellschaft ein Raum auf und wird immer wichtiger, in dem nun, wenn auch nicht real, so doch im Modus des Scheins die privaten innigen Wünsche ihr Lichtbild, ihre Projektion, ihre scheinhafte Erfüllung bekommen. Es spricht alles dafür, daß hier ein weiterer Mit-Ursprung dessen zu finden ist, was im allgemeinen Sprachgebrauch mit »Kunst« gemeint wird. Man könnte das vielleicht kurz so zusammenfassen: Ich glaube, man muß davon ausgehen, daß das, was wir als unsere Rationalität bezeichnen, aufzufassen ist wie eine Art Stenogramm unserer von Kindheit an immer wiederholten Praxisbeziehungen, der immer wieder durchgemachten Bewegungen, die wir in unserem Leben erleiden und ausführen. Ganz bestimmte Handlungsstrukturen gravieren sich uns ein, schleifen sich ein, führen zu einer Orientierungsstruktur, die uns dann z. B. dazu bringt, in dieser oder jener Weise zu urteilen, zu empfinden usw. Und in dieser Struktur gräbt sich uns als Reflex der Verkehrswege der bürgerlichen Gesellschaft unweigerlich eine immer größere Entfernung des Ziels von den Mitteln ein, d. h. die Zweck-Mittel-Ketten werden immer »länger«, ihre Verbindung zum »Ende« hin immer lockerer. Es schieben sich immer mehr Mittelglieder ein. Uns wird immer mehr zugemutet – wenn ich sage »uns«, dann meine ich uns bürgerliche und kleinbürgerliche Individuen, denn für die Arbeiter trifft das selbst in bürgerlicher Gesellschaft nicht ohne weiteres zu –, einen Aufschub zu leisten, das »Eigentliche« immer wieder aufzuschieben; und die Distanz, bei der das Ziel immer mehr in die Ferne rückt, führt nun auf der anderen Seite dazu, daß kompensatorische Bedürfnisse entstehen, die uns bestrebt sein lassen, es in irgendeiner Form, zwar nicht real, aber doch scheinhaft vergewissernd, in die Nähe zu holen.

Wie nun diese Strukturen sich uns eingraben, das ist abhängig vom Entwicklungsstand der Gesellschaft, von unserer Klassenzugehörigkeit, von vielen individuellen Besonderheiten. Das ist nicht mein Thema. Aber als allgemeine Grundaussage über unseren praktisch-gemeinschaftlichen Zusammenhang kann man die These doch vertreten: Aufgrund der Tatsache, daß aller menschlich-gesellschaftliche Lebenszweck nur als Mittel, nur als, bestenfalls, Nebenwirkung in der Gesellschaft Realität hat und nur im Privaten als Ziel vorkommt – die reichste bürgerliche Gesellschaft, die US-Gesellschaft, führt vor, daß noch nicht einmal als Nebenwirkung alle Menschen ihr Leben erhalten können –, ist unser gemeinschaftlicher Praxis-Zusammenhang atomisiert, übrigens gerade dort, wo die spätbürgerlichen Individuen sich in die Angestellten von Großkonzernen verwandeln, in dieser Situation ist es mehr denn je so, daß der bloße Schein der Möglichkeit der Erfüllung von Zielsetzungen, für die es sich lohnt, eine gewaltige Bedeutung bekommt. Anders könnten weder die Individuen noch das soziale System sich stabilisieren. Brecht und Eisler sahen klarer als fast alle Faschismustheoretiker, daß z. B. die faschistische Integrationskraft u. a. wesentlich auf der Einspannung solcher auf gemeinschaftliche Praxis hindrängender Energien beruhte. Eisler: »Zum Beispiel: Es ist doch kein Zufall, daß die ganze bürgerliche Jugend seit hundert Jahren Indianergeschichten liest. Die Indianer verachten das Geld, sie sind gegen Handel. Es ist unehrlich, zu handeln, es ist schmählich. Man muß kühn sein, man muß zum Stamm halten. Also alle diese Züge einer primitiven, heroischen und heroisierten Stammesgesellschaft werden von der bürgerlichen Jugend gelesen wie ›Das Beste‹. Sie essen es – wie der Bär den Honig. In Wirklichkeit, wenn unsere Knaben Indianergeschichten lesen, lesen sie von einer Art primitivem Urkommunismus. So glaube ich auch, daß das Militär das falsche Kollektiv war, zu dem die große Sehnsucht des Menschen geht, sich von dem primitiven Einzelschicksal in eine höhere Gattung sozusagen umzuformen. Das haben der Militarismus und der Kapitalismus ausgenutzt.« Um diese Energie, »die große Idee, den Instinkt des Menschen – vom Privaten weg ins Allgemeine –« auszunutzen, müssen Kapitalismus und Faschismus sie transformieren ins Illusionäre, müssen sie vom Sein den Schein trennen, bis jeder Ungeschulte schwört, es sei das Sein.

Zum Schluß will ich zu zwei Punkten Stellung nehmen, nämlich erstens zu der Verfahrensweise oder Haltung, für die ich den unfertigen und umständlichen Namen einer Hermeneutik der bestimmten Negation gebraucht habe[6]; zweitens ist anzudeuten, was nun aus alledem folgt für die Kunst. Denn ich habe ja die These skizziert, daß die Entwicklung zu dem, was wir »Kunst« nennen, menschheitsgeschichtlich einen gewaltigen Ansporn erhalten haben muß durch die ästhetische Abstraktion, wie sie aus dem Tausch entspringt. Woraus sich weiter ergeben müßte, daß nicht nur der Warencharakter mit der Kunst ursprünglich nicht unvereinbar ist, sondern auch daß die Ausbreitung des Warencharakters in der Produktion der Entwicklung zur Kunst einen ungeheuren, vielleicht sogar den entscheidenden Ansporn gegeben hat. Heute ist diese Form als eine der Produktion und Verteilung von Kunstwerken allerdings weitgehend zur kulturwidrigen Fessel geworden.

Es sind nun zwei Wirkungsbedingungen, die ich bisher lediglich angenommen hatte, offengelegt. Die erste war die: Ästhetische Abstraktion und Warenästhetik funktionieren auf der Basis dessen, daß ich die Lebens-Mittel brauche und daß die Erscheinung derselben genügt, um mich zum Kauf der Ware zu veranlassen. Die Annahme eines solchen Mechanismus setzt keinen eigenen Bereich des Ästhetischen voraus. Die zweite Annahme setzt ebensowenig ein eigenes Reich des Ästhetischen als der »Region menschlicher Selbstverwirklichung oder Freiheit« voraus, statt dessen setzt sie voraus, daß ein menschliches Wesen sich durch umfassende gemeinschaftliche Praxis betätigen will – es ist nicht so zu verstehen, als ob nur die ökonomische Praxis gemeint wäre oder die politische, sondern gemeint ist das Gesamt aller Arten menschlicher »Gattungspraxis«, auch die geschlechtliche Praxis, alle sonstigen Arten von Kommunikation –, so daß also durch das Abschneiden der Zweck-Mittel-Ketten, die sich auftun, wenn man der Teleologie nachgeht, die aus unseren Bedürfnissen, unseren Bestrebungen entspringt, kompensatorisch sich »Zwischenreiche«, Sphären des Scheins auftun und auftun müssen. Also: umgekehrt wie Hans Heinz Holz, wenn ich ihn recht verstanden habe, annahm, unterstelle ich nicht nur nicht dieses Reich der Kunst, sondern meine sogar, daß man seine Entstehung von daher wird mitbegreifen können.

Nun zur »Hermeneutik der bestimmten Negation«. Was der Begriff »Hermeneutik« meinen soll, ist umstritten. Es gibt eine buchstäblich rückschrittliche Hermeneutik; sie versteht darunter die Rückführung auf die Ursprünge, wie ja Hermes, auf den da angespielt wird, die Seelen der Gestorbenen zur Unterwelt geleitet haben soll.[7] Diese Hermeneutik meine ich nicht, also kein Zurückbringen auf Ursprünge – worin sich oft genug der ohnmächtige Wunsch ausdrückt, das Rad der Zeit zurückzudrehen –, sondern vielmehr die Interpretation, die Übersetzung, nämlich die Übersetzung von Sprachen, die zur Fremdsprache geworden sind – und viele Sprachen, die wir sprechen oder hören, sind für uns Fremdsprachen. Wenn wir Radio hören, fernsehen, Konzerte hören, Romane lesen, Bilder ansehen etc., so rezipieren wir mehr oder minder »Fremdsprachen«, von denen wir oft genug begriffslos »berührt sind«. Wir haben dann das Gefühl, wir verstehen sie und verstehen sie doch nicht, und da ist es nicht schlecht, wenn man Übersetzungen zur Hand hat. Jeder Kritiker z. B., der mit sogenannter Trivialkunst umgeht, übersetzt sie ja. Er muß sie auf die eine oder andere Weise erklären; aber das ist vielleicht nicht der richtige Ausdruck. Er muß sich zum Dolmetsch machen, er muß sagen, was sie wollte. Wenn er z. B. sagt – ich zitiere einen verbreiteten Topos –, »hier wird aus geschäftlichen Gründen an niedrige Instinkte appelliert«, dann ist das eine Form der Übersetzung. Er könnte aber auch sagen: »Hier wird das Leiden der Menschen unter der bürgerlichen Gesellschaft, an der Atomisierung, die diese Gesellschaft über uns verhängt, . . .« – je nach Gegenstand kann der Satz vervollständigt werden. Z. B. kann man sagen: ». . . kommerziell ausgebeutet, indem Ersatzträume vorgegaukelt werden« – ich nenne die einschlägig produzierende Branche mangels eines treffenderen Ausdrucks *Illusionsindustrie*.[8] Jener Satz müßte je nach Objekt auf verschiedene Weise vervollständigt werden, aber was all diesen Sätzen gemeinsam wäre, das wäre – wenn die Grundannahmen stimmen –, daß man, so redend, die Möglichkeit wahrnähme, z. B. als Filmkritiker, diese Gebilde auf eine Weise zu erklären, die denjenigen, die sie sehen und die sich, sie sehend, zerstreuen, unterhalten oder rühren lassen, nicht nur einen Tritt mehr versetzt, sondern die ihnen erklärt, daß es ganz berechtigte, wenn auch unter den gegebenen Bedingungen niedergetretene Bedürfnisse ihrer selbst sind, die in scheinhaft verdrehter Form kompensatorisch befriedigt werden. Es geht also darum, eine Übersetzungssprache zu entwickeln, die auch noch in der sogenannten Trivialkunst und im Modus der ausbeuterischen Verdrehung sich mit dem Ausgebeuteten verbündet und ihm auf die Sprünge hilft, die also, wo von den Mächtigen im trüben gefischt werden soll, den Köder zum Anlaß nimmt, vom wirklichen Hunger zu sprechen. Das meinte ich mit bestimmter Negation. Daß man also nicht *irgendwie* negiert – wie z. B. der Bildungsbürger es ablehnt, was Springer in der Boulevard-Presse machen läßt, weil es »einfach geschmacklos« ist –, sondern daß man untersucht, was das eigentlich für Bedürfnisse sind, die auch von einer faschistoiden Presse auf ihre Weise »befriedigt« werden müssen. Diese Bedürfnisse von vornherein als unberechtigt zu unterstellen, ist möglicherweise elgant und elitär, auf jeden Fall ist es ohnmächtig. Denn diejenigen, die auf ihrer Befriedigung bestehen, werden da nicht mithalten wollen, wenn man ihnen nur sagt: Ihr seid trivial, ihr seid das niedere Volk, und deswegen muß man euch eben mit dem Niedrigen abspeisen. In dem Niederen schlummern Potenzen, die es herauszuheben gilt. Wenn die genannten Grundannahmen stimmen, könnte man auf ihrer Grundlage eine Art Dolmetscher-Kunst erarbeiten – mancher Journalist arbeitet ja im Grunde so –, die den Wirkungszusammenhang der Massenkultur transparenter macht.

Nun noch eine Überlegung zur Kunst. Ich knüpfe nochmals an die Bemerkung von Hans Heinz Holz über die Unvereinbarkeit von Warencharakter und Kunstwerk an. Kann ein Kunstwerk Ware sein? Oder wird es dadurch zerstört? Wenn wir den Begriff »Kunst« nicht für hohe Kunst verwenden, fällt auf, daß sich auf die Frage, was wir von Kunst erwarten – und diese Frage muß man stellen, um sagen zu können, was ihr Gebrauchswert ist –, ganz verschiedenartige Antworten sich einstellen; sie reichen von der Unterhaltung über die Zerstreuung bis zur kathartischen Erschütterung, die Selbstbetäubung nicht zu vergessen; und genau an dieser Stelle wird wieder die Frage wichtig: Wie unterscheidet man eigentlich die verschiedenen Funktionen, die verschiedenen Gebrauchswerte? Genügt es zu sagen, Kunst als Ware fällt aufgrund ihres Warencharakters automatisch in die Selbstbetäubungsklasse? Mir scheint das nicht richtig. Kunst-als-Ware besagt etwas über die Mechanismen – und die sind einschneidend genug –, die dazu führen, daß z. B. bestimmte Künstler vor die Hunde gehen, bestimmte andere Millionär werden, vielmehr bestimmte Galeristen Millionäre werden und bestimmte Künstler dabei verhungern usw.; oder über die Mechanismen, die darüber entscheiden, in welche Richtung weniger produziert wird usw. Muß eigentlich die Waren-Form über den künstlerischen Inhalt entscheiden? Ja, in gewisser Weise doch. In dem Moment, in dem ich mich als ästhetischer Produzent nach dem Markte richte, ist es klar, daß ich mich, insoweit ich das tue, beeinflussen lassen muß. Wenn sich z. B. der Markt für bestimmte »originelle« Formen ansprechbar erweist – u. a. deshalb, weil sich auch die Kritiker daran gewöhnen können, sie als »Originalität« ihres Autors auszusprechen –, dann wird ihr Autor nun zwar reich, bleibt aber daran gefesselt, ständig dieselbe »Originalität« stereotyp zu reproduzieren, bis sie »nicht mehr geht«. In solcher Form wirkt der Warencharakter durchaus zurück. Und dennoch stellt diese Rückwirkung keine zwangsläufige Determination dar, die zu Wesensaussagen Anlaß geben könnte, sondern man kann im Gegenteil aus diesen Zusammenhängen auch ableiten, was ein Künstler – worunter ich hier durchaus auch den Filmemacher apostrophiere – für Handlungsmöglichkeiten hat, in denen er nur sein fertiges Produkt, nicht aber sich selber verkauft. Ob ich mich als Produzent von Ästhetischem nun nach dem Warencharakter richte oder nicht – die Leute, die mein Produkt kaufen, verlangen ja von mir nicht den »Warencharakter«, auch nicht Geld, sondern z. B. ein Bild, einen Roman, einen Film. Warum verlangen sie das Bild? Manche durchaus wegen des Warencharakters, vielmehr weil sie hoffen, es werde später teuerer; diese klammere ich jetzt aus, das ist die Saubaggage, der die ästhetischen Bedürfnisse und Produktionen der andern nur als Verwertungsmittel gelten. Aber andere wollen die Produkte, weil sie sich etwas von ihnen versprechen, sie brauchen. Was brauchen sie daran eigentlich? Was realisieren sie als »Gebrauchswert der Kunst«? Sie benutzen sie dazu, um im Modus der Verbildlichung die zerstückten gemeinschaftlich-praktischen Beziehungen, aus denen wir bestehen und zugleich wieder nicht, zu ergänzen und die Mängel zu kompensieren. Wir gebrauchen die Kunst, um in einer bestimmten Dimension das Fehlende wenigstens im Modus ästhetischer Abstraktion zu restituieren. Es geht eben ein Mangel voraus. Wie sprach doch Marx von der Religion? Die Skala seiner Bezeichnungen reicht vom »Opium des Volks« – und all diese Bezeichnungen gelten jetzt auch für das Ästhetische im Begriff der »Kunst« –, von den Blumen über die Kette, über den Seufzer der bedrängten Kreatur bis hin zur Protestation gegen das wirkliche Elend.

Genau diese Skala gilt auch im Umgang mit »Kunst« jeden Niveaus, wenn auch entscheidend modifiziert durch die Besonderheit der Produktion und Distribution von Kunst im Gegensatz zur Religion. Aber auch »Opium *fürs* Volk« funktioniert nur, wenn ihm ein Bedürfnis des Volkes nach Opium, sprich: Selbstbetäubung, vorausgeht. Wir müssen diesen Zusammenhang ins Bewußtsein übersetzen können. Wir dürfen also nicht, wenn wir mit »Opium des Volks« zu tun haben, gegen das Volk wettern, welches Opium nimmt, wir dürfen nicht das Seufzen verbieten, wo in Bedrängnis gelitten wird, denn wir dürfen nicht die Protestation gegen das wirkliche Unrecht, gegen das wirkliche Elend, die mehr oder minder dumpf in alledem enthalten ist, verdrängen.

Und hier scheint mir, hat nicht nur die Kunstkritik, sondern vor allem die Kunst selber, unbeschadet ihres möglichen Warencharakters, ebenso viele Aufgaben.

1 *Warenästhetik, Sexualität und Herrschaft. Gesammelte Aufsätze.* Mit einem Vorwort von Erich Wulff. Bücher des Wissens, Fischer Taschenbuch Verlag, Frankfurt/M. 1972.

2 Hans Heinz Holz, *Vom Kunstwerk zur Ware. Studien zur Funktion des ästhetischen Gegenstands im Spätkapitalismus,* Neuwied und Berlin 1972, S. 37 ff.

3 Ich verwende den Begriff hier anders als Friedrich Tomberg in seinem Buch *Politische Ästhetik, Vorträge und Aufsätze,* Berlin und Neuwied 1973, wo er die politische, d. h. in die Praxis eingreifende, Dimension von Kunst bezeichnen soll. Der Begriff ist hier sozusagen von der Kunst her auf die Politik hin formuliert. Ich formuliere ihn vom sozioanalytisch begriffenen Politischen her auf das Ästhetische und seine Indienstnahme hin, so wie Walter Benjamin von der Ästhetisierung der Politik sprach. Tomberg behandelt in seinem Buch die Politisierung der Kunst.

4 Vgl. dazu z. B. die Ansätze von Lutz Winckler, *Kulturwarenproduktion. Aufsätze zur Literatur- und Sprachsoziologie,* Frankfurt/M. 1973.

5 Hans Bunge (Hrsg.), *Fragen Sie mehr über Brecht. Hanns Eisler im Gespräch,* München 1974.

6 Vgl. dazu *Kritik der Warenästhetik,* S. 152 f., Anm. 21; vor allem aber den Band *Bestimmte Negation – ›Das umwerfende Einverständnis des braven Soldaten Schwejk‹ und andere Aufsätze,* edition suhrkamp, Frankfurt/M. 1973.

7 Die politische Relevanz solcher Methoden habe ich an brisantem Material analysiert in *Privatmann und Ursprungsmythos. Die restaurative Hermeneutik bürgerlicher Marx-Engels-Biographien,* in: *Das Argument* 63, 1971; abgedruckt in: *Bestimmte Negation . . . ,* a.a.O.

8 Zur Notwendigkeit, anstelle von Begriffen wie »Kulturindustrie« oder »Bewußtseinsindustrie« unmißverständliche zu suchen, vgl. *Kritik der Warenästhetik,* S. 155 ff.; Oskar Negt und Alexander Kluge haben demgegenüber an der Kategorie »Bewußtseinsindustrie« als Oberbegriff festgehalten mit folgender Begründung: es erscheine »zweckmäßiger, von der Bezeichnung auszugehen, *die den besonderen Rohstoff und die Aneignungsweise dieser Industrie,* d. h. das menschliche Bewußtsein, in den Vordergrund stellt« (Negt/Kluge, *Öffentlichkeit und Erfahrung. Zur Organisationsanalyse von bürgerlicher und proletarischer Öffentlichkeit,* Frankfurt/M. 1972, S. 232, Anm. 1). Die Gründe sind sicher gewichtig, aber das Problem einer Terminologie, die von den sozialokonomischen Form- und Funktionsbestimmungen absieht, bleibt damit bestehen. Die Sache wird weiter zu diskutieren sein.

II. Zwei historische Ausarbeitungen

Chup Friemert
Der »Deutsche Werkbund« als Agentur
der Warenästhetik in der Aufstiegsphase des
deutschen Imperialismus

Vorwort

Die vorliegende Studie will zur Klärung der Entstehung der industriellen Formgebung, die auch die Herausbildung eines neuen Berufes bedeutet, einen Beitrag leisten. Dabei genügt die bloße Aufzählung nicht, wann etwa welche Künstler sich mit Problemen der industriellen Formgebung befaßt haben, um diese Entstehung zu erklären; es kommt vielmehr darauf an, die Notwendigkeit dieser besonderen Tätigkeit aus dem Entwicklungszusammenhang der materiellen Produktion und der gesellschaftlichen Verhältnisse selbst abzuleiten. Die in der *Kritik der Warenästhetik* für die Ästhetik der Massenware entwickelte Begrifflichkeit ist dabei nützlich. Diese Nützlichkeit beweist sie, indem sie die Möglichkeit bietet, das gegebene Material in bestimmten Teilen sinnvoll zu erschließen und zu strukturieren. Allerdings erfordert das Thema – und insofern grenzt die vorliegende Untersuchung an die *Kritik der Warenästhetik* an und kommt ihrer Forderung, »fortzusezten«[1], nach –, daß ein weiterer, für die Körpergestalt der Waren bestimmender Wirkungszusammenhang herausgeschält wird. Der Gesamtprozeß des industriellen Kapitals wird verfolgt, um aus ihm sowie seinen einzelnen Funktionsformen die Notwendigkeit des Design abzuleiten.[2]

»Der Kreislaufprozeß des Kapitals ist [...] Einheit von Zirkulation und Produktion.«[3] Dies bedeutet, daß Wirkungszusammenhänge der Produktion und der Zirkulation, die für das Design wesentlich sind, untersucht werden müssen; der wesentlichste aus der Produktion, der zur Grundlage der Analyse gemacht ist, ist der allgemeine Zwang zur »Ökonomisierung der Produktionsbedingungen«.[4] Für die vorliegende Arbeit ist dieser Wirkungszusammenhang eingegrenzt: Es soll hauptsächlich die Ökonomisierung des konstanten zirkulierenden Kapitals[5] in ihren Auswirkungen auf die Körpergestalt der Waren und auf die Bedingungen des Gestaltprozesses selbst dargestellt werden. Die »Ökonomisierung der Produktionsbedingungen« meint die Notwendigkeit für jedes industrielle Kapital, die Produktivkraft der Arbeit zu steigern, um sich die Möglichkeit zu verschaffen, Extraprofite zu realisieren. Vom Standpunkt der Bewegung des Gesamtkapitals ist dies die Möglichkeit der Erhöhung des relativen Mehrwerts.[6] Mit Bezug auf die Arbeit von Gestaltern ist hierbei zu untersuchen, ob nicht ihre Arbeit zur Entwicklung der Produktivkraft der Arbeit beiträgt und somit Teil der Bedingungen zur Sicherung von Extraprofiten wird, gleichzeitig aber noch derjenigen Seite des Kapitalismus zuzurechnen ist, der noch eine historische Berechtigung zugesprochen werden kann: der Erhöhung der Arbeitsproduktivität.[7] Der wesentliche Zusammenhang für die Zirkulation ist das »Realisationsproblem«[8], das es zu lösen gilt. Diese beiden Probleme bestimmen die sinnliche Erscheinung der Ware und bieten einen Zugang, ihre Formensprache zu entschlüsseln.

Soll erklärt werden, wie die industrielle Formgebung entstanden ist, so reicht es nicht aus, die Bedingungen ihrer Möglichkeit aufzuzeigen; vielmehr muß auch die konkrete gesellschaftliche Form der Durchsetzung dieses Prozesses verfolgt werden. Aus diesem Interesse heraus soll der Deutsche Werkbund das Material für die Untersuchung bilden: Erstens ist er in Deutschland die erste Organisation, die ausführlich zu Fragen der Ästhetik der Massenware Stellung bezogen und vor allen Dingen konkrete, praktisch wirksame Vorschläge zu ihrer Weiterentwicklung gemacht hat. Zweitens sind seine Vorstellungen zur Ästhetik der Massenware an einer Nahtstelle der kapitalistischen Entwicklung entstanden. Dies bringt es mit sich, daß die ökonomischen Funktionsbestimmungen für die Ästhetik der Massenware besonders offen zutage treten, nicht zuletzt deshalb, weil im Gefühl historischer Legitimität sich manches offener ausspricht als unter Bedingungen, wo allenthalben Unsicherheit über die Funktionen und Zweckbestimmungen, somit auch die Legitimität des Design herrscht.

Die Untersuchung des Deutschen Werkbundes umfaßt seine erste Phase, von seiner Gründung 1907 bis 1917/18. Das Ende der ersten Phase hängt damit zusammen, daß nach dem Ersten Weltkrieg veränderte gesamtgesellschaftliche Bedingungen, die auch die Bewegung des Kapitals beeinflußten, entstanden. Besonders durch die Oktoberrevolution 1917 in Rußland und die Novemberrevolution 1918 in Deutschland traten neue wesentliche Funktionsbestimmungen für das Design hinzu, die eine Erweiterung der Analyse forderten. Eine solche Funktionsbestimmung sei hier nur angedeutet. Die Gestalter hatten zur Zeit der Werkbund-Gründung praktisch nichts, was sie gegen dessen reaktionäre Programmatik hätten ins Feld führen können. Nicht nur, daß sie nur wenige am Interesse der gesamten werktätigen Bevölkerung orientierte Vorstellungen hatten, die sie auch gegen die wirtschaftlichen Interessen des Kapitals orientierungsfähig gemacht hätten; sie waren auch nicht mit den organisierten sozialen Interessen dieser Werktätigen verbunden, so daß selbst ihre fortschrittlich gemeinten Vorschläge in Strategien zur Integration eingebaut wurden. Wie sich dieses Verhältnis in der zweiten Phase des Deutschen Werkbundes darstellt, muß einer weiteren Untersuchung vorbehalten bleiben.

Ein wichtiger Zweck der vorliegenden Studie ist es, dazu beizutragen, daß heute, da Forderungen nach mehr »Lebensqualität« und mehr »Kultur für die Massen« allenthalben zu hören sind, klarer nach Wegen gefragt werden kann, wie fortschrittliche Vorstellungen auch der Gestalter mit den Kräften zu verbinden sind, die an der Verwirklichung dieser Vorstellungen ein elementares Lebensinteresse haben: mit den demokratischen und sozialistischen.

Erster Teil

Die Londoner Weltausstellung – Beweise für die Materialökonomie

Die Entwicklung der Maschinerie und der großen Industrie wälzt zum an der Wende vom 18. zum 19. Jahrhundert in England und, ein halbes Jahrhundert später, auch in Deutschland die Produktion radikal um. Eine erhebliche Steigerung

der Produktivkraft der Arbeit gegenüber der handwerksmä-
ßig betriebenen Produktion wird ermöglicht, die Produkten-
masse um ein Vielfaches erhöht, viele Arbeiter werden in
einzelnen Fabriken konzentriert. Die den Arbeitsprozeß
betreffende Organisation wird im Unterschied zum Handwerk bei der industriellen Produktion mit Hilfe der technischen Anwendung der Naturwissenschaften gelöst, indem der
Gesamtprozeß in seinen konstituierenden Phasen analysiert
und auf der Grundlage einer theoretischen Konzeption
zusammengefügt wird.[9]

Bei kapitalistischem Eigentum an Produktionsmitteln dienen
die Anstrengungen zur Steigerung der Produktivkraft der
Arbeit nicht dem Zweck, mehr Gebrauchswerte zur Befriedigung der Bedürfnisse herzustellen; vielmehr sind sie unerläß-
lich, um über die Senkung der gesellschaftlich notwendigen
Arbeitszeit bei der Produktion einer Ware deren Wert zu
senken und die Rate des Mehrwerts zu erhöhen. Diese inneren
Notwendigkeiten des Kapitals kommen dem individuellen Kapitalisten als »Zwangsgesetze der Konkurrenz«[10] zum Bewußtsein. Für ihn besteht der Zwang, den Wert seiner Ware dem
sinkenden gesellschaftlichen Durchschnitt bei der Produktion
dieser Ware anzupassen, will er nicht ruiniert werden, also
aufhören, als Kapitalist zu existieren, weil sein Wert aufge-
hört hat, als Kapital zu existieren. Die beständige Revolutionierung der materiellen Produktion im gesamtgesellschaftlichen Maßstab ist das Ergebnis der Aktivitäten des Einzelkapi-
tals, das den Arbeitsprozeß so organisiert, daß der individuelle Wert über die Anpassung an den gesellschaftlichen
Durchschnitt hinaus gesenkt wird und die Möglichkeit eintritt, einen Extramehrwert herauszuschlagen. Um dies zu
bewerkstelligen, wirft sich das Kapital »mit aller Macht und
vollem Bewußtsein«[11] auf den Arbeitsprozeß und seine Organisation und macht diejenigen Funktionen des Verwertungsprozesses zur bestimmenden Grundlage für arbeitsorganisato-
rische und technische Änderungen, die eine Erhöhung der
Mehrwertrate erlauben. Die »Ökonomisierung der Produktionsbedingungen« im umfassenden Sinne wird zu einer ständigen Aufgabe.

Die neue Basis der materiellen Produktion prägt schrittweise
auch die Gebrauchsgestalt der Waren selbst mit aus. Deutlich

wird dies, wenn man die Exponate der ersten Weltausstellung von London aus dem Jahre 1851 betrachtet. Eine große Zahl der Exponate ist mit der neuen Technik hergestellt worden. Gottfried Semper, Künstler und Architekt, der sich 1849 aktiv an der bürgerlichen Revolution in Dresden beteiligt hatte, von der Reaktion steckbrieflich gesucht wurde und nach London emigriert war[12], bewundert diese Art der Produktion und beschreibt sie folgendermaßen: »Der härteste Porphyr und Granit schneidet sich wie Kreide, poliert sich wie Wachs, das Elfenbein wird weich gemacht und in Formen gedrückt [...]. Metall wird nicht mehr gegossen oder getrieben, sondern mit jüngst unbekannten Naturkräften auf galvano-plastischem Wege deponiert. [...] Die Maschine näht, strickt, stickt, schnitzt, malt [...] und beschämt jegliche Geschicklichkeit.«[13] Aber trotz der neuen Produktionstechnologien der industriellen Massenproduktion, die das Handwerk verdrängen, orientiert sich die Gestalt vieler Waren noch an Vorbildern, die einer handwerklichen Produktion entsprechen. Deren Gebrauchsgestalt wird mit größerer Präzision in bedeutend höherer Auflage und oft in neuen Materialien imitiert. Bringt schon die massenweise industrielle Produktion eine enorme Verbilligung der Waren mit sich, so findet sich gleichzeitig ein weiterer Ansatzpunkt für die Erhöhung der Rentabilität des Kapitals, der nicht auf den ersten Blick sichtbar ist. Diese Rentabilitätsfunktion greift am Arbeitsgegenstand an und ersetzt teure Rohstoffe, die in das Produkt eingehen, durch billigere Ersatzstoffe. Wie wichtig diese Angriffsrichtung ist, zeigt die verbreitete Verwendung von Surrogaten.[14] Das Surrogat wird meist dann, wenn die Ware, bei deren Herstellung es verwendet wurde, nicht als Produktionsmittel wieder in die materielle Produktion eingeht, mit Hilfe besonderer Produktionsvorgänge so bearbeitet, daß dem Käufer der Ersatz nicht sofort auffällt. Was dem einen ein Mittel ist, billiger zu produzieren, wird für den anderen allzu oft ein Abzug an Gebrauchsmöglichkeiten oder Lebensdauer der Ware, weil ihr Gebrauchswert verschlechtert ist. Indem sich nun die Gebrauchsgestalt der Ware, die mit Surrogaten durchsetzt ist, nicht ändert, sondern gerade mit Hilfe großer Anstrengungen der originalen Gebrauchsgestalt angenähert wird, verwandelt sich die Verwendung von Surrogaten, die selbst nur die bloße Möglichkeit zur Warenfälschung darstellt, in eine ständige Praxis. In den Berichten über die Weltausstellung findet sich eine Vielzahl von Beispielen sowohl von Surrogaten als auch von den Technologien, die ihren Charakter dem bloßen Auge verschwinden machen sollen. Einige seien hier aufgeführt: Papiermaché wurde für Vorhangstangen und Konsolen als Ersatz für Holz und Metall verwendet, Guttapercha diente als Rohstoff für Drucklettern und verdrängte Blei, »Kautschuk und Guttapercha werden vulkanisiert und zu täuschenden Nachahmungen von Bildwerken in Holz, Metall und Stein benutzt«, aus gebranntem und poliertem Ton stellte man »Kunstmarmorplatten« her. [15] Diese Surrogatproduktion machte es durch den niedrigeren Preis der industriell hergestellten Waren möglich, einen großen Käuferkreis zu erschließen und die handwerkliche Konkurrenz zu beseitigen. Wie wichtig die Surrogatproduktion in diesem Verdrängungsprozeß ist, zeigen die zahlreichen Beispiele in *Das Buch der Erfindungen*. Dort wird auch gezeigt, daß die Ersatzstoffe selber Gegenstand von Fälschungen werden, indem ihre Zusammensetzung verfälscht wird: »Gewöhnlich wird dem Papierteig [aus dem Papiermaché gemacht wird, C. F.], um seinen Preis zu ermäßigen und ihn härter zu machen, fein gemahlener Thon, oder Kreide, auch Holzasche beigemengt.« [16] Während die Surrogatproduktion die Ökonomisierung des konstanten zirkulierenden Kapitals dadurch erzielt, daß sie Rohstoffe durch qualitativ neue ersetzt, die gegenüber den alten vor allen Dingen billiger sein müssen, verhält sich eine andere Technik gegenüber der Qualität der Rohstoffe gleichgültig. Ihr kommt es darauf an, die verwendete Menge zu reduzieren. Dies wird erreicht, indem Ornamente, deren Produktion nicht unerhebliche Mengen an Materialien und darüber hinaus oft noch besondere Produktionsgänge nötig machen, Zug um Zug weggelassen werden. Die Auswirkung dieser Ökonomisierungstendenz kann vereinzelt auch an Exponaten der London er Weltausstellung belegt werden. Neben Maschinen, die im »Empire-Stil des frühen neunzehnten Jahrhunderts« oder im »ägyptisierenden Stil« [17] verkleidet sind, stehen solche, deren Körpergestalt auf Verzierungen und Verkleidungen verzichtet und ein sachlichkonstruktives Aussehen hat; auch die einzelnen Stäbe, Träger und Säulen des Ausstellungsbaus selber sind materialsparend hergestellt. An diesen Beispielen deutet sich bereits an, daß die Materialökonomie ein für die Gestaltung von Waren bedeutsames Grundprinzip ist, das sich zuerst und am stärksten bei Produktionsmitteln durchsetzt. Materialökonomie bedeutet in dieser zweiten Richtung, daß die gleiche Gebrauchswertart mit neuer Körpergestalt weiterproduziert wird. Ihre Durchsetzung ist ein Moment der Änderung der Produktionsweise in den Zweigen der gesellschaftlichen Produktion, die das Kapital sich untergeordnet hat und nach Rentabilitätsfunktionen umgestaltet, die für die kapitalistische Produktionsweise charakteristisch sind. Diese zweite Anwendungsrichtung der Materialökonomie kommt dann zum Zuge, wenn es möglich geworden ist, den Geschmack massenhaft umzuwälzen. Voraussetzung dafür ist, daß die handwerkliche Produktionsweise ausgeschaltet ist, daß also der größte Teil der benötigten Gebrauchswerte von großen Kapitalen produziert wird. Unter diesen Bedingungen braucht die industriell produzierte Ware nicht mehr das Aussehen ihres handwerklich produzierten Vorgängers anzunehmen. Die Materialökonomie bricht sich in der Ent-Ornamentalisierung umfassend Bahn; sie wandelt sich von einer Bearbeitungsweise, die an gegebenen Warenkörpern angreift, zu einem Prinzip der Gestaltung, das von vornherein in den Entwurf und in den Plan der Ware eingeht. Dies ist vor allen Dingen an solchen Waren sichtbar, die neu erfunden und produziert werden. Allgemein erscheint vom Standpunkt derjenigen Rentabilitätsfunktion, die das Ornament aus Gründen der Materialeinsparung angreift, ein strikter Antiornamentalismus als adäquate Gestaltprogrammatik. In zugespitzter Weise findet man diese bei dem Architekten Adolf Loos formuliert, der bis 1907 in den USA war. Er versucht, die Materialverschwendung sozusagen gerichtsverwertbar im Titel seines 1908 erschienenen Essays auszudrücken, in welchem sein konsequenter Antionramentalismus dargelegt ist; der Titel lautet: *Ornament und Verbrechen.*[17a]

Der Kristallpalast und »ein ästhetisch empfindender Mensch«

Die Materialökonomie stellt in den beiden aufgezeigten Wirkungsrichtungen ein Moment der Revolutionierung der Produktionsweise dar, ist jedoch, gemessen an der Entwicklung der Maschinerie und neuer Produktionstechnologien, relativ unbedeutend. Die gemeinsame Wirkung dieser verschiedenen Revolutionierungsmomente der Produktivkräfte sowie einige Seiten ihrer Durchsetzungsweise unter bürgerlichen Verhältnissen sind am Zustandekommen der größten Sensation der Weltausstellung von 1851 nachweisbar: an dem Ausstellungsgebäude, dem »Kristallpalast«. Er zeigt, wie weit die englische Eisenindustrie gegenüber der aller anderen Länder entwickelt ist und in welcher Weise sich der Arbeitsprozeß im Zuge der Unterordnung unter die kapitalistische Produktionsweise verändert.[18]

Die riesige Ausstellungshalle ist von Joseph Paxton entworfen worden. Er war Gartenarchitekt, vor allem aber einer der einflußreichsten Eisenbahnaktionäre Englands und einer der Direktoren der Midland Railway. Als leitender Gartenarchitekt auf dem Landsitz Chatsworth des Duke of Devonshire beschäftigte er sich mit der Entwicklung von Gewächshäusern und mit der Zucht exotischer Pflanzen. Zu diesem Zweck baute er 1840 das größte Gewächshaus der Welt. Wegen dieser Arbeit Paxtons im Gewächshausbau nannte ein Gegner der Architektur des Ausstellungsgebäudes und der Weltausstellung überhaupt, Ruskin, den Kristallpalast ein »Gewächshaus, das größer ist als jedes bisher gebaute«.[19] Da Paxton allein nicht in der Lage war, einen solchen Entwurf zu machen, bezog er seinen im Gewächshausbau erfahrenen Stab von Devonshire mit ein; einer der Ingenieure der Midland Railway, W. H. Barlow, assistierte. Die Bauausführung selber übernahm die Firma Fox & Henderson aus Smethwick bei Birmingham, mit der Paxton besonders auf Grund seines Direktorpostens bei der Eisenbahngesellschaft verbunden war, denn Fox & Henderson baute Eisenbahnlinien und Bahnhöfe. Die ungeheuren Glasmengen, die für den Kristallpalast benötigt wurden, sind von der Firma Robert Lucas Chance, ebenfalls Smethwick, hergestellt worden. Auch mit dieser Firma, die 1832 ein verbessertes Verfahren zur mechanischen Herstellung von Scheibenglas aus Frankreich eingeführt hatte, stand Paxton in Geschäftsbeziehungen, denn sie hatte das Glas für sein größtes Gewächshaus geliefert. Da aber der Plan, den Paxton mitentworfen hatte, erst nach Ablauf der Wettbewerbsfristen für den Ausstellungsbau fertig wurde, brachte eine hauptsächlich mit dem Eisenbahnbau verbundene Lobby das Building Committee dazu, Paxton nachträglich zum Wettbewerb zuzulassen und nicht sofort mit der Ausführung des bereits verabschiedeten Komitee-Entwurfs zu beginnen. Dies erreichte Paxton, indem er über den Unterhausabgeordneten und Chairman der Midland Railway, John Ellis, die Ausstellungskommission davon überzeugte, daß er noch zugelassen werden sollte.

Um nun eine Entscheidung zugunsten seines Entwurfs herbeizuführen, nahm er mit einem Mitglied des Building Committee, dem Ingenieur Robert Stephenson, der auch aus dem Eisenbahnbau kam, Kontakt auf. Stephenson war am Bau der London & Birmingham Railway beteiligt und hatte dort einen Ingenieur beschäftigt: den Fabrikanten Fox, der die Eisenteile für den Kristallpalast herstellte. Mit Hilfe von Stephenson gelang es Paxton, Prinz Albert, dem Vorsitzenden der Royal Commission für die Weltausstellung, seinen Entwurf vorzulegen. Da aber allein über diese Wege der Einfluß auf das Building Committee zu unsicher war, begann Paxton eine publizistische Kampagne, indem er in der Samstagsausgabe der *Illustrated London News* vom 6. Juli 1850 seinen Plan veröffentlichte und die Vorzüge seines Baus gegenüber dem geplanten des ›Building Committee‹ darlegte.[20] Diese publizistische Kampagne war für die Lobby und besonders für Paxton von großer Bedeutung, hatte er doch schon am 29. Juni 1850 mit Fox, Henderson & Co. sowie mit Chance Brothers & Co. einen förmlichen Bauvertrag abgeschlossen, obwohl offiziell noch keine Entscheidung für sein Projekt gefallen war.[21] Am 16. Juli 1850 erst wurde sein Entwurf nach geringfügigen Änderungen angenommen.

Wie sah dieser Bau nun aus? »Das Gebäude hatte eine Länge von 560 m und war an der Basis 125 m breit. Die Höhe bis zur Grenze des obersten Stockwerks betrug knapp 20 m, die der beiden unteren rund 14 m und 7 m. Die innere und äußere Konstruktion des gesamten Ausstellungsgebäudes beruhte auf einer Standardeinheit von 24 ft. im Geviert. Sie bildeten die Grundlage für das Skelettsystem von eisernen Säulen, Trägern und Verstrebungen, auf denen das Faltwerk der Glasdächer auflag. Die Seitenwände bestanden mit Ausnahme des ganz in Holz verkleideten Erdgeschosses aus etwa 30 cm schmalen Glasscheiben, eingefaßt in jeweils 8 ft. breite Rahmen, so daß auf je eine Standardeinheit drei Fenstereinheiten fielen.«[22] Im einzelnen bestand der Kristallpalast aus »6024 Säulen, jede etwa fünf Meter hoch, [...] ferner aus 3000 Galerieträgern, 1245 schmiedeeisernen Trägern, 45 Meilen Fensterstäben in Standardgröße und etwa 1 073 760 Quadratfuß Glas. Das Zusammensetzen dieser Teile sollte so vollkommen wie eine Maschine funktionieren. Nur mit Hilfe des damals noch völlig unbekannten Prinzips vorfabrizierter Einzelteile war die Errichtung des Gebäudes überhaupt möglich.«[23] »Die Anschlüsse an die schlanken, gußeisernen Säulen erfolgten in Form standardisierter Auflagepunkte, die immer die gleichen waren.«[24] Die Produktionszeit – ohne die Zeit für den Entwurf selbst – für alle Teile des Baus, einschließlich seiner Montage, betrug maximal sieben Monate. »Am 26. September 1850 wurde die erste gußeiserne Stütze aufgestellt«[25], und damit begann die eigentliche Montage des Gebäudes. Schon am 31. Januar 1851 konnte es einschließlich aller »Eisenbauten, Treppen, Türen, Fenster [...] und Installationen aller Art«[26] übergeben werden.

Untersucht man die Detailzeichnungen[27] des Kristallpalastes, so wird deutlich, daß die wichtigsten Prinzipien der Massenproduktion, große Auflage einzelner Teile und Materialökonomie, konsequent durchgesetzt sind. Die das Rahmenwerk bildenden »gußeisernen, hohlen Säulen von immer gleichem Außendurchmesser« sind »entsprechend auftretenden Belastungsvariationen mit verschiedenen inneren Wandstärken ausgeführt«. »Auf diese Weise war es möglich, die dazugehörigen Binder und Balken in einheitlichen Standardmaßen ebenso wie die Säulen in Massenproduktion herzustellen.«[28] Die eisernen Träger selbst tragen keine Verzierungen, erst im montierten Zustand erscheinen die konstruktiv bedingten Anschluß- und Auflagepunkte als Knoten, die an Kapitelle erinnern.

Die Geschichte und die Ausführung des Kristallpalastes ist deswegen so ausführlich dargestellt worden, weil daran sichtbar wird, welcher Mittel sich der einflußreichste Teil der industriellen Kapitalisten bedient, um ihr Kapital anzulegen und zu verwerten. Es ist dabei zu beachten, daß die Eisenbahngesellschaften Englands großangelegte Spekulationsunternehmen waren, die hohe Dividenden abwarfen. Paxton selbst kann nur als ein solcher Großspekulant eingeschätzt werden und nicht etwa als »ein ästhetisch empfindender Mensch [...], dessen Lebensaufgabe der Pflege von Blumen und Bäumen galt«, der es »aber auch nicht störend« fand, »Direktor einer Eisenbahngesellschaft zu sein«.[29]

Untersucht man die Spekulationsstrategie des Eisenbahnkapitals im Zusammenhang mit dem Kristallpalast näher, so wird alsbald deutlich, daß die Lebensaufgabe von Paxton hauptsächlich die Pflege der Dividende und nicht die der Bäume war. Von vornherein war bestimmt, daß der Kristallpalast nach dem Ende der Weltausstellung wieder abgerissen werden sollte. Für den Entwurf Paxtons bedeutete dies, daß die Konstruktion den Bedingungen der Demontage Rechnung trug, indem die Verbindungen geschraubt waren. Den Abriß besorgte eine eigens zu diesem Zweck gegründete »Crystal Palace Company«. Diese eng mit der ›London, Brighton and South Coast Railway‹ verbundene Kapital- und Unternehmergesellschaft (an der Paxton beteiligt war) kaufte den Kristallpalast für 70 000 Pfund Sterling und baute ihn vergrößert im Süden von London, in Sydenham, im Zusammenhang einer Parkanlage wieder auf, um den Vorstadt- und Wochenendverkehr der Eisenbahngesellschaft zu intensivieren, denn die Parkanlage hatte den Charakter eines Volks- und Vergnügungsparks.

Zweiter Teil

Monopolistische Verhältnisse – Materialökonomie und Neugestaltung

Die Entwicklung der materiellen Produktion und der kapitalistischen Gesellschaft ist nicht nur die Entwicklung der großen Industrie; vielmehr führt die Wirkung der grundlegenden Gesetze und Widersprüche der Produktionsweise zu Veränderungen auch der Produktionsverhältnisse.[30] Die Konzentration und Zentralisation der Produktion und des Kapitals bringen kapitalistische Großunternehmen hervor. Dabei erschwert die freie Konkurrenz die weitere notwendige Kapitalverwertung; Monopole entstehen als Lösungsversuch dieses Widerspruchs. Das Finanzkapital erhält eine bestimmende Position, der Kapitalexport gewinnt an Bedeutung, die territoriale Aufteilung der Welt unter die kapitalistischen Nationen ist abgeschlossen, und die Welt wird in Einflußgebiete der internationalen Trusts verwandelt. Diese Aufteilung erhält in internationalen Absprachen, Kartellen, Marktzuweisungen etc. ihre besondere Form und spiegelt jeweils das Verhältnis der ökonomischen Stärke der einzelnen Monopolverbände wider. Als Resultat davon ist um die Jahrhundertwende der liberale Kapitalismus der freien Konkurrenz in allen entwickelten kapitalistischen Nationen durch den Imperialismus abgelöst.

Durch die ungleichmäßige Entwicklung des Kapitalismus ändert sich das internationale Kräfteverhältnis ständig. Die beträchtlich erstarkten nationalen Monopolgruppen und -verbände versuchen, die Welt untereinander neu aufzuteilen. Eine aggressive Politik und kriegerische Abenteuer sind die zwangsläufige Folge.

Die allgemeine Entwicklung des Kapitalismus der freien Konkurrenz zum Imperialismus prägt sich in Deutschland in besonderer Weise aus: Das deutsche Kapital hat erst gegen Ende des 19. Jahrhunderts mit der Eroberung von Kolonien begonnen. Bei der territorialen Aufteilung der Welt unter die Kolonialmächte ist es im Verhältnis zu seinen ökonomischen Potenzen zu kurz gekommen, nicht genügend Ressourcen stehen ihm zur profitablen Ausbeutung zur Verfügung, und es fehlen auch gesicherte oder gar protektionistisch abgeschirmte Absatzmärkte in nennenswertem Umfang.

Wie die ungleichmäßige Entwicklung des Kapitalismus das internationale Kräfteverhältnis zwischen England, Frankreich und Deutschland von 1870 bis 1913 verschiebt, zeigt folgende Tabelle (D = Deutschland, E = England, F = Frankreich).[31]

Es ist offensichtlich, daß der deutsche Kapitalismus sich ökonomisch mit dem größten Tempo entfaltet. Je stärker aber sein ökonomisches Potential wird, desto stärker macht sich das »Zukurzkommen« bei der Aufteilung der Welt bemerkbar. Die gestiegene Industrieproduktion zwingt zu einer Export-

Jahr	Anteil an der Weltindustrieproduktion in Prozent			Index der Industrieproduktion			Anteil am Weltaußenhandel in Prozent		
	D	E	F	D	E	F	D	E	F
1870	13	32	10	100	100	100	–	–	–
1880	13	28	9	139	121	127	11	20	11
1890	14	22	8	222	141	165	11	20	9
1900	16	18	7	333	180	194	13	19	9
1913	16	14	8	613	227	315	13	15	8

offensive. Große Warenmassen müssen auf dem Weltmarkt unter scharfem Konkurrenzdruck verkauft werden. Diese Situation führt zum forcierten Einsatz bestimmter Sonderformen der Warenästhetik als einem Lösungsversuch für das Realisationsproblem in großem Maßstab.

Vor der konkreten Analyse und Darstellung dieser Lösungsversuche sollen kurz die Auswirkungen der Massenproduktion auf die Erscheinung der Waren untersucht werden. Massenwaren bestimmen nun endgültig das große Geschäft, denn der Anteil der in Großbetrieben gefertigten Waren an der gesellschaftlichen Gesamtproduktion steigt absolut und relativ. Die Materialökonomie erlangt dadurch eine höhere Bedeutung, denn bei Waren, deren einzelne Arten in Auflagen von vielen tausend Stück gefertigt werden, machen sich auch geringe Materialeinsparungen pro Exemplar und Verbilligungen um Pfennigbeträge sehr bemerkbar. Eine Gestaltung der Warenkörper, die diese Aufgabe von vornherein berücksichtigt, wird zum Instrument der Produktion von Extramehrwert, wird ein Moment der ökonomischen Stärkung des jeweiligen privaten Kapitals und trägt, wenn auch gegenüber anderen Techniken und Mitteln nur in geringem Umfang, zur weiteren Entwicklung der Konzentration der Produktion und zur ungleichmäßigen Entwicklung der Monopole bei. So läßt etwa die AEG, die sich den Weltmarkt mit der amerikanischen General Electric Co. aufgeteilt hat[32], ihre Bogenlampen neu gestalten und spart so erhebliche Kosten. Über diese Bogenlampen, deren Entwurf Peter Behrens ausführt, berichtet Mannheimer: »Es sind die Ersparnisse an Herstellungskosten und Arbeitszeit, die sich mit Notwendigkeit aus den Verbesserungen ergeben müssen, zu welchen eine intensive Beschäftigung mit der Form der Fabrikprodukte führen muß. Hier lohnen sich auch Kosten für Versuche. [...] Die AEG hat für die Modelle der neuen, von Behrens entworfenen Bogenlampen 200 000,– Mark verausgabt, sie hat diese Summe durch jene Ersparnisse innerhalb eines Jahres wieder hereingebracht und überholt.«[33] Hier wird sichtbar, daß die Funktionsbestimmtheit der Gestaltung durch den Zwang zur Ökonomie des konstanten zirkulierenden Kapitals den Gestaltprozeß selbst weiter ausformt. Die Ent-Ornamentalisierung ist die erste Phase solcher Gestaltprozesse, die diesem Ökonomisierungszwang nachkommen. Ihre Zielrichtung liegt aber nicht in der Konstruktion und nicht im Entwurf neuer Warenkörper, vielmehr werden die vorhandenen ihrer Ornamente entkleidet. Dieser Prozeß erscheint gegenüber der Aufgabe, neue konstruktiv-gestalterische Lösungen für die Körpergestalt der Waren zu finden, als Vorstufe. Dagegen stellt die Neugestaltung, wie wir am Beispiel der AEG beobachten konnten, eine neue Qualität dar, in die das Moment der Ent-Ornamentalisierung insofern eingeht, als die damit verbundene Materialökonomie ein bestimmender Grundfaktor der Neugestaltung wird.

Nachdem allgemeine Anforderungen an die Nugestaltung von Waren formuliert sind, bleibt zu prüfen, wie diese funktionell bestimmten Anforderungen sich durchsetzen und wie sie in Beurteilungskriterien für die Körpergestalt neuer Waren verwandelt werden.

Die Arbeitsteilung und der Gebrauch »künstlerischer Modelleure«

Durch die Entwicklung der Produktivkräfte sind, im Gegensatz zur handwerklichen Produktionsweise, unmittelbarer Produzent und Entwerfer nicht mehr in einer Person vereinigt. Die innerbetriebliche Arbeitsteilung spaltet die Entwurfsarbeit vom unmittelbaren Produktionsprozeß als selbständige Funktion ab; sie wird innerhalb der betrieblichen Produkt- und Produktionsplanung in den gedanklichen Vorvollzug der im engeren Sinne materiellen Produktion in Form von Überlegungen zur Körpergestalt der Ware mit einbezogen.[34] Die Arbeitsteilung führt bei allen entwickelten Kapitalen dazu, daß Entwurfsabteilungen entstehen, in denen Künstler, ehemalige Handwerker und Architekten beschäftigt werden. Eigens dafür gegründete staatliche Institutionen, Schulen und auch private Vereine beschäftigen sich mit den Problemen der Gestaltung von Warenkörpern und mit denen der Ausbildung von Gestaltern, in Frankreich, England und Deutschland.

1863 bildet sich in Paris ein »von Privatleuten, namentlich Zeichenkünstlern und Fabrikanten unterstützter Verein«, der »eine Reihe von Sammlungen älterer Kunstwerke aller Länder, vorzugsweise in Thon, Marmor, Metall und Webstoffen, zur Ausstellung brachte. Der Verein, der sich L'Union centrale des beaux-arts appliqués à l'industrie (Centralverein für die Anwendung der schönen Künste in der Industrie) nannte, führte den vortrefflichen Wahlspruch ›Le beau dans l'utile‹ (Das Schöne im Nützlichen) und kämpfte mit unermüdlichem Eifer für seine Devise«.[35] Die englische Industrie, die auf Grund ihres hohen Entwicklungsstandes besonders mit den Problemen der Massenproduktion konfrontiert ist, hat mit den in Dienst genommenen Künstlern und Handwerkern Schwierigkeiten, da diese nur bei einem Meister gelernt haben. Ihre Entwürfe sind für die Industrie schlecht verwertbar, weil ihre Ausbildung für die Funktion als Industrieentwerfer unzureichend ist. Eine Qualifikation der Arbeitskraft wird nötig, die von den konkreten einzelnen Arbeitsprozessen, in denen sie eingesetzt wird, vergleichsweise unabhängig wird. Ein größeres Maß allgemeiner Fähigkeiten und Kenntnisse ist zu vermitteln und zu erlernen. Zu diesem Zweck wird das Können vieler Handwerksmeister, die mit den Problemen der industriellen Fertigung vertraut sind, für die Ausbildung von Gestaltern herangezogen; ab 1900 lehren sie am ersten Lehrstuhl für Design in London.

In Deutschland greift der Staat der Industrie ebenfalls unter die Arme. Hatte er schon in der Organisation von Forschung und Wissenschaft die Interessen der Monopole wahrgenommen[36], so wird er nun bei der Gründung von Schulen und Entwurfsbüros und beim Sammeln von Erfahrungen anderer Länder aktiv. Die erstarkenden deutschen Monopolgruppen machen sich die Erfahrungen englischer Kapitale auch auf dem Gebiet der Gestaltung unentgeltlich nutzbar; sie betreiben eine Art Industriespionage, die über den Staatsapparat organisiert wird. Der Agent, Hermann Muthesius, erhält die Immunität eines Diplomaten und ist »von 1896-1903 als zweiter Handelsattaché der Deutschen Botschaft in London zugeteilt [...] mit dem Auftrag, die in hohem Ansehen stehende englische Architektur und Formgebung gründlich zu studieren und darüber zu berichten. Seine Berichte befaßten sich nicht nur mit der Haus- und Kirchenarchitektur, sondern auch mit den Lehrmethoden und sogar mit den in Abendkursen angefertigten Amateurarbeiten«.[37] Nach seiner Rückkehr wird er zum Geheimrat im preußischen Innenministerium ernannt und erhält 1904 an der neugegründeten Handelshochschule einen Lehrstuhl für modernes Kunstgewerbe. Über solcherart gesammelte Informationen hinaus stehen für die Entwurfsarbeit staatliche Institutionen mit ihren Lehrkräften den privaten Kapitalen zur Verfügung. So wird im Verhandlungsbericht der II. Jahresversammlung des Deutschen Werkbundes von 1909 darauf hingewiesen, der Großherzog von Sachsen-Weimar habe »ein Institut« gegründet, »in dem sich jeder Industrielle Ratschläge und Vorbilder kostenlos holen, in das er seine Zeichner und Modelleure kostenlos schicken könne, mit dem Auftrag, dort unter Aufsicht des Leiters der betreffenden Abteilung des Instituts Modelle und Zeichnungen auszuführen, die sie dann nach Fertigstellung ihrem Meister oder dem Fabrikdirektor mitbringen dürfen«.[38] Mit solchen Schulen und Instituten ist zwar eine wichtige Bedingung für die Möglichkeit sowohl der umfassenden Ausbildung von Arbeitskräften als auch für das Entwerfen selbst gegeben; aber konkrete Anleitungen für die Gestaltbarkeit oder Beurteilungskriterien für die Qualität von Entwürfen fehlen noch weitgehend.

Monopole und Gestalter – Die Gründung des »Deutschen Werkbundes«

Um diesem Problem abzuhelfen, wird 1907 unter maßgeblicher Beteiligung großer Kapitale hauptsächlich der »neuindustriellen Richtung«[39], z. B. der AEG, Siemens, der HAPAG, der Deutschen Linoleumwerke u. a., der Deutsche Werkbund

gegründet. Vertreter der Industriellen im Werkbund sind beispielsweise Professor Peter Behrens für die AEG und Gustav Gericke für die Deutschen Linoleumwerke. Außer den Monopolen und kleineren Kapitalen sind Regierungsbeamte und – meist mit nationalliberalen Gedanken verbunden – Sozialpolitiker, insbesondere und zahlenmäßig überwiegend aber das Arbeitskräftepotential, dessen Aufgabe der Entwurf von Waren ist, also Kunsthandwerker, Künstler und Architekten, im Deutschen Werkbund organisiert. Auch wenn die Zahl der Großkapitale im Deutschen Werkbund gering ist, mindert das nicht ihren Einfluß; sie sind es schließlich, die die Arbeitskraft der organisierten Gestalter kaufen. Daher haben sie eine stärkere Position als die Verkäufer ihrer Arbeitskraft. Besonders deutlich wird dies, wenn man sich vor Augen führt, daß unter den Gestaltern ein hartnäckiger Konkurrenzkampf herrscht – ein erheblicher Teil von Kunsthandwerkern hat durch die Entwicklung der Produktivkräfte ihre Existenzbasis verloren, weil handwerklich produzierte Waren fast nur noch in den Luxuskonsum der herrschenden Klasse eingehen. Dieses Überangebot an Gestaltern wird dadurch verstärkt, daß die staatlichen Kunstschulen eine stets wachsende Zahl von Absolventen haben, während die Aufträge von Kirche, Adel, Bürgertum, Beamten und reichen Handwerkern für kunsthandwerkliche Waren nicht proportional mitwachsen. Zwar haben sich die Kunsthandwerker im »Verband für die wirtschaftlichen Interessen des Kunsthandwerks« zusammengeschlossen; aber sie können diese Entwicklung nicht verhindern. Viele müssen sich nach neuen Erwerbsquellen umsehen, verlassen den Verband, organisieren sich im Deutschen Werkbund und versuchen auch mit seiner Hilfe, ihre Arbeitskraft zu verkaufen. Als Vermittler ist der Deutsche Werkbund erfolgreich; sein 5. Jahresbericht verzeichnet in der Aufschlüsselung der Korrespondenz der Geschäftsstelle folgende Erfolgsmeldung: »Innerhalb dieser Korrespondenz ist besonders derjenige Teil größer geworden, der für die Vermittlung von Firmen und Künstlern in Anspruch genommen wird: Firmen fragen bei der Geschäftsstelle nach künstlerischen Kräften und Künstler nach einschlägigen Firmen.«[40]
In einem Artikel über eine Berliner Möbelausstellung von 1909 in der offiziellen Werkbundzeitschrift wird der bestim-

mende Einfluß des Großkapitals im Deutschen Werkbund ausdrücklich betont und als notwendig herausgestellt. Für den Berichterstatter bleibt es »natürlich dabei, daß für den Sieg einer neuen Bewegung die Gewinnung des Großkapitals das Maßgebende ist; es läßt sich auch leicht feststellen, daß auf dieser Ausstellung die gut kapitalisierten Firmen eine entscheidende Rolle gespielt haben; ja, ohne die Heranziehung der geldkräftigen Handelsgeschäfte wäre die Ausstellung vielleicht nie zustande gekommen. [...] Es ist auch gewiß wertvoll, eine Phalanx kleiner Betriebe in dem Dienst der modernen Idee arbeiten zu sehen; aber die ausschlaggebende Entscheidung vollzieht sich dennoch am Kapital. Darum ist es wichtig, darauf zu achten, wie konsequent rings in Deutschland die großen Firmen sich der modernen Bewegung anschließen«.[41] Angesichts dieser Verhältnisse ist die Einschätzung von Sebastian Müller, der Werkbund habe »die Entfremdung zwischen Ausführendem und Entwerfendem [...] ins Positive gewendet«[42], in keiner Weise zu halten. Sie erliegt der Illusion, innerhalb des Deutschen Werkbundes seien von Entwerfern in Auseinandersetzungen tatsächlich Entscheidungen über neue Gestaltprinzipien gefällt worden; in Wirklichkeit ähneln diese Auseinandersetzungen oft Donquichotterien, denn das Kapital entscheidet täglich praktisch über die Fragen der Gestaltung, indem es bestimmte Entwürfe kauft und andere ablehnt. Das ist der wichtige Hebel, mit dem neue Gestaltprinzipien durchgesetzt werden. Auf seiten des Käufers von Entwürfen existiert als Grundlage für die Kaufentscheidung eine Einschätzung, inwiefern ein gegebener Entwurf verspricht, zur besseren Verkäuflichkeit der Waren beizutragen und Bedingungen für die Verbesserung der Verwertung zu schaffen. Diese Bedingungen sind zu untersuchen, um die Anforderungen an die Körpergestalt der Waren aus den tatsächlichen Bedingungen der Produktion zu entwickeln. Die Arbeit des Deutschen Werkbundes in diesem Zusammenhang besteht dann darin, aus den auf dem Markt erfolgreichen Gestaltungen allgemeine Grundsätze für die Gestaltung herauszudestillieren und zu formulieren.

Nachdem die Arbeit der Gestalter funktionell als Mittel
bestimmt worden ist, zur Ökonomisierung des konstanten
zirkulierenden Kapitals beizutragen, also Verwertungspro-
bleme lösen zu helfen, sollen nun Anforderungen an den
Gestaltprozeß entwickelt werden, die sich aus Schwierigkeiten beim Verkauf der Ware ableiten.

Generell kommt es für das produzierende Kapital darauf an,
den Gesamtprozeß der Bewegung des Werts nicht aus den
Augen zu verlieren. Deshalb müssen die Existenzbedingungen
ihrer Waren in der Zirkulation schon bei der Produktion
berücksichtigt werden, dies um so mehr, als der Konkurrenzkampf auf dem Markt durch die Konzentration und Zentralisation der Produktion härter wird und sich also das »Realisationsproblem« verschärft. Dieses Problem verleiht der
Warenästhetik eine wachsende Bedeutung, sie wird als kurzfristig wirksames Instrument zur Lösung des Problemdrucks
weiterentwickelt. Große Kapitale streben danach, »sich einen
Gebrauchswert ganz unterzuordnen«[43], indem sie die konkurrierenden Allerweltserzeugnisse vom Markt verdrängen. Als
ein Mittel, diese Verdrängung zu erreichen, erscheint die Entwicklung von Markenartikeln. Ihre Notwendigkeit wird als
wesentliches Moment der Gestaltung in das Bewußtsein der
Entwerfer gehoben.

Um den Entwurf von Markenartikeln zu unterstützen, entwickelt der Deutsche Werkbund vielfältige Initiativen. Als
erstes setzt er sich mit der geltenden Entwurfspraxis von Allerweltserzeugnissen auseinander. Aus dieser Analyse ergeben
sich erste Maßstäbe und Hinweise für den Entwurf von
Markenartikeln, die dann gegen die namenlosen Fabrikate
auf den Markt geführt werden und sie verdrängen. Die Fabrikanten von Allerweltserzeugnissen haben Künstler angestellt,
die den von den Ingenieuren konzipierten und konstruierten
Waren besondere ästhetische Fassaden ankopieren. Dazu
benutzen sie meist sogenannte »Musterbücher«, d. h. stilkund-
liche Sammlungen, oft von Kunsthistorikern angefertigt. Auf
Grund dieser Praxis kommen die Waren in verschiedenen
historischen Hüllen einher. Bruckmann, Mitbegründer des

Deutschen Werkbundes und Silberwarenfabrikant, beschreibt 1908 diese Arbeitsweise folgendermaßen: »Steigen wir höher hinauf, so gelangen wir in die Ateliers der Fabriken. Dort sitzen die ›Künstler‹ wie sie sich selbst nennen und wie sie mit Stolz von ihren Prinzipalen genannt werden. Die kamen, nachdem sie eine praktische Lehrzeit bestanden, sehr oft aber auch ohne eine solche, als junge Leute auf die Kunstgewerbeschule oder Fachschule, wo solche bestehen, und von da an in den Betrieb. Sie sind, wie jeder Kontorangestellte, Angestellte des Betriebs, sie haben den Weisungen des Fabrikanten in technischen und künstlerischen Fragen zu folgen, und sie sind ihm umso mehr wert, je mehr sie in ihren Entwürfen das treffen, was das Publikum will, was der neuesten Mode entspricht. Da in dieses Arbeitsverhältnis nicht gern Künstler gehen, denen ein selbständiges künstlerisches Schaffen eigen ist, so treffen wir in diesen Ateliers eine große Schar jener Zeichner und Modelleure, deren Hauptstärke es ist, die historischen Stile immer wieder auf die heutigen Erzeugnisse anzuwenden. Weil sie und mit ihnen die Kunstindustriellen das Wesen des kunstindustriellen Erzeugnisses viel zu viel in der äußeren Schmuckform erblicken, so gelangen sie dazu, mit derselben Leichtigkeit, wie gestern in historischen Stilen, heute im sogenannten modernen Stil zu arbeiten, wobei die Anregungen führender Künstler ebenso gewandt wie der Formenschatz vergangener Zeiten verwendet werden.«[44]

Zum Arrangement, das die Entwurfsbüros »höher« legt, also räumlich von der unmittelbaren materiellen Produktion entfernt ansiedelt, steht die soziale Lage der künstlerischen »Modelleure« im Widerspruch, denn als Lohnabhängige sind sie prinzipiell den Arbeitern gleich, weil gleichermaßen den »Kunstindustriellen« unterworfen. Nun will der Deutsche Werkbund nicht etwa gegen dieses soziale Verhältnis angehen, sondern ihn stört die Arbeitsweise der künstlerischen »Modelleure«, das Entwerfen nach »Katalogstilen«, wie Le Corbusier das nennt.[45] Als positives Beispiel, wie die Arbeit gemacht werden müsse, stellt der Syndikus des »Bunds der Industriellen«, Schneider, auf der II. Jahresversammlung des Deutschen Werkbundes 1909 die Arbeit von Peter Behrens für die AEG heraus. Dabei wird generell der Einsatz von Künstlern bei der Gestaltung von Waren mit dem von Ingenieuren verglichen; als Kriterium für den Aufbau von Markenartikeln gegen das »Anwenden des historischen« und des »modernen Stils« wird das »selbständige künstlerische Schaffen führender Künstler« betont. »Selbstverständlich waren es zunächst die Großbetriebe, die ähnlich wie früher freischaffende Ingenieure jetzt auch freischaffende Künstler in ihren Dienst nahmen. Wie zum Beispiel die großen chemischen Industriebetriebe Millionen aufgewendet haben, um ihre Chemiker in einer bestimmten Richtung erfinden zu lassen, so spielen auch die Summen, die jetzt für ein künstlerisches Durcharbeiten der Produktion aufgewendet werden müssen, keine Rolle. Man wisse nicht, mit welchem Posten z. B. Professor Peter Behrens und seine Tätigkeit als künstlerischer Beirat in dem Unkostenkonto der AEG erscheine. Seien die Summen aber auch noch so hoch – bei einem Institut, dessen täglicher Umsatz über eine Million Mark betrage, können sie nicht ins Gewicht fallen.«[46] Wenn Schneider in seinem Beispiel die Chemische Industrie anführt, so hat das folgende Gründe: Erstens wurde der »Bund der Industriellen« von der Chemischen Industrie lanciert, zweitens hat der Einsatz von Wissenschaftlern dort tatsächlich eine rasche Entwicklung mit ermöglicht. In diesem Sektor der Industrie liegt also gehäuft die praktische Erfahrung vor, daß die Anwendung neuen Wissens und die wenig an traditionellen Wegen orientierte Suche nach neuen Möglichkeiten der Produktion die Kapitalverwertung wesentlich verbessern kann. So ist verständlich, daß gerade bei ihren Vertretern die Vorstellung sich leichter ausprägen kann, die Indienstnahme von Gestaltern könne Produktions- und Verkaufsprobleme lösen helfen. Es kommt hinzu, daß im »Bund der Industriellen« starke Unternehmen der exportorientierten Fertigwarenindustrie organisiert waren.[47]

Die Strategie des Markenartikelaufbaus erschöpft sich freilich nicht in mehr oder weniger klaren Anforderungen an den Gestaltprozeß und somit an die Körpergestalt der Waren, zum Beispiel »selbständiges künstlerisches Schaffen«; vielmehr bildet sich die Verdrängungskonkurrenz der Markenartikelproduzenten gegen die namenlosen Allerweltserzeugnisse und deren sinnliche Erscheinung folgende Kampfbegriffe: »Imitationskunst; nachgeschwatzte Phrase; unangenehme Gespreiztheit; aufdringlich und überladen; Schundproduktion«[48]; »lächerliche Protzenkunst«[49]; »kranke Stelle im deutschen Volksleben; Tiefstand der Geschmackskultur«[50]; »Kunstschund«[51]; »Zwittergebilde; Afterkunst.[52]

Die neuen Vorstellungen sind zunächst Lobreden auf die Körpergestalt der Waren und betonen an ihr jene Elemente, die sie als industriell produzierte charakterisieren. »Die glatte, auf das Nützliche reduzierte Form ist das, was wir von dem Maschinenerzeugnis erwarten«[53]; »Schmucklosigkeit, Glätte, Schärfe, Genauigkeit, [...] knappe Sauberkeit, [...] ganz schmucklose Form, [...], glatt, schlicht und praktisch«[54]; »Schärfste Beanspruchung von Material, knappste Ausnutzung von Raum und Zeit sind damit zu grundlegenden Voraussetzungen für das Formschaffen [...] geworden«.[55] Waren, deren Körpergestalt diese Anforderungen zum Ausdruck bringen, sind »geschmacklich einwandfreie Massenware«[56], »beseelte Formausdrücke«[57] und gehören in ihrer Gesamtheit der »Aristokratie der Produkte«[58] an. Dabei sind immer Markenartikel gemeint, zu deren Bildung der Deutsche Werkbund Strategien entwickelt, um besonders für große Kapitale das Realisationsproblem auf dem nationalen Markt lösen zu helfen. Diese lassen sich ihrerseits vom Deutschen Werkbund bestätigen und dieses Zeugnis von ihm auch propagieren, daß nämlich ein solches Vorgehen Ausdruck nationaler Gesinnung sei. Deshalb werden die Markenartikel mit Qualifikationen wie »deutsches Kultur- und Qualitätsideal«[59], »deutscher Volksstil«[60] und »vollwichtige, stahlharte deutsche Qualitätskunst«[61] ausgestattet. Auch dieser verkaufstechnische McCarthyismus hat die Käufer im Blickfeld; ihnen wird mittels dieser Argumentation antinationales Verhalten für den Fall vorgehalten, daß sie lieber die gewohnten Erzeugnisse kaufen statt der neuen Markenartikel.

Der gezeigte Prozeß zeichnet auf allgemeiner Ebene die Markenbildung nach, wie sie einzelne Kapitale betreiben, indem sie von besonderen, individualisierten Momenten des Warenkörpers ausgehen und sie zu Charakteren der Waren überhaupt zu machen suchen. Die *raison d'être* des Markenartikels ist darin aber noch nicht erschöpft, denn es gilt noch, »die Zusammenziehung aller Mitteilungen, die eine Aufmachung mit formalästhetischen, bildhaften und sprachlichen Mitteln macht, zum Namenscharakter«[62] zu bewerkstelligen.

Für diese Aufgabe hat Hans Weidenmüller in Leipzig eine »Werkstatt für neue deutsche Wortkunst« eröffnet. In ihr werden Markennamen geprägt und Werbegedichte erfunden. Vom Standpunkt des Werkstattleiters ist es verständlich, sich zu Fragen der Organisation der Arbeit und ihrer Effektivierung Gedanken zu machen. So fordert Weidenmüller dazu auf, die Arbeit an der Markenbildung weiter arbeitsteilig auszubilden. Nach seinem Vorschlag sollen zu den »Werbe-Entwerfern« noch »Werbe-Sprachner« und »Werbe-Drucksachner«[63] hinzutreten. Die Tendenz zur Durchdringung ausnahmslos aller funktionellen Momente des Formwandels der Ware in Geld mit ästhetischen Maßnahmen und seiner Unterstützung deutet sich hier an. Wenn man die Abbildungen des Jahrbuches des Deutschen Werkbundes von 1912 heranzieht, treten die Aufgabenbereiche für die Gestalter klar hervor; sie reichen von der Gestaltung von Markenzeichen, Verpackungen und Verpackungsmaterialien über Schaufenster, Muster für Linoleumböden und Tapeten bis zu Geschirr, Besteck, Lampen, Möbeln, ganzen Inneneinrichtungen, besonders von Läden, und Architekturentwürfen; abgeschlossen wird der Aufgabenbereich durch den Entwurf von Nippesfiguren.[64] Von einem grotesk anmutenden Beispiel für die Blindheit der Gestalter, das zugleich als ein Lehrbeispiel für die Wucht gelten kann, mit der sich die ökonomische Funktionsbestimmung dieser Gestaltaufträge durchsetzt, zeugen die *Mitteilungen des Deutschen Werkbundes* von 1916: Weil sich während des Ersten Weltkrieges das Realisationsproblem für Parfumproduzenten wohl erheblich verschärft hat, organisiert der Werkbund einen Wettbewerb zur ästhetischen Neugestaltung von Parfumflaschen und -verpackungen mit.[65]

Um die Markenbildung durchführen zu können und alle Mitteilungen in einem »Erscheinungsbild«[66] des jeweiligen Kapitals zusammenzuziehen, verpflichten einzelne Kapitale oder Kapitalverbände Künstler, die ein durchdachtes Gesamterscheinungsbild entwerfen sollen. So wird Peter Behrens im Oktober 1907 zum »künstlerischen Berater für alles, was die AEG baute, produzierte und druckte«, ernannt. »Und die AEG stand darin nicht allein; überall, wo die deutsche Industrie Verkaufsorganisationen errichtete, beschäftigte sie bald Künstler für ihre Entwürfe – und sei es auch nur für die ihres Werbematerials; so sicherte sich z. B. der Stahlwerksverband die Dienste von Bruno Taut.«[67]

Der Verkaufsort – Allerweltsdekoration und Schaufensterbummel

Die grundlegende Verwertungskalkulation erfaßt im nächsten Schritt den Verkaufsort und bildet ihn funktional aus. Die Widerstände der Käufer, die Verkaufsschwierigkeiten für das Kaufmannskapital bedeuten, müssen ans Licht geholt, untersucht und überwunden werden. Da ein zukünftiger Käufer mit der Ware – von den Waren-Bildern auf Plakaten, in Zeitungsinseraten etc. einmal abgesehen – zum ersten Mal durch einen Blick ins Schaufenster in Berührung kommt, muß die Ware, die auf den Verkauf wartet, auf besondere Weise dort hergezeigt werden. Zu diesem Zweck wird die Schaufensterinszenierung in die Reihe der anderen »Werbemittel« eingereiht, die alle »ja nichts anderes als Waffen [sind], mit denen der Geschäftsmann um eine sichere Herrschaft über Bewußtsein und Vorstellungsbildung seiner Nebenmenschen kämpft«.[68] In erster Linie ergreifen die entstehenden Warenhäuser und die Händler, die Markenartikel verkaufen, diese Techniken. Ihnen stehen vor allem die kleinen Einzelhandelskapitale in den Wohngebieten mit historisch gewachsenem Käuferpublikum im Wege. Die Gewohnheit der Käufer, bei Einzelhändlern einzukaufen, muß zerstört werden. Eine Doppelstrategie soll hierbei eine Lösung bringen: Langfristig ist der ökonomische Ruin der kleinen Handelskapitale nötig, um an ihr Käuferpublikum zu kommen; kurzfristig wird die Eindruckskonkurrenz gegen diese kleinen Kapitale verstärkt, um sie schrittweise zu verdrängen und zu ihrem schließlichen Ruin beizutragen. Ihre Art, die Waren herzuzeigen, die Allerweltsdekoration, wird lächerlich gemacht; sie stelle »aus Taschentüchern einen Wasserfall, aus Servietten eine Winterlandschaft mit Schlitten, aus Stiefeln ein Portal«[69] zusammen; sie sehe das »Schaufenster nur als ein kleines Warenlager und hat das Bestreben, alles, was er [der Händler, C. F.] in seinem Laden führt, auch im Schaufenster möglichst auf einmal zu zeigen«. Gegen diese Art, die Aufmerksamkeit der Käufer zu wecken, wird eine wirksamere

gesetzt. Deren wesentlicher Zug ist, daß der Bedeutungs-
schwerpunkt der Informationen, die eine Ware durchs Schaufenster abgibt, auf das »vornehme, von erlesenem Geschmack
zeugende Arrangement« gelenkt wird. Gibt das Warenlager
der Allerweltsdekoration im Schaufenster noch teilweise über
die Warengattungen, also die verschiedenen Gebrauchswerte,
die im Laden zu kaufen sind, Auskunft, so erhalten jetzt der
Charakter des Schaufensters und die darin wie auf einer
Bühne ausgestellten Waren die Funktion, dem Käufer zu suggerieren, daß alle Waren, die das jeweilige Handelskapital zu
verkaufen hat, von erlesenem Geschmack seien; er soll davon
überzeugt werden, daß »im Inneren des Ladens eine große
Auswahl von Dingen zu finden [ist], die dem Charakter des
Fensters entsprechen«. Der Deutsche Werkbund erarbeitet
ansatzweise eine Art von Durchführungsbestimmungen, die
garantieren sollen, daß dieser kostbare Charakter der Dekoration und des Schaufensters hervortritt. »Vor allem braucht
das Fenster einen Rahmen«, meint Osthaus[70], schlägt kostbare Fassungen für die Scheiben sowie eine besondere
Beleuchtung vor, um einzelne Waren anzuleuchten; er fordert,
daß Plakate und Preisschilder gestaltet werden. So kann das
Schaufenster zum »Auge des Geschäfts« werden, das die Liebesblicke der Waren auf das Geld in den Taschen der Passanten wirft. Dazu muß indes der »Kaufmann als Künstler
und nicht nur als Vermittler« wirken, denn: »Vor seinen
Glasscheiben lernen Frauen und Männer, was schön ist.«[71]

Über Schaufenster und Ladenstraßen hinaus werden ganze
Straßenzüge in Verkaufsstraßen verwandelt, beherrscht von
der »Atmosphäre von Glanz und Licht«, um die Menschen in
diese Straßen zu locken. Sind sie erst einmal da, so gilt es, die
Passanten, die an den Schaufenstern vorbeigehen, aufzuhal-
ten. Nur der Neugierde oder der Freude an Glanz und Licht
eine Möglichkeit zum Ausleben zu verschaffen, ist nicht die
Absicht der aufwendigen »Atmosphäre«; deswegen muß jeder
zweckwidrige Genuß unterbunden werden. Die Passanten in
interessierte Käufer zu verwandeln, ist der Zweck. Es muß
der private Besitzwunsch bei einzelnen Passanten erregt werden; sie sollen der Faszination der Warenaufmachung in den
Schaufenstern erliegen, die ihnen als Spiegel ihrer Bedürfnisse
gegenübertritt. »Dem Kaufmann, der seine Ware verkaufen

will, kann es nicht gleichgültig sein, ob der defilierende Menschenstrom sich nur an der Atmosphäre von Glanz und Licht berauscht. Er will ihn fesseln, locken, in Hemmung versetzen; die Ware soll für ihn Bedeutung gewinnen, soll sich durchsetzen, den ganzen berauschenden Glanz vergessen machen und allein sein mit Jedermann. So allein, daß die magische Suggestion ihre Fäden spinnt und der Gebannte nicht loskommt von dem Gedanken: Dich muß ich besitzen.«[72]

Als Beleg für die Wirksamkeit der Inszenierungen der Waren, der Schaufenster und ganzer Ladenstraßen mag ein Bericht über den 1909 in Berlin organisierten Schaufensterwettbewerb dienen. Handelskapitale und Fremdenverkehrsprofiteure schlossen sich zusammen, um durch eine Attraktion größere Publikumsmassen in die Verkaufsstraßen zu locken. »Schon der erste Schaufensterwettbewerb, der in Berlin im Herbst 1909 vom Verband der Berliner Spezialgeschäfte und von der Zentralstelle für die Interessen des Berliner Fremdenverkehrs veranstaltet wurde, lieferte den besten Beweis für den praktischen Erfolg der auf eine Veredelung des Geschmacks hinzielenden Bestrebungen; denn nach Aussage der Geschäftsleute waren Verkehr und Umsatz während der Schaufensterkonkurrenz teilweise so stark wie sonst nur in der Zeit vor Weihnachten.«[73]

Diese noch vereinzelten Bemühungen bewirken, wenn sie als ständiges Inszenarium mit stets wechselnden Veranstaltungen ausgebildet sind, auf der Seite der Stadtbewohner die Herausbildung eines neuen sozialen Verhaltens, des Schaufensterbummelns, insbesondere dann, wenn sich die Struktur der Städte so geändert hat, daß es Verkaufszentren mit einer Vielzahl von Attraktionen gibt. Als ein solches Zentrum entwickelt sich der Kurfürstendamm in Berlin, dessen Bodenpreis in diesem Zusammenhang von »1860 bis 1898 von 0,1 auf 50 Millionen Reichsmark«[74] steigt. Im Zuge der Verwandlung des Stadtzentrums zur City wird die Wohnbevölkerung systematisch vertrieben. Der Rückgang der Einwohnerzahlen in der City Berlins stellt sich folgendermaßen dar[75]:

Im Zusammenhang mit der Untersuchung von Techniken zur Lösung des Realisationsproblems bleibt eine wichtige Frage zu bedenken: Wo kommen die Arbeitskräfte her, die an

Jahr	Bevölkerung insg.	Citygebiet	Citykern
1885	1 566 000	764 000 = 49%	144 000 = 100%
1900	2 712 000	762 000 = 28%	112 000 = 78%
1910	3 734 000	630 000 = 17%	73 000 = 51%

diesen Lösungsversuchen arbeiten, wie werden sie ausgebildet? Dieses Problem war schon vor der Jahrhundertwende akut. »Die große Mehrzahl der ›Künstler‹, die wir heute auf den deutschen ›Akademien‹ großziehen, hatte Bode schon 1893 gesagt, endet damit, daß sie Retoucheure von Photographen oder selbst Photographen werden, daß sie als Zeichner oder Lithographen für die zahlreichen illustrierten Blätter, für Reklamen aller Art, Annoncen an den Litfaßsäulen, für Schneiderakademien, Korsettfabriken usw. ihr Leben fristen, vorausgesetzt, daß sie nicht vollständig untergehen.«[76] Daß diese Arbeitskräfte nicht hinreichend spezifisch ausgebildet sind, um die Aufgaben zu bewältigen, führt dazu, daß interessierte Kapitalverbände die »Höhere Fachschule für Dekorationskunst« gründen. Sie überlassen also die Ausbildung von Arbeitskräften nicht allein staatlichen Schulen: an einer Lehranstalt, die direkt von interessierten Kapitalen organisiert und finanziert wird, ist der Unterrichtsplan ihren unmittelbaren, kurzfristig auch wechselnden Interessen besser anzupassen. »Über die Höhere Fachschule für Dekorationskunst in Berlin, die im Jahre 1910 vom Deutschen Werkbund, vom Verband Berliner Spezialgeschäfte und vom Verband für kaufmännisches Unterrichtswesen gegründet worden ist, ist zu berichten: Die Schule hat sich unter der Leitung von Albert Reimann sehr entwickelt. Die Schüler-Anzahl ist in langsamem, aber ständigem Wachsen begriffen. [...] Eine sehr wichtige Neuerung der Schule besteht darin, daß eine Anzahl erster Berliner Firmen sich verpflichtet hat, die Schüler regelmäßig in ihren Schaufenstern arbeiten zu lassen. Alle diejenigen Schüler, die in den eigenen Schaufenstern der Schule beweisen, daß sie die nötige Reife besitzen, werden zu diesen Firmen geschickt, vorerst mit einem Lehrer, während der letzten Zeit ihres Studiums aber auch ganz selbständig.«[77] Diese – vom Deutschen Werkbund mitgetragene – Schule stellt indes nicht nur einzelnen Berliner Firmen Arbeitskräfte zur Verfügung, die deren Schaufenster dekorieren, sondern sie fungiert auch als Arbeitsvermittlungsstelle. »Um den Schülern auch sonst in ihrem Fortkommen behilflich zu sein, wird eine Vermittlungsstelle in dem geschäftsführenden Verband eingerichtet, wo Auftraggeber und Auftragnehmer Auskunft und Nachweis von Engagements finden können.«[78]

Alle diese Versuche, das Realisationsproblem zu lösen, erscheinen Hans Weidenmüller zu unsystematisch. Um eine »dauernde planmäßige Kundenwerbung«[79] zu entwickeln, fordert er eine wissenschaftlich begründete Werbelehre, die an einer »Werbehochschule«[80] zu entfalten wäre. Es gelte, »neuzeitliche Forschungsstätten für Werbewesen zu schaffen, wo die Fragen der Geschäftsempfehlung mit allen Mitteln wissenschaftlicher Begriffsbildung und wissenschaftlicher Versuche bearbeitet werden können«.[81] An diesem vehementen Plädoyer ist zu beachten, daß in ihm zwei unterschiedliche Funktionskreise zusammenfließen: Zum einen spiegeln Weidenmüllers Forderungen durchaus Fragestellungen wider, die sich bei den Lösungsversuchen des Realisationsproblems ergeben. Die systematische Analyse der Widerstände, die die Käufer entgegenbringen, ist eine Voraussetzung, um planmäßige Überwindungsstrategien zu entwickeln. Neben diesem Funktionskreis ist jedoch ein zweiter nicht zu übersehen: Weidenmüller selbst ist Spezialist in Fragen der »Geschäftsempfehlung«, deswegen empfiehlt er seine »Geschäfte« immer mit. Für ihn kommt es darauf an, die Nachfrage nach der Arbeit von Werbefachleuten selbst mit Hilfe der Werbung zu steigern; daher enthalten seine Aussagen immer einen nicht zu übersehenden Anteil Werbungswerbung, die er als »Schutz gegen die eigene Werbefaulheit [von] Kleinunternehmern«[82] deklariert. Dabei geht er wie beim Markenartikelaufbau vor; er legt sich einen besonderen Namen, nämlich »Werbeanwalt«, zu und entwickelt für sein System warenästhetischer Techniken eine eigene Sprache[83], die funktionell mit den Wahrnehmungsprozessen der Käufer vermittelt ist. Trotz – oder gerade wegen – dieses zweiten Interesses bringt er es in der Analyse der einzelnen Angriffsmomente für den Einsatz der Warenästhetik beim Verkauf ziemlich weit. Er untersucht auf der Grundlage des Behaviorismus die dem Kaufakt vorausgehenden Wahrnehmungsprozesse, formalisiert sie und erfindet für die einzelnen Etappen dieser Prozesse jeweils spezifische »Werbemittel«.[84]

Das Realisationsproblem, international – Die Exportoffensive und das »Gesicht der Welt«

Die angewachsene Produktivkraft der Arbeit bedeutet nicht nur, daß die konkurrierenden Anbieter auf dem nationalen Markt aufeinanderstoßen, sondern das Kapital ist vielmehr gezwungen, sich auch die internationalen Märkte zu erobern. Dabei war es in den Mitteln nie wählerisch. »In weniger als zwanzig Jahren hatte sich Deutschland vom bevorzugten Absatzmarkt Englands zu dessen schärfstem Konkurrenten gewandelt.«[85] Unter diesem Aspekt wird nochmals deutlich, daß der Versuch, einen »deutschen Volkssil«[86], ein »deutsches Kultur- und Qualitätsideal«[87] zu schaffen, auch ein wichtiges Instrument war, um importierte Konkurrenzprodukte auf dem nationalen Markt zu diskreditieren, um einen mit dem Wachstum der nationalen Produktion steigenden Marktanteil zu erlangen. »Deutscher Volksstil« funktioniert im Effekt wie ein Schutzzoll.

Bestimmte Kapitalfraktionen drängen nun mit ihren Waren auf den Weltmarkt. Dabei verzeichnen sie einigen Erfolg: »Die Zuwachsrate [...] der Ausfuhr [stieg] sehr beachtlich. In den vier Wirtschaftszyklen von 1887 bis 1914 war diese jährlich: 2,3% – 5,1% – 4,6% – 8,9%.«[88] Deswegen tritt die Frage nach den Bedingungen des Verkaufserfolgs auf dem Weltmarkt für die deutschen Exportkapitale auf, wollen sie im internationalen Konkurrenzkampf erfolgreich bleiben. Schon 1878 ist im Katalog der Pariser Weltausstellung darauf hingewiesen worden, daß ein wichtiges Moment des Verkaufserfolgs die Erscheinung der Waren selber sei. »Es war eine Folge der großen Londoner Ausstellung von 1851, daß man in allen Culturländern anfing, nach den Bedingungen zu fragen, unter welchen irgendein Erzeugnis auf dem Weltmarkte Geltung erlangt. Von jener Zeit an forschte man nach dem Wesen des Geschmacks und nach den Mitteln zu seiner Veredlung, und ein Vergleich der industriellen Leistungen sowie der Absatzfähigkeit der verschiedenen Länder muß die Bedeutung dieser Bestrebungen immer überzeugender darlegen.«[89]

Bei der wachsenden Bedeutung der Exportoffensive deutscher Industrieller hat auch der Deutsche Werkbund mitzuhelfen. Analog zur warenästhetischen Bearbeitung der Waren für den nationalen Markt soll er ähnliche Aufgaben auch für die Exportwaren erfüllen. Diese Arbeitsrichtung ist ein Versuch, der Konkurrenz auf dem Weltmarkt zu begegnen; sie ist in vier von sieben Leitsätzen des Deutschen Werkbundes, in seinem Gründungsdokument also, formuliert. Der wichtigste sei hier zitiert: »Von der Überzeugung ausgehend, daß es für Deutschland eine Überlebensfrage ist, seine Produktion mehr und mehr zu veredeln, hat der Deutsche Werkbund als eine Vereinigung von Künstlern, Industriellen und Kaufleuten sein Augenmerk darauf zu richten, die Vorbedingungen für einen kunstindustriellen Export zu schaffen.«[90] Der erste Sekretär des Deutschen Werkbundes interpretiert in diesem Zusammenhang: »Wir haben in dieser Hinsicht nichts zu verlieren, alles zu gewinnen.«[91] Denjenigen, die diesen »kunstindustriellen« Export vorbereiten sollen, kann der geltende Gebrauchswertstandard auf dem Weltmarkt, der die Ästhetik – also auch die Körpergestalt – der Waren mit einschließt, nur als Vorurteil in den Köpfen der Käufer erscheinen, das es zu beseitigen gilt. »Das deutsche Kunstgewerbe hat nicht wie das französische und englische seinen alten Ruf, es soll seinen Ruf erst begründen. Und bei der Schwierigkeit, vorhandene Vorurteile auf dem Weltmarkt zu bekämpfen, wird es noch angestrengter Aufmerksamkeit bedürfen.«[92] Manchmal erscheinen die Schwierigkeiten, die zu überwinden sind, um die Konkurrenten vom Platz zu weisen, als so groß, daß Werkbundmitglieder eine Art Verschwörung konstruieren, die gegen Deutschland gerichtet gewesen sein soll. Am meisten betroffen davon schienen die Textilkapitale. So heißt es, es sei »kein Zufall, sondern bewußte Staatsabsicht«[93], daß Frankreich »einmal diese, einmal jene Nationaltracht zur Allerweltsmode«[94] gestempelt und damit den einzelnen Nationen politische und bestimmten Kapitalfraktionen besondere ökonomische Vorteile gebracht habe. Aber »wir dürfen sicher darauf rechnen, daß auch nach dem jetzigen Kriege Frankreich keinen Finger rühren würde, um der deutschen Textilindustrie durch eine entsprechende Mode nennenswerte Vorteile zu gewähren«.[95] Deswegen gelte es, das französische Modediktat zu brechen.

Da die Konkurrenten selbstverständlich nicht freiwillig die Märkte aufgeben, mußte der »natürliche Wunsch eines jeden gesunden, vorwärtsstrebenden Volkes, [...] einen bestimmenden Einfluß auf der Welt [...] sich zu sichern«[96], mit anderen Mitteln verwirklicht werden. In gigantischem Maßstab soll wiederholt werden, was sich auf dem nationalen Markt im kleineren vollzog: Da ein absolutes ökonomisches Monopol nicht zu erreichen ist, wird versucht, international ein ästhetisches Gebrauchswertmonopol zu erlangen. Dies bedeutet, die Gebrauchswertvorstellungen der Menschen an eine bestimmte ästhetische Gebrauchswert-Erscheinung der Waren zu binden und dafür zu sorgen, daß sie in dieser und nur in dieser die Ausdrucksmöglichkeiten ihrer Bedürfnisse finden. Es sollte das Erscheinungsbild deutscher Waren sein, das »sich den anderen Völkern einprägt und aufprägt«.[97] Diesen Prägestempel durch Entwürfe für Exportwaren mitherzustellen, war eine Aufgabe der Werkbund-Gestalter. Kurz nach der Gründung des Werkbundes führte ihnen Friedrich Naumann diese Aufgabe drastisch vor Augen: »Natürlich kann ich jetzt nicht mitten in der ästhetischen Erörterung alle Gründe darlegen, warum für uns Deutsche in der gegenwärtigen Geschichtsperiode alles auf Gewinnung auswärtiger Märkte ankommt. [...] An billiger Massenarbeit ist nichts zu verdienen. Sie muß auch gemacht werden, aber mit deutschen Kräften kann man auch Besseres leisten. Die geringen Arbeiten nehmen früher oder später halbgebildete Völker an sich. Was tun wir dann? Dann sind wir entweder ein Volk, dessen Stil und Geschmack sich in der Welt durchgesetzt hat, oder wir hungern mit den Orientalen um die Wette, nur um zu sehen, wer die billigsten Massenartikel aus Fleisch und Blut und Eisen herauspressen kann.«[98] Die Produktion billiger Massenartikel soll der Produktion teurer Markenartikel weichen. Es soll nicht »fortgesetzt Minderes« produziert werden, »nur weil die Negerbevölkerung Amerikas Minderes kauft. Ein Volk wie das deutsche muß danach streben, die Bedürfnisse der obersten Menschheitsschichten, nicht die der untersten zu befriedigen. [...] Es gilt mehr als die Welt zu beherrschen, mehr als sie zu finanzieren, sie zu unterrichten, sie mit Waren und Gütern zu überschwemmen. Es gilt, ihr das Gesicht zu geben.«[99] Markenartikel zu produzieren und sie insbesondere auf dem Weltmarkt zu verkaufen, wird zum entscheidenden Maßstab dafür erklärt, daß ein Volk geachtet werden kann und »an der Spitze der Welt«[100] steht. Gelingt es den Exportkapitalen nicht ausreichend, der Welt das »Gesicht zu geben«, und erreichen sie im ökonomischen Kampf nicht die Vorherrschaft, so zeichnen sie im Verein mit dem Großkapital das Gesicht der Welt durch den Krieg, um sich Absatzmärkte und Rohstoffe zu erobern. Auch ein solcher Konkurrenz-Krieg ist für die Ideologen des Deutschen Werkbundes durchaus akzeptabel; sie sehen in ihm ein »weltgeschichtliches Schicksal«[101], in dessen Verlauf sich »durch den deutschen Sieg« dann die »Berufung« des deutschen Großkapitals durchsetze, »die neue Weltpolitik und eine neue Weltkultur zu ordnen«.[102] Daß diese Ideologen den wirklichen Grund für den Ersten Weltkrieg, die materiellen Interessen, die ihn auslösen, wenigstens zum Teil kennen, wird in Muthesius' nachdrücklicher Verteidigung des Krieges deutlich: »Das furchtbare Ringen, in dem Deutschland heute steht, ist im letzten Grunde daraus zu erklären, daß England nicht dulden will, daß deutsche Waren in der Welt verbreitet werden. Die spätere Geschichtsschreibung wird keinen Augenblick darüber im Zweifel sein, daß Handelsinteressen den Krieg heraufgebracht haben, mögen auch die advokatorischen Redekünste unserer Gegner die Kriegsursachen zu vertuschen suchen.«[103]

Wie sich die »Neuordnung der Weltkultur« in einem befreundeten Land auswirkte, soll später am Beispiel der Türkei untersucht werden. Zuvor soll eine wichtige Mission aufgezeigt werden, die sich der Deutsche Werkbund zu eigen macht und die von ihm »Die deutsche Wahrheit in die Welt!« genannt wird. Bei dieser Arbeit erweist sich der Werkbund als nützlicher Propagandaverein für den deutschen Imperialismus. Seine Beziehungen zu Organisationen und Persönlichkeiten des Auslands sind die Kanäle, über die deutsches Propagandamaterial verteilt werden soll. In den *Mitteilungen* im Juni 1915 heißt es: »Es gilt, mit allen Kräften die Wahrheit über Deutschland und unsere Erfolge draußen der Welt zur Kenntnis zu bringen und die wirklichen Tatsachen den wartenden Völkern zu vermitteln: durch Depeschen und durch Zeitungen, durch Briefe und durch Broschüren. [...]

Die Organisation dieser Aufgabe hat der Deutsche Werkbund übernommen. Der Deutsche Werkbund hat seine große Kölner Ausstellung, die dem deutschen Gedanken in der Welt zu dienen bestimmt war, geschlossen und er stellt sich und seine Beziehungen jetzt in den Dienst der deutschen Wahrheit in der Welt. Der Deutsche Werkbund ist in der Lage, alle noch möglichen Verbindungen der Post und der Schiffahrt auszunutzen und auf sicherem Wege Nachrichten und Zeitungen ins Ausland zu befördern. Der Deutsche Werkbund bittet deshalb darum: 1. ihm in allen Sprachen Zeitungen zu senden, welche Lügennachrichten über Deutschland und die deutsche Kriegsführung enthalten, und 2. ihm vertrauenswürdige Persönlichkeiten im Ausland zu nennen, an die zur Aufklärung wahrheitsgetreue Nachrichten und zutreffende Zeitungsberichte gesandt werden können. [...] Der Erfolg dieser Arbeit wird durch einige Notizen der englischen Presse bestätigt.« Zitiert wird in der Werkbund-Mitteilung ein angeblicher Artikel folgenden Inhalts aus der *Times:* »Die Depeschen sind geschickt zusammengestellt und enthalten in geistvoller Aneinandergliederung Auszüge aus bedeutenden Artikeln deutscher Zeitungen und energische Widerlegungen aller für Deutschland ungünstigen Berichte.«[104]

Die »ästhetische Not« und die »Hilfe« des Deutschen Werkbundes

Oben ist dargelegt worden, daß der Werkbund der Meinung ist, eine »Neuordnung der Weltkultur« sei nötig. Wie diese sich auf Grund der Interessen der bestimmenden Kräfte mit Hilfe des Deutschen Werkbundes vollziehen sollte, wird nun am Beispiel der Türkei dargestellt. Dazu muß als erstes festgehalten werden, daß vor allem die neuindustrielle Fraktion besondere Interessen an der Türkei als Absatzmarkt hat. Für sie stehen weniger die »Interessen an den westeuropäischen Kohle- und Erzlagern« im Mittelpunkt als vielmehr die weiten »Gebiete Südost- und Osteuropas sowie des Orients«.[105] Der AEG bescheinigt Opitz ein »leidenschaftliches« Interesse »an der Südostexpansion«.[106] Das ist durchaus berechtigt, zumal in dem Abkommen von 1907 mit General Electric Co. die AEG den Balkan und auch die Türkei als Einflußsphäre »zugeteilt«[107] bekommt. Diese Expansionsinteressen zu propagieren war die Aufgabe des »Mitteleuropäischen Wirtschaftsvereins«.[108] In seiner Führung finden sich dieselben Kapitale vertreten wie im Deutschen Werkbund, nämlich die AEG, die BASF und der Norddeutsche Lloyd. Diese Gruppe stellt den Deutschen Werkbund »durchgängig in den Dienst der Mitteleuropa-Propaganda«[109]; sie ist aber auch praktisch-politisch erfolgreich – sie hat nämlich erreicht, daß das türkische Heer durch eine Militärmission deutscher Offiziere reorganisiert wird und die türkische Armee praktisch unter deutschem Oberbefehl steht. General Liman von Sanders führt diese Operationen durch und kommandiert als Oberbefehlshaber einen Teil der türkischen Truppen, die versuchen, die Mittelmächte zu entlasten, indem sie die Dardanellen sperren, russische Schwarzmeerhäfen angreifen, im Kaukasus gegen Rußland und in Palästina gegen England Fronten eröffnen, um russische und englische Kräfte zu binden.[110] Der Deutsche Werkbund soll durch mehr als bloße Propaganda mithelfen, auf der Grundlage des skizzierten Verhältnisses den Einfluß der bezeichneten Gruppen zu erhöhen. Für ihn stellt sich die Aufgabe so dar: »Die ganze ästhetische Not der Umwandlung der Handarbeit in die Maschinenware ist über den Orient gekommen; sollten wir und müßten wir ihm nicht da helfen mit den Erfahrungen unseres Werkbundsinns?«[111] Auf welche Weise der Deutsche Werkbund der Türkei beim Aufbau einer Industrie hilft, wird sogleich verdeutlicht: Eine türkische Zeichnerin habe ihm einen Brief geschrieben; in ihm bitte sie , ihr eine Verbindung mit deutschen Firmen herzustellen, die in die Türkei exportieren. Die Frau strebe eine Zusammenarbeit mit dem Argument an, sie kenne den türkischen Geschmack besser als die deutschen Fabrikanten. Der Deutsche Werkbund vermittelt – er gibt der Frau einige Adressen solcher Firmen. Die »ästhetische Not der Umwandlung der Handarbeit in die Maschinenware« soll der Struktur nach mit Hilfe des Werkbunds in der Türkei so gelöst werden, daß die fertigen Waren deutscher Exportkapitale importiert werden. Dabei setzt sich der Werkbund dafür ein, daß das Erscheinungsbild dieser Waren wenigstens versuchsweise Momente der traditionellen Kultur und Formensprache des Landes, in welches exportiert wird, enthält. So kann der Einbruch in den auswärtigen Markt besser gelingen. Es wird nicht das Problem des Orients gelöst, was immer das sein mag, sondern das deutscher Exportkapitale. Dieser ganze Versuch ist wohl ein Unterstützungsmittel, die »immer lebhaftere Aufnahme«[112], die das *Deutsche Warenbuch der ›Dürer-Werkbund-Genossenschaft‹* in der Türkei findet, weiter anzuregen.

In dieser Problemlösungsweise sind für unterentwickelt und in Abhängigkeit gehaltene Länder große Schwierigkeiten eingebunden. Wenn sie versuchen, eine eigene nationale Industrie zu entwickeln, so wird deutlich, daß die gelöste »ästhetische Not« für die imperialistischen Länder sich in Profite und für die sich unabhängig machenden Länder in neue Fesseln verwandeln, denn bestimmte Warengruppen des gesellschaftlichen Bedarfs haben eine bestimmte Erscheinung. Dieser Teil der benötigten Gebrauchswerte ist tendenziell durch den gesetzlichen Schutz der Erscheinung des Warenkörpers an einen Markenartikel des Exportlandes geknüpft. Die Herstellung dieser Gebrauchswerte bedeutet somit für die Importländer den Nachbau von Markenartikeln, und dies ist nur möglich, wenn das Recht dazu, meist in Form von Lizenzen, gekauft wird. So erweist sich die Marke als Chance, zusätzliche Profite durch den Verkauf ihres gesetzlich geschützten Entwurfs zu erzielen. Auf diese Weise wird durch die Konstruktion und den Schutz des Markenartikels über einen Umweg technologisches Wissen praktisch monopolisiert.

Dritter Teil

Zwei rivalisierende Monopolgruppen und die »lebendige Kraft der künstlerischen Idee«

Bisher sind die Anforderungen an den Gestaltprozeß für Waren im Zusammenhang mit der Konzentration und Zentralisation des Kapitals sowie der Durchsetzung der industriellen Massenproduktion als Momente im Prozeß der Ökonomisierung des konstanten zirkulierenden Kapitals und als Momente der Lösungsversuche des Realisationsproblems bedacht worden. In Erweiterung dieser Fragestellung soll jetzt geprüft werden, wie die Konzentration und Zentralisation des Kapitals auf die Anforderungen an die Gestaltung der Fabrikgebäude wirkt, denn mit der Ausdehnung der Produktion müssen ständig neue Fabrikgebäude gebaut werden. Dies ist vor allem in der stark expandierenden Elektro- und Chemieindustrie der Fall, die auch Werkbund-Architekten für ihre Entwürfe heranzieht. Dabei ist eine wichtige Veränderung in der Blickrichtung der Architekten zu bemerken. Sind bislang die Auseinandersetzungen und Anschauungen über Architektur wesentlich solche, in deren Zentrum die Frage nach der künstlerischen Form der Architektur steht, so erfassen die führenden Werkbund-Architekten einen darüber hinausgehenden wesentlichen Zusammenhang, aus dem heraus sich ihre Entwurfspraxis bestimmt.

Das Fabrikgebäude ist Ort des kapitalistischen Verwertungsprozesses, und die spezifischen Anforderungen an Struktur, Konstruktion und Form der Gebäude ergeben sich aus den konkreten Bedingungen des Arbeitsprozesses, dem sie als Hülle dienen. Diese Erkenntnis verarbeiten die Werkbund-Architekten, indem sie eine Gestaltung der Fabriken versuchen, die selbst Grundlage und Beitrag zur Weiterentwicklung des Arbeitsprozesses darstellt. Als wichtiges Mittel dazu wird die Organisation der Raum- und Lichtverhältnisse und deren Wirkung als Stimuli für die erhöhte Verausgabung von lebendiger Arbeit hervorgehoben. »Eine klare innere Disposition [...] kann den Fabrikationsgang sehr vereinfachen«[113], setzt uns Gropius auseinander, und Mannheimer fügt in einem Bericht über die neuerbauten Fabriken der AEG hinzu: »Noch mehr aber sollte es dem rechnenden Menschen zu denken geben, wenn die neuen Fabriken der AEG sich gegenüber den alten nicht bloß durch ihr besseres Gesicht unterscheiden, sondern ebensosehr durch angemessener angeordnete und belichtete Räume.« Die Wirkung dieser Architektur auf die Arbeitenden im Blick fährt er fort: »Und wenn infolgedessen in ihnen Ersparnisse an Zeit, Gewinne an Arbeitsfähigkeit und Arbeitsfreudigkeit, mithin auch Arbeitskraft, erzielt werden konnten, die sich ziffernmäßig freilich weit schwerer buchen lassen als Verkaufsprofite und Ersparnisse an Lohn und Material, aber um nichts weniger real sind«[114], dann sollte auch das dem »rechnenden Menschen zu denken geben«.

Zu der arbeitsprozeßbezogenen, funktionellen Bestimmung der Fabrikarchitektur tritt eine zweite hinzu. Vor allen Dingen die Kapitale der neuindustriellen Fraktion wollen sich mit einer besonderen Architektur in der Öffentlichkeit bekannt machen. Diese Fraktion führt einen politischen Kampf um die Erhöhung ihres Einflusses auf den Staatsapparat und auf die Regierung gegen die Schwerindustrie, die mit dem wilhelminischen Staat besonders eng verbunden war. Nun versucht die rivalisierende Fraktion, ihre Existenz, ihren Anspruch auf erweiterte Teilnahme an politischen Entscheidungen sowie ihre ökonomische Potenz in der Architektur zum Ausdruck zu bringen. Mit dem besonderen Charakter ihrer Fabrikarchitektur will sich diese Kapitalgruppe im öffentlichen Bewußtsein verankern. So wird über eine neue Fabrik der AEG berichtet: »Auch im Raum betrachtet, wirft dieser Block aus Eisen, Beton und Glas alles nieder, was um ihn hersteht, die Häuser und Fabriken, und scheint allein in dem ganzen Viertel zu lagern.«[115] Der »Ingenieurbau«, der moderne Baumaterialien verwendet und auf Bauprinzipien beruht, die eine hochentwickelte Stufe der Beherrschung der Gesetze der Statik etc. darstellen, ist das Mittel, mit dem sich das Kapital der Öffentlichkeit präsentiert.

»Gerade der völlig neue Charakter der Industriebauten muß die lebendige Phantasie des Künstlers reizen, denn keine überlieferte Form fällt ihr hemmend in die Zügel. Je ungebundener sich aber die Originalität der Formensprache entfalten kann, desto mehr werbende Kraft wird das Bauwerk für sein Unternehmen besitzen und den Reklameabsichten seines Organisators begegnen. Ein würdiges Gewand läßt auf den Charakter des ganzen Betriebes berechtigte Schlüsse ziehen. Sicherlich wird die Aufmerksamkeit des Publikums durch künstlerische Schönheit eines Fabrikgebäudes, durch seine originell erfundene, einprägsame Silhouette intensiver gefesselt als durch Reklame und Firmenschilder, die in aufdringlicher Überhäufung das gelangweilte Auge nur noch mehr abstumpfen müssen. Die lebendige Kraft der künstlerischen Idee dagegen verliert nie ihre Wirkung.«[116] Hier heißt »Publikum« zunächst: Summe potentieller Käufer. Die Funktion der »künstlerischen Idee« erschließt sich als Mittel zur Herstellung von Kaufpräferenzen, denn im Gesamtkomplex der Präferenzen spielt auch eine Rolle, welche Vorstellungen sich im Bewußtsein der Käufer mit dem Kapital verbinden, das entsprechende Warengattungen produziert. Diese Vorstellungen sind vorgeprägt durch die Markenartikelbildung und werden nun durch die prägnante Gestalt der Fabrikarchitektur des entsprechenden Kapitals komplettiert.

In den Gestaltungsauftrag der Architekten gehen also Bestimmungen ein, die zum einen produktionsprozeßbezogen sind und zum anderen sich aus der Stellung des jeweiligen Kapitals im Verhältnis zu den anderen Kapitalen ergeben, sowie strategische Bestimmungen über das gesamte Erscheinungsbild des Kapitals und solche, die aus politischen Absichten herrühren.

Scheinbar Gemeinsames – »Kunstschaffende« versus »Marktverderber«

Durch die Indienstnahme und Entwicklung der Gestaltarbeit wird versucht, »das Kapital als solches und den Kapitalismus als Gesellschaftsform [...] positiv beeindruckend zu machen«.[117] Dies drückt sich auch dann aus, wenn das Kapital im oder über den Deutschen Werkbund Gestalter anzusprechen versucht, um sich ihre Mitarbeit zu sichern. Die auf der Grundlage ökonomischer Ungleichheit objektiv nicht-identischen Interessen von Gestaltern und Monopolkapital werden in gemeinsame Interessen umdefiniert, indem der private Profitzweck sich mit dem Schein umgibt, der Kultur zu dienen und über jedes Sonderinteresse erhaben zu sein. Dazu werden im Werkbund verschiedene Gemeinschaftsideale entwickelt. Um diese Konstruktion wirksamer zu machen, wird für Kapital und Gestalter ein gemeinsamer Feind erfunden, der dem Interesse, der »Kultur zu dienen«, entgegenstehe. Der Feind heißt »Marktverderber«. Dies verkündet Friedrich Naumann bald nach der Gründung des Deutschen Werkbundes: »Der Werkbund ist die Gewerkschaft der Kunstschaffenden gegenüber den Marktverderben.«[118] Untersucht man den Sachverhalt näher, so stellt sich heraus, daß der Plan sowohl für Gestalter als auch fürs Kapital praktisch durchaus nützlich ist. Diese Praxiswirksamkeit hat zur Folge, daß die vorgetäuschte Gemeinsamkeit bei den Gestaltern wirkt. Der Deutsche Werkbund kann von den organisierten Einzelkapitalen und von den organisierten Gestaltern als Kampfinstrument gegen Konkurrenten benutzt werden. Die Gestalter können mit Hilfe des Werkbundes ihre Arbeitskraft oder ihre Entwürfe leichter verkaufen; alle Konkurrenten – vor allem die, die nicht im Deutschen Werkbund organisiert sind – werden als »Marktverderber« diskriminiert. Dem Kapital bringt der Werkbund im Kampf gegen Konkurrenten, die einen bestimmten Marktanteil beherrschen, den Vorteil, daß in ihm Gestalter vereinigt sind, die Waren durch eine entsprechende Gestaltung für den Konkurrenzkampf tauglicher machen. So wird das Prädikat »Mitglied des Deutschen Werkbundes« selber zum Moment der Produktion von Markenartikeln. Dieses Prädikat wird dadurch geschützt, daß die Mitgliedschaft im Deutschen Werkbund nicht durch Antrag erworben werden kann, vielmehr wird man vom Werkbund eingeladen, Mitglied zu werden. Praktische Bedeutung erhält die Mitgliedschaft im Deutschen Werkbund freilich auch dadurch, daß dieser zusammen mit der »Dürergenossenschaft« ein *Deutsches Warenbuch* veröffentlicht hat, in dem die Waren der Werkbundkapitale mit abgedruckt sind; es hat den Charakter eines Empfehlungskataloges.[119]

Der »Spielraum des Lebens« und »halbgebildete Völker«

Das scheinbar Allgemeine kennt noch eine zweite Ebene, die über das Verhältnis von Kapital und Gestaltern hinausgeht bzw. es umgreift: Es ist die Ebene der grundsätzlichen Beziehung von Lohnarbeit und Kapital. Die Arbeiterklasse ist nicht nur Käufer von Lebensmitteln und tritt als solche den Teilen des gesellschaftlichen Kapitals gegenüber, die diese Lebensmittel verkaufen; die Lohnarbeiter bilden auch diejenige Klasse, die den größten Teil der Werte der Gesellschaft schafft. Dabei produziert und reproduziert sie unter kapitalistischen Produktionsverhältnissen ständig Kapital. Die ökonomischen Veränderungen durch die Entfaltung der Produktivkräfte und durch die Herausbildung des Imperialismus sind unlösbar mit einer tiefgreifenden Umwälzung der Klassenverhältnisse verbunden, in deren Verlauf sich der Widerspruch zwischen zunehmender Vergesellschaftung der Produktion und ihrem privat-anarchischen Charakter zuspitzt. Das Kapital nähert sich seiner Systemgrenze; die Entwicklung drängt immer mehr nach einer unmittelbar gesamtgesellschaftlichen Organisation der Produktion. Dies drückt sich darin aus, daß die Arbeiterklasse wächst, ihr Organisationsgrad zunimmt und die Klassenkämpfe intensiver werden. Ihre Forderungen weiten sich aus und reichen im kulturellen Bereich von der Forderung nach mehr und besserer Bildung bis zu der nach menschengerechter Ausstattung der Produktionssphäre und des Arbeitsplatzes.

Die politischen Konsequenzen in Deutschland sind, daß die Sozialistengesetze, die eine erste Antwort der Reaktion auf diese Verhältnisse darstellen, nicht länger aufrechterhalten werden können, daß die Gewerkschaften Erfolge erzielen und die Sozialdemokratie an politischem Einfluß gewinnt, und dies in einem Staat, dessen Charakter durch eine junkerlich-bourgeoise Allianz bestimmt ist. Dieser verstärkte politische Einfluß der Arbeiterklasse und der Sozialdemokratie zeigt sich am ersten politischen Massenstreik vom 17. 1. 1906 in Hamburg und an der Zunahme der Sitze im Reichstag, die die Sozialdemokratische Partei Deutschlands verzeichnen kann. Dem stärker werdenden Druck der Arbeiterklasse nachzugeben, hatte aber noch einen anderen Grund: Der deutsche Imperialismus bereitet die Neuaufteilung der Welt, die Entfesselung eines Krieges vor. Dazu und zur Integration der Arbeiterklasse ins herrschende System ist der wilhelminische Staat zu einer ganzen Reihe »sozialpolitischer und politischer Konzessionen«[120] gezwungen. Im Rahmen dieser Konzessionspolitik greift der Deutsche Werkbund in den politisch- ideologischen Kampf ein. Er führt seine Kampagnen als Interessenvertreter derjenigen Kapitalgruppe, die in ihrer Politik gegenüber der Arbeiterklasse flexibler ist und auch schon vor dem Ersten Weltkrieg ansatzweise eine »dauerhaft zuverlässige politische Abstützung der kapitalistischen Wirtschaftsordnung«[121] mit Hilfe der Sozialdemokratie für möglich hält. So meint der Hofrat Dr. Adolf Vetter auf der Jahrestagung 1911, daß es eine gemeinsame Aufgabe des Deutschen Werkbundes und der Sozialdemokratie gäbe, nämlich die »höhere Qualität der Arbeit«: »Ich meinesteils zweifle auch nicht, daß die Sozialdemokratie, wenn sie nicht nur um höheren Lohn, kürzere Arbeitszeit und um die Anerkennung ihrer Organisationen kämpft, sondern wenn sie geradewegs für die höhere Qualität der Arbeit einzustehen beginnen will, neue Kraft und noch höhere Bedeutung für die Hebung der Kultur der Massen erlangen muß.«[122]

Obschon hier noch nicht ausdrücklich der Versuch formuliert ist, den Klassenkampf zugunsten einer Klassenzusammenarbeit zurückzustellen, so findet er sich doch sehr deutlich bei Naumann. Dieser nimmt die Notwendigkeit der Produktion von Markenartikeln zum Anlaß, der Arbeiterklasse nach einer erfolgreichen Erfüllung dieser Aufgabe materielle Vorteile in Aussicht zu stellen. Dieses Versprechen ist mit einer Drohung verbunden. Naumann erklärt, die anderen Völker würden verhindern, daß die Lage im Inland sich bessere. Von dieser Argumentation zu der Aufforderung, gegen die anderen Völker in den Krieg zu ziehen, ist der Weg nicht weit. »Natürlich kann ich jetzt nicht mitten in der ästhetischen Erörterung alle Gründe darlegen, warum für uns Deutsche in der gegenwärtigen Geschichtsperiode alles auf Gewinnung auswärtiger Märkte ankommt. [...] An billiger Massenarbeit ist nichts zu verdienen. [...] Die geringen Arbeiten nehmen früher oder später halbgebildete Völker an sich. Was tun wir dann? Dann sind wir entweder ein Volk, dessen Stil und Geschmack sich in der Welt durchgesetzt hat, oder wir hungern mit den Orientalen um die Wette. [...] Den Spielraum des Lebens, den wir unserem Volke von Herzen wünschen, können wir ohne Erhöhung seiner künstlerischen Leistungen gar nicht erlangen.«[123] Die Profite, die aus ökonomischen Unternehmen, die dieser »Spielraum« tatsächlich zuließe, realisiert werden könnten, wären teilweise dazu verwendbar, einzelne Fraktionen der Arbeiterklasse zu bestechen. So wird die Aggression zur Voraussetzung für die Besserung der materiellen Lage der Arbeiter; die anderen Völker erscheinen als Profitreservoir, das es auszubeuten gilt. Diese Argumentationsrichtung findet sich in Ansätzen sogar bei dem Teil der Sozialdemokratie, der die revolutionären Positionen der Arbeiterklasse aufgegeben hat und zum Revisionismus übergegangen ist.[124]

Die gezeigte Konstruktion des Deutschen Werkbundes, durch politisch-ideologische Maßnahmen zwischen Lohnarbeit und Kapital eine Brücke zu schlagen, versucht dadurch Gemeinsamkeiten herzustellen, daß an die Mitarbeit an einem scheinbar Allgemeinen das Versprechen der Erfüllung eines Teils der materiellen Forderungen der Arbeiterklasse geknüpft wird. Bei dieser »Scheinlösung«[125] des Gegensatzes von Lohnarbeit und Kapital besteht indes die Gefahr, daß ihre Interessenbedingtheit erkannt und somit ihrer Wirkung der Boden entzogen wird. Es müssen Sozialtechniken entwickelt werden, die die politisch-ideologischen Inhalte auf der Ebene einzelner Betriebe umsetzen helfen. Da durch die Entfaltung der Produktivkräfte die Exploitationsrate der Arbeitskraft steigt, die Arbeitsunfälle und der Krankenstand sich durch die Intensivierung der Arbeit steigern[126], kommt es nicht zuletzt darauf an, die sinnlichen Bedingungen der Ausbeutung in der materiellen Produktion so zu gestalten, daß sie den Wirkungsrahmen für die Integrationsideologien verbessern. Eine Sozialtechnik entsteht, die von der arbeitsprozeßbestimmten Neugestaltung der vergegenständlichten Produktionsbedingungen ausgeht und diejenigen Momente an der Gestaltung hervorhebt, die als teilweise Erfüllung der Forderungen der Arbeiterklasse nach besseren Arbeitsbedingungen angesehen werden können. Dies bestätigt Gropius, wenn er sagt: »Aber auch vom sozialen Standpunkt aus ist es nicht gleichgültig, ob der moderne Fabrikarbeiter in öden, häßlichen Industriekasernen oder in wohlproportionierten Räumen seine Arbeit verrichtet. Er wird dort freudiger am Mitschaffen großer gemeinsamer Werte arbeiten, wo seine vom Künstler durchgebildete Arbeitsstätte dem einem jeden eingeborenen Schönheitsgefühl entgegenkommt und auf die Eintönigkeit der mechanischen Arbeit belebend einwirkt.«[127] Vorhandene Gleichgültigkeit oder entstehende Unzufriedenheit mit den Bedingungen der Arbeit, die beispielsweise dadurch zustande kommen mochte, daß der Arbeiter seine Arbeit als Anhängsel der Maschinerie verrichtet, soll mit Hilfe der ästhetischen Gestaltung der Produktionssphäre aufgefangen werden. Damit die Arbeiter in diesen Zugeständnissen nicht den Reflex ihrer eigenen Stärke wiedererkennen, wird die Anpassungsleistung zur Grundlage einer Partnerschaftsideologie gemacht, deren Ziel es ist, dem Klasseninteresse den Sinn zu bestreiten. Diese Partnerschaftsideologie sollte schon dem Lehrling gelehrt werden: »Ich lehre ihn den Interessenzusammenhang zwischen Arbeitnehmern und Arbeitgebern. Das ist aber auch ein großes Erziehungsproblem, wie wir unseren Lehrlingen zum Verständnis bringen, daß die Wahrung der Interessen der Arbeitgeber in gewissen Fällen zugleich die beste Wahrung der Interessen des Arbeitnehmers ist.«[128] Mit »lebhaftem Beifall« quittierten die Werkbund-Mitglieder diese Ausführungen auf ihrer Jahresversammlung 1908. Im strategischen Konzept liegt diese Praxis auf derselben Linie wie der Auftrag, dafür zu sorgen, daß »die Arbeiter [...] den Betrieb als ›unser[en] Betrieb‹ bezeichnen können«.[129] Wie dies praktisch werden kann, macht z. B. Karl Schmidt, Eigentümer der *Dresdener Werkstätten* für Handwerkskunst und Mitbegründer des Deutschen Werkbundes vor, indem er Mitbestimmungsforderungen der Arbeiter präventiv bindet. In den *Dresdener Werkstätten* wird die Arbeitsordnung von einem »Arbeiterausschuß«, der von den Arbeitern gewählt ist, erlassen. Dieser Versuch, die Interessen der Arbeiter zugunsten einer Partnerschaftsideologie in den Hintergrund zu drängen, gewinnt aber erst dadurch an Bedeutung und liefert den Beweis seiner Wirksamkeit, daß »von einer Gewinnbeteiligung der Arbeiter [...] auf deren Verlangen abgesehen worden«[130] ist.

Wiederum ist es der Teil des Kapitals, der die stark wachsenden Branchen der Produktion beherrscht, also die neuindustrielle Fraktion, die die Gestaltung der Produktionssphäre als erste zu einer Sozialtechnik entwickelt. Sie ist aber in der Periode des Ersten Weltkrieges nur wenig entfaltet und tritt nur sporadisch auf. Ihre Funktionsweise ist, daß sie an die Neugestaltung der Produktionssphäre anknüpft und eine Sinnverschiebung dieser Maßnahmen intendiert, indem sie den treibenden Profitzweck in einen Dienst für den Arbeiter umzudeuten versucht. Diese Sozialtechnik erfordert kaum zusätzliche Kosten, und die Kosmetik des »besseren Gesichts«[131] der Fabrikarchitektur steckt noch in den Anfängen. Ihre Bedeutung wächst nach der Oktoberrevolution in Rußland 1917 und nach der Novemberrevolution in Deutschland 1918. Der Werkbund beginnt allerdings zu dieser Zeit, relativ an Einfluß zu verlieren.[132] Andere gesellschaftliche Institutionen treten an seine Stelle und werden Träger derjenigen Gestaltarbeit, die die Integration der Arbeiterklasse zu unterstützen hat. Sie wird im Zuge ihrer Entfaltung besondere Kosten erheischen, die die Kapitale aufzubringen haben, denn die Integration wird nicht mehr nur so funktionieren, daß Gestaltungen der Produktionssphäre, die dem Verwertungsprozeß adäquat sind, ideologisch ausgelegt zu werden brauchen. Mit den Klassenkonflikten und dem Hervortreten der Schranken der kapitalistischen Produktionsweise auf allen Gebieten wird das Kapital die materielle Absicherung der Integration dadurch versuchen, daß Zugeständnisse an die Arbeiterklasse in erweitertem Umfang gemacht werden. Z. B. werden Sozialleistungen wie Kantinen, Erholungsheime etc. zum Standard. Von dieser Stufe aus läßt sich die Arbeit des Deutschen Werkbundes qualitativ als eine Vorform der Integrationsversuche beurteilen. Im Faschismus wird diese Gestaltarbeit dann im Rahmen staatlicher Unternehmungen auf gesamtgesellschaftlicher Ebene durchgesetzt. Soweit sie die Produktionssphäre betreffen und die Produktionsbedingungen in den einzelnen Betrieben berühren, werden sie aus dem Staatshaushalt finanziert – als Ergänzung zum Terror gegen die Arbeiterklasse.[133]

Richtungen der Gestaltprogrammatik – Antifeudale Momente

Viele Gestalter, die aus subjektiv ehrlicher Überzeugung in den Deutschen Werkbund eingetreten sind, meinen in subjektiv-funktionalem Überschwang, daß sie die gesellschaftliche Realität ändern könnten, indem sie ästhetisch befriedigende Waren für ein breites Käuferpublikum entwerfen oder die Produktionssphäre neu gestalten. Die Produktion ihrer Entwürfe in tausendfacher Auflage scheint für sie der Garant für die gesellschaftliche Bedeutung ihrer Arbeit zu sein. »Gerade die genialsten Ideen sind zur Vervielfältigung durch die Industrie eben gut genug und wert, nicht nur dem einzelnen, sondern einer großen Allgemeinheit zugute zu kommen«[134]; und der Silberwarenfabrikant Bruckmann ergänzt: »Wenn unsere ganze Arbeit nur den Zweck hätte, den reichsten im Lande herrliche Wohnräume zu schaffen, dann wäre sie keine zeitgemäße Arbeit. Nicht die prachtvoll ausgeführten Einzelzimmer der Ausstellungen 1908 sind das Wichtige, sondern die künstlerische Durchgestaltung des einfachsten Hauses, des Nutzraumes. In die weitesten Kreise soll Harmonie in Form und Farbe getragen und dadurch der gute Geschmack gebildet werden.«[135] Diese Bekenntnisse zur »Allgemeinheit« und zu einer Arbeit für diese enthalten eine anti-feudale Stoßrichtung, die oft betont wird. Sie wendet sich gegen den junkerlich-bürgerlichen Charakter des deutschen Imperialismus, der auch in der bisherigen Gestaltung prägend war, und weiß sich jenen Kräften des Bürgertums verbunden, die ein Interesse an der Durchsetzung parlamentarisch-demokratischer Formen der Herrschaft des Kapitals haben. »Sie [gemeint ist der Deutsche Werkbund, der öfters »Bewegung« genannt wird, C. F.] hat uns diesen neuen Stil halbwegs nur dort bringen können, wo wir, ohne mit den treibenden Kräften unserer Zeit in Widerspruch zu geraten, ehrlich bekennen können, was wir sind, wo jene neue Ordnung, von der ich sprach, sich anzubahnen beginnt – in den Fabriken, im Familienhaus, in den Werken der Maschinentechnik, nicht in den Schlössern, Zinskasernen und auch nicht, leider muß ich's sagen, im Äußerlichen der Regierungskanzleien.«[136] Und in ausdrücklicher Distanz zur Aristokratie und in enger Beziehung zum modernen Bürgertum wird betont: »Weite Kreise, wie die Aristokratie und die reichen Leute verhalten sich ablehnend, weil ihnen die reinigende Tendenz der Bewegung unsympathisch, das bürgerliche Bekenntnis der neueren Kunstauffassung unheimlich ist.«[137]

Auch wenn die »neuere Kunstauffassung« und die Forderungen für die Gestaltung wesentlich geprägt worden sind im Rahmen einer Auseinandersetzung zweier mächtiger Kapitalfraktionen, enthalten sie ein wichtiges Moment, an dem auch die Gestalter festhalten müssen, denn es weist über den Kapitalismus selbst hinaus. Der Versuch, mit den modernen Produktivkräften gegen die, auch in bürgerlich-demokratischem Sinn, überholten gesellschaftlichen Verhältnisse zu argumentieren, redet in der Tendenz einer Organisation der Arbeit und der Gesellschaft nach vernünftigen Maßstäben das Wort.

Bei den Gestaltern drückt sich dies darin aus, daß sie ihr Aufgabengebiet nicht mehr nur im Kunsthandwerk oder im Entwerfen für Luxusprodukte sehen, sondern auch die gegenständliche Umwelt mit einbeziehen, die breite Teile des Volkes täglich umgibt. Dabei beschränken sich die Gestalter freilich oft auf Überlegungen zur »zweiten Natur«[138] des Menschen. Sie beharren auf der vergegenständlichten Seite der Produktivkräfte, auf der Maschinerie, der Technik und den Waren und stellen nicht die Hauptproduktivkraft, den produzierenden Menschen, in den Mittelpunkt.[139] Insofern sind diese Anschauungen eine Vorform der in den zwanziger Jahren bei einer Vielzahl von Gestaltern und Künstlern um sich greifenden Technik-Begeisterung. Sie schlagen den Bogen um die Produktionsverhältnisse und lassen den gesellschaftlichen Antagonismus außer acht. Das mindert die Kraft der Programme, die meist nur unökonomische Prunkrepräsentation der staatlichen Bauten[140] oder die schlechte Qualität der Waren aus dem Bereich der individuellen Konsumtion der Massen im Auge haben. Diese Programme können leicht in die Praxis eines sozialen Interesses eingebunden werden, das den Zielen der Gestalter in der Konsequenz feindlich gegenübersteht.

Richtungen der Gestaltprogrammatik – Antikapitalistische Momente

Es gab innerhalb des Deutschen Werkbundes nur wenige, die sich gegen diese Indienstnahme wehrten; genannt seien hier Adolf Behne und Alexander Schwab.[141] Beide haben den Widerspruch aufgedeckt zwischen den im Werkbund dominierenden Zielen und den partiell richtigen Forderungen der Gestalter. »›Qualität in allen Dingen‹ ist die Parole des Deutschen Werkbundes. Gewiß, er befolgt sie, aber auf besondere Weise. Dem Bäcker sieht er auf die Finger, daß er Qualität im Ladenschild wahre, dem Fabrikanten, daß er Qualität im Hausbau wahre, dem Schuhhändler, daß er Qualität im Pappkarton wahre.«[142] Auch wenn Behnes Alternative von einem »einfachen [...] Leben [...] mit der Freude am Genügenden«[143] falsch ist und sich bei ihm auch integrationistische Absichten und Unklarheiten in der Einschätzung der gesellschaftlichen Verhältnisse und dem Charakter der Kultur finden[144], so bleibt ihm doch ein Verdienst: Er brachte das demokratische Interesse der fortschrittlichen Gruppen im Deutschen Werkbund zum Ausdruck. In der Stellungnahme zur Jahrestagung des Deutschen Werkbundes 1974 in der *Frankfurter Allgemeinen Zeitung* zeigt sich, worum es heute dabei geht: Die Versuche, Politik und Arbeit des Deutschen Werkbundes neu zu bestimmen, werden als Werk »linker Unterwanderer«, die als »Jungvolk« prompt auch »recht schlau und vorsichtig taktierten«[145], denunziert.

Allerdings ist mit abstrakten Forderungen wie: »Der Werkbund hätte, schlicht und abgekürzt, proletarisches Interesse und proletarische Öffentlichkeit allein zu stützen«[146] nichts gewonnen, denn es müßte genauer bestimmt werden, worin dies Interesse besteht und in welcher Weise der Deutsche Werkbund hier unterstützen müßte. Eine Richtung der Überlegungen, die es zu verfolgen gilt, ist in der Antwort des derzeitigen Werkbund-Vorsitzenden Julius Posener auf die Angriffe in der *FAZ* zu finden: »Wenn wir diese Gesellschaft darauf hinweisen wollen, daß die schrankenlose Freiheit für wenige in absehbarer Zeit dahin führen muß, daß wir kein Wasser mehr zum Trinken haben werden und keine Luft zum Atmen, wie anders können wir das tun, als indem wir von einer Societas sprechen, in der für alle und mit allen geplant wird und in der es allerdings gewisse Grenzen der Freiheit der wenigen geben muß, damit alle zu dem Ihrigen kommen.«[147]

Anmerkungen

1 Haug, Wolfgang Fritz, *Kritik der Warenästhetik*, Frankfurt 1971¹, S. 12.
2 Vergleiche dazu die Ausführungen Haugs zur Methode in der *Kritik der Warenästhetik*, besonders S. 8 f.
3 Karl Marx, *Das Kapital*, Bd. 2, *MEW* 24, S. 64.
4 Karl Marx, *Das Kapital*, Bd. 1, *MEW* 23, S. 432.
5 Zum Begriff des konstanten zirkulierenden Kapitals siehe: Karl Marx, *Das Kapital*, Bd. 2, *MEW* 24, II. Abschnitt, besonders S. 158/159 sowie S. 395.
6 Vergleiche dazu: Karl Marx, *Das Kapital*, Bd. 1, *MEW* 23, 10. Kapitel.
7 Haug, Wolfgang Fritz, a.a.O., S. 132.
8 Ebenda, S. 25.
9 Karl Marx, *Das Kapital*, Bd. 1, *MEW* 23, Kapitel 13.
10 Ebenda, S. 335.

11 Ebenda, S. 432.

12 Vergleiche Quitzsch, Heinz, *Die ästhetischen Anschauungen Gottfried Sempers,* Berlin/DDR 1962, S. 3 ff. und S. 10 f.

13 Semper, Gottfried, *Wissenschaft, Industrie und Kunst,* Braunschweig 1852, S. 9/10; zit. nach: Pevsner, Nikolaus, *Architektur und Design. Von der Romantik zur Sachlichkeit,* München 1968, S. 266.

14 Vergleiche besonders zur Brotfälschung: Karl Marx, *Das Kapital,* Bd. 1, *MEW* 23, S. 263/264.

15 Alle Beispiele aus: Pevsner, Nikolaus, a.a.O., S. 266-269.

16 *Das Buch der Erfindungen,* Band 8, Leipzig 1898, S. 234.

17 Pevsner, Nikolaus, a.a.O., S. 262. Dort finden sich auch Abbildungen der Maschine.

17a Loos, Adolf, *Ornament und Verbrechen.* Ich will hier nur ein mögliches Mißverständnis ausräumen: Loos selber hat das Ornament nicht aus Gründen der Materialökonomie angegriffen, sondern aus dem Versuch heraus, die Kultur zu retten durch die Abschaffung des Ornaments. Nur scheint mir wichtig, daß er längere Zeit in den USA war und dort wahrscheinlich doch mit den Exponaten der Chikagoer Weltausstellung von 1884 in Berührung gekommen ist, von denen gesagt wurde, daß ihre Schönheit in »der klaren Linie einer unverzierten Kontur, welche die Spannung und Leistung eines Geräts befriedigend und sinnfällig ausdrücke«, begründet sei. Dieser allgemeine Eindruck dürfte auch bei Loos vorhanden gewesen sein und zum Teil als Vorbild für seinen Antiornamentalismus fungiert haben. Zit. nach: Lindinger, Herbert, *Design-Geschichte 1. Das 19. Jahrhundert. Materialien* in: *form* 26, Juni 1964, S. 24.

18 Zum Begriff der formellen und reellen Subsumtion des Arbeitsprozesses unter das Kapital siehe: Karl Marx, *Das Kapital,* Bd. 1, *MEW* 23, S. 263, 328, 653, 766.

19 Library Edition von *The Works of John Ruskin,* hrsg. von E. T. Cook und A. Wedderburn, London 1903-1912, Band 3, S. 450; zit. nach: Pevsner, Nikolaus, a.a.O., S. 255.

20 Die Informationen über die Umstände des Baus des Kristallpalastes und vor allen Dingen die Angaben über Joseph Paxton stammen, soweit nicht anders vermerkt, aus: Haltern, Utz, *Die Londoner Weltausstellung von 1851. Ein Beitrag zur Geschichte der bürgerlich-industriellen Gesellschaft im 19. Jahrhundert,* Münster 1971. Dort vor allem die Seiten 67-74 und 339-341.

21 Ebenda, S. 71.

22 Ebenda, S. 73.

23 Pevsner, Nikolaus, a.a.O., S. 257/258.

24 Wachsmann, Konrad, *Wendepunkt im Bauen,* Wiesbaden 1959, S. 17.

25 Ebenda, S. 19.

26 Ebenda, S. 19.

27 Sie sind bei Wachsmann zum Teil abgebildet.

28 Ebenda, S. 14.

29 Ebenda, S. 14.

30 Vergleiche dazu besonders das grundlegende Werk W. I. Lenins zur Entwicklung des Imperialismus: *Der Imperialismus als höchstes Stadium des Kapitalismus,* Berlin/DDR 1966. Zitiert wird im folgenden nach der broschierten Ausgabe des Dietz-Verlages.

31 *Imperialismus heute. Der staatsmonopolistische Kapitalismus in Westdeutschland,* Berlin/DDR 1967, S. 16.

32 Lenin, W. I., a.a.O., S. 71 ff.

33 Mannheimer, Franz, *Arbeiten von Peter Behrens für die Allgemeine Elektrizitätsgesellschaft*, in: *Der Industriebau II* vom 15. 6. 1911, S. 124.

34 Vergleiche dazu: Sudrow, Otto, *Vom Musterschöpfer zum Koordinator?* in: *tendenzen. Zeitschrift für engagierte Kunst*, Nr. 95, München 1974, S. 4.

35 *Illustrierter Katalog der Pariser Weltausstellung von 1878. Erster Theil. Kunstindustrie.* Hrsg. W. H. Uhland, Leipzig 1880, S. 4.

36 Zur Organisation dieses Bereichs wurde die »Kaiser-Wilhelm-Gesellschaft zur Förderung der Wissenschaften« 1911 gegründet. Siehe dazu: *DWI-Forschungshefte* 2/1971, Berlin/DDR, S. 38, und: Klein, Fritz, *Deutschland 1897/98-1917*, Berlin/DDR 1972, S. 397/398.

37 Banham, Reyner, *Die Revolution der Architektur. Theorie und Gestaltung im Ersten Maschinenzeitalter*, Hamburg 1964, S. 50.

38 van de Velde, Henry, in: *Verhandlungsbericht der II. Jahresversammlung des Deutschen Werkbundes zu Frankfurt/Main in der Akademie für Sozialwissenschaften vom 30. 09.-02. 10. 1909* (im folgenden als Verhandlungsbericht II zitiert), S. 14.

39 Vergleiche dazu: Opitz, Reinhard, *Der deutsche Sozialliberalismus 1917-1933,* Köln 1973, S. 11.

40 Jäckh, Ernst, *5. Jahresbericht des Deutschen Werkbundes 1912/1913*, in: *Die Kunst in Industrie und Handel. Jahrbuch des Deutschen Werkbundes 1913* (im folgenden als Jahrbuch 1913 zitiert), Jena 1913, S. 100.

41 Breuer, Robert, *Die Berliner Möbelindustrie. Zur Ausstellung am Zoo*, in: *Das Werk*, Heft 12/1909, S. 178.

42 Müller, Sebastian, *Industrialisierung und Funktionalisierung der Kunst – Deutscher Werkbund zwischen 1907 und 1914*, Diss., Bochum 1969, S. 10.

43 Haug, Wolfgang Fritz, a.a.O., S. 27.

44 Bruckmann, Peter, in: *Die Veredelung der Gewerblichen Arbeit im Zusammenwirken von Kunst, Industrie und Handwerk. Verhandlung des Deutschen Werkbundes zu München am 11. und 12. Juli 1908*, Leipzig 1908, S. 93/94.

45 Zit. nach: Banham, Reyner, a.a.O., S. 71.

46 Schneider, Syndikus des »Bundes der Industriellen«, in: *Verhandlungsbericht II*, S. 11.

47 Leisewitz, André, *Die Auswirkungen der Verwissenschaftlichung der Produktion auf die Monopolbildung und auf das Verhältnis von Ökonomie und Politik, am Beispiel der chemischen Industrie*, in: *Das Argument* Nr. 73, Westberlin 1972, S. 469 ff.

48 Muthesius, Hermann, *Handarbeit und Massenerzeugnis*, Berlin 1917, S. 10; 11; 13; 15; 23.

49 Jessen, Peter, *Der Werkbund und die Großmächte der deutschen Arbeit*, in: *Die Durchgeistigung der deutschen Arbeit. Jahrbuch des Deutschen Werkbundes 1912* (im folgenden als *Jahrbuch 1912* zitiert), Jena 1912, S. 3.

50 Schneider, a.a.O., S. 12.

51 Naumann, Friedrich, *Kunst und Volkswirtschaft*, hrsg. von der Geschäftsstelle des Deutschen Werkbundes, Berlin 1912, S. 32. Dies ist der gedruckte Vortrag von Naumann, den er auf der 5. Jahresversammlung des Deutschen Werkbundes in Wien am 07. 06. 1912 gehalten hatte. Einige biographische Hinweise auf Naumann erscheinen nötig, zumal dieser innerhalb des Deutschen Werkbundes das Interesse des Großkapitals mit durchsetzen half. Naumann

war Pastorensohn, gründete *Die Hilfe,* eine Zeitschrift, die von Charles Hall-garten, einem deutsch-amerikanischen Bankier, finanziert wurde. Zudem war Naumann Mitglied der »Freisinnigen Vereinigung«, auch »Bankierspartei« genannt. Diese Vereinigung vertrat vor allem die Interessen der Deutschen Bank und der stark expandierenden Chemie- und Elektroindustrie. Nähere Angaben siehe: Theodor, Gertrude, *Friedrich Naumann oder der Prophet des Profits,* Berlin/DDR 1957, sowie Opitz, Reinhard, a.a.O.

52 Muthesius, Hermann, *Die moderne Umbildung unserer ästhetischen Anschauungen,* in: *Kunst und Kultur. Gesammelte Aufsätze über künstlerische Fragen der Gegenwart,* Jena und Leipzig 1904, S. 48. Diese Aufsätze erschienen kurz nach der Rückkehr von Muthesius aus England.

53 Ebenda, S. 67.

54 Muthesius, Hermann, *Handarbeit und Maschinenerzeugnis,* a.a.O., S. 13/14.

55 Gropius, Walter, *Der stilbildende Wert industrieller Bauformen,* in: *Der Verkehr. Jahrbuch des Deutschen Werkbundes 1914* (im folgenden als Jahrbuch 1914 zitiert), Jena 1914, S. 30. Auch wenn diese Sätze von Gropius mehr auf die Architektur bezogen sind als auf Massenwaren, so kann doch gesagt werden, daß sie im Rahmen der gesamten Auseinandersetzung um die Herausbildung neuer Gestaltprinzipien auch auf die Massenware bezogen wurden.

56 Muthesius, Hermann, *Handarbeit und Massenerzeugnis,* a.a.O., S. 13.

57 Gropius, Walter, *Die Entwicklung moderner Industriebaukunst,* in: *Jahrbuch 1913,* S. 18.

58 Van de Velde, Henry, a.a.O., S. 14.

59 Dohrn, Wolf, *Der Deutsche Werkbund und seine Münchner Verhandlung,* in: *Das Werk. Illustrierte Halbmonatsschrift für Architektur und Kunstgewerbe, Organ des Bundes deutscher Architekten und Veröffentlichungsorgan des Deutschen Werkbundes,* Leipzig, Heft 2/1909, S. 29. Dohrn war der erste Sekretär des Deutschen Werkbundes.

60 Naumann, Friedrich, *Die Kunst im Zeitalter der Maschine,* Berlin 1908, S. 16. Die Schrift erschien im Buchverlag der »Hilfe«.

61 Zit. nach: *Die Deutsche Werkbundausstellung Köln 1914,* in: *Deutsche Form im Kriegsjahr. Jahrbuch des Deutschen Werkbundes 1915,* (im folgenden als Jahrbuch 1915 zitiert), Jena 1915, S. 12.

62 Haug, Wolfgang Fritz, a.a.O., S. 27.

63 Weidenmüller, Hans, in *Jahrbuch 1913,* S. 72.

64 Dies geht aus den Abbildungen des *Jahrbuchs 1912* hervor.

65 Zit. nach: *Mitteilungen des Deutschen Werkbundes,* Nr. 4/1916, Berlin 1916, S. 1 f.

66 Haug, Wolfgang Fritz, a.a.O., S. 27 und 34 ff.

67 Banham, Reyner, a.a.O., S. 51.

68 Weidenmüller, Hans, *Beiträge zur Werbelehre,* Werdau 1912, S. 19.

69 Die nachfolgenden Zitate zur Frage der Schaufenstergestaltung stammen aus einem Beitrag der ersten Leiterin der »Höheren Fachschule für Dekorationskunst«, Else Oppler-Legband, in: *Die Durchgeistigung der deutschen Arbeit. Ein Bericht vom Deutschen Werkbund,* Jena 1911, S. 51/52.

70 Osthaus, Karl Ernst, *Das Schaufenster,* in: *Jahrbuch 1913,* S. 62.

71 Naumann, Friedrich, *Werkbund und Handel,* in: *Jahrbuch 1913,* S. 13.

72 Osthaus, Karl Ernst, *Das Schaufenster,* a.a.O., S. 62.

73 Oppler-Legband, Else, a.a.O., S. 51.

74 Czok, Karl, *Die Stadt. Ihre Stellung in der deutschen Geschichte*, Leipzig/Jena/Berlin 1969, S. 113.

75 Ebenda, S. 114.

76 Zit. nach: Waentig, Heinrich, *Wirtschaft und Kunst. Eine Untersuchung über Geschichte und Theorie der modernen Kunstgewerbebewegung*, Jena 1909, S. 293/294.

77 Jäckh, Ernst, *5. Jahresbericht des Deutschen Werkbundes 1912/1913*, in: *Jahrbuch 1913*, S. 106/107.

78 Oppler-Legband, Else, a.a.O., S. 53/54.

79 Weidenmüller, Hans, *Beiträge zur Werbelehre*, Werdau 1912, S. 72.

80 Ebenda, S. 91.

81 Ebenda, S. 91.

82 Ebenda, S. 71.

83 So schlägt er als erstes den Kampf gegen den Begriff ›Reklame‹ vor, um ihn durch ›Kundenwerbung‹ zu ersetzen. Dann spielt er durch, daß auch mit dem Begriff ›Werbe‹ alle Kombinationen möglich seien, die mit ›Reklame‹ existierten.

So etwa:	„Reklame-Artikel"	→ Werbsache, Werbstück, Werbemittel
	Reklamer	→ Werbehelfer, Werbeleiter, Werbefachmann, Werbmann, Werber.
Ebenso:	Affiche oder	
	Plakat	→ Anschlag
	Annonce	→ Anzeige.

Weitere Belege in: *Beiträge zur Werbelehre*, a.a.O.

84 Dies besonders in: *die auslagen-werbsache von werbeanwalt weidenmüller*, berlin-pankow 1921.

85 Böhme, Helmut, *Prolegomena zu einer Sozial- und Wirtschaftsgeschichte Deutschlands im 19. und 20. Jahrhundert*, Frankfurt 1969[3], S. 97.

86 Vgl. Anm. 60.

87 Vgl. Anm. 59.

88 Kuczynski, Jürgen, *Die Bewegung der deutschen Wirtschaft von 1800 bis 1946. 16 Vorlesungen*, Berlin/Leipzig, o. J., S. 110/111. Die vier Wirtschaftszyklen von 1887-1914 gliedern sich folgendermaßen:

1. Zyklus: 1887-1894,
2. Zyklus: 1894-1902,
3. Zyklus: 1902-1909,
4. Zyklus: 1909-1914.

89 *Illustrierter Katalog der Pariser Weltausstellung von 1878*, a.a.O., S. 25.

90 Muthesius, Hermann, *Leitsätze*. Zit. nach: Posener, Julius, *Anfänge des Funktionalismus*, Frankfurt 1965, S. 205.

91 Dohrn, Wolf, *Der Deutsche Werkbund und seine Münchner Verhandlung*, a.a.O., S. 29.

92 Zitiert aus einer Erklärung des Ausschusses des Deutschen Werkbundes, ohne nähere Angaben, S. 10.

93 Stern, Dr. Norbert, *Die Weltpolitik der Weltmode*, Stuttgart/Berlin 1915, (30./31. Heft von *Der Deutsche Krieg – Politische Flugschriften*, Hrsg.: Ernst Jäckh), S. 12.

94 Ebenda, S. 19.

95 Ebenda S. 19. Erscheinen die Forderungen Sterns, notfalls ein Amt für

Modepolitik zu schaffen, auch lächerlich und kann er selbst nur als Paranoiker eingeschätzt werden, denn für ihn stehen alle Frauen, die französische Mode tragen, im »politischen Dienst Frankreichs«, so ist sein Büchlein trotzdem geeignet, einzelne Auskünfte über die Mittel zu geben, mit denen die deutschen Textilindustriellen versuchten, in den französischen Markt einzubrechen: »Schon vor dem Kriege übte Deutschland einen ganz beträchtlichen Modeeinfluß auf die französische Provinz aus. Hunderttausende von deutschen Modeblättern, nur französisch gedruckt, beeinflußten die dortige weibliche Bevölkerung« (S. 29).

96 Muthesius, Hermann, *Handarbeit und Massenerzeugnis*, a.a.O., S. 30.

97 Naumann, Friedrich, *Die Kunst im Zeitalter der Maschine*, a.a.O., S. 16.

98 Ebenda, S. 14 ff.

99 Muthesius, Hermann, *Die Zukunft der deutschen Form*, Stuttgart/Berlin 1915 (50. Heft von: *Der Deutsche Krieg – Politische Flugschriften*, Hrsg. Ernst Jäckh), S. 27 und S. 36.

100 Ebenda, S. 36.

101 Jäckh, Ernst, *Werkbund und Mitteleuropa*, Weimar 1916, S. 10. Dies ist der Vortrag Jäckhs auf der Jahresversammlung des Werkbundes am 14. 06. 1916 in Bamberg.

102 Ebenda, S. 6.

103 Muthesius, Hermann, *Handarbeit und Maschinenerzeugnis*, a.a.O., S. 25.

104 Zit. nach: *Mitteilungen des Deutschen Werkbundes*, a.a.O., Nr. 1/1915, S. 11.

105 Opitz, Reinhard, a.a.O., S. 25.

106 Ebenda, S. 33.

107 Lenin, W. I., a.a.O., S. 74.

108 Opitz, Reinhard, a.a.O., S. 33.

109 Ebenda, S. 30.

110 Vergleiche dazu: Klein, Fritz, a.a.O., S. 243, 263 ff., 291, 315 ff.

111 Jäckh, Ernst, *Werkbund und Mitteleuropa*, a.a.O., S. 23.

112 Ebenda, S. 25.

113 Gropius, Walter, *Die Entwicklung der modernen Industriebaukunst*, a.a.O., S. 20.

114 Mannheimer, Franz, *AEG-Bauten*, in: *Jahrbuch 1913*, S. 35.

115 Ebenda, S. 36.

116 Gropius, Walter, *Die Entwicklung der modernen Industriebaukunst*, a.a.O., S. 20.

117 Haug, Wolfgang Fritz, a.a.O., S. 164.

118 Naumann, Friedrich, *Deutsche Gewerbekunst. Eine Arbeit über die Organisation des Deutschen Werkbundes*. Buchverlag der »Hilfe«, Berlin 1908, S. 14.

119 *Deutsches Warenbuch*, Kriegsausgabe. Hrsg. von der »Dürerbund-Werkbund-Genossenschaft«, Hellerau bei Dresden 1915.

120 Abendroth, Wolfgang, *Sozialgeschichte der europäischen Arbeiterbewegung*, Frankfurt 1969⁶, S. 73.

121 Opitz, Reinhard, a.a.O., S. 12.

122 Vetter, Dr. Adolf, in: *Die Durchgeistigung der deutschen Arbeit. Ein Bericht vom Deutschen Werkbund*, Jena 1911, S. 17.

123 Naumann, Friedrich, *Die Kunst im Zeitalter der Maschine*, a.a.O.,

S. 14 ff.

124 Vergleiche dazu Lenin, W. I., *Über die nationale und die koloniale Frage*, Berlin/DDR, S. 32-34, und Abendroth, Wolfgang, *Sozialgeschichte der europäischen Arbeiterbewegung*, a.a.O., S. 72/73.

125 Haug, Wolfgang Fritz, *Die Rolle des Ästhetischen bei der Scheinlösung von Grundwidersprüchen der kapitalistischen Gesellschaft*, in: *Das Argument*, Nr. 64, Westberlin 1971, S. 190 ff.

126 Fülberth, Georg, *Zur Genese des Revisionismus in der deutschen Sozialdemokratie vor 1914*, in: *Das Argument*, Nr. 63, Westberlin 1971, S. 3.

127 Gropius, Walter, *Die Entwicklung der modernen Industriebaukunst*, a.a.O., S. 20.

128 Kerschensteiner in: *Die Veredelung der gewerblichen Arbeit im Zusammenwirken von Kunst, Industrie und Handwerk. Verhandlungen des Deutschen Werkbundes zu München am 11. und 12. Juli 1908*, Leipzig 1908, S. 142.

129 Naumann, Friedrich, *Deutsche Gewerbekunst*, a.a.O., S. 32/33.

130 Waentig, Heinrich, a.a.O., S. 289.

131 Mannheimer, Franz, *AEG-Bauten*, a.a.O., S. 35.

132 Der Hauptgrund dafür ist, daß im Rahmen der umfassenden Neuorganisation der materiellen Produktion bei der großen Rationalisierungswelle in den 20er Jahren neue Institute mit neuen Erkenntnissen sich dieses Problems annehmen. Hinzu kommt, daß das Bauhaus zur Avantgarde bei Gestaltfragen wird.

133 Vergleiche dazu meinen Aufsatz *Das Amt ›Schönheit der Arbeit‹*, in: *Das Argument* Nr. 72, Westberlin 1972, S. 258 ff.

134 Gropius, Walter, *Die Entwicklung der modernen Industriebaukunst*, a.a.O., S. 18.

135 Bruckmann, Peter, in: *Die Veredelung der gewerblichen Arbeit im Zusammenwirken von Kunst, Industrie und Handwerk. Verhandlungen des Deutschen Werkbundes zu München am 11. und 12. Juli 1908*, Leipzig 1908, S. 105.

136 Vetter, Adolf, in: *Die Durchgeistigung der deutschen Arbeit. Ein Bericht vom Deutschen Werkbund*, Jena 1911, S. 19.

137 Muthesius, Hermann, *Wo stehen wir?*, in: *Jahrbuch 1912*, S. 17.

138 Haug, W. F., *Kritik der Warenästhetik*, a.a.O., S. 174.

139 Dies wird in dem von Hermann Muthesius 1917 herausgegebenen Aufsatz *Handarbeit und Massenerzeugnis* besonders deutlich. Wenn Muthesius auf den Arbeitenden zu sprechen kommt, etwa bei der Beschreibung des Taylor-Systems und seiner Auswirkungen auf den Arbeitenden, wird es peinlich. Das Besondere am Taylor-System sah Muthesius darin, daß der Arbeiter eine besondere Liebe für die Maschine entwickle, mit der er arbeitet: »Daß die Geistigkeit des Arbeiters angerufen wird, zeigt z. B. das in Amerika aufgestellte Taylor-System der ergiebigen Arbeit, das jeden Stumpfsinn ausscheidet. Es wird sich beim aufmerksamen Arbeiter eine hohe Anteilnahme, ja unter Umständen eine Liebe für seine Maschine herausbilden, wie wir sie beim Lokomotivführer für seine Lokomotive beobachten. Bedingung ist nur, daß der Arbeiter die Maschine genau kennt, ihren Mechanismus versteht, ihre Bedeutung einschätzen lernt. Das wird aber bei einem bildungsbestrebten Arbeiter nicht schwer halten, besonders wenn durch Unterweisung nachgeholfen wird.« *Handarbeit und Massenerzeugnis*, a.a.O., S. 26/27.

140 Die Kritik der Werkbundmitglieder an staatlichen Repräsentations- und Verwaltungsbauten enthielt allerdings ein gerüttelt Maß sozialer Dummheit. So

befürwortet der Deutsche Werkbund den Erlaß des Ministers für Öffentliche Arbeiten in Preußen vom 1. 8. 1908 zur wirtschaftlichen Verwendung staatlicher Geldmittel im Bereich des Staatsbauwesens mit folgender Argumentation: Die geforderte »Einfachheit und Gediegenheit« könne garantiert werden, weil »knappere Geldmittel [...] an die Erfindungs- und Gestaltungskraft des Architekten erhöhte Anforderungen« stelle. Dabei entging den Werkbundmitgliedern der Grund für diese Einsparungen, der darin lag, wachsende Staatsausgaben für die Rüstung mit zu ermöglichen. Sie meinten sogar: »Der so rasch zu Reichtum gelangte deutsche Michel war etwas zu üppig geworden, jetzt soll er zurück zur löblichen Tugend seiner Väter«. Zit. nach: *Verhandlungsbericht der II. Jahresversammlung,* a.a.O., S. 29 ff.

141 Biographische Angaben siehe: *werkbundarchiv. Erstes Jahrbuch,* herausgegeben von Janos Frecot und Diethart Kerbs, Westberlin 1972, Dieses *Jahrbuch* hat das Verdienst, zwei Werkbundmitglieder vorzustellen, die in der bisherigen Geschichtsschreibung des Werkbundes selbst kaum erwähnt wurden und die eine demokratische Tradition des Werkbundes repräsentieren, der sich auch die Mitarbeiter des Werkbund-Archivs verpflichtet wissen.

142 Behne, Adolf, *Kritik des Werkbundes,* in: *Die Tat. Monatsschrift für die Zukunft deutscher Kultur,* 9, 1 (1917), abgedruckt in *werkbundarchiv,* a.a.O., S. 124.

143 Ebenda, S. 128.

144 Dies wird besonders deutlich in dem Aufsatz von Adolf Behne *Kunst und Klasse,* in: *Kulturwille. Monatsblätter für Kultur der Arbeiterschaft,* 2,8 (1925), S. 154/55.

145 Giachi, Arianna, *Die falsche Liebe zum Objekt,* in: *Frankfurter Allgemeine Zeitung* vom 22. Februar 1974, S. 28.

146 Selle, Gert, in seinem Referat auf der Jahrestagung. Zitiert nach dem Artikel von A. Giachi in der *FAZ.*

147 Posener, Julius, *Wie politisch darf der Deutsche Werkbund sein?* in: *Frankfurter Allgemeine Zeitung* vom 4. September 1974, S. 21.

Gerhard Voigt
Goebbels als Markentechniker

1 Werbung und Propaganda

Bei der Erörterung der Herkunft und Vorbilder nationalsozialistischer Propaganda werden gewöhnlich die englische
Kriegspropaganda aus dem Ersten Weltkrieg und die der sozialistischen Parteien, vor allem der österreichischen Sozialdemokraten, genannt, wohl deswegen, weil Hitler in *Mein Kampf*
besonders diese beiden erwähnt.[1] Ganz vereinzelt werden
zum Vergleich Werbemethoden der kapitalistischen Wirtschaft herangezogen. »Er [Hitler] ist in seinen Kommentaren
über die Massen genau so zynisch wie unsere eigenen Werbe-
texter«, bemerkt der Rezensent der *Times* über die englische
Ausgabe von *Mein Kampf*.[2] Kenneth Burke, dem bei der
nationalsozialistischen Propaganda die formelhafte Wieder-
holung im Stil der üblichen Reklametechnik aufgefallen war,
hat bereits 1939 versucht, aus der Analyse rhetorischer Techniken Hitlers die *Funktion* dieser Rhetorik zu bestimmen. Er
siedelt die Erfolgsaussichten demagogischer Mittel dort an,
»wo der Kapitalismus in Schwierigkeiten gerät«[3], weil Hitlers
»Angriff [...] einseitig auf die *Symptome* ökonomischer
Konflikte [zielt] [...] und die ökonomischen Konflikte selbst
außer acht«[4] läßt. Burke interpretierte Hitlers religiöse,
naturhafte und antisemitische Metaphorik und seine kalku-
lierende Rhetorik als die »eines gewiegten Werbefachmannes«[5] und führt aus: »Zweifellos hatte Hitler etwas zu
verkaufen, und es war nur eine Frage der Zeit, bis er es
verkauft hatte (d. h. Geldgeber für seine Bewegung fand).
Denn Hitler lieferte eine nicht-ökonomische Erklärung für
ökonomische Mißstände. Ein höchst nachdrücklicher Effekt
seiner Lehre bestand darin, die Aufmerksamkeit von den
wirtschaftlichen Faktoren abzulenken, die den Konflikten der
modernen Welt zugrunde liegen.«[6] Und Georg Lukács, der in
der nationalsozialistischen Ideologie die »Verschmelzung von
deutscher Lebensphilosophie und amerikanischer Reklametechnik« festhält, postuliert: »Erst vor dieser zynischen und

skrupellosen Reklametechnik aus ist die sogenannte Ideologie der Hitlerfaschisten richtig darstellbar.«[7] Diese Beobachtungen gewinnen an Gewicht, wenn man sich vergegenwärtigt, daß die Methoden der englischen Kriegspropaganda, für die Politiker der Weimarer Republik Schreckbild und Vorbild zugleich, kapitalistischen Werbestrategien nachgebildet sind.[8]

1. Friedrich Schönemann und Ludwig Roselius

Folgt man dem Hinweis Willi Münzenbergs auf das Buch Friedrich Schönemanns *Die Kunst der Massenbeeinflussung in den Vereinigten Staaten von Amerika* als weiterer Quelle nationalsozialistischer Propagandatechnik[9], so wird der Zusammenhang greifbar. Schönemann, der den deutschen Politikern, vornehmlich den antidemokratischen, die Nützlichkeit der »bei uns in Deutschland sehr zu Unrecht in Verruf gekommenen«[10] politischen Propaganda nahebringen will, erklärt knapp und deutlich: »Wir brauchen heute mehr denn je eine nüchterne Auffassung der Politik – gestützt auf politische Erkenntnisse und die besten Erfahrungen unserer Vorväter, anders ausgedrückt: eine *Geschäftspolitik.*«[11] Es ist kein Zufall, daß gerade amerikanische Propaganda das Vorbild ist; spätestens seit dem Ersten Weltkrieg sind die USA das Land der größten Kapitale, des schnellsten industriellen Fortschritts, dem natürlich auch die fortgeschrittensten Absatz- und Werbemethoden entsprechen. »Massenbeeinflussung« ist also »mit Propaganda im amerikanischen Sinn gleichzusetzen [...], und zwar in dem Sinne eines einheitlichen, planmäßigen und geordneten Verfahrens der Gedankenvertretung und Gedankenausbreitung.«[12] Das habe die deutsche (Geschäfts-) Politik im Ersten Weltkrieg versäumt und müsse es nun lernen. »Nicht das ist maßgebend, daß Unrecht besteht, sondern daß es geglaubt wird«, zitiert Schönemann und fährt fort: »Der [...] Satz ist richtig und für alle Propaganda wichtig.«[13] »Gleichgültigkeit gegen die Wahrheit ist ein Kennzeichen der Propaganda. Die Wahrheit ist nur insofern wertvoll, als sie wirksam ist.«[14]

»Moralische Gefühle, Sentimentalitäten aller Art benutzt man wohl zur Stimmungsmache, um die Massen seelisch auf eine bestimmte Politik einzustellen, kurz zur seelischen Vor-

bereitung der Politik, aber nicht weiter.«[15] Zynischer haben
weder Hitler noch Gustav Le Bon, auf dessen ›Psychologie der
Massen‹ gewöhnlich als Quelle Hitlers verwiesen wird, die
Massen als Manipulationsobjekt beschrieben. Wenn Burke
Hitlers Rationalität als die eines Werbefachmannes
beschreibt, der einen Werbefeldzug plant und dazu Trance
einsetzt, ohne ihr selbst zu verfallen[16], so stellt er bereits die
Anwendung der Prinzipien fest, die Schönemann erst noch
zum Gebrauch empfiehlt.[17] »Die Art der Propaganda«, zitiert
Schönemann zustimmend Schultz-Ewerth, den ›letzten deutschen Gouverneur von Samoa‹, »ist lediglich eine taktische
Frage, und der Wahrheit, der Idee geht es, soll sie Anerkennung finden, nicht besser als einem Erzeugnis der Industrie.
Da der Berg nimmer mehr zu Muhammed kommt, muß
Muhammed zum Berg.«[18] Was wie eine Metapher aussieht, ist
die platte Identität der Geschäftsprinzipien. Da die Massen
(der Berg) nach dem Ersten Weltkrieg nimmermehr eine kapitalistische Herrschaft wollten, muß der Kapitalist bzw. sein
politischer Agent (Muhammed) sich den Massen nähern, um
Käufer und Wähler (Anerkennung) zu finden. Dieser Notwendigkeit der Annäherung ist es zuzuschreiben, daß Schönemann
die Bejahung der weithin noch mit Mißtrauen betrachteten
Propaganda fordert. Sie müsse auch nicht durchweg »falsche
oder laute Reklame [sein], wie viele Deutsche annehmen,
auch keine Kunst der Aufdringlichkeit und des Lügens«[19];
vielmehr sei »Sachlichkeit«[20] ihre optimale Technik.

Schönemann konnte sich auf andere deutsche Geschäftsleute
berufen, die es ebenso naheliegend fanden, daß zur Durchsetzung ihrer Geschäftspolitik bei den Massen auch die Propa-
gandamethoden angewandt wurden, die schon andere Waren
beim Publikum erfolgreich durchgesetzt hatten. Am 15.
Januar 1915 empfahl der Bremer Großkaufmann und Fabri-
kant Generalkonsul Ludwig Roselius in einem Schreiben an
den Unterstaatssekretär der kaiserlichen Regierung, Zimmer-
mann, ein Hilfskomitee für internationale Propaganda einzu-
richten, das die Geschäftspraxis von erfahrenen Kaufleuten
für die deutsche Kriegspropaganda nutzen solle. Roselius
erläutert sein Werbeprinzip ›Beherrschung der Massen durch
Umklammerung‹ mit der Feststellung, »daß die Massen nur
dann gewonnen werden können, wenn es gelingt, ihnen

begreiflich zu machen, daß ihnen Vorteile geboten werden, und wenn ihnen die Erlangung dieser Vorteile durch die bewußte organisatorische Anwendung der Propaganda zum Selbstwunsch gemacht wird«. Und er fährt fort: »Diesem einheitlichen Gedanken muß nach außen hin Ausdruck verliehen werden, denn die Propaganda braucht ein Symbol, eine Fahne, einen Kristallisationspunkt, um den sich alles gruppiert. [...] Für die islamische Religion heißt er Muhammed, für die Sozialdemokraten Freiheit, Gleichheit, Brüderlichkeit, für die kaufmännischen Geschäfte ist es die Marke – und für das deutsche Reich ist es der Kaiser.«[21] Hieran verdient neben der als selbstverständlich vorausgesetzten Identität von privatkapitalistischer Wirtschaft und staatlicher Politik der Einsatz massenpsychologischer Techniken zur Durchsetzung des einen wie des anderen Interesses festgehalten zu werden. Noch wichtiger ist, da der Vergleich zwischen einem Markenartikel und dem deutschen Kaiser keineswegs als Witz gemeint ist, die Empfehlung einer bestimmten Werbemethode, der Markenwerbung. Auf diesem Gebiet kann Roselius als einer der Pioniere gelten.[22] Mit *Kaffee Hag* erfand er 1906 eine Marke, mit der jahrzehntelang koffeinfreier Kaffee identifiziert wurde und die seinem Produkt eine monopolähnliche Stellung sicherte.

2. Markenartikel und Markenname

Das Phänomen des Markenartikels muß an dieser Stelle etwas ausführlicher behandelt werden. Den Markenartikel definiert Bongard: »Bestimmte Artikel sind immer unter demselben Namen, in derselben Packung und Aufmachung zu kaufen, kosten in allen Geschäften gleich viel und sind in der Qualität immer gleich.«[23] Der Markenartikel erscheint seit Mitte des 19. Jahrhunderts auf dem Markt; etwa seit der Jahrhundertwende beginnen Marktenartikel eine domminierende Rolle zu spielen.

Durch die technische und wirtschaftliche Entwicklung seit Ende des 19. Jahrhunderts war die Distanz Produzent–Konsument immer größer geworden, die Rolle des Einzelhandels hatte sich verstärkt.[24] »Der Markenartikel als Typus eines marktfertigen Endprodukts«[25] war ein Mittel, den »direkten

Kontakt«[26] zwischen Industrie und Verbraucher wiederher-
zustellen, d. h. praktisch den Zwischenhandel auszuschalten
bzw. abhängig zu machen und an dessen Gewinn zu partizi-
pieren. »Die Mehrzahl der Markenartikel wird von den Produzenten vertrieben.«[27] Damit wird auch die Werbung vom
industriellen Kapital geleistet. Dies – sowie ein überregional
ausgebautes Distributionssystem – erfordert aber zusätzliche
Geldmittel, so daß diese Methode, »die Marktabhängigkeit zu
mildern«, nur von »spezialisierten, anlageintensiven Indu-
strien« genutzt werden kann, um die »konkurrenzschwä-
chende oder [...] konkurrenzausschaltende Wirkung«[28] des
Markenartikels zu erzielen, der ihm, ist er nur durchgesetzt,
eine »in gewissem Umfang freie Preispolitik«[29] sichert. Mit
anderen Worten: Das Aufkommen des Markenartikels ist mit
dem Aufkommen der Monopole verknüpft. »Mittel zum
Zweck einer monopolähnlichen Stellung ist der Aufbau einer
Ware zum Markenartikel«[30], und zunehmend ist dieser Aufbau nur noch kapitalstarken Unternehmen möglich. Etwa seit
der Jahrhundertwende ist dies eine Technik, mit der sich
Unternehmen durch einen Markenartikel eine monopolartige
Stellung zu sichern versuchen. Baran und Sweezy zitieren eine
Schrift aus dem Jahr 1905, in der es heißt: »Dies ist das
goldene Zeitalter der Warenzeichen, eine Zeit, in der fast
jeder, der ein wertvolles Erzeugnis herstellt, die Umrisse einer
Nachfrage festlegen kann, die nicht nur mit den Jahren alles
Dagewesene überschreitet, sondern auch in einem bestimmten
Grade zum Monopol wird [...]. Überall [...] gibt es Gele-
genheiten, die Führung in der Werbung zu übernehmen –
Dutzende von Allerweltserzeugnissen, unbekannten, nicht
anerkannten Fabrikanten zu verdrängen, durch betonte Aufmachung, durch Lebensmittel mit geschützten Standardfir-
menzeichen, unterstützt von einer das ganze Land erfassen-
den Werbung, die selbst schon für die Öffentlichkeit zur
Qualitätsgarantie geworden ist.«[31]
  Eine Reihe »klassischer Markenartikel« hat Bongard porträ-
tiert: *Pelikan* (1878), *Odol* (1893), *Shell* (1897), *Dr. Oetker*
(1899), *Persil* (1907); sie wäre fast beliebig zu verlängern.
Markenartikel beherrschen inzwischen fast alle Zweige der
Konsumgüterindustrie, auch da, wo von industrieller Herstellung nur in sehr eingeschränkter Weise zu sprechen ist, z. B.

bei der *Markenbanane Chiquita*. Der Markenartikel ist also selber weniger eine Sache der materiellen Produktion als eine der Werbung. Sie muß ein »Meinungsmonopol«[32] begründen, da bei gleicher Qualität die Marke gekauft wird, die als erste oder am nachhaltigsten ins Bewußtsein der Käufer tritt; Markenwerbung hat die Aufgabe, die Ware »einem großen Teil des in Frage kommenden Käuferkreises zumindest dem Namen nach bekannt«[33] zu machen und beim Verbraucher ein »Markenbewußtsein«[34] zu schaffen. Der Staat hat es am rechtlichen Schutz von Markenzeichen und -namen nicht fehlen lassen.

Es liegt nach der Marxschen Analyse im Wesen des Kapitalismus ganz allgemein, daß die Produktion von Gebrauchswerten nur Mittel zum Zweck der Kapitalverwertung ist. Dieser Zusammenhang tritt ganz besonders beim Markenartikel zutage, der Ausdruck und zugleich Mittel des Bestrebens eines »einzelnen Kapitals, sich einen Gebrauchswert ganz unterzuordnen«[35], ist. Sehr anschaulich beschreibt diesen Vorgang der Werbeslogan für eine Kaffeemarke: »Kaffee buchstabiert man so / O und N und K und O.« Werbung, insbesondere Markenwerbung, ist damit nicht mehr nur wichtig für die Realisierung der Waren; sie wirkt auch auf die Warenproduktion zurück, indem sie nicht bloß das Bild der Ware, sondern auch »die Ware [selbst] nach dem Bild der Sehnsucht des Käuferpublikums« bildet. »Dies Bild wird die Werbung später abgetrennt von der Ware verbreiten«, und ein unverhältnismäßig großer Teil des Kapitalaufwandes verschiebt sich auf seine optimale Herstellung. Zu diesem Bild gehören die Form des Produkts, seiner Verpackung, Farbe, Schmuckmuster usw. ebenso wie sein Name; ihr Zusammenschluß bildet das ästhetische Gebrauchswertversprechen der jeweiligen Ware. Wenn Haug bei diesem Aufgebot aller verwendbaren ästhetischen Mittel davon spricht, daß das Entscheidende »die Zusammenziehung aller Mitteilungen [...] zum Namenscharakter«[36] sei, so akzentuiert er das Moment des Markennamens zu Recht als charakteristisch für den ganzen Vorgang. Denn obwohl der Markenname eigentlich keine einzelne Ware bezeichnet, sondern eine ganze Klasse gleichartiger Produkte, individualisiert er sie dadurch zu »Warenpersönlichkeiten«, daß er wie ein Eigenname fungiert. Gerade weil der Markenname häufig morphologisch von scheinbar ganz willkürlicher Gestalt und semantisch in vielen Fällen undurchsichtig ist, vermag er die Ausschließlichkeit des in ihm Name gewordenen Gebrauchswertversprechens der einzelnen Ware auszudrücken und zugleich das im Slogan artikulierte allgemeine Glücksversprechen, das die dominierende kontextuelle Determination des Markennamens ist, zu transportieren.[37]

Lukács nannte die Reklametechnik dieses Jahrhunderts die »unmittelbare Ausdrucksform des Monopolkapitalismus«[38]; eine Anwendungsweise dieser Technik, die tendenzielle Ersetzung von Gebrauchswertnamen durch Markennamen, schafft geradezu eine sprachliche Monopolstruktur: »Überregionale Markennamen der großen Konzerne [schieben sich] in der Erfahrung der Menschen vor die Natur und geradezu in den Rang derselben [...]. Es gibt Warengattungen, für die den Menschen keine Gebrauchswertbegriffe mehr zur Verfügung stehen. An ihre Stelle ist der gesetzlich geschützte Warenname getreten, und allenfalls in den Gebrauchsanweisungen [...] führt etwas von der Bedeutung der aus dem Weg geräumten Gebrauchswertbegriffe noch ein Schattendasein.«[39]

Dieser Vorgang ist aus der alltäglichen Erfahrung geläufig. *Tempo*-Taschentuch, *Tesafilm, Mondamin, Nes-Café* und *Eternit* stehen für einen bestimmten Gebrauchsgegenstand, auch wenn es sich um ein gleiches Produkt handelt, das aus einer anderen Firma als der marktbeherrschenden stammt. Die Firma *Maggi* hat so erfolgreich geworben, daß die entsprechende Küchenpflanze schon *Maggi*-Kraut heißt statt Liebstöckel. Im Bereich der Kunstfaser-Produkte spielt der Oberbegriff gegenüber den Markennamen wie *Diolen, Trevira, Nylon, Perlon, Dralon* etc. eine untergeordnete Rolle. In Bereichen, wo qualitative Differenzen kaum mehr zu registrieren sind, wie dem Waschmittel-, Nahrungsmittel- und Zigarettenmarkt, ist der Oberbegriff noch gebräuchlicher, aber auch dort können die Markennamen bereits flektiert, andere auch konjugiert werden: birkeln, glänzern etc., wie Ruth Römers Untersuchungen zu entnehmen ist.[40] Sie versucht, ›Produktnamen‹ (i. e. Markennamen) zwischen Eigennamen und Gattungsbezeichnungen eine eigene Stelle zuzuweisen. »Produktnamen«, bemerkt sie, »haben zweifellos mehr Namenqualität als die gewöhnlichen Appellativa«; und sie fügt vorsichtig hinzu: »Diese Namen erheben einen viel stärkeren Anspruch auf Ausschließlichkeit als etwa verschiedene Namen für ein und dieselbe Pflanze.«[41]

Generell ist jeder Markenartikel und -name bereits monopolistisch strukturiert, da er eine komplexe ästhetische Gebrauchswert-Erscheinung individualisiert und so in seinem Bestreben, sich an die Stelle einer ganzen Warenklasse und ihres Oberbegriffs zu setzen, den Schein allgemeiner Verbindlichkeit erzeugt, die doch in der Regel nur einer der Konkurrenten je Warenklasse erreichen kann. Kein anderer Artikel kann *Nivea* ersetzen; die Werbung suggeriert, daß nichts *Nivea* ähnlich ist, und sei es auch stofflich gleich. Eine Definition ist nur tautologisch möglich: *Nivea* ist *Nivea* oder, wie es ein Waschmittelkonzern treffend ausdrückt: *Persil* bleibt *Persil.*

3. Hans Domizlaff

Als wichtigster Theoretiker der Markenwerbung in Deutschland gilt der im Herbst 1971 verstorbene Hamburger »Graphiker und Werbepsychologe«[42] Hans Domizlaff. Er arbeitete vor allem für *Siemens*[43] und den Zigarettenkonzern *Reemtsma,* für den er die ersten überregionalen Zigarettenmarken Deutschlands, *R 6* (1921) und *Ernte 23* (1925), kreierte. Er war Vorstandsmitglied und Public-Relations-Experte der 1952 gegründeten *Gemeinschaft zur Förderung des sozialen Ausgleichs – Die Waage,* einer Propagandaorganisation des westdeutschen Kapitals, zu deren Funktion ein anderes Vorstandsmitglied anmerkte: »Die *Waage* soll Unternehmer zusammenführen, die Öffentlichkeitsarbeit [...] zur Erhaltung eines allgemein gesunden wirtschafts- und sozialpolitischen Klimas [...] für notwendig erachten. Diese Unternehmer wollen verhindern, daß die Organisationsformen und Vereinbarungen in den Betrieben von außen durch den Einfluß von Interessentengruppen oder gar durch allgemeine ›Volksauffassungen‹ im abträglichen Sinne beeinflußt oder geändert werden.«[44] 1969 erhielt Domizlaff die Goldmedaille des Bayerischen Werbe-Fachverbandes. In Hamburg leitete er ein ›Institut für Markentechnik‹. Seine Veröffentlichungen *Propagandamittel der Staatsidee* (1931) und *Die Gewinnung öffentlichen Vertrauens* (1939) gelten als Klassiker der Branche, ihr Verfasser als »Begründer der Markentechnik«.[45]

Domizlaff geht von der »Tatsache der geistigen Unfreiheit von 99 % der Menschen«[46] aus. »Das einfache Volk begreift nur ganz einfache, möglichst gegenständliche Dinge, darüber hinaus nur den Tenor einer Erklärung [...]. Ganz einfache Ideen, die durchaus nicht vernünftig zu sein brauchen, die aber der Psyche der Massen so entsprechen, daß sie Psychosen auszulösen vermögen, werden immer die klügsten und ehrlichsten Regierungserklärungen wirkungslos machen.«[47] So wird die »Psychose« nicht nur zum Ziel markentechnischer Bemühungen, sie erhält auch ihre moralische Weihe: »Echte Massenpsychosen sind sogar stärker als Hunger und als der Lebensdrang. Darin liegt der Anfang aller Ethik.«[48] Da Domizlaff sicher ist, daß »geistige Arbeit der urteilslosen Masse verhaßt ist«[49], empfiehlt er eine Reiztechnik, die nicht marktschreierisch versucht, eine Ware dem Kunden *aufzudrängen* (so definiert er Reklame), sondern »der Markentechniker versucht, eine Marke und Werbemittel zu schaffen, die geeignet sind, den Kunden *anzuziehen*« (Werbung). »Der eine Stil bedeutet die Ausübung eines Drucks, und der andere Stil sucht eine ansaugende Wirkung zu erreichen, um zum Kauf zu verführen, ohne daß der Kunde das Gefühl für die Selbständigkeit seiner Wahl einbüßt.«[50] Die Offenheit, mit der das manipulative Axiom der Werbung dargelegt wird, charakterisiert sehr treffend die »ruhige, sachgemäße Aufklärung«[51] und Sachlichkeit des Werbestils, die die Markentechnik pflegt. Sie macht auch verständlich, daß Sachlichkeit und Einhämmerung keine Gegensätze sind, sondern Hand in Hand gehen. Gelungene Markentechnik kommt optimal der Forderung nach, »psychische Hilfsmittel [...] in das Gehirn der Masse einzuhämmern«.[52] »Stille Werbemittel«, lehrt Domizlaff, »sind in der Wirkung viel weitreichender und auch unmittelbar weit deutlicher hörbar, als jede Aufdringlichkeit.«[53]

Nicht nur der Zynismus verbindet Domizlaff mit Roselius und Schönemann, auch die selbstverständliche Identifizierung von Politik und Geschäft, die Empfehlung neuer Methoden der »geistigen Rüstungsindustrie«, die im »kaufmännischen Leben«[54] gefunden wurden, an die Politik eint sie. »Die Erfahrungen des Unternehmens werden als Beispiele für die

Nutzanwendung des leitenden Politikers nur ganz selten zu Fehlvergleichen führen, vor allem dann niemals, wenn das Unternehmen so groß ist, daß der Leiter nicht mehr selbst in persönlichen Kontakt mit dem größten Teil der Mitarbeiter kommen kann.«[55] Realismus kann dieser Definition, die den Staat als Monopolbetrieb versteht, gewiß nicht abgesprochen werden. Domizlaff hebt seine »Neutralität gegen Parteianschauung« hervor, um dann die Hoffnung auszudrücken, daß der Staat die Lehre der Markentechnik beherzigen möge, wenn das »Gefühl der Volksgemeinschaft zu lebendiger Vorherrschaft gelangt«[56] ist. Sein Verleger betonte nach dem Zweiten Weltkrieg, daß Domizlaff »kein Nationalsozialist gewesen ist, obwohl er die Naturgegebenheit solcher Phänomene beschreibt«. Seine weitere Auskunft, Schriften Domizlaffs seien »seinerzeit [während des Nationalsozialismus] in die falschen Hände gekommen, die das reiche Arsenal an psychischen Waffen mit einem ungeheueren Dilettantismus vergeudeten«[57], ist insofern zu bezweifeln, als Goebbels, der nach dem Zeugnis von Autor und Verleger die *Propagandamittel der Staatsidee* gelesen hat, sich als fähiger staatlicher Markentechniker erwies. Laut Bongard hatte Domizlaff Mitte der zwanziger Jahre versucht, seine Ideen zur Staatspropaganda Reichskanzler Luther und General von Schleicher zu vermitteln. Erfolg hatte er erst bei Goebbels, der über die *Propagandamittel* gesagt haben soll, er kenne das Buch auswendig.[58] Auf jeden Fall wurde dieses Buch, das übrigens die Parteitage der NSDAP als »propagandistisch wirksam« vorführt, im *Völkischen Beobachter* sehr zustimmend rezensiert[59], und Hitler hat es bei einer späteren Gelegenheit abgelehnt, die *Odol*-Markenwerbung als »jüdische« Reklame negativ zu bewerten; »sie erspare vielmehr beim Durchsetzen eines an sich brauchbaren Artikels die Arbeit einer ganzen Generation«[60] Wenn Haug in seinen Überlegungen zur Ästhetik von Manipulation bemerkt, daß »früher als die politische Opposition die ökonomische Konkurrenz zu schwinden begann«[61], so ist hier der Punkt zu sehen, an dem auch die politische Sphäre nach dem Vorbild der ökonomischen monopolisiert wurde und sich mit derselben Werbetechnik den Massen anbot. Die Durchsetzung von Markennamen in beiden Sphären[62] darf als Beleg für die Auswirkung des Wandels der gesellschaftlichen Struktur auf die Sprache gelten.

II Goebbels' Propagandatechnik

1. Presselenkung

Ebenso wie Goebbels' Propagandatechnik auf die Strategien kommerzieller Werbung zurückgreifen konnte, waren die wesentlichen Institutionen seiner Presselenkung keine nationalsozialistischen Neuschöpfungen. Die ›Pressekonferenz der Reichsregierung‹, »die im Mittelpunkt des Lenkungssystems stand«[63], gab es schon in der Weimarer Republik. »Diese nach dem Kriege [1914-1918] durch die Zusammenlegung der Pressestelle des Auswärtigen Amtes mit der Pressestelle der Reichskanzlei geschaffene ›Vereinigte Presseabteilung der Reichsregierung und des Auswärigen Amtes‹ kurz ›Reichspressestelle‹ genannt, hatte zur Zeit der Weimarer Republik die Einrichtung der sogenannten Pressekonferenz benutzt, um im Sinne der ›aktiven Pressepolitik‹, die Hamman unter der Reichskanzlerschaft Bülows einführte, die Presse für eine mehr oder weniger freiwillige Offiziösität und Loyalität zu gewinnen.«[64] Zum Propagandaministerium, »eine wie wenige andere NS-Institutionen das Wesen des Staates charakterisierende Neuschöpfung«[65], sagt Bramsted: »In fact the new Ministry took over departments from some of the traditional Government agencies. The Prussian Press Office and a number of its officials were incorporated. The Ministry of the Interior renounced its supervisory powers over Press and Radio, its right to fix national holidays and its censorship of immoral plays, books and films. The Ministry of Economics surrendered its commercial advertising activities and the control and management of exhibitions and fairs.«[66] Die Einschränkung der Pressefreiheit durch dieses Ministerium erläutert Abel: »Schon in Vornazizeiten wurden die Mitteilungen für die Presse in drei Gruppen eingeteilt: 1. Mitteilungen, die veröffentlicht werden konnten; 2. Mitteilungen, die nicht veröffentlicht werden sollten und nur zur Information dienten; 3. Mitteilungen, die streng vertraulich waren und nicht veröffentlicht werden durften. Diese Bestimmungen wurden in der Hitlerzeit insofern verschärft, als ihre Nichtbefolgung als Landesverrat angesehen und verfolgt werden konnte.«[67] Ereignisse in der Bundesrepublik wie die *Spiegel*-Affäre sprechen dafür, daß die Regelung aus der Zeit der Weimarer Republik nach wie vor gültig ist.

Mit der Formulierung ›verschärft‹ klang schon an, was das ›Neue‹ am Nationalsozialismus ausmacht. Der »Lenkungszwang von Staat und Partei«, mit dem sich in den Nürnberger Prozessen auch zwei ehemalige Hauptschriftleiter des *Völkischen Beobachter* verteidigten[68], schloß eine » [Zweck-]Liberalisierung in der Zeitungsgestaltung«[69] nicht aus. Goebbels' Wunsch nach einer Presse »monoform im Willen, polyform in der Ausgestaltung des Willens«[70], der für die Nachkriegszeit eine größere Unabhängigkeit für den Journalistenberuf vorsah, um der »fatalen Uniformierung in Aussage und Aufmachung«[71] gegenzusteuern, ist von einer Beschreibung der oligopolitischen BRD-Presserealität nicht allzuweit entfernt. Mit dem Fortbestehen der *Frankfurter Zeitung* (bis 1943), die sich auf ihren reinen Stil viel zugute hielt und hält, und der 1940 gegründeten Wochenzeitung *Das Reich* hat Goebbels diese Richtung sehr präzise vorgezeichnet.[72]

2. Sprachregelung

Auf Hannah Arendts Behauptung eingehend, »Sprachregelung« sei ein Euphemismus für Lüge und habe wie andere Tarnausdrücke den Nationalsozialismus mit ermöglicht[73], betont Margret Boveri die Kontinuität solcher Maßnahmen. »Der Begriff ›Sprachregelung‹ unterliegt vielen Mißverständnissen. Hannah Arendt hat ihm [...] eine pointierte Zuspitzung gegeben, die zu der Annahme verleitet, Sprachregelungen seien eine Erfindung der Nazis und gleichbedeutend mit der Anweisung zum Lügen. Aber eine Sprachregelung hat es gegeben und wird es immer geben, solange Politik gemacht wird. Ihr Terrain sind die Auswärtigen Ämter, überhaupt die auswärtigen Beziehungen in der Welt. Hat eine Regierung eine bestimmte Politik beschlossen, so instruiert sie ihre Botschafter und sonstigen Vertreter über die großen Linien und über die Art, wie sie nicht nur in offiziellen Noten, sondern auch in scheinbar privaten Gesprächen zu interpretieren sind. Auch mächtige Konzerne werden ihre Vertreter in den verschiedenen Ländern in bezug auf einheitlich zu vertretende Grundsätze ihrer Kredit-, Produktions- und Absatzpolitik ›sprachregeln‹.«[74] Wird zugestanden, daß Versuche der Presselenkung allein nicht typisch faschistisch sind, dann soll gewöhnlich das »systematische Vorgehen«[75] der Lenkungsmaßnahmen das Typische ausmachen. Solche Kennzeichnung nationalsozialistischer Propaganda verdeutlicht allenfalls, daß die Pressepolitik ähnlich wie die Wirtschaftspolitik des Nationalsozialismus rigider in der Anwendung der aus der Weimarer Republik grundsätzlich gewohnten und bekannten Praktiken war.[76]

Generell ist die Goebbelssche Variante der Presseanweisung, die ›Sprachregelung‹, in der Literatur weit überschätzt worden. »Mit dem Begriff ›Sprachregelung‹ wird hier ein Vorgang bezeichnet, der [...] den Vortrag und die Kommentierung des Nachrichtenmaterials durch den Leiter ›Deutsche Presse‹ umfaßte, unter Berücksichtigung der Anweisung von Goebbels' ›Ministerkonferenz‹.«[77] ›Sprachregelungen‹ sind also nur insofern Anweisungen, eine bestimmte Sprache zu benutzen, als in den »erst mit Kriegszeiten immer genauer und schärfer« werdenden Vorschriften »schließlich sogar die Verwendung bestimmter Wörter vorgeschrieben wurde«.[78]

Sichtet man vor diesem Hintergrund die Presseanweisungen von Goebbels, wie sie vor allem in zwei Veröffentlichungen Willi A. Boelckes[79] vorliegen, so kann man die direkt auf sprachliche Wendungen oder Wörter eingehenden Anordnungen unter den Sprachregelungen in drei Hauptgruppen einteilen:

1. Allgemeine Anweisungen zum Sprachstil
2. Aktuelle Vorschriften
3. Reservierung von Wörtern für den nationalsozialistischen Gebrauch.

Das quantitative Verhältnis der Anweisungen zueinander ist etwa 15:35:5; bei einigen Anordnungen schwankt die Zweisung zwischen 1 und 2, bzw. zwischen 2 und 3. Das Material zu Punkt 3 wird hier aus anderen, gedruckt vorliegenden Quellen ergänzt.[80]

Generell ergibt die Sichtung der Dokumente zur Sprachregelung, daß Goebbels, entgegen der sich an seiner Sportpalast-
Rede vom 18. 2. 1943 orientierenden üblichen Charakterisie-
rung, durchaus kein blindwütiger Hetzredner war[81], sondern
ein kühl kalkulierender Werbefachmann, der die Möglichkeiten der Einflußnahme weit realistischer einschätzte als die
meisten seiner Kritiker.

»Sachlichkeit« ist es, was Goebbels von der Presse fordert.
»Je sachlicher die Berichterstattung, desto besser«[82], »jegliches
Pathos ist falsch am Platz.«[83] »Schwülstige Sprache«[84] wird
von Goebbels gerügt. »Ich möchte selbstverständlich nicht,
daß wir [...] scheu sind, diese Dinge beim Namen zu nennen;
ich möchte aber, daß die kessen, naßforschen [...] Ausdrücke
aus der Debatte herauskommen und unsere Berichterstattung
ernst, sachlich und der Schwere und Tragik dieses Vorgangs
angemessen ist.«[85] Dieser Tendenz widerspricht eine gele-
gentliche Anweisung nicht, die verlangt, es solle »mit dem
Letzten, was uns an Angriffsvokabular zur Verfügung steht,
losgeschlagen werden«[86]; erst vor dem Hintergrund der Sachlichkeit wirkt, wie aus der Markentechnik vertraut, der
direkte Angriff. Sachlichkeit heißt auch, »Steigerungsmög-
lichkeiten in jedem Fall zu erhalten«[87] und gezielt zu
verschweigen. »Die Darstellung der Gesamtlage müsse unbedingt der tatsächlichen Lage entsprechen. Nur dann könne
über Einzelheiten, deren Kenntnis in der Öffentlichkeit zu
übereilten oder falschen Schlußfolgerungen führen könnte,
geschwiegen werden.«[88] Die zugehörige Kehrseite dieser
Sachlichkeit deutet Goebbels' Ausblick auf die Nachkriegszeit
an. »Gegenüber den von uns beherrschten Völkern wird die
Sprache sehr viel freier und kälter werden. [...] Es bedarf
dann keiner Zensur mehr, da der imperiale Instinkt ausreichen dürfte, um bei jeder Gelegenheit den deutschen Standpunkt zur Geltung zu bringen.«[89] So wie Einhämmerung und
Sachlichkeit kein Gegensatz sind, so sind es auch Lüge und
Sachlichkeit nicht. Goebbels war nicht gegen die propagandistische Lüge, aber er empfahl Vorsicht: »Lüge darf man nur als
Abwehrmaßnahme gebrauchen, nicht aber um Erfolge vorzu-
täuschen.« »In den kritischen Situationen sei es unbedingt

notwendig, den Angriffen des Gegners sofort zu antworten, wobei diese Antwort durchaus nicht auf *dem* Gebiet zu erfolgen brauche, auf dem der Angriff erfolgt sei. Prinzip müsse sein, niemals zu schweigen, sondern immer etwas zu sagen.«[90] Hannah Arendt hat diese Technik zutreffend beschrieben; sie beruhe darauf, »in der erfahrbaren Realität Elemente für [die] [...] Fiktion herauszufinden und sie so zu verwenden, daß sie fortan von aller überprüfbaren Erfahrung getrennt bleibt«.[91] Goebbels' Propagandarichtlinien widerlegen die Theoretiker der Sprache des Nationalsozialismus, die, fasziniert von Sprachlenkung und Sprachlenkern, auffälligen Wörtern und archaischen Wendungen, das Konsequente der Entwicklung, die Systematik, die Funktionsfähigkeit und die Modernität Goebbelsscher Methoden[92] übersahen. Goebbels bemerkte gegebenenfalls selbst das Dysfunktionale, unmittelbar Brutale faschistischer Äußerungen und bekämpfte es zugunsten einer größeren Effektivität nationalsozialistischer Propaganda.

4. Differenzierung

Wie ein Hohn auf die Theorien über die Sprache des Nationalsozialismus, die vulgäre, schwülstige und übertreibende Ausdrucksweise, Schlagworte, falsches Pathos, Pleonasmen, militärisches wie völkisches Vokabular und Archaismen zu deren Charakteristika[93] und Goebbels zu ihrem Förderer oder gar Erfinder[94] erklärten, muten Goebbels' Anweisungen an, die den differenzierteren Gebrauch von »Ausdrücken, Begriffen, Worten«[95] verlangen. Besonders die Anwendung militärischer Begriffe für den zivilen Bereich lehnte Goebbels ab[96]; er verwies darauf, daß »die deutsche Sprache Ausdrucksformen genug hat, die grundsätzlichen Verschiedenheiten zu trennen«.[97] Ausgerechnet den Gebrauch einiger Wörter, die in Wörterverzeichnissen als Musterbeispiele nationalsozialistischer Sprache gelten, versuchte Goebbels mittels Presseanweisung zu verhindern. So wurden z. B. die Wörter »liquidieren«[98] und »Sonderbehandlung«[99] verboten, ebenso »Drittes Reich«[100] und »Ostmark«[101], die freilich zunächst propagiert worden waren. Um Begriffe wie »Luftpiraten«, »Lufthunnen«[102] und »Vergeltung«[103] gab es zwischen den verschiedenen Stellen Auseinandersetzungen, da die Meinungen über die Effektivität bestimmter Wörter auseinandergingen. Ferner wandte sich Goebbels gegen die Übernahme militärischer Wendungen für den zivilen Bereich[104], bekämpfte Abbreviatur[105] und Superlativ[106], pathetische und schwülstige Redeweise[107]: Sein eigenes Vokabular hat Goebbels – wohl zu Recht – »eine neue moderne Sprache, die nichts mehr mit altertümlichen, sogenannten völkischen Ausdrucksformen zu tun hatte«, genannt.[108] Wenn Bramsted Goebbels' »Redetechnik auf das Niveau des Mannes auf der Straße«[109] abgestimmt nennt, so zeigt das, wie unangebracht es ist, solche pseudodemokratischen Elemente des Faschismus einfach als ›vulgär‹ zu verurteilen. Glunk hat ausführlich belegt, daß Goebbels' sprachliche Anweisungen überwiegend einer »augenblicksgebundenen Taktik«[110] folgen, die an der aktuellen politischen Interessenlage orientiert ist. Das führte zu direkt konträren Vorschriften. So wurden vorgeschriebene negative Ersatzwörter für »Partisan« wie »Heckenschütze« etc.[111] rückgängig gemacht, als in Deutschland der »Volkssturm« gebildet wurde.[112] Der Erhaltung der Steigerungsmöglichkeit dienten Anweisungen, die Formulierungen wie »Mobilisierung der letzten Reserven«[113] verboten. Aktuellen Interessen entsprachen Vorschriften, die den Begriff »englische Inseln« »mit Rücksicht auf die Iren«[114] oder »Amerika« für die USA untersagten.[115] »Der Begriff ›Angelsachse‹ erinnert zu sehr an die deutsche Abkunft und eignet sich *in diesen Zeiten* nicht als Begriff für unsere Feinde.«[116] Im Verbot von Wörtern wie »Frieden«, »fluchtartiger Rückzug« und »Kapitulation«[117] ist auch Information darüber enthalten, wie zur Zeit ihres Verbotes von Goebbels und wenigstens einem Teil der führenden Nationalsozialisten die Kriegslage beurteilt wurde; die Einschätzung der Wörter »Defensive« als »defaitistisch«[118] und »Festung Europa« als »defensiv«[119] spiegelt darüber hinaus die Ablehnung jeder defensiven Formulierung für die Werbe-Sachlichkeit. Dies ebenso wie Glunks Feststellung, daß »selbst in den Reden Goebbels' die verbotenen Formulierungen auftauchen«[120], verbieten es, aus den punktuellen Anweisungen unmittelbar Rückschlüsse auf den Einfluß des Nationalsozialismus auf das Sprachsystem zu ziehen oder gar aus ihnen spezifische Merkmale des Nationalsozialismus herausarbeiten zu wollen.

5. Markennamen

Die vielleicht rigideste Sprachregelung Goebbels' war die Indienstnahme des Wortes ›Propaganda‹ für die politische Werbung der NSDAP und des nationalsozialistischen Staates. Bereits am 27. 10. 1933 war Propaganda als »nationalsozialistischer Begriff«[121] in der *Zweiten Verordnung zur Durchführung des Gesetzes über Wirtschaftswerbung* fixiert und der Wirtschaft die Anwendung untersagt worden.[122] Schon in der Diskussion der zwanziger Jahre wurde versucht, die Geltungsbereiche der Begriffe Reklame, Propaganda, Werbung zu bestimmen und gegeneinander zu differenzieren.[123] Die Vertreter der ›Sprachreinigungsbewegung‹ hatten in völliger Verkennung der Sachlage noch 1933/34 vorgeschlagen, das Fremdwort ›Propaganda‹ in ›Werbe‹ zu verdeutschen.[124] In einer Anweisung vom 28. 7. 1937, der vielfache Wiederholungen folgten, ordnete Goebbels noch einmal die politische Werbung dem Begriff Propaganda zu, und zwar in der besonderen Form der politischen Werbung des nationalsozialistischen Staates. »Propaganda ist im Sinne des neuen Staates gewissermaßen ein gesetzlich geschützter Begriff geworden«[125]; ›gesetzlich geschützter Begriff‹ ist aber nichts anderes als die Marke, der Markenname. Wenn von Polenz dieser Anweisung nachsagt, sie sei gegeben, »um die Unwissenden mit einem fremdklingenden Wort zu umnebeln und den Wissenden unmißverständlich klar zu machen, daß es gegen diese Art von ›Volksaufklärung‹ keinen Widerspruch gab«[126], vernebelt er den kommerziellen Charakter dieser Weisung. Anders der »Werberat der deutschen Wirtschaft«, der nun seinen Mitgliedern mitteilt, daß »Warenbezeichnungen, die das Wort ›Propaganda‹ enthalten, z. B. ›Propaganda-Kaffee‹, ›Propaganda-Mischung‹ usw.« nicht mehr gestattet seien. »Über dieses Verbot, das Wort ›Propaganda‹ zum Bestandteil einer Warenbezeichnung zu machen, hinaus, muß es als grundsätzlich unerwünscht angesehen werden, daß das Wort ›Propaganda‹ zu Zwecken der Wirtschaftswerbung Verwendung findet.«[127] Gerade an dem Punkt, an dem die Bereiche von Politik und Wirtschaft getrennt werden, tritt die Identität der Methoden zutage. »Der Politiker [das ist zu dieser Zeit nur der nationalsozialistische Politiker], der Ideen durchsetzen oder Maßnahmen vorbereiten oder begründen will, treibt Propaganda, der Kaufmann, der Waren (oder Leistungen) absetzen will, treibt Werbung.«[128]

Ähnliche Versuche, durch Bedeutungsbeschränkung eines Wortes auf einen Namenscharakter schon auf der sprachlichen Ebene nationalsozialistische Maßnahmen und Institutionen als einzig mögliche darzustellen und das ›Meinungsmonopol‹ zu sichern, sind an einigen anderen Wörtern zumindest zum Teil nachweisbar.[129] So ist der »Begriff Nationalsozialismus«[130] prinzipiell ohne Synonyme und nicht umschreibbar. Unter Tagungen, die stattfinden, gibt es »nur einen Kongreß, den Parteikongreß«. »Die Worte ›Parteitag‹ und ›Kongreß‹ sind nur für die NSDAP.« Auch »die Bezeichnung ›Kongreßhalle‹ ist allein Nürnberg vorbehalten und darf anderweitig nicht verwendet werden«.[131] Ebenso ist der »Begriff ›Reich‹« »ausschließlich für das deutsche Vaterland« reserviert und nicht auf England oder Norwegen anwendbar.[132] Der Begriff ›Großdeutsches Weltreich‹ wird sogar geschützt, bevor es dies Reich gibt. »Die Verwendung ›Großdeutsches Weltreich‹ ist unerwünscht. Letzteres Wort ist für spätere Gelegenheiten vorbehalten«[133] – ein Vorgang, der in der Anmeldung von Schutz- und Defensivzeichen im Markenrecht durchaus geläufig ist. Für die Wörter ›Volk‹[134], ›Schulung‹[135], ›Alte Garde‹[136] und ›Feierstunde‹[137] lassen sich ähnliche markentechnische Vorschriften nachweisen.

Die meisten und deutlichsten Belege für Goebbels' Methode der Schaffung von politischem Markenbewußtsein finden sich beim Begriff ›Führer‹. »Ein Berliner Blatt habe gestern in einem Artikel den Ausdruck gebraucht ›Herr Hitler‹. Dazu werde festgestellt, daß diese Bezeichnung nun endgültig vermieden werden müsse.« (1935)[138] »Es sei doch merkwürdig, wenn das Tageblatt in der Meldung einfach die Wendung stehen lasse, der Gesandte habe ›Hitler‹ um Entsendung des Schiffes gebeten. Abgesehen von der Zuständigkeit (AA) sei diese Form nicht das Richtige.« (1935)[139] »An die deutsche Presse geht die strenge Weisung, in Zukunft A. Hitler nicht mehr als ›Führer und Reichskanzler‹ zu bezeichnen, sondern nur noch als ›Führer‹. Dies bezieht sich auf alle vorkommenden Fälle.« (1939)[140] »Herr Fritzsche soll die Presse darauf hinweisen, daß es nicht – wie in einigen Provinzzeitungen immer wieder zu lesen – ›Der Führer und Reichskanzler‹, sondern nur ›Der Führer‹ heißt.« (1940)[141] »Die katholische und evangelische Kirche verfälschen bewußt den Begriff ›Führer‹; sie wenden ihn neuerdings mit besonderer Vorliebe auf Christus an. [...] Der Begriff ›Führer‹ sei, bevor ihn die Partei schuf, niemals auf Christus angewandt worden.« (1940)[142] »Es wird nochmals darauf hingewiesen, daß in Zeitschriften die Bezeichnung ›Führer und Reichskanzler‹ nicht gebraucht werden darf. Die Bezeichnung lautet ein für alle Mal ›Der Führer‹.« (1940)[143] »Es ist erwünscht, künftig ausschließlich diese Bezeichnung [Betriebsführer] zu verwenden, nicht aber vom ›Führer des Betriebes‹ zu sprechen. Die Bezeichnung ›Führer‹ soll nur Adolf Hitler vorbehalten bleiben [...]« (1941)[144] »U-Bootführer verboten, statt dessen ›U-Bootkommandant‹.« (1942)[145] »In Zukunft soll der Ausdruck ›Führer und Oberster Befehlshaber der Wehrmacht‹ auch bei Besprechungen der militärischen Angelegenheiten immer mehr in den Hintergrund treten zugunsten des Begriffes ›Der Führer‹.« (1942)[146] Und Hitler räsoniert am 31. 3. 1942 im Führerhauptquartier Wolfsschanze: »Für unsere heutige Staatsform sei die Bezeichnung ›Führer‹ für den Staatschef die beste. [...] Wenn heute begriffliche Überschneidungen aufträten, es z. B. unter Fotografien heiße: ›neben dem Führer der Oberführer soundso, sein Adjutant‹ und von Straßenbahnführern, Zugführern usw. gesprochen würde, so spiele das keine Rolle, so lange er [Hitler] lebe. Wenn er aber einmal nicht mehr sei, müsse man das ändern und den Ausdruck ›Führer‹ zu einem einmaligen Begriff erheben. Schließlich falle es ja keinem Menschen ein, den Straßenbahn-Führer als Straßenbahn-Kaiser zu bezeichnen, und wenn der Führer einer Ortsgruppe: Ortsgruppenleiter statt Ortsgruppenführer heiße, empfinde kein Mensch das als nicht sachentsprechend.«[147]

Wenn auch Berning Belege für die Anwendung des Wortes ›Führer‹ auf Hitler ab 1922 beibringt, so unterstreichen die aufgeführten Anweisungen, welche intensive, jahrelange Werbearbeit Goebbels und seine Mitarbeiter aufwandten, um aus dem mehr oder minder naturwüchsigen Beiwort einen Begriff zu machen, der den Massen »zumindest dem (Marken-) Namen nach bekannt ist«, und dafür zu sorgen, daß die Bezeichnung ›Führer‹ Monopol für die Person Hitlers blieb.[148] Streng wurde darauf geachtet, daß keine Konkurrenzmarken wie ›Führer Christus‹, ›Führer des Betriebs‹ aufkamen, daß die monopole Markenstruktur durch das Verbot der Koppelung mit Begriffen wie ›Reichskanzler‹ oder ›Oberster Befehlshaber der Wehrmacht‹ gewahrt wurde, die als (gleichwertige) Ergänzung oder gar synonym hätten gelten können.[149] Selbst ein Witz aus dem Jahr 1935 kann als Reaktion auf diese Markenwerbung gelesen werden: »Ein Fuhrmann kommt mit seinem Gespann nach München und verletzt eine Verkehrsvorschrift. Der Schutzmann will ihn aufschreiben und fragt: ›Was sind Sie von Beruf?‹ ›Pferdeführer.‹ ›Das dürfen Sie nicht sagen. Wir haben nur einen Führer, das ist Adolf Hitler.‹ ›Schön. Dann bin ich eben Gau(l)leiter!‹«[150]

Nicht nur Kritiker der nationalsozialistischen Propaganda haben darauf hingewiesen, daß diese es verstanden habe, »die Erscheinung des ›Führers‹ zu einem Mythos zu machen«[151], auch Goebbels selber rühmte sich, seine wichtigste Leistung sei die Schaffung des Führer-Mythos gewesen.[152] Bramsteds Wortwahl deutet darauf hin, daß auch er die Parallelität von Wirtschafts- und Politikwerbung registriert hat: Goebbels' Leistung bestünde »in building up and advertising [i. e. annoncieren] the personality power of the Führer«.[153] Indirekt spiegelt dies Zitat auch den nachhaltigen Erfolg einer »Werbung, die schon selbst für die Öffentlichkeit zur Qualitätsgarantie geworden ist«. In der Literatur über den Nationalsozialismus tritt häufig genug die nationalsozialistische Eigenbezeichnung an die Stelle des kritischen Begriffs, wird die Unersetzlichkeit des Markennamens immer wieder neu bestätigt. So erschienen in den letzten Jahren in der BRD z. B. zwei Sammlungen mit Reden Hitlers unter den Titeln *Reden des Führers*[154] und *Es spricht der Führer*[155], in denen einer der Herausgeber versichert, dem Begriff ›Führer‹ »hafte etwas Charismatisches an«.[156] Appelliert wird offensichtlich an das, was die Markentechnik »Markentreue«[157] nennt; bestätigt wird so noch einmal die Funktionstüchtigkeit des Faschismus, der für seine Ziele die modernste Werbetechnik anzuwenden verstand.

6. Faschismus und Sprache

W. F. Haug hat in seiner *Kritik der Warenästhetik* vorgeführt, wie Markenwerbung im Dienste des Kapitals »im allgemeinen Bewußtsein und Sprachschatz ein Wort zu beschlagnahmen und zu privatisieren trachtet, um es zum Namen zu machen, der nur mehr die eigene Ware bezeichnet. [...] Die Wörter, die von der Markenwerbung zu Markennamen gemacht sind, erscheinen nun als Teil des Firmenvermögens«.[158] Hier wurde aufzuweisen versucht, daß diese mit dem Entstehen und der Durchsetzung der Monopole verknüpfte Werbetechnik von Goebbels auf die nationalsozialistische politische Propaganda adäquat übertragen wurde und daß diese Übertragung Teil einer äußerst funktionalen, »modernen« Propagandatechnik war.[159] Es ist kaum zu bestreiten, daß das, was Goebbels – wie das systematische »Aufbauen einer Führerpersönlichkeit« – »zum ersten Mal in der Geschichte mit exakter Berechnung durchgeführt« hat, »heute jeder Partei selbstverständlich geworden ist«[160]; wie selbstverständlich, hat Haug an den Auslassungen Helmut Schmidt dargestellt.[161] Sowenig wie im strengen Sinn von einer von den Haupttendenzen des Wandels der deutschen Sprache in diesem Jahrhundert abgehobenen Sprache des Nationalsozialismus gesprochen werden kann[162], so wenig ist dieser ›markentechnische‹ Teil von Goebbels' Propagandastrategie ein spezielles Kennzeichen des Faschismus. Die Propagandatechnik des Faschismus war eine durchaus kontinuierliche Weiterentwicklung der Praktiken aus Kaiserreich und Weimarer Republik und ist ihrerseits in der Bundesrepublik fortgesetzt worden.

Bis in die sechziger Jahre hinein wurde an den westdeutschen Universitäten nahezu unbestritten der Faschismus als Einbruch naturhaft-dämonischer Mächte außerhalb aller Entwicklungsgesetze der Menschheit in einen wenigstens in seinen Grundzügen geregelten Geschichtsablauf erklärt, der zugleich mit einer anderen – ebenfalls totalitären – Form politischer Herrschaft, dem Kommunismus, nahezu identisch sei. Zug um Zug wurde aus der Kritik an solcher Wissenschaft –

und das ist in einem nicht unerheblichen Maße Teil der Geschichte der politischen Bewußtwerdung der studentischen Linken – die Einbettung des Faschismus in den Kapitalismus analysiert und dargestellt.[163] Dieser Prozeß leidet im nachhinein vor allem darunter, daß er ex negativo an der These vom Exzeptionellen des Faschismus oftmals verharrte, wenn sich Phänomene, die zuerst am Faschismus erkannt worden waren, vor 1933 oder nach 1945 nachweisen ließen; Einordnungsschemata wie prä- oder postfaschistisch verweisen darauf, daß Bewegungsgesetze des Kapitalismus nicht primär als für ihn selbst, sondern als für den Faschismus konstitutiv gefaßt wurden, in dem sie zwar in besonderer Form, aber zugleich besonders klar erkennbar wurden. Dazu trug weiter bei, daß aufgrund der durch die Niederlage des Faschismus erzwungenen Öffnung der Archive die Materialbasis für Studien über den Nationalsozialismus günstiger ist als etwa für Arbeiten über die Weimarer Republik oder die BRD. In die Verteidigung gedrängt, mußten auch westdeutsche Wissenschaftler immer neue Materialien publizieren, die ihre These vom isolierten ›nationalsozialistischen Verhängnis‹ stützen sollten und die doch oft genug Belege boten, gerade den über diese Isolierung hinausreichenden Zusammenhang nachzuweisen. Die Theorie von der ungebrochenen Kontinuität zwischen Weimarer Republik, Faschismus und BRD verkümmert schließlich aufgrund ihrer scheinbaren agitatorischen Praktikabilität in der Folge der Studentenbewegung[164] zur undifferenzierten Identifizierung von Faschismus und Kapitalismus, wodurch der Faschismusbegriff nun gänzlich seiner analytischen Bedeutung als Beschreibung einer besonderen, verschärften Herrschaftsform des Kapitalismus entkleidet wurde.

Der skizzierte Zusammenhang von kapitalistischer Werbetechnik und nationalsozialistischer Propaganda, die Technik der Isolierung und Monopolisierung von Wörtern zu nationalsozialistischen Markennamen, soll nicht die Theorie einer Sprache des Nationalsozialismus neu fundieren, sondern darauf hinweisen, daß selbst diese unmittelbar von den nationalsozialistischen Institutionen initiierten Versuche der Sprachnormung erst von der Analyse des Faschismus als einer Herrschaftsform des Kapitalismus her angemessen zu bestimmen sind. Erst in dem Zusammenhang einer Analyse, die den

Sprachwandel dieses Jahrhunderts mit der Entwicklung der kapitalistischen Wirtschafts- und Gesellschaftsstruktur zu verknüpfen vermag, werden die angeblich die Sprache des Nationalsozialismus · konstituierenden Erscheinungen eingeordnet und daraufhin geprüft werden können, wie weit es sich tatsächlich um spezifisch nationalsozialistische sprachliche Erscheinungen handelt. Eine genauere Untersuchung der Entwicklung und Funktion von Markennamen in der deutschen Sprache mag ein Baustein dazu werden.

Anmerkungen

Dem Beitrag liegt der Anhang der Staatsexamensarbeit des Verfassers *Zur Kritik der Theorien über die Sprache des Nationalsozialismus*, Freie Universität Berlin, Dezember 1970, zugrunde.

1 Vgl. A. Hitler, *Mein Kampf*, München 1931[7], 1. Buch, 6. Kapitel, S. 193 bis 204; vgl. auch Hitlers Schilderung der »Entwendungen aus der Kommune« (Bloch) zur Gewinnung von Arbeitern für die Nationalsozialisten: *Tricks im Kampf um den Wähler. Aus der Kampfzeit der NSDAP*, in: H. Picker, *Hitlers Tischgespräche im Führerhauptquartier 1941-42*, Bonn 1951, S. 421-423.

2 *Times* von 25. 3. 1939, zit. nach Maser, *Adolf Hitlers ›Mein Kampf‹*, München 1969[2], S. 34 f.

3 K. Burke, *Die Rhetorik in Hitlers ›Mein Kampf‹*, Frankfurt am Main 1967, S. 11.

4 Ebd. S. 15.

5 Ebd. S. 29.

6 Ebd. S. 18.

7 G. Lukács, *Die Zerstörung der Vernunft*, Neuwied 1962, S. 632; ähnlich E. Bloch, *Erbschaft dieser Zeit*, Frankfurt am Main 1967, S. 79.

8 Vgl. E. K. Bramsteds Ausführungen über Lord Northcliffe und P. N. Cossmann, in: *Goebbels and the National Socialist Propaganda*, East Lansing, 1965.

9 Vgl. W. Münzenberg, *Propaganda als Waffe*, Paris 1937, S. 10.

10 F. Schönemann, *Die Kunst der Massenbeeinflussung in den Vereinigten Staaten von Amerika*, Berlin und Leipzig 1926[2], S. 8.

11 Ebd. S. 21.

12 Ebd. S. 8.

13 Ebd. S. 10.

14 Ebd. S. 27; Schönemann zitiert dabei aus der *Enzyklopaedia Britannica*.

15 Ebd. S. 17.

16 Vgl. Burke, a.a.O., S. 20.

17 Ähnlich beschreiben L. Löwenthal und N. Gutermann in *Agitation und Ohnmacht*, Neuwied 1966[2], die Wirkung amerikanischer Wahlkampfagitatoren.

18 Schönemann, a.a.O., S. 26.

19 Ebd. S. 26.

20 Vgl. ebd. S. 18 u. 26.

21 Zit. nach W. Bongard, *Fetische des Konsums*, Hamburg 1964, S. 41 und S. 43.

22 Roselius hat auch den Rundfunk als Propagandainstrument früh erkannt und nachdrücklich gefördert. 1920 war er im Verwaltungsrat des vom Auswärtigen Amt gegründeten *Eildienst für amtliche und private Handelsnachrichten GmbH*, 1922 investierte er in einen weiteren Vorläufer der Reichsrundfunkgesellschaft, die *Deutsche Stunde, Gesellschaft für drahtlose Belehrung und Unterhaltung mbH*, 100 000 Mark, ein Jahr später gab er einen weiteren Dollarkredit. Während des Nationalsozialismus war Roselius führendes Mitglied des formell dem Propagandaministerium unterstellten *Werberats der deutschen Wirtschaft.* Vgl. dazu K. Scheel, *Krieg über Ätherwellen*, Berlin/DDR 1970, S. 9 f., S. 161.

23 Bongard, *Fetische . . .*, a.a.O., S. 31.

24 Vgl. dazu vor allem R. Henzler: *Stichwort Markenartikel*, in: Handwörterbuch der Betriebswirtschaft Bd. III, Stuttgart 1960³, Sp. 3876 ff.; P. A. Baran, P. M. Sweezy, *Monopolkapital*, Frankfurt am Main 1970, Kap. V: *Verkaufsförderung*, S. 114-141.

25 Henzler, a.a.O., Sp. 3876.

26 Ebd.; »Markenbezeichnungen dienen der Kommunikation zwischen Produzenten und Verbrauchern«, Siegfried Geiger und Wolfgang Heyn, *Lexikon Marketing und Marktforschung*, S. 65; ähnlich Günther Friedrichs in: Christian Behrens (Hrsg.), *Handbuch der Werbung*, Wiesbaden 1970, S. 82, und Geiger/Heyn in: Behrens, a.a.O., S. 137.

27 Henzler, a.a.O., Sp. 3885.

28 Vgl. ebd., Sp. 3887 f.

29 Gabler, *Wirtschaftslexikon*, 2. Bd., Wiesbaden 1955⁶, S. 198.

30 W. F. Haug, *Kritik der Warenästhetik*, Frankfurt am Main 1972², S. 27.

31 Zit. nach Baran und Sweezy, a.a.O., S. 120.

32 Henzler, a.a.O., Sp. 3888.

33 Geiger/Heyn, a.a.O., S. 163 f., *Stichwort Markeninformation.*

34 Gabler, a.a.O., S. 198.

35 Haug, *Kritik . . .*, a.a.O., S. 27.

36 Ebd. S. 26 f.

37 Vgl. J. Möckelmann, S. Zander, *Form und Funktion des Werbeslogans*, Göppingen 1970, bes. S. 37.

38 Lukács, a.a.O., S. 632.

39 Haug, *Kritik . . .*, a.a.O., S. 28.

40 Vgl. R. Römer, *Die Sprache der Anzeigenwerbung*, Düsseldorf 1968, S. 53-59.

41 Ebd. S. 34.

42 *Wer ist Wer?* XVI. Ausgabe, Berlin/West 1970, S. 218.

43 Erst kürzlich hat die Werbeabteilung des Siemens-Konzerns in einer Selbstdarstellung die prägende Rolle Domizlaffs für den ›Siemens-Stil‹ herausgestellt; vgl. D. Rost (Hrsg.): *So wirbt Siemens*, Düsseldorf und Wien 1971, S. 50 f., 365 f.

44 Autorenkollektiv, *Manipulation*, Berlin/DDR 1969, S. 221.

45 Zur Biographie vgl., außer *Wer ist Wer?*, *Der Spiegel*, 38/1971, S. 180,

sowie D. W. Meyer (Hrsg.), *Begegnung mit Hans Domizlaff,* Essen 1967.

46 So sein Verleger K. Dulk, zit. nach W. Bongard, *Männer machen Märkte,* Hamburg 1969, S. 241.

47 H. Domizlaff, *Propagandamittel der Staatsidee,* Altona-Othmarschen 1931, S. 70.

48 Ebd. S. 72.

49 Ebd. S. 21.

50 Ders., *Die Gewinnung des öffentlichen Vertrauens,* Hamburg/Berlin 1939, S. 121.

51 Zit. nach Bongard, *Fetische . . .,* a.a.O., S. 63.

52 Domizlaff, *Propagandamittel . . .,* a.a.O., S. 57.

53 Ders., *Gewinnung . . .,* a.a.O., S. 124. Es überrascht zuerst, wenn Domizlaff die tautologische Formel ›Persil bleibt Persil‹ (bei Domizlaff ›Mandril bleibt Mandril‹, ebd., S. 126 f.) als »geistlos« verwirft und »kraftlos und überzeugungsunfähig« nennt; Domizlaff wendet ein, die Formel sei zu defensiv. Diese Kritik lehnt nicht die tautologische Struktur der Werbung ab, sondern fordert ihre aggressivere Formulierung.

54 Ders., *Propagandamittel . . .,* a.a.O., S. 18.

55 Ebd., S. 21.

56 Ebd., S. 13.

57 Zit. nach Bongard, *Männer . . .,* a.a.O., S. 241, 242.

58 Vgl. ebd., S. 24. Bongard zitiert dort ein Gespräch mit Domizlaff, der diese Äußerung Goebbels' behauptet.

59 Domizlaff, *Propagandamittel . . .,* a.a.O., S. 40. – Die Rezension ist abgedruckt im *Völkischen Beobachter* vom 4. 8. 1932; für Domizlaffs Behauptung, Hitler sei der Rezensent gewesen, läßt sich kein Hinweis finden (vgl. Bongard, *Männer . . .,* a.a.O., S. 242).

60 Picker, *Hitlers Tischgespräche,* a.a.O., S. 271.

61 W. F. Haug, *Zur Ästhetik von Manipulation,* in: *Das Argument* 25 (1963), S. 23.

62 Godards Filmtitel *La Chinoise. Die Kinder von Marx und Coca-Cola* benutzt ganz folgerichtig einen Markennamen zur Kennzeichnung des kapitalistischen Systems.

63 K. D. Abel, *Presselenkung im NS-Staat,* Berlin/ West 1968, S. 38 f.

64 Münzenberg, a.a.O., S. 250.

65 Abel, a.a.O., S. 37.

66 Bramsted, a.a.O., S. 51.

67 Abel, a.a.O., S. 145 f.

68 Vgl. O. J. Hale, *Presse in der Zwangsjacke,* Düsseldorf 1965, S. 247 u. 399.

69 Abel, a.a.O., S. V.

70 H. D. Müller (Hrsg.), *Das Reich.* Faksimile Querschnitt, München 1964, S. 9; ebenso bei Abel, a.a.O., S. 61; vgl. zur Technik der Vielfältigkeit auch Bramsted, a.a.O., S. 204.

71 Abel, a.a.O., S. 61 oder 64. Zum Problem vgl. auch R. Kretschmer und H. J. Koch, *Der Propagandaapparat des NS-Staates,* in: *Das Argument* 58 (1970), S. 305 ff.

72 Vgl. I. Gräfin Lynar (Hrsg.), *Frankfurter Zeitung.* Faksimile Querschnitt, München 1964, S. 8: »unverdorbene, in Reinheit sich erhaltende Sprache«, S. 13: »Das Instrument solcher Redlichkeit war im wesentlichen die Sprache.

Sie war noch sauber [...] durch Stil, Syntax, Wort, Sprachklima.« Die Funktion einer Zeitung wie der *FZ,* die 1939 Hitler geschenkt wurde, oder der Wochenzeitung *Das Reich* beschreibt H. D. Müller damit, daß die Zeitung beim Leser Zweifel aufkommen ließ, ob am Nationalsozialismus nicht doch etwas Diskutables sei. Das gehobene Niveau und der gute Stil – *Das Reich* war freigestellt von der ›Tagesparole‹ – waren sehr bewußt gezielt auf »die Intelligenz, die viele Behauptungen der Massenpropaganda nicht glaubte« (Müller, *Das Reich,* a.a.O., S. 76). Wenn in den Redaktionen die Maxime galt, daß wer anständig schreibt ein anständiger Mensch sei und die beteiligten Journalisten möglicherweise auch subjektive Vorbehalte dem Nationalsozialismus gegenüber hatten, änderte das nichts an ihrer Funktion für den Nationalsozialismus, sondern belegt, wie beliebig sich Sprache und Stil zum Inhalt verhalten. Gerade weil die Journalisten scheinbar frei vom nationalsozialistischen Einfluß waren, erfüllten sie ihre Aufgabe im Sinn von Goebbels' ›Polyphonie‹, und für sie gilt wohl, was Boelcke über die andere moderne Zeitschriftengründung des Nationalsozialismus, die Illustrierte *Signal,* sagt: »Doch nicht die Furcht vor Mißfallensäußerungen ihrer mächtigen Zensoren beflügelte den sichtbaren Eifer der Redaktion. Freiwillig und mit Überzeugung widmete sie sich ihrer Aufgabe.« Die relative Freiheit, in der Vorstellung der Journalisten weit stärker als in Wirklichkeit, war es, die diese Zeitungen für »mancherlei Spezialaufträge« (J. Hagemann, *Die Presselenkung im Dritten Reich,* Bonn 1970, S. 298) geeignet und zum »Blatt der Verklärung von Gewalt« (W. Jens) machte.

73 H. Arendt, *Eichmann in Jerusalem,* München 1964, S. 119.

74 H. Boveri, *Wir lügen alle,* Olten 1965, S. 538.

75 C. Berning, *Die Sprache des Nationalsozialismus,* in: *Zeitschrift f. deutsche Wortforschung,* 18. Jg., S. 16.

76 Gegen die Vermutung W. Dieckmanns, »daß vieles dafür spräche, »in den Praktiken des Nationalsozialismus eine Ausnahme zu sehen, jedenfalls was die Bewußtheit und Systematik betrifft« (*Sprache in der Politik,* Heidelberg 1969, S. 46) sprechen auch die Untersuchungen von K. Wernecke, *Der Wille zur Weltgeltung,* Düsseldorf 1970[2], und K. Koszyk, *Deutsche Pressepolitik im ersten Weltkrieg,* Düsseldorf 1968; ders., *Geschichte der deutschen Presse,* Teil III, Berlin/West 1972.

77 Abel, a.a.O., S. 46; die entsprechenden Institutionen in der BRD nennt F. Knipping, *Monopole und Massenmedien,* Berlin/DDR 1969, S. 132-141.

78 H. Diel, *Grenzen der Presselenkung und der Pressefreiheit im Dritten Reich,* Diss. Freiburg 1960, S. 56 f.

79 W. A. Boelcke (Hrsg.): *Kriegspropaganda 1939-1941,* Stuttgart 1966, und ders., *Wollt ihr den totalen Krieg?,* Stuttgart 1967. Es handelt sich um die amtlichen Protokolle der sogenannten Ministerkonferenzen, in denen Goebbels oder ein Vertreter den Journalisten die großen Linien der Nachrichten- und Kommentierungspolitik entwarf. Die Protokolle des Bandes *Kriegspropaganda* reichen vom 26. Oktober 1939 bis zum 31. Mai 1941, während die zweite Veröffentlichung zur Hälfte eine Auswahl aus dem ersten Band ist, zur Hälfte aber aus zuvor unveröffentlichtem Material besteht, das den Zeitraum vom 5. Juni 1941 bis zum 13. März 1943 umfaßt.

80 Quellen zu Goebbels' Presseanweisungen sind abgedruckt in: J. Wulf, *Presse und Funk im Dritten Reich,* Reinbek 1966, S. 90-110; Abel, a.a.O., Dokumentarischer Anhang; Boveri, a.a.O., S. 573 f.; ferner wurden zu bestimmten Stichworten die Arbeiten von C. Berning, *Vom ›Abstammungs-*

nachweis‹ zum ›Zuchtwart‹, Berlin/West 1964, und R. Glunk, *Erfolg und Mißerfolg nationalsozialistischer Sprachlenkung,* in: *Zeitschrift f. deutsche Sprache,* 22. Jg. 1966 ff., herangezogen.

81 Wie unzutreffend selbst bei dieser Rede diese Einschätzung ist, wird deutlich aus der Analyse J. Bohses, *Elemente von Pseudoklassenkampf in Goebbels' Rede vom totalen Krieg,* in: *Rhetorik, Ästhetik, Ideologie,* Stuttgart 1973, S. 219-236. Der nationalsozialistische Rüstungsminister Speer charakterisiert Goebbels in seinen Memoiren so: »Es wäre falsch, aus dem Routine-Fanatismus, der den Goebbelschen Reden eigen war, auf einen heißblütigen, von Temperament überschäumenden Menschen zu schließen. Er war ein fleißiger Arbeiter, kleinlich genau in der Durchführung seiner Ideen, ohne dabei die Übersicht über die gesamte Lage zu verlieren. Er besaß die Gabe, Probleme von ihren Begleitumständen zu abstrahieren, so daß er, wie mir damals schien, zu einem sachlichen Urteil gelangen konnte.« Albert Speer, *Memoiren,* Berlin/West 1969, S. 267. – Es ist sicher kein Zufall, daß Speer, der sich selber als Technokraten und weitblickenden Vorbereiter der Restauration des Nachkriegskapitalismus schon während der letzten Jahre des Nationalsozialismus darstellt, das Goebbels-Bild dem eigenen so ähnlich werden läßt.

82 Boelcke, *Wollt ihr den totalen Krieg?* a.a.O., S. 333.

83 Ders., *Kriegspropaganda . . .,* a.a.O., S. 238.

84 Ebd. S. 611.

85 Ebd. S. 727.

86 Ebd. S. 387.

87 Ebd. S. 548.

88 Ders., *Wollt ihr den totalen Krieg?* a.a.O., S. 201 f.

89 Ebd. S. 190.

90 Ders., *Kriegspropaganda . . .,* a.a.O., S. 318.

91 H. Arendt, *Elemente totaler Herrschaft,* Frankfurt am Main 1958, S. 136; vgl. auch Boelcke, *Kriegspropaganda . . .,* a.a.O., S. 189.

92 Die Fixierung auf die Person Goebbels' ist insofern zu rechtfertigen, als in den meisten Streitpunkten, die in den von Boelcke edierten Konferenzprotokollen erscheinen, er der Vertreter funktionaler Methoden und Begriffswahl, oft gegen andere Partei-, Staats- und Militärgrößen, ist. Sicher hatte er eine Reihe ähnlich denkender Mitarbeiter, die auch für die Fortsetzung seiner Vorstellungen in der BRD sorgten, so z. B. der Staatssekretär im Propagandaministerium Naumann; vgl. dazu B. Klarsfeld und J. Billig, *K. und der subtile Faschismus,* Berlin/West 1969, und Boelcke, *Kriegspropaganda . . .,* a.a.O., S. 54-57.

93 Vgl. dazu die umfangreiche Literatur über die sogenannte Sprache des Nationalsozialismus, neben der bisher genannten vor allem E. Seidel und I. Seidel-Slotty, *Sprachwandel im Dritten Reich,* Halle 1961; V. Klemperer, *Die unbewältigte Sprache* – LTI – Darmstadt o. J.; S. Frind, *Die Sprache als Propagandainstrument des Dritten Reiches,* Diss. Berlin 1964; C. Kessemeier, *Der Leitartikler Goebbels,* Münster 1967. – Vgl. auch meinen *Bericht vom Ende der ›Sprache des Nationalsozialismus‹* in: *Diskussion Deutsch* 19 (1974), S. 445-464.

94 Vgl. Klemperer, a.a.O., S. 30; Berning, *Die Sprache des Nationalsozialismus,* a.a.O., 19. Jg., S. 93; Kessemeier, a.a.O., S. 261.

95 Vgl. Boelcke *Wollt ihr den totalen Krieg?* a.a.O. S. 201.

96 Vgl. ders., *Kriegspropaganda . . .,* a.a.O., S. 243, 299, 303, 339, 727.

97 Ders., *Wollt ihr den totalen Krieg?* a.a.O., S. 257. H. Fritzsche forderte

von Zeitungsredakteuren, »sich der leider allzu oft verwandten Schlagworte zu enthalten und eigene, neue Formulierungen zu finden«; zit. nach Bramsted, a.a.O., S. 113.

98 Vgl. Berning, *Abstimmungsnachweis* . . ., a.a.O., S. 124.

99 Vgl. ebd. S. 175-177. Als Beispiel für den tarnenden Sprachgebrauch des Nationalsozialismus hat J. Wulf diesem Wort eine Untersuchung gewidmet: *Aus dem Lexikon der Mörder*, Gütersloh 1963.

100 Vgl. Glunk, a.a.O., 22. Jg., S. 66.

101 Vgl. ders., a.a.O., 23. Jg., S. 92.

102 Vgl. Boelcke, *Kriegspropaganda* . . ., a.a.O., S. 514 und 547, sowie der Dokumentenanhang bei Abel, a.a.O., Dok. 147/6 und Berning, *Abstammungsnachweis* . . ., a.a.O., S. 125. Berning nennt das Wort ›Lufthunnen‹ »von Goebbels geschaffen«; am 16. September 1940 wurde das Wort ›Luftpiraten‹ ausdrücklich verboten, am 14. Oktober 1940 soll geklärt werden, »ob der Führer das Wort ›Nachtpiraten‹ ausdrücklich wünscht«. Goebbels ist zu diesem Zeitpunkt sicher gegen die Verwendung dieser Wörter.

103 Vgl. E. Murawski, *Der deutsche Wehrmachtbericht*, Boppard 1962, S. 106. Laut Murawski sind Goebbels und das OKW gegen, Hitler und Jodl für den Gebrauch des Begriffs.

104 Vgl. Boelcke, *Kriegspropaganda* . . ., a.a.O., S. 299, 303, 339.

105 Vgl. Glunk, *Erfolg und Mißerfolg* . . ., a.a.O., 26. Jg., S. 92, Stichwort ›Lawiführer‹.

106 Vgl. Boelcke, *Kriegspropaganda* . . ., a.a.O., S. 728, sowie das von Goebbels initiierte ›Gesetz zum Schutz der nationalen Symbole‹ vom 27. 2. 1936; dazu Frind, a.a.O., S. 46.

107 Vgl. Boelcke, *Kriegspropaganda* . . ., a.a.O., S. 238, 611.

108 In: *Kampf um Berlin*, S. 46, zit. nach Bramsted, a.a.O., S. 20.

109 Ebd. S. 23.

110 Glunk, a.a.O., 22. Jg., S. 63.

111 Vgl. Boelcke, *Wollt ihr den totalen Krieg?* a.a.O., S. 219.

112 Vgl. Glunk, a.a.O., 23. Jg., S. 95.

113 Boelcke, *Wollt ihr den totalen Krieg?* a.a.O., S. 335.

114 Vgl. Boelcke, *Kriegspropaganda* . . ., a.a.O., S. 489.

115 Vgl. ebd., S. 577.

116 Ebd. S. 300; Hervorhebung g. v.

117 Vgl. ebd. S. 355 und 394.

118 Vgl. ders., *Wollt ihr den totalen Krieg?* A.a.O., S. 290.

119 Vgl. ebd. S. 311.

120 Glunk, a.a.O., 23. Jg., S. 103. Laut Boelcke lehnte Goebbels auch die Formel vom ›Kreuzgang gegen den Bolschewismus‹ ab, da mit ›Kreuzzug‹ zu viele negative Reminiszenzen verknüpft seien. Gegen Kriegsende sprach aber Goebbels selbst vom ›heiligen Kreuzzug‹; vgl. Boelcke, *Wollt ihr den totalen Krieg?* a.a.O., S. 182, 341.

121 Boelcke, *Kriegspropaganda*, a.a.O., S. 397.

122 Vgl. Glunk, a.a.O., 23. Jg., S. 104.

123 Vgl. Schönemann, a.a.O., S. 24.

124 Vgl. P. von Polenz, *Sprachpurismus und Nationalsozialismus*, in: E. Lämmert u. a., *Germanistik – eine deutsche Wissenschaft*, Frankfurt a. M. 1967, S. 119.

125 Glunk, a.a.O., 23. Jg., S. 100.

126 von Polenz, *Sprachpurismus* . . ., a.a.O., S. 119.

127 Zit. nach Glunk, a.a.O., 23. Jg., S. 101.

128 Zit. nach ebd.

129 Franz Dornseiff hat 1945/46 notiert: »*Weltanschauung* war also zum Eigennamen geworden und bedeutete das nationalsozialistische Denken [. . .]« (F. Dornseiff, *Weltanschauung. Kurzgefaßte Wortgeschichte,* in: ders., *Sprache und Sprechender,* Leipzig 1964, S. 377) – Vgl. auch das Kapitel *Begriffe* bei J. Hagemann, *Die Presselenkung im Dritten Reich,* Bonn 1970, S. 206 ff.

130 Vgl. Boelcke, *Wollt ihr den totalen Krieg?* a.a.O., S. 233.

131 Zit. nach Belegen bei Glunk, a.a.O., 24. Jg., S. 89, Stichwort Kongreß.

132 Vgl. Boelcke, *Kriegspropaganda* . . ., a.a.O., S. 489, und ders., *Wollt ihr den totalen Krieg?* a.a.O., S. 212.

133 Wulf, a.a.O., S. 105.

134 Ebd., S. 98.

135 Vgl. Glunk, a.a.O., 23. Jg., S. 108.

136 Ebd. 24. Jg., S. 117.

137 Ebd. 22. Jg., S. 71.

138 Boveri, a.a.O., S. 573.

139 Ebd.

140 Wulf, a.a.O., S. 105; ebenso bei Glunk, a.a.O., 22. Jg., S. 146.

141 Boelcke, *Kriegspropaganda* . . ., a.a.O., S. 552.

142 Ebd. S. 592.

143 Abel, a.a.O., Anh., S. 147.

144 Ebd. Anh., Dok. 138; ebenso bei Glunk, a.a.O., 22. Jg., S. 146.

145 Ebd. 22. Jg., S. 146.

146 Ebd.

147 Picker, »Hitler« a.a.O., S. 217 f. – Hitler baut hier die propagandistische Überleitung des auf seine öffentliche Individualität zugeschnittenen Scheins der Personalisierung politischer Herrschaft als »Mann, der Geschichte macht« in einen staatsrechtlich definierten Rang »Führer«, der die Stabilität faschistischer Herrschaft über seinen Tod hinaus absichern soll, auf die Eingeführtheit des politischen Markennamens »Führer«. Allerdings weiß die Markenwerbung, daß »die Stärke, aber auch in gewissem Sinn die Tragik der Marke [darin liegt, daß sie] – wenn sie sich erst einmal durchgesetzt hat   im Grunde nur ein Produkt ›trägt‹.« Bongard, *Fetische* . . ., a.a.O., S. 164 f.

148 Vgl. Berning, *Sprache* . . ., a.a.O., S. 81-83; Viktor Reimann, *Dr. Joseph Goebbels,* Wien 1971, führt aus, Goebbels habe Ende 1931 den Namen ›Führer‹ als verpflichtend für die Partei eingeführt. Der Vorschlag sei von Reichsarbeitsführer Hierl gekommen (vgl. S. 9, 365). S. Bork, *Mißbrauch der Sprache,* Bern 1970, S. 54, setzt den Zeitraum 1932-39 an, in dem »sich der ›Führer‹-Begriff als persönlicher Name für Hitler« als »Monopol-Bezeichnung« durchsetzte.

149 Maser hat ermittelt, daß ab 1930 in den Neuauflagen von *Mein Kampf,* das Wort ›Reichsführer‹ zu ›Führer des Reiches‹ korrigiert wird. Schon weil an der entsprechenden Stelle (*Mein Kampf,* München 1938, S. 779) die politischen Führer (Plural!) des Deutschen Reichs im 1. Weltkrieg gemeint sind, dürfte Masers Erklärung der Korrektur, ›Reichsführer‹ sei der Titel Himmlers gewesen, nicht richtig sein.

150 K. Hirche, *Der braune und der rote Witz,* München 1968³, S. 77.

151 Münzenberg, a.a.O., S. 30; ähnlich Bramsted, a.a.O., S. 238.

152 Vgl. dazu Kessemeier, a.a.O., S. 80, die sich auf Fraenkel/Manvell: *Goebbels*, und Semmler: *Goebbels*, beruft.

153 Bramstedt, a.a.O., S. 451 f.

154 E. Klöss (Hrsg.), München 1967.

155 H. von Kotze und N. Krausnick, Gütersloh 1966.

156 Klöss, S. 20.

157 Vgl. H. Kropff, *Wörterbuch der Werbung*, Essen 1959, *Stichwort Markentreue*.

158 Haug, *Kritik . . .*, a.a.O., S. 32.

159 Speer hat darauf in seiner Verteidigung vor dem Nürnberger Gerichtshof verwiesen: »Die Diktatur Hitlers [. . .] war die erste Diktatur in dieser Zeit moderner Technik, eine Diktatur, die sich zur Beherrschung des eigenen Volkes der technischen Mittel in vollkommener Weise bediente.« Zit. nach Anna Teut, *Architektur im Dritten Reich,* Berlin/West 1967, S. 373. Hierzu gehörte neben dem bereits erwähnten Rundfunk z. B. auch das Mittel der Stimmungsberichte aus der Bevölkerung, die der Sicherheitsdienst der SS während des Krieges erstellte und die Goebbels auch sorgfältig studierte (vgl. Heinz Boberach [Hrsg.]: *Meldungen aus dem Reich*, Neuwied 1965). – »Wir waren erst am Anfang dieser Entwicklung«, Speer, zit. nach A. Teut, a.a.O., S. 373.

160 Reimann, a.a.O., S. 10.

161 Vgl. Haug, *Kritik . . .*, a.a.O., S. 37-39.

162 »Eine spezifische ›Nazisprache‹ gab es nicht«, P. von Polenz, *Geschichte der deutschen Sprache,* Berlin 1970[7], S. 164.

163 Vgl. dazu die Faschismusdiskussion in der Zeitschrift *Das Argument.* Es handelt sich um die Nummern 30 (1964), 32 (1965), 33 (1965), 41 (1966), 47 (1968), 58 (1970), 87 (1974).

164 Vgl. dazu etwa J. Agnoli, *Zur Faschismus-Diskussion*, in: *Berliner Zeitschrift für Politologie* 2 (1968), 4 (1968) und A. Glucksmann, *Der alte und der neue Faschismus*, in: M. Foucault u. a., *Neuer Faschismus, Neue Demokratie*, Berlin/West 1972, S. 108.

III. Vermittlungsprobleme

Wolfgang Fritz Haug
Probleme der Vermittlung der Kritik der Warenästhetik

Der folgende Text ist die überarbeitete und um das Verzeichnis von Materialien und Beispiele gekürzte Fassung eines Exposés, das für die Hersteller des Fernsehfilms *Der schöne Schein der Ware* geschrieben worden war. Die Produzenten des Films konnten allerdings mit dem folgenden Orientierungsschema anscheinend wenig anfangen. Wahrscheinlich ist es »zu theoretisch«, denn es bietet nur ein (zudem rohes) Konzept zur Auffassung der Struktur des zu visualisierenden Gegenstands und Materials. Die gängige Fernseh-Ästhetik läuft in die entgegengesetzte Richtung als die im folgenden vorgeschlagene.

1. Gegenstand und Ziele der Darstellung

1.1. Kurze Skizze des Gegenstandes

Die Sphäre der Warenästhetik und ihrer faszinierenden Gebilde soll durchschaubar gezeigt werden. Warenästhetik ist Symptom und Instrument unserer antagonistischen Verhältnisse der Produktion und Reproduktion des Lebens. Sie ist *übertriebenes ästhetisches Gebrauchswertversprechen* mit der Funktion, die Realisation des Werts zu erleichtern. In Keimform ist sie im Interessengegensatz jedes Tauschs angelegt. Im Spätkapitalismus produziert eine eigene Industrie mit kompliziertesten, den menschlichen Sinnesorganen überlegenen Technologien die Ästhetik der Waren. In Gestalt der Markenartikel verdrängte sie die »namenlosen Waren« (rückblickender Ausdruck für die bloß als Gebrauchswerte bestimmter Art auftretenden Waren) und bildete die Grundlage der Beschlagnahme des Marktes durch immer weniger Riesenkonzerne. Jeder Markenartikel stellt ein *ästhetisches Gebrauchswertmonopol* dar. Hat er sich erst einmal durchgesetzt, so sind die

Bedingungen gegeben für periodische *ästhetische Innovationen* der Markenartikel mit der Funktion, die noch in Gebrauch befindlichen Exemplare einer Warensorte zu veralten. So wird mit ästhetischen Hebeln regelmäßig eine Warengeneration nach der anderen auf den Abfallhaufen geworfen.

Die ästhetische Innovation ist zwar eine Bewegung der Gebrauchswertgestalt der Waren, also eine Bewegung der Dinge. Sie hat aber die Funktion, vermittels ästhetischer (sinnlicher) Reize die Menschen zum Kauf zu veranlassen. Sie kann also nur wirken, wenn sie in die Reizbarkeit der Sinne eingreift. So funktioniert ästhetische Innovation der Waren als *permanente Transmodellierung der menschlichen Sinnlichkeit;* sie funktioniert so vor allem von der sozialen Funktion der Kaufdinge (Waren) für die Menschen her. Eine solche soziale Funktion, ein *sozialer Gebrauchswert* besteht dort, wo Dinge zwischenmenschliche Beziehungen vermitteln. Die ästhetische Innovation der Waren und damit die Modellierung der Sinnlichkeit haken daher vor allem ein bei der Angewiesenheit der Menschen aufeinander – z. B. in sexueller Hinsicht oder in Fragen beruflicher Karriere sowie in vermittelten Übergangsformen.

Die Innovationen bewirken oft zugleich Verschlechterung der Waren, wie sie andererseits solche Verschlechterung ästhetisch kompensieren sollen. Das muß allerdings nicht notwendig so sein. Notwendig dagegen realisieren sie ständigen Zumutungsdruck an jeden, permanente Verunsicherung. Neue Formen der sozialen Schuld und Gewissenserforschung entstehen: »Bin ich richtig ausgestattet?« Sofern die Selbstausstattung die berufliche Laufbahn vermittelt, lebt die alte Ideologie »Der Mensch ist seines Gückes Schmied« fort. Jeder ist selbst schuld, wenn er es nicht zu etwas bringt.

Randeffekte, die allerdings auch andere Ursachen haben und im übrigen immer mehr in den Mittelpunkt drängen: Die Mehrzahl der Bevölkerung ist psychisch krank (u. a. durch Überreizung bei permanenter Frustration). Die Umwelt verschmutzt, woran Verpackungen und alle anderen Formen der Warenästhetik, nicht zuletzt die »veralteten« und weggeworfenen Produkte, kräftig beteiligt sind. Es findet eine ungeheure Verschwendung von materiellen Ressourcen statt, zugleich eine ungeheure Verschwendung von menschlicher Arbeit. Zunehmende Vergeudung von Lebenszeit eines jeden: hierauf reduziert sich letztlich alles.

Wenn, wie aus Erhebungen der Textilindustrie hervorgeht, jugendliche Arbeiter in der Regel alle drei Monate »sich neu einkleiden«, so »bezahlen« sie mit ihrer Lebenszeit in Form von überflüssiger Arbeit, letztlich mit Zukunftschancen.

1.2 Darstellungsziele

1.2.1 Kurze Skizze des allgemeinen Darstellungsziels
In den faszinierenden Gebilden der Warenästhetik sollen der grundlegende Interessengegensatz und zugleich eine Betätigungsform der Produktionsverhältnisse erkannt werden.

Warenästhetik soll durchschaut werden können als eine Form der Überwältigung (von den sinnlichen Reizen her).

Es soll erkannt werden können, daß Warenästhetik eine Form von Propaganda ist – Propaganda nicht nur für Waren, sondern auch für »ways of life« (bestimmte Ausgestaltungen von »Lebensstandard«) in ständiger Innovation, endlich für ein Gesellschaftssystem.

1.2.2 Besondere Darstellungsziele
1.2.2.1 Warenästhetik als Form sinnlicher Beeinflussung im Rahmen von Ware-Geld-Beziehungen gegensätzlicher Interessen. Das Instrument, das im Interessengegensatz (Antagonismus) vom Wertstandpunkt aus eingesetzt wird, soll man auf das antagonistische Verhältnis beziehen lernen. So, als ob die Fische lernen sollten, im Köder den Haken zu erkennen.

1.2.2.2 Übertreibung und Scheincharakter des »übertriebenen ästhetischen Gebrauchswertversprechens« sollen gezeigt werden.

1.2.2.3 Die objektiven und subjektiven Mittel (und Momente) der Warenästhetik sollen differenziert und in ihrem Gesamtzusammenhang (als funktionelle Totalität) gezeigt werden.

1.2.2.4 Es soll erkannt werden, wie es möglich ist, mit rein ästhetischen Mitteln ein Gebrauchswertmonopol (gesetzlich geschützte Erscheinung) zu begründen.

1.2.2.5 Auf der Basis des ästhetischen Gebrauchswertmonopols ist die ästhetische Innovation vorzuführen.

1.2.2.6 Triebmodellierung durch dieselbe, evtl. pathologische Auswirkung.

1.2.2.7 Propagandacharakter.

1.2.2.8 Vergeudungseffekt (durch Verpackung und ästhetische Veraltung).

1.2.3 Besonderes aktivierendes Darstellungsziel

Es muß gezeigt werden, wie Warenästhetik durch Aktivitäten bestimmter Art entlarvt und um ihre Faszination gebracht werden kann.

Es müssen aber Handlungen sein, die in Reichweite des durchschnittlichen Zuschauers sind. Die entlarvende Handlung ist wichtig, um die negative Entsprechung der Faszination, die Lähmung durch Übermacht, zu vermeiden.

2. Schwierigkeiten der Darstellung, zu vermeidende Gefahren

2.1 Allgemeinste Schwierigkeit

Die zum Gegenstand gehörenden Dinge, Personen, Verhältnisse, wie sie sich unmittelbar selbst darstellen, geben den grundlegenden Zusammenhang, geben ihr inneres Wesen nicht heraus. Aussehen ist hier eine Waffe – und zwar von der besonderen Art, das Gegenteil dessen zu zeigen, was ist. Die Verstellung zeigt nicht die Verstellung. Man kann also nichts einfach abfotografieren.

Man kann auch Interviews nicht ohne weiteres einsetzen, teils deshalb, weil die Äußerungen der interessierten Personen ebenso Waffen in der Interessenverfolgung sind wie das Äußere der Waren; teils deshalb, weil es dieser Art von Kampf entspricht, daß er hauptsächlich in dem Ausmaß gewonnen wird, in dem die unterlegene Seite unmittelbar weder merkt, daß gekämpft wird, noch gar, daß sie unterlegen ist, kurz, weil der Wirkungszusammenhang den Unterlegenen gerade nicht oder nur sehr unzulänglich bewußt sein wird.

Man kann also nicht einfach Aufnahmen von der Realität machen, sonst verdoppelt man sie nur, schafft aber keinen Durchblick. Andererseits muß es gelingen, die Kritik am Visuellen der Warenästhetik selber visuell zu gestalten. Die Warenästhetik kritisieren heißt, ihr soziales Wesen zeigen. Aber wie es sichtbar machen, wenn zu diesem Wesen notwendig gehört, gerade *nicht sichtbar* zu sein?

Man muß das Problem lösen, eine Anstrengung, undurchschaubar zu sein, durchschaubar zu zeigen.

Man muß Mittel und Wege finden, um zu zeigen, wie jemand oder etwas angestrengt als sein Gegenteil erscheint. Man muß in etwas Sichtbarem sein Gegenteil zeigen.

2.2 Zu vermeidende allgemeinste Gefahr

Die Oberfläche einfach abzubilden, die Dinge, Zustände einfach abzufotografieren, reproduziert auch ihre Faszination. Es würde auch nichts nützen, den Bildern einen kritischen Kommentar zu unterlegen. Die bildlich-sinnliche Faszination ist grundsätzlich stärker als der bloß verbale Kommentar. Deshalb würde auf diese Weise allenfalls ein Werbefilm zweiten Grades mit dünnem sozialkritischen Firnis entstehen. Der durch den kritischen Kommentar erzeugte Eindruck von Sozialkritik hätte vermutlich die ungewollte Wirkung, die Wachsamkeit des kritischen Bewußtseins einzuschläfern und so der Warenästhetik desto wirksamer den Weg in die tieferen Regionen zu öffnen. Gegen warenästhetische Bilder käme der kritische Kommentar nicht auf. Zudem: Welche Sprache sollte er sprechen?

2.3 Diskrepanz von »Wissenschaft« und »Alltagsbewußtsein« als Sprachproblem

Es hätte keinen Sinn, das Wesen der Warenästhetik in einem solchen Kommentar zu konstatieren – und sei die Konstatierung noch so wissenschaftlich abgesichert. Weder erreicht die Wissenschaftssprache, in der solche »Wesensaussagen« gemacht werden könnten, das Alltagsbewußtsein, noch vermag sie ohne weiteres die Phänomene so, wie sie im Alltag unmittelbar erlebt werden, anzusprechen. Diese doppelte Sprachdiskrepanz ist ein weiterer Grund, warum es falsch wäre, etwas zu zeigen, das sein Wesen nicht zeigt, und dabei das Wesen verbal zu benennen.

Es muß eine »Sprache« gefunden werden, die keine Distanz zu den jeweils gezeigten Phänomenen hat, die unmittelbar verständlich ist und doch das Wesen der Phänomene aussagt.

Das scheint zunächst unmöglich.

2.4 Besondere Gefahren

2.4.1 Wenn man zu besonders drastischen Beispielen greift, um die Faszination schon vom Material her zu durchbrechen – es ist dies das übliche Verfahren –, dann entsteht die falsche Mitteilung, der Gegenstand des Filmes seien Auswüchse, schlimme Ausnahmefälle. So verfehlt man das Thema vollständig und hat, ohne es zu wollen, einen wirksamen Beitrag zur Apologie der Warenästhetik geleistet.

2.4.2 Auch die Entlarvung einer irrationalen Macht kann diese Macht noch festigen, wenn sie dem Publikum diese Macht als seine eigene Ohnmacht vorführt. Blinder Eifer schadet auch hier nur. Man muß diesen lähmenden, niederdrückenden, zu Kulturpessimismus führenden Effekt unbedingt vermeiden.

2.5 Konsequenzen

Bloße Aufnahmen von der Realität und Interviews können nicht unvermittelt Verwendung finden. Ihre Verwendung setzt die Lösung des Vermittlungsproblems bereits voraus.

Die Hauptaufgabe besteht darin, den Gegenstand zu »vermitteln«.

Der Gegenstand muß konstruiert werden, um durchschaubar gezeigt werden zu können.

Er muß als das Normale konstruiert werden.

Er muß in einer Perspektive konstruiert werden, die Handlungsmöglichkeiten zeigt. Er muß als besiegbar dargestellt werden.

U. a. kann man das so machen, daß man seine Entlarvung von handelnden Personen, die jeder sein könnte, spielen läßt.

3. Konstruktion des Gegenstandes

Unmittelbar kann der Gegenstand nicht gezeigt werden – wie kann man ihn vermitteln? Ein warenästhetisches Phänomen zu vermitteln heißt, es als sein eignes Gegenteil zu zeigen – wie das?

Es geht nur so, daß man Dingliches auf Soziales zurückführt und daß man Statistisches in der Bewegung seines Werdens vorführt. Das Gegenteil des Phänomens im Phänomen selbst wird so gezeigt, daß die Bewegung zwischen den beiden Polen durchlaufen wird.

Man kann wissenschaftlich an die Konstruktion des Gegenstandes herangehen, indem man seine verschiedenen Ebenen systematisch analysiert und dabei besonders auf die Gegensätzlichkeit achtet. Der Gegenstand ist ja ein sozialer. Ihn konstruieren heißt sich in bestimmter Weise zwischen den sozialen Ebenen, also in der Gesellschaftsstruktur bewegen. Durch Hinundherbewegung zwischen gegensätzlichen Ebenen können Gegensatz und Zusammenhang der Entgegengesetzten »sichtbar« gemacht werden.

Dabei sind gerade die Spannungen zwischen den gegensätzlichen Ebenen (etwa zwischen Alltag und Illusionsträumen) auszunutzen für Erkenntnis.

Die Konstruktion des Gegenstandes kann sich zwischen drei Bezugspunkten und den auf sie bezüglichen Ebenen bewegen.

4. Die Bezugspunkte und ihre Ebenen, zwischen denen sich die Darstellung bewegen kann

Unter Bezugspunkten werden hier die Instanzen begriffen, auf die bezogen man die Warenästhetik darstellen kann. Entweder kann man sie in Beziehung aufs Individuum darstellen oder in bezug auf die Ware. Im folgenden beginne ich mit der Gesellschaft als der umfassenden Beziehung, in der Individuen und Dinge wie aus der Vogelperspektive in ihrem Zusammenhang betrachtet werden, natürlich nur »theoretisch«, denn die Gesellschaft ist nicht unmittelbar sinnlich erfahrbar; sie darzustellen erfordert Konstruktion, hochgradige Künstlichkeit der Darstellung. Wenn sie hier zuerst genannt wird, dann die Dinge und dann erst die Individuen, so soll damit das Individuum als die schwächste, plastische, passive Gestalt, die es in Wirklichkeit auch ist, gezeigt werden. Aufgrund bestimmter gesellschaftlicher Verhältnisse (erste Instanz), in denen die Arbeitsprodukte Warenform annehmen und als »gesellschaftliche Dinge« (Ausdruck der verdinglichten Sozialbeziehungen) fungieren (zweite Instanz), kann das Individuum (dritte Instanz) nur als abhängige Größe auftreten.

Die Reihenfolge der Bezugspunkte und Ebenen soll nichts besagen über eine Reihenfolge in der Darstellung.

Die folgende Gliederung soll nur das Zuordnen und Einschätzen des Materials erleichtern und bei der Suche nach den dem Material inhärenten Spannungen und darstellerischen Verwendungsmöglichkeiten systematisch anleiten.

4.1 Gesellschaft

4.1.1 Produktion, Verhältnisse in derselben: Lohnarbeit und Kapital vorherrschendes Verhältnis, bestimmt durch Ungleichheit und Interessengegensatz der Klassen.

4.1.2 Tauschsphäre (Markt), Tauschbeziehungen bzw. Kauf und Verkauf. Diese Beziehungen sind bestimmt durch formale Gleichheit der »Tauschpartner« bei symmetrischem Interessengegensatz (jeder gewinnt so viel, wie der andere verliert).

4.1.2.1 Arbeitsmarkt als besonderer Markt, auf dem der Arbeiter als Verkäufer seiner Arbeitskraft, der Kapitalagent als Käufer derselben auftritt.

4.1.3 Das ökonomische System des Kapitalismus, sein Grundwiderspruch, gesellschaftliche und doch planlose Produktion zu sein, die nur funktioniert in dem Maße, in dem die Kapitalbesitzer Gewinne machen können.

Periodische Krisen und Konjunkturen krempeln wie Naturkatastrophen, jedenfalls wie übermächtiges blindes Schicksal das Sich-eingerichtet-Haben der abhängigen Massen immer wieder um.

4.1.4 *Spannungen* bestehen zwischen allen drei Ebenen. Hier Gleichheit und Freiheit, dort Ungleichheit und »Lohnknechtschaft« (Untergebenheit und Abhängigkeit).

Hier alles produziert, dort einen Teil des Produkts zurückge-
kauft.

Produktivität wird in der Absatzkrise destruktiv, das Produkt »erschlägt den Arbeiter« (bringt ihn um den Arbeitsplatz).

4.2 Die Gebrauchsdinge als Waren

Sie treten in drei »Ebenen« auseinander, »sind« deren Zusammenhang:

4.2.1 Ebene der Waren als Gebrauchswerte;

4.2.2 Ebene der Waren als Tauschwerte;

4.2.3 Ebene des übertriebenen ästhetischen Gebrauchswertversprechens vom Standpunkt des Tauschwerts, kurz: Ebene
der Warenästhetik.

Der Gegensatz von Gebrauchswert und Tauschwert – bzw.
der dahinter stehenden Interessenstandpunkte – erscheint
u. a. in der Inkongruenz der Ware und ihrer Ästhetik.

Nochmals die drei Ebenen (oder Aspekte), anders
benannt:

4.2.1.1 nützliche Dinge, erfahren in der Benutzung;

4.2.2.1 Verwertung, Warenkapital, Realisationsfunktion:
Kapital;

4.2.3.1 der schöne Schein der Waren, Totalität des Scheins,
Scheinwelt.

4.2.4 *Auszunutzende Spannungen:*

4.2.4.1 Spannung zwischen den Standpunkten des Gebrauchswerts und des Tauschwerts;

4.2.4.2 Spannung zwischen Scheinwelt und realer Brauchbar-
keit;

4.2.4.3 Spannung zwischen Scheinwelt und kaufkraftbe-
grenzter Zugänglichkeit der »beschienenen« Dinge, (z. B. 3
Mio. Einpersonen-Haushalte mit weniger als 300,– DM
Monatseinkommen, konfrontiert mit universeller Anprei-
sung).

4.3 Die Individuen

4.3.1 Arbeit und Erwerb;

4.3.2 Bedürfnisse und ihre reale Befriedigung bzw. Frustration, nackte Alltagsrealität;

4.3.3 Bedürfnisse und imaginärer Raum ihrer Befriedigung, in die Welt der Warenästhetik hineinspielend, von ihr hervorgelockt.

Es bedarf großer Anstrengung, um die zweite und die dritte Ebene auseinanderzudividieren. Tatsächlich sind sie ineinander verworren, weil es anders gar nicht funktionieren und ausgehalten würde. Aber ihre Inkongruenz in der Verworrenheit wird als diffuses Leid erfahren, macht unzufrieden, böse, krank oder süchtig.

4.3.4 Wechselbeziehungen der derart aufgebauten Individuen miteinander. Ihre Beziehungen ausgefüllt wie imaginäre Räume, zugleich im Gegensatz zu denselben.

Von diesen Beziehungen her zwangsförmige Ausstrahlung auf die beteiligten Individuen.

4.3.5 *Spannungen:*

4.3.5.1 Zunächst zwischen der ersten Ebene und den beiden andern Ebenen: Arbeit versus »Freizeit«.

4.3.5.2 Dann zwischen der zweiten und der dritten Ebene: wie zwischen Sein und verlockendem, dabei immer wieder notwendig frustrierendem Schein.

Alle diese Ebenen sind durch Waren oder ihre Ästhetik vermittelt. Die imaginären Räume bauen sich auf um eine Ware bzw. die von ihr mitgeführte »Ästhetik« wie die Perle um ein Sandkörnchen.

Für die *Ausfüllung* der imaginären Räume muß gearbeitet werden. Aber ihre *reale* Ausfüllung bleibt peinlich unvollkommen im Gegensatz zum *imaginären* Raum.

4.3.5.3.1 Aktive Kontrolle: wechselseitige Prüfung, Belauern, Vergleichen, über jemanden herziehen.

4.3.5.3.2 Passive Kontrolle: Angst, Unsicherheit;

4.3.5.3.3 Passive Attraktion: Neid, Begehrlichkeit, Begierde, Bewunderung;

4.3.5.3.4 Aktive Attraktion: Selbstaufmachung zur Attraktion

4.3.5.3.5 Übergangsform: Nachahmung.

6. Funktionen und Mittel der Darstellung

6.1 Hauptfunktionen: die Phänomene der Warenästhetik in ihrer Interessengegensätzlichkeit und als Verwertungs- (genauer: Realisations-) mittel darzustellen. Das Abfotografieren als Mittel scheidet weitgehend aus.

Abfotografieren läßt sich am ehesten die »Totalität aus werbendem Schein«, *nicht* ihre ökonomische Funktion, also *nicht* ihr Wesen.

6.2 Wie läßt sich eine Erscheinung als antagonistisch darstellen?

6.2.1 Interessengegensatz in Szene setzen: Übers-Ohr-Hauen spielen.

6.2.2 Gegensätzliche Erscheinungen montieren, entweder unmittelbar nacheinander oder ineinander: z. B. »Traum« und kläglich davon abstechende Realität, vielleicht auch »Aufwachen aus dem Traum«.

6.2.3 Der »Traum« ist nicht zu fotografieren, weil nur imaginärer Raum. Er ist darzustellen nur auf dem Wege der mimetischen Imagination, der Einbildung zweiten Grades, kurz: einer bestimmten Art von Kunst. Er kann dargestellt werden durch *Zitate* aus Filmen, evtl. Malerei oder auch Comics (z. B. der phallische Held, die femme fatale, die Märchenprinzessin, usw.).

6.2.4 Bildmetaphern: Assoziative Gleichnisse, z. B. Fliegen gehen auf den Leim als Bildmetapher für: »Käufer gehen der Warenästhetik auf den Leim«. Anknüpfung an bestehendes Käufermißtrauen, an das diffuse unentschiedene »Wissen«, daß man betrogen wird. Anknüpfung in der Form der Sprichwörtlichkeit, des Allgemeinplatzes – aber eben nicht in der Form wissenschaftlich fundierter Aufklärung. Bildmetaphern sind fragwürdig, weil der Sache äußerlich, zuwenig abgegrenzt von bloßer Überzeugungstechnik.

6.2.5 Um Verhältnisse des Betroffenseins, der funktionalen Vergeblichkeit darzustellen, kann auf Material aus Mythologie und Kunst zurückgegriffen werden, die nämlich auf ihre spezifische Weise entsprechende Verhältnisse darstellen. Diese Zuhilfenahme ist daher objektiv gerechtfertigt, im

Gegensatz zur bloßen Bildmetapher.

6.2.6 *Interviews* können Identifikationsanhalte für die Zuschauer ergeben. Sie müssen aber gezielt erdrückend kontrastiert werden mit dem ästhetischen Zauber, der stärker ist als Worte und der die vermeintliche persönliche Authentizität und Wahlfreiheit Lügen straft, einerseits, und andererseits mit Belegen für die murkige Realität, die die Auskunft, es gehe einem gut und man sei glücklich, Lügen straft. Darstellungszweck hierbei gerade: die Ohnmacht des redenden Bewußtseins, mit dem Ziel demonstriert, ihm etwas Macht zurückzugeben.

6.2.7 Zur Darstellung des Gegensatzes von Alltagsrealität und Scheinwelt der Warenästhetik gibt es viele Möglichkeiten. Der Film kann durch Montieren, durch »Mischtechniken« viel machen. Vielleicht könnte man u. a. in Anlehnung an die Verfilmung von Sartres *Huits clos* ein Zimmer als Alltagsraum figurieren lassen, vor dessen Fenster die »Illusionsfilme« laufen. Vielleicht die Farblosigkeit des Zimmers und seiner Bewohner mit der Farbigkeit des Illusionsfilms kontrastieren. Vielleicht die Personen doppelt vorkommen lassen, im Zimmer (also im Alltagsraum) und im Film zweiten Grades (also im Illusionsraum, in der Scheinwelt).

6.2.8 Scham des »bloßen« Menschen vor dem Anspruch der Waren. Warenästhetik als Forderung.

Wie es ist, wenn der Kapitalismus dem Menschen hilft. Brechts Szene.

Das natürliche Residuum nach zunehmender und umfassender Angewiesenheit auf Ware. Die Entkleidung der adeligen Dame im *Käthchen von Heilbronn* (sie wird ihrer Ausstattungswaren entkleidet).

Perücken.

Die jugendlichen Großmütter.

6.3 Es muß ständig dialektisch gearbeitet werden, d. h. die Dinge müssen in ständiger Bewegung zwischen Gegensätzen gehalten werden.

Der Mensch in der Dekoration... die Dekoration am Menschen...

Einpacken (Verkleiden)... Auspacken (Entkleiden)

Vorher... nachher

Illusion... Realität

Die Bewegung zwischen solchen Gegensätzen kann vorwärts und rückwärts durchlaufen werden.

6.3.1 Der Film kann mit seinen Tricktechniken die Funktion der Erinnerung übernehmen. Er kann das Vorher ... Nachher auch »historisch« zeigen. Er kann z. B. mit Trickaufnahmen die Folgen ästhetischer Innovationen durchlaufen bzw. bestimmte Gebrauchsdinge diese permanente Metamorphosen durchlaufen lassen.

6.3.2 Vielleicht rückwärts laufen lassen eine Aufnahme vom Auspacken einer Textilware, getragen, zerknittert, einmal gewaschen. Als Erinnerung zurückspulen. Weiter zurückgespult bis zum ersten Aufblitzen der Ware im Werbespot oder in der Kaufhausdekoration, im »Erlebnisraum« des Kaufhauses.

6.3.3 Die selbstentlarvende Redeweise der Designer, die den Warenkörper in seine konkrete Gestaltung »verpacken«, für Erkenntnis ausnutzen.

6.4 Das Nicht-Sichtbare ist durch Vorgänge des Verbergens sichtbar zu machen, das Veranstaltete als Vorgang seiner Veranstaltung. Es geht dabei immer wieder um *interessierte Veränderungen einer Erscheinung*. Das Interesse muß klar sein, dann die Veränderung gezeigt werden. Beim nächsten Mal sieht man das Ergebnis dieser interessierten Veränderung mit anderen Augen.

Zum Beispiel das Blattgrünspray aus einem Blumengeschäft; querschneiden mit Haarglanzspray.

6.5 Die Entlarvung im Modus menschlichen Handelns zu zeigen, könnte am Beispiel von »Verbraucherorganisationen«, »Verbraucheranwälten« u. ä. versucht werden. Kämpfe toben um die Erzwingung von Preisangaben bei Waren im Schaufenster, von Gewichtsangaben auf Verpackungen und von Füllgewichten in den Verpackungen, die diesen Angaben entsprechen. Zähe Auseinandersetzungen werden geführt um den Zusatz bestimmter (oft schädlicher) Verschönerungsstoffe zu den Waren, überhaupt um die qualitative »Inhaltsangabe« auf Verpackungen. Aber diese Darstellungen würden auf viel Ohnmacht, Halbherzigkeit oder Vergeblichkeit stoßen. Augenauswischerei als solche zu zeigen, entmutigt, wenn keine andere Perspektive des Handelns offen bleibt.

6.5.1 Am Beispiel des gesetzlichen Verbots der Abbildung

von Zitronen auf Geschirrspülmittelflaschen kann die absurd geringe Reichweite der Regierungseingriffe gezeigt werden. Verboten wurde diese Abbildung, nachdem ausländische Arbeiter in der Bundesrepublik von solchem Geschirrspülmittel getrunken hatten, weil sie es aufgrund der Zitronendarstellung für Saft gehalten hatten. Zum Schutz von Gastarbeitern und Kindern wurde daraufhin diese Abbildung verboten. Solche Abbildungen finden aber zu Tausenden Verwendung, weil der Mechanismus, dem jene Gastarbeiter erlagen, als »gebremster« genau der ist, dem wir alle erliegen. Wir sollen nämlich »Durst« auf das Geschirrspülmittel bekommen und uns von seiner Verwendung genußvolle Löschung des Durstes versprechen. Und das tun wir auch.

6.5.2 Die Demaskierung des faulen Zaubers der Warenästhetik kann an Einzelbeispielen, durch Tätigkeit »handelnder Personen«, die jeder sein könnte, dargestellt werden. Beispiel: die »Umkehrung« der Teigwarenpackung von Birkel, so daß die »Füllhöhe« negativ sichtbar wird: alle Packungen erscheinen jetzt leer. Dieser Sieg sollte, weil er, einmal begriffen, kinderleicht ist, als Kinderspiel dargestellt werden.[1] Entsprechende Tätigkeiten der Aufklärung durch Eingreifen wären auszudenken. Vielleicht kann auch auf Aktionen wie FADD (Fight against dictating designers) zurückgegriffen werden, die mit Demonstrationen, Happenings und dergleichen versucht haben, einer bestimmten modischen Innovation (der Diktatur der Designer, wie sie es fälschlich nannten) entgegenzuwirken.

6.5.3 Ein sehr einfaches, vielleicht zu vordergründiges Entlarvungsbeispiel, das sofort einleuchtet: der Konkurrenzkampf zwischen Beiersdorf und Henkel mittels doppelter Böden. Vielleicht als Filmstück das Durchsägen der Cremedosen und das Abwiegen zeigen, weil auf diese Weise als Aktivität die Entlarvung hervortritt (aber von niemand im weißen Mantel, eher von einem kleinen Jungen im Spielzeuglabor). Oder, anschließend, von dem Vet. med. Lübke vom Bezirksamt Zehlendorf, der die Sache aufgedeckt hat, ein paar Worte bringen.

  Oder ihn die Entlarvung spielen lassen.

7. Schluß

Grundsätzlich gilt: nicht mit Ansichten arbeiten, sondern mit Vorgängen oder Gegenansichten.

Nicht mit Abbildung fertiger Phänomene arbeiten, sondern sie rekonstruieren, ihre Verfertigung zeigen.

Alles kann man als Bewegung zwischen Gegensätzen darstellen. Die Perspektive muß sein: Erkenntnis des Zustands und des Bewegungsgesetzes der Dinge und Verhältnisse in der Absicht, sie gemeinschaftlich bewußt zu gestalten.

Anmerkung

1 Entsprechend wurde es im Film dargestellt, wenn auch zu wenig »zeigend«. Inzwischen hat die Firma ihre Packungen geändert. Das »Spiel« geht mit den neuen Packungen nicht mehr.

Hans-Michael Gehring, Carl-Walter Kottnik, Gert Niedl, Sigrid Perthen
Probleme der visuell-didaktischen Umsetzung des Kernstücks der
Kritik der Warenästhetik

Ein Arbeitsbericht
0.
Vorbemerkung

Dieser Beitrag gibt Auskunft über den Versuch, die Argumentation im Kernstück der *Kritik der Warenästhetik*[1] – der ökonomischen Herleitung des übertriebenen Gebrauchswertversprechens – mit visuellen Mitteln anschaulich und damit leichter verstehbar zu machen. Insofern gilt er der Entwicklung der Didaktik dieser Theorie. Zugleich stellt das Projekt ein Experiment über die Leistungsfähigkeit einfacher Bildzeichen zur Wiedergabe komplexer theoretischer Aussagen dar. Als solches kann es Material sein für weitere Versuche, die *Kritik der Warenästhetik* visuell aufzubereiten.

Im Zentrum stehen acht sechsfarbige Bildtafeln, Resultat einer Gruppenarbeit im Fachbereich Kunsterziehung an der Hochschule für bildende Künste Hamburg.[2] Bei der Wahl der Bildzeichen zur Visualisation wurde von der prinzipiellen Überlegung ausgegangen, daß der zu behandelnde Gegenstand nicht einfach an der Oberfläche abfotografiert werden kann, da die Erscheinung das dahinterliegende Wesen nicht unmittelbar zeigt. Daher wird der Inhalt nicht konkret abgebildet, sondern durch abstrakte geometrische Figuren bzw. durch deren Konfiguration.

Zeichenerklärung

Die Farben, die bei der Bildtafelreihe eine wichtige Rolle als Bedeutungsträger einnehmen, mußten für die Wiedergabe im Rahmen dieses Buches leider in ein Schwarz-Weiß-System übertragen werden.

blau		Gebrauchswert der Ware
rot		Tauschwert der Ware
blau/rot		qualitativ unterschiedene Waren als Einheit von Gebrauchswert und Wert
blau		Gebrauchsgestalt
violett		extra produziertes übertriebenes Gebrauchswertversprechen
gelb/rot		Geld

rot		eine Warengattung auf dem Markt
rot		konkurrierende Produzenten und ihre Warenmengen auf dem Markt
rot		Produktionspfeil
blau		Aspektpfeile
rot		
blau		gebrauchswertorientierte Person: Käufer, Konsument
rot		tauschwertorientierte Person: Produzent, Verkäufer

K = Käufer **Ko** = Konsument **V** = Verkäufer **P** = Produzent

1. Die zwei Bedingungen des Warentausches

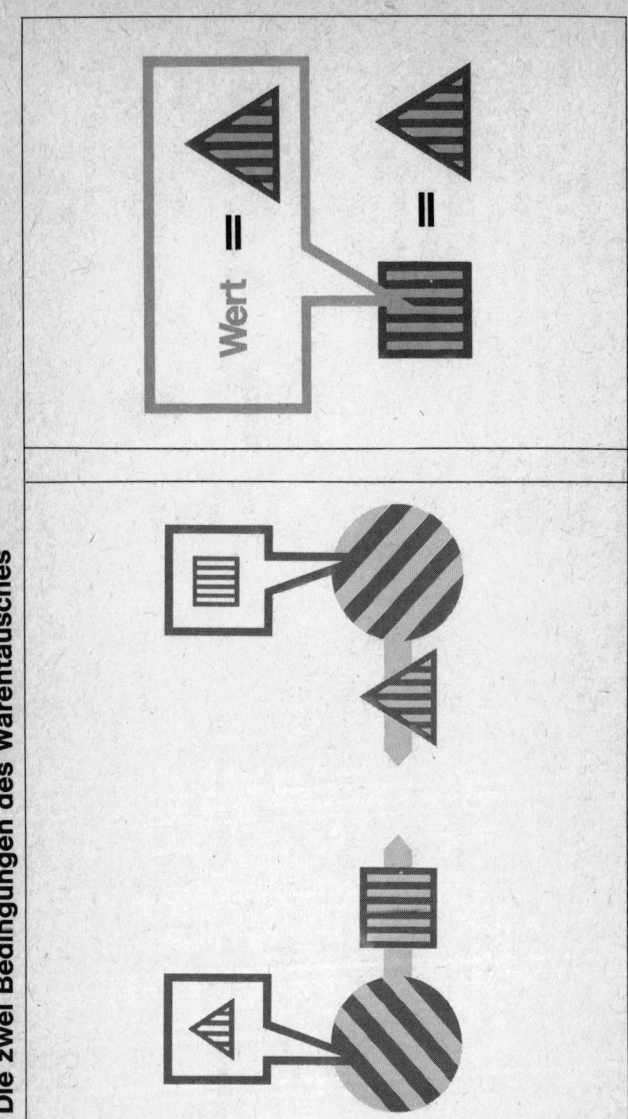

Wollen zwei Warenbesitzer ihre Waren tauschen, müssen zwei Bedingungen erfüllt sein: Die erste Bedingung fordert, daß die Warenbesitzer qualitativ unterschiedene Waren besitzen, die sie nicht brauchen. Der jeweils andere aber muß sie brauchen, damit es für ihn in Frage kommt, zu tauschen. Kurz: es muß das nichthabende Brauchen jeder Seite mit dem nichtbrauchenden Haben der anderen Seite zusammentreffen.

Die zweite Bedingung fordert, daß man von zwei Waren sagen können muß, daß sie einander gleichwertig sind. Es muß also Wertgleichheit gegeben sein.

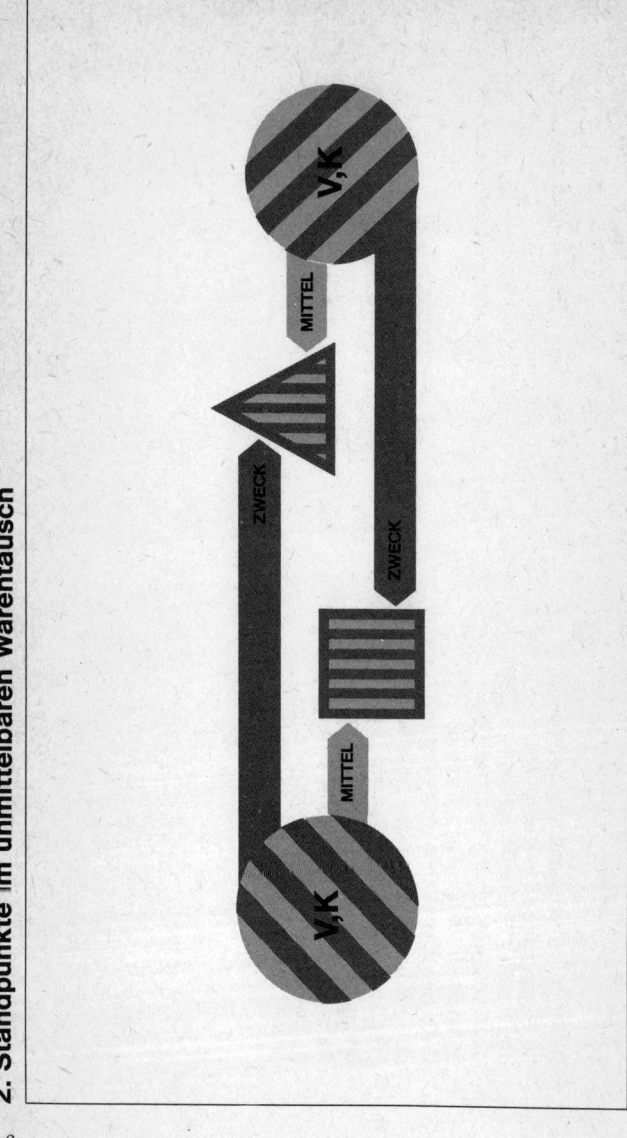

V, K

Jeder Warenbesitzer steht sowohl auf einem bestimmten Gebrauchswertstandpunkt, von dem aus ihn der Gebrauchswert der fremden Ware interessiert, als auch auf dem Tauschwertstandpunkt, von dem aus die eigene Ware bloßes Tauschmittel ist. Jedem Gebrauchswertstandpunkt steht der Tauschwertstandpunkt des jeweils anderen gegenüber. So ist der Zweck des einen dem jeweils anderen nur Mittel, zum eigenen Zweck zu kommen.

Indem beide Standpunkte ungeschieden von jeder der tauschenden Parteien eingenommen werden, bleibt der Widerspruch in die symmetrische Gleichheit beider Personen eingebunden.

3. Standpunkte im entfalteten Warentausch

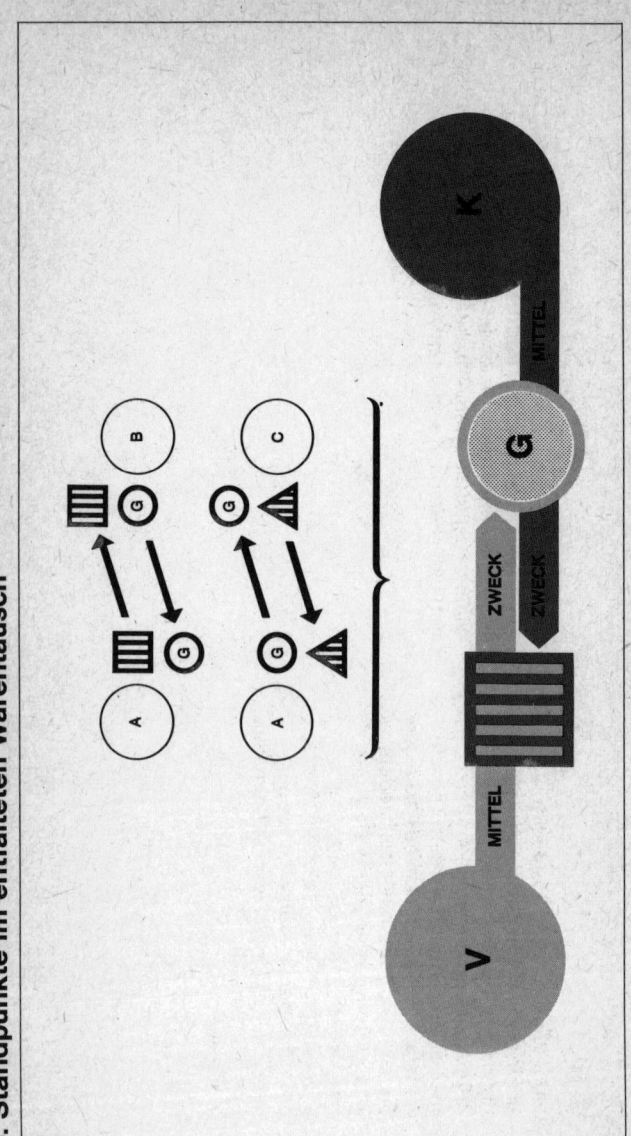

G

Das Geld zertrennt den Tausch zweier Waren in zwei Tauschakte: in Verkauf und Kauf. Jetzt wird eine Ware gegen Geld getauscht (W-G) und in einem räumlich und zeitlich entfernten Tauschakt das Geld wieder gegen eine Ware getauscht (G-W). Das Geld verschärft den im unmittelbaren Tausch angelegten Widerspruch, indem es die gegensätzlichen Standpunkte in Personen zerlegt (Käufer, Verkäufer).

V

Dem Verkäufer ist der Gebrauchswert seiner Ware bloßes Mittel, den Tauschwert seiner Ware zu Geld zu machen (Tauschwertstandpunkt).

K

Der Käufer steht auf dem Standpunkt des Bedürfnisses. Kaufzweck ist für ihn der Gebrauchswert der Ware des Verkäufers. Kaufmittel ist das Geld (Gebrauchswertstandpunkt).

4. Realisierung der Tauschzwecke im entfalteten Warentausch

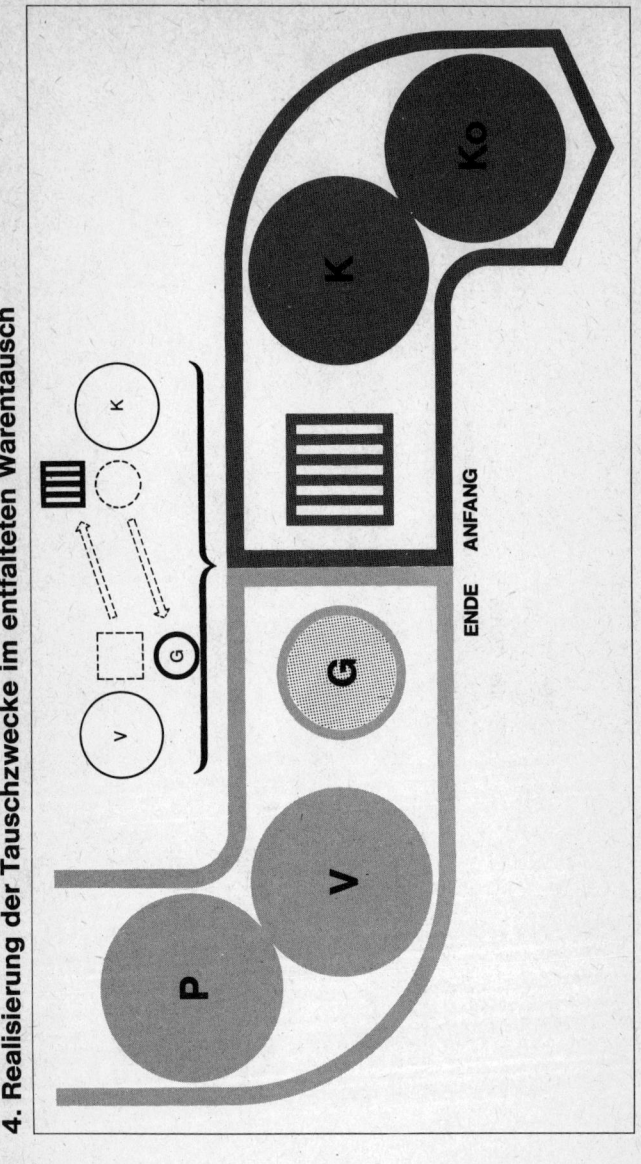

P/V

Der Produzent fertigt Waren und bringt sie als Verkäufer auf den Markt. Er ist ausschließlich am Tauschwert der Waren und dessen Realisierung in Geldform interessiert. Der Gebrauchswert wird nur als notwendiges Zugeständnis an den Käufer produziert.

Vom Tauschwertstandpunkt ist mit dem Verkauf der Prozeß abgeschlossen und der Zweck (Geld) realisiert.

K/Ko

Vom Gebrauchswertstandpunkt aus ist derselbe Akt nur der Beginn und die Voraussetzung für die Realisierung seines Zweckes in Gebrauch und Genuß.

Der Käufer erwirbt Waren, um sie als Konsument verbrauchen zu können. Er ist also ausschließlich am Gebrauchswert der Waren interessiert. Der Prozeß ist für ihn erst abgeschlossen und der Zweck erreicht, wenn die Waren brauchbar und genießbar waren.

5. Die Ware auf dem Markt – ein Gebrauchswertversprechen

Konsumtion

Ko

Markt

Versprechen

Erwartung

K

V

MITTEL

ERWARTUNG

K

Tauschwertstandpunkt:
Da der Verkäufer nur an der Realisierung des Tauschwerts seiner Ware in Geldform interessiert ist, spielt für ihn der Gebrauchswert nur insofern eine Rolle, als ihn der Käufer erwartet. Vom Tauschwertstandpunkt aus kommt es bis zum Abschluß des Kaufvertrages also nur auf das Gebrauchswertversprechen seiner Ware an. Die Gebrauchsgestalt ist Träger dieses Versprechens.

Gebrauchswertstandpunkt:
In der Konsumtion kann der Konsument den Gebrauchswert der Ware uneingeschränkt nutzen. Auf dem Markt dagegen hat der Käufer nur beschränkten Zugang zur Ware. Zur Kaufentscheidung muß er sich auf die Gebrauchswertversprechen verlassen, die der Warenkörper und der Warenbesitzer abgeben; der Käufer kann den Gebrauchswert bloß erwarten.

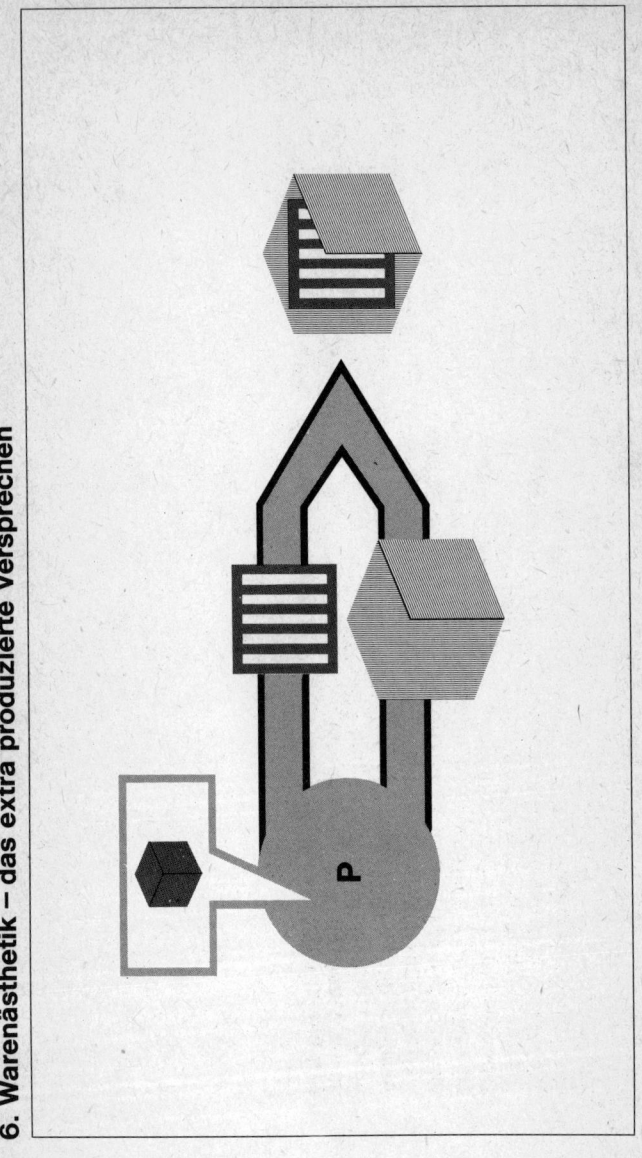

Aus dem so in Personen auseinandergelegten Widerspruch von Gebrauchswert und Tauschwert folgt, daß bei
aller Warenproduktion ein Doppeltes
produziert wird:
1. der Gebrauchswert.
2. das ästhetische Gebrauchswertversprechen, die Warenästhetik.

Die getrennte Produktion des
ästhetischen Gebrauchswertversprechens der Ware wird zum Instrument
für den Geldzweck.

292

7. Entwicklung der ästhetischen Abstraktion

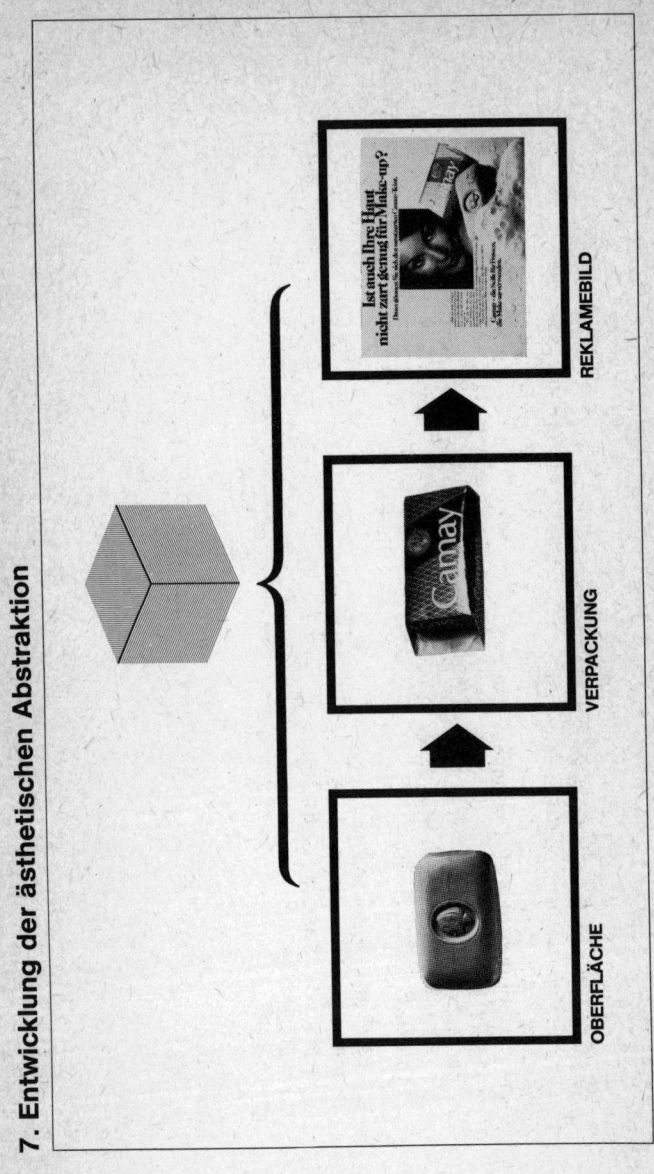

OBERFLÄCHE   VERPACKUNG   REKLAMEBILD

Die Ware ist dem Interessenwiderspruch von Tauschwertstandpunkt und Gebrauchswertstandpunkt ausgesetzt. Unter Kontrolle des Tauschwertstandpunkts löst sich das Ästhetische der Ware, die sinnliche Erscheinung und der Sinn ihres Gebrauchswerts, von dieser ab. Dieser Vorgang wird als ästhetische Abstraktion bezeichnet. Sie macht das Ästhetische der Ware getrennt verfügbar. Es wird von nun an – neben der Produktion des Gebrauchswerts – in verschiedenen Formen extra produziert.

Oberfläche:
Das extra produzierte Ästhetische der Ware bleibt als Oberfläche mit der Ware verbunden wie eine Haut.

Verpackung:
Die schön präparierte Oberfläche löst sich von der Ware ab und wird zu ihrer zweiten Oberfläche.

Reklamebild:
Die zweite Oberfläche der Ware löst sich vollends los und wird zum Reklamebild, das durch Medien unbegrenzt Verbreitung findet.

8. Entwicklung des Marktes und Formen der Doppelproduktion

EFFEKT

INSTRUMENT

P

Oberfläche

EFFEKT

INSTRUMENT

P

a) Marke
b) Verpackung

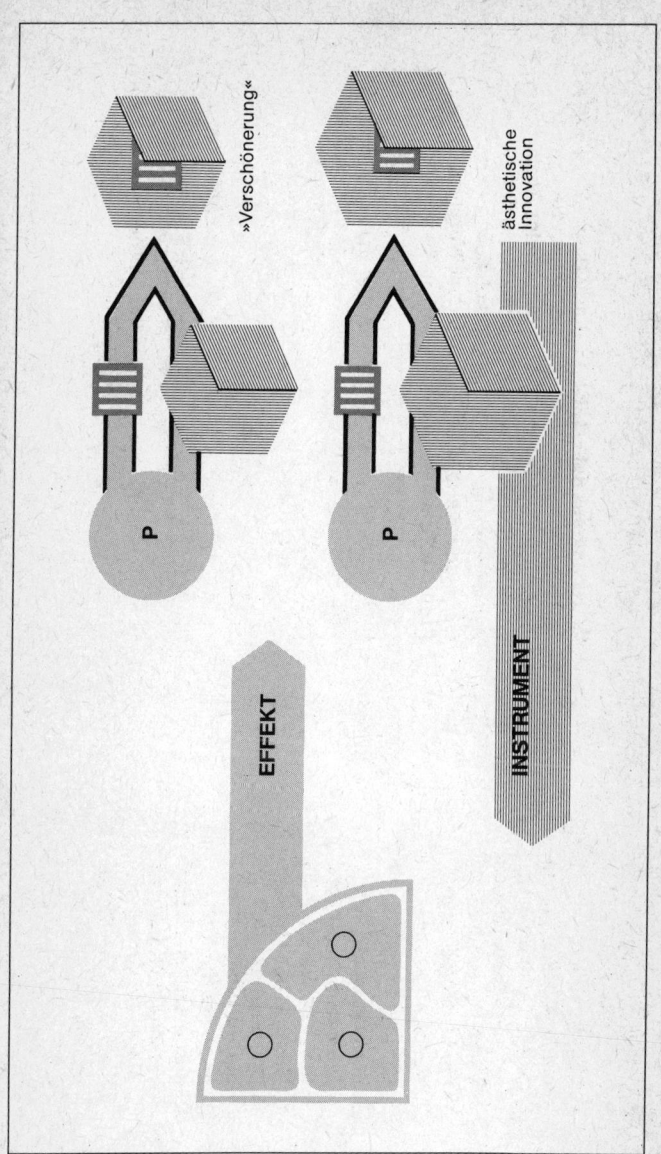

1. Marktsituation: Innerhalb einer Warengattung konkurrieren viele Produzenten als Verkäufer auf dem Markt, der sich ausweitet.

Warenästhetik äußert sich als Oberflächenbehandlung des Produkts zur Überdeckung von Veränderungen des Gebrauchswerts in der Produktionssphäre; als übertriebener Gebrauchswertschein zur Überwindung des Realisationsproblems in der Zirkulationssphäre. Sie ist an den Warenleib gebunden.

2. Marktsituation: Die Verkäufer stoßen mit ihren Waren an die Grenzen des Marktes. Das bedeutet, daß die konsumtive Nachfrage der Käufer ausgeschöpft ist. Eine verschärfte Konkurrenz zwischen den Anbietern, die zur Monopolisierung führt, ist die Folge.

a) Warenästhetik äußert sich als Marke, die den allgemeingültigen Gebrauchswertstandard verdrängt.

b) Warenästhetik löst sich vom Warenleib ab und steigert sich in Verpackung und Werbung.

3. Marktsituation: Die Verkäufer stoßen unmittelbar an die Grenzen des gesellschaftlichen Bedarfs, soweit er sich als zahlungsfähige Nachfrage geltend macht. Die Folge ist ein höherer Grad Monopolisierung: wenige Verkäufer (Oligopole) haben sich den Markt aufgeteilt.

Warenästhetik kompensiert die qualitative Verschlechterung (»Produktvergreisung«) und quantitative Verringerung des Gebrauchswerts durch »Verschönerung«.

Warenästhetik äußert sich als periodische Neuinszenierung des Erscheinens des Gebrauchswerts, als ästhetische Innovation.

1.0

Zu Tafel 1: Die zwei Bedingungen des Warentausches

Diese Tafel zeigt auf ihrem linken Bildteil die selbstverständliche Bedingung, die erfüllt sein muß, damit zwei Warenbesitzer ihre Waren tauschen können. Sie müssen Waren, qualitativ unterschieden von denen des jeweils anderen, besitzen, die
sie nicht brauchen. Zugleich müssen sie, als Nichtbesitzer der
fremden Waren, diese nötig haben.

Auf dem rechten Bildteil ist die zweite Bedingung für den
Warentausch abgebildet. »Zweitens muß Wertgleichheit
gegeben sein und zum Ausdruck gebracht werden können.
[...] Das heißt, von zwei Dingen muß gesagt werden können,
daß sie einander gleichwertig sind.«[3]

Als Element der Visualisation ist das Bildzeichen für Ware
bereits hier entwickelt. Die beiden Bedingungen des Warentausches enthalten die zwei Bestimmungen der Ware,
Gebrauchswert und Wert, die auch ihr Bildzeichen wiederge-
ben muß.

1.1

Als Gebrauchswert ist die Ware ein Ding, das durch seine
nützlichen Eigenschaften menschliche Bedürfnisse befriedigt.
Er existiert sinnlich faßbar als Warenkörper. Als Gebrauchswerte sind alle Waren von unterschiedlicher Qualität.

Der Gebrauchswert der Ware ist visualisiert durch die zum
›Rahmen‹ verbreiterte Umform hier des Quadrats und dessen
senkrechte Streifung in der Farbe Blau. Dabei nimmt durch
die blaue quadratische Umform des Zeichens für Gebrauchswert das Bildzeichen für Ware Gestalt an, wie die Ware sinnlich faßbarer Gegenstand durch ihren als Warenkörper exi-
stierenden Gebrauchswert ist. Zwei Waren von unterschiede-
nem Gebrauchswert werden demnach dargestellt als zwei
Bildzeichen von unterschiedener blauer Umform – neben dem
Quadrat als gleichseitiges Dreieck.

Im Unterschied dazu sind in folgenden Bildzeichen für Ware[4] deren Umformen nicht als vom Gebrauchswert bestimmte dargestellt, sondern als inhaltlich nicht weiter ausgewiesene, als rote Ränder:

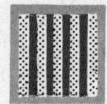 

Hier wird darauf verzichtet, prägnant zu vermitteln (das heißt, ohne weitere Zeichenerklärung, daß Blau für Gebrauchswert steht), daß durch den Gebrauchswert das Bildzeichen für Ware wie der Warenkörper Gestalt annimmt. Unmittelbar abgebildet werden kann auch nicht, daß die unterschiedenen Gebrauchswerte der Waren es sind, die deren unterschiedene Körper ausmachen. Der Versuch, durch mal senkrechte, mal schräge blaue Streifen unterschiedene Gebrauchswerte auszudrücken, steht als zweites visuelles Mittel für eine Aussage; denn bereits die unterschiedenen Umformen können gar nichts anderes als unterschiedene Gebrauchswerte ausdrücken, auch wenn sie nicht die Farbe für Gebrauchswert haben. Trotzdem ist er wenig wirkungsvoll, weil eben die Umform als der Teil des Bildzeichens für Ware, den nur der Gebrauchswert prägt, durch das Fehlen der Farbe Blau, die ihm zugeordnet ist, nicht direkt als sein Ort gekennzeichnet ist.

1.2

Nun zur zweiten Bestimmung der Ware. Die Warenbesitzer, so fordert die zweite Tauschbedingung, tauschen ihre Waren nur, wenn sie gleichwertig sind. Ist bei Waren als qualitativ verschiedenen Gebrauchswerten Gleichwertigkeit aber unmöglich feststellbar, müssen sie durch etwas ihnen Gemeinsames, qualitativ Gleiches, das sie gleichsetzbar und vergleichbar macht, zusätzlich bestimmt sein. Diese Bestimmung ist der Wert.

Die Visualisierung des Werts bringt ein großes Problem, denn: »Man mag [...] eine einzelne Ware drehen und wenden, wie man will, sie bleibt unfaßbar als Wertding«, ganz im Gegensatz zur sinnlich groben Gegenständlichkeit der Ware als Gebrauchswert.[5] Das heißt, etwas in Wirklichkeit Unsinnliches muß im Bildzeichen für Ware sinnlich faßbar werden. Hier wird versucht, das Problem zu lösen, indem die geometrische Figur für Gebrauchswert in ihrem Innern mit roter Farbe ausgefüllt wird. Diese Visualisierung des Werts bildet seine Unsinnlichkeit dadurch ab, daß sie keinen Einfluß auf die Gestalt des Bildzeichens für Ware hat, also von außen, vom Rand des Bildzeichens her, nicht sichtbar wird.

Ruckhaberles Bildzeichen kann die Unsinnlichkeit des Werts gegenüber der Gegenständlichkeit des Gebrauchswerts nicht adäquat vermitteln. Weil bei seinem Zeichen für Ware dessen Umform nicht als vom Gebrauchswert bestimmte gekennzeichnet ist, haben neben den gelben Streifen für Wert[6] auch die blauen für Gebrauchswert die Wirkung als ›innere‹ Qualität der Ware. Umgekehrt, die besondere Lage der Streifen für Gebrauchswert, gemeint als Ausdruck für dessen bestimmte Eigenschaften, wird von den Streifen für Wert mitvollzogen, so daß es scheint, als sei der Wert bei verschiedenen Waren von verschiedener Qualität.

Allerdings bestünde auch bei dem blauumrandeten Zeichen für Ware die Gefahr, daß der visualisierte Wert seine Qualität, unsinnlich zu wirken, verliert, wenn er aus ihm herausgelöst würde. Dann würde die Gegenständlichkeit, die die blaue Umform als Begrenzung der roten Farbe zwangsläufig gibt, hervorgehoben und besonders interpretierbar gemacht.

1.3

Die beiden Bestimmungen der Ware, Gebrauchswert und Wert, sind nun inhaltlich festgelegt und visuell gefaßt. Um das Bildzeichen für Ware vollständig zu haben, muß noch das Verhältnis von Gebrauchswert und Wert bestimmt und visualisiert werden.

Als Wertding abstrahiert eine Ware von ihrer besonderen Qualität als Gebrauchswert, um mit anderen Waren gleichsetzbar zu sein. Zugleich und im Gegensatz dazu kann eine Ware nicht ohne Gebrauchswert sein, weil sie sonst niemand würde eintauschen wollen.

Gebrauchswert und Wert einer Ware schließen sich einerseits als Gegensätze aus, können andererseits aber als Bestimmungen der Ware unabhängig voneinander nicht existieren. Gebrauchswert und Wert bilden eine widersprüchliche Einheit.

Sie ist visualisiert als senkrechte Blau-Rot-Streifung im Rahmen des Bildzeichens für Ware. Dieses Bild vermittelt wenig: rote und blaue Streifen drücken als Form bloß Zusammengehörigkeit, durch ihre Farben Unterschiedenheit voneinander aus. Daß ihre Unterschiedenheit als Gegensatz gemeint ist, mag noch die Fast-Komplementarität der Farben (genau ist die Komplementärfarbe von Blau Orange) andeuten. Der umfassende Inhalt des Verhältnisses von Gebrauchswert und Wert muß zum Bildzeichen für Ware hinzudefiniert werden.

Was das Bildzeichen in sich birgt, zeigt jeder Versuch, eines seiner Elemente isoliert darzustellen. Er zerstört das Bildzeichen und läßt nicht mehr zu, das herausgelöste Element als das einer Ware zu interpretieren.

Nimmt man dem Warenzeichen die rote Farbe des Werts, steht die verbleibende blaue Form für ein bestimmtes Produkt, das nicht für den Verkauf produziert worden ist, also auch nicht tauschbar sein können muß. Oder sie steht für Gebrauchsding, das – einmal Ware gewesen, jetzt aber vom Verkäufer erworben (wie auf Tafel 4) – vom Konsumenten verbraucht wird.

Abgesehen davon, daß jeder Versuch, die blaue Form des Gebrauchswerts dem Warenzeichen zu nehmen, scheitert, weil das Zeichen für Wert dann seine Wirkung von Unsinnlichkeit verlieren würde[7], ist er von der Definition des Werts her nicht möglich. Warenwert kann allein nicht stehen; er ist immer an einen Gebrauchswert gebunden.

1.4
Im folgenden soll die Visualisierung des Tauschwerts einer Ware behandelt werden.

In der zweiten Bedingung des Warentausches heißt es, daß Wertgleichheit gegeben sein und »zum Ausdruck gebracht« werden muß. »Aber wie nun Wertgleichheit ausdrücken, wenn jede Ware ihren Wert immer nur als Tauschwert erweisen kann?« Und Tauschwert heißt: »[...] ihr Wert erscheint zunächst immer erst als die Menge von einer

anderen Ware, die man gegen sie eintauschen kann.«[8] (Z. B.
1 Quarter Weizen gleich a Ztr. Eisen.) Visualisiert, wenn ein
Quadrat für die Menge Weizen und ein Dreieck für die
Menge Eisen stehen, sähe das so aus:

Diese Visualisation bleibt an der Oberfläche. Sie bildet den
Tausch so ab, wie ihn jeder ausführt und kennt. Sie macht
nicht offensichtlich, daß der Wert der Waren es ist, über den
sie gleichgesetzt werden. Und sie zeigt nicht, wie der Wert
welcher Ware zum Ausdruck gebracht wird.
  Der folgende Visualisationsvorschlag versucht, diese Fragen
zu beantworten. Er soll hier vorgestellt werden, obwohl unzu-
lässigerweise, wie auf Seite 300 dieser Arbeit begründet, der
Wert außerhalb des Bildzeichens für Ware abgebildet ist. Er
war eine wichtige Etappe auf dem Weg der Verfasser zur
Lösung der Visualisierung des Tauschwerts.

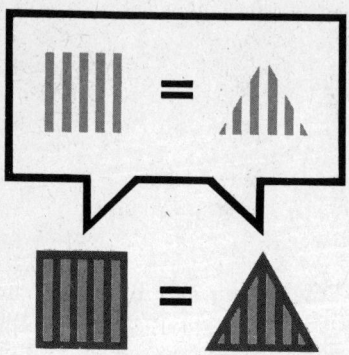

Er stellt durch die Sprechblase und deren Inhalt heraus, daß
der Wert der Waren sie gleichsetzbar macht.
  Allerdings können die verschieden großen ›Wertflächen‹ nie-
mandem zeigen, daß der Wert beider Waren gleich ist – was

er sein muß, weil ohne Wertgleichheit nicht getauscht wird. Im Gegenteil, das Gleichheitszeichen ist offensichtlich falsch.

Dieser Fehler ist nicht dadurch zu überwinden, daß man das quadratische Bildzeichen so weit verkleinert, bis dessen rote ›Wertfläche‹ vom selben Flächeninhalt ist wie der der ›Wertfläche‹ des Dreiecks. Entscheidend für die Unlogik des Bildes ist, daß hier jede Ware durch sich selbst ihren Wert und seine Größe ausdrückt – visualisiert durch den Zugang jeder Ware zur Sprechblase. Eine Ware kann ihren Wert nicht durch sich selbst ausdrücken, sondern nur als Tauschwert in der Menge einer anderen.

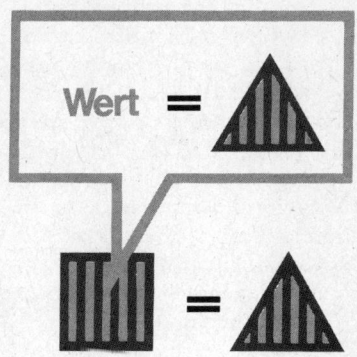

Die dritte Bildlösung kann – wie die vorhergehende – ausdrücken, daß ihr Wert die Waren gleichsetzt.

Seine Abbildung in der Sprechblase durch das rot geschriebene Wort »Wert« betont – als Ergebnis des vorherigen Visualisationsversuches –, daß der ausschließliche Ort seiner Abbildung durch rote Streifen im Bildzeichen für Ware ist.

Der gesamte Inhalt der Sprechblase, die Gleichsetzung des Wortes »Wert« mit der Ware als Dreieck, zeigt, daß sich der Wert der Ware Quadrat in der Ware Dreieck ausdrückt. Indem also Ware Quadrat und Ware Dreieck gleichgesetzt werden, nimmt der Wert der Ware Quadrat in seinem Gegensatz, dem Gebrauchswert der Ware Dreieck, Gestalt an.

Daß die Sprechblase nur vom Wert einer Ware ausgeht,

macht sichtbar, daß nur diese Ware ihren Wert ausdrückt. Die andere Ware ist der Wertausdruck der ersten.

Die Wertgröße der Ware, die ihren Wert ausdrückt, erscheint in der Menge der Waren, die ihren Wertausdruck darstellen. Im Bild ist also der Wert der Ware Quadrat eine Ware Dreieck groß.

Das ist die Visualisierung des Tauschwerts. Mit ihr ist zugleich die zweite Bedingung des Warentausches, die Wertgleichheit der zu tauschenden Waren, visuell gelöst.

Dadurch, daß die Zeichen für Gebrauchswert und Wert nicht aus dem Bildzeichen für Ware herauszulösen sind, kann vor allem das sich gegenseitige Ausschließen der beiden Bestimmungen nicht prägnant gezeigt werden. Z. B. ist es zwar bei der Darstellung des Tauschwerts gelungen, den Wert der Ware Quadrat zu betonen, nicht aber ist unmittelbar sichtbar gemacht, daß im Tausch beide Waren nur als Wertdinge (als von roter Farbe) gelten. Der Wert kann nämlich ohne seinen Träger, den Gebrauchswert, nicht gezeigt werden.

Ebenso wird die Aussage, daß der Wert der Ware Quadrat in seinem Gegenteil, dem Gebrauchswert der Ware Dreieck, Gestalt annimmt – wie die Sprechblase in der Visualisierung des Tauschwerts zeigen soll –, abgeschwächt dadurch, daß die Ware Dreieck als Einheit von Gebrauchswert und Wert dargestellt ist. Sie muß so dargestellt werden, weil sie, ohne selbst Wert zu haben, nicht Wertausdruck für die Ware Quadrat sein kann.

Die Bildzeichen haben hier also nicht die analytischen Qualitäten der Wortsprache.

2.0
Zu Tafel 2: Standpunkte im unmittelbaren Warentausch

Prägnant visualisiert werden kann der Widerspruch zwischen Gebrauchswert und Wert erst dann, wenn er wirklich, im Interessengegensatz zwischen Käufer und Verkäufer, erscheint. Der ist auf Tafel 2 abgebildet.

Den Käufer einer Ware, hier der Ware Quadrat, interessiert nur ihr Gebrauchswert, der ihm ein bestimmtes Bedürfnis befriedigen soll. Den Gebrauchswert in seinen Besitz zu bekommen, ist der Zweck seines Tausches – visualisiert als blauer ›Zweck‹-Pfeil, der auf das Blau des Quadrats gerichtet ist. Der Käufer steht auf dem Gebrauchswertstandpunkt – gezeigt als blaue Streifung des hier rechts stehenden Kreises (des Zeichens für Personen, im folgenden: Personen-Kreis).

Für den Verkäufer, den Besitzer der Ware Quadrat, ist sie bloßes Wertding. Als Wertding ist sie tauschbar gegen eine andere Ware, deren Gebrauchswert er benötigt. Die Ware Quadrat ist dem Verkäufer bloßes Tauschmittel – abgebildet als roter ›Mittel‹-Pfeil, der auf das Rot des Quadrats gerichtet ist. Der Verkäufer steht auf dem Tauschwertstandpunkt – dargestellt als rote Streifung des hier links stehenden Personen-Kreises.

Weil die Ware Quadrat dem Käufer nur als Gebrauchswert, dem Verkäufer nur als Wertding gilt, haben sie gegensätzliche Interessen. Und im Interessengegensatz von Gebrauchswert- und Tauschwertstandpunkt drückt sich der Widerspruch in der Ware zwischen Gebrauchswert und Wert aus. Nur weil dieser Widerspruch im Interessengegensatz von Käufer und Verkäufer real erst sichtbar wird, löst seine Darstellung in den gegensätzlichen Pfeilbeziehungen der gegensätzlichen Standpunkte visuell prägnant seine, allerdings notwendige enge, unbewegliche Abbildung im Bildzeichen für Ware auf.

2.1

Ein weiteres Problem der Bildtafel 2 ist, die Kompliziertheit des einfachen Warentausches adäquat darzustellen. Kompliziert macht ihn die Summe der Gegensätze, die sich zudem passend zusammenfügen müssen.

Der Interessengegensatz zwischen Käufer und Verkäufer in bezug auf die Ware Quadrat ist bereits beschrieben.

Nun werden im einfachen Warentausch aber zwei Waren getauscht. Das bedeutet, daß die gegensätzlichen Standpunkte der tauschenden Parteien in Beziehung zur Ware Quadrat auch in Beziehung zur zweiten Ware, dem Dreieck, existieren. Nur hier genau umgekehrt: dem das Quadrat als Gebrauchswert gilt, dient das Dreieck als Tauschmittel; dem das Quadrat Tauschmittel ist, gilt das Dreieck als Gebrauchswert.

So stehen im einfachen Warentausch beide Warenbesitzer

zugleich auf dem Gebrauchswert- und Tauschwertstandpunkt
– visualisiert als blau-rote Streifung der Personen-Kreise –; und
jedem Standpunkt des einen Warenbesitzers steht der jeweils
entgegengesetzte des anderen gegenüber.

Die Darstellung all dieser Gegensatzpaare drückt also die
Kompliziertheit des einfachen Warentausches aus.

Wenn aber der Tausch funktionieren soll, müssen die Gegensätze zusammenpassen; die Gegensatzpaare müssen eine
gleichzeitige Einheit bilden. Diese Schwierigkeit konnte hier
visuell nicht adäquat ausgedrückt werden. Dadurch, daß die
Gegensatzpaare als passend dargestellt werden und werden

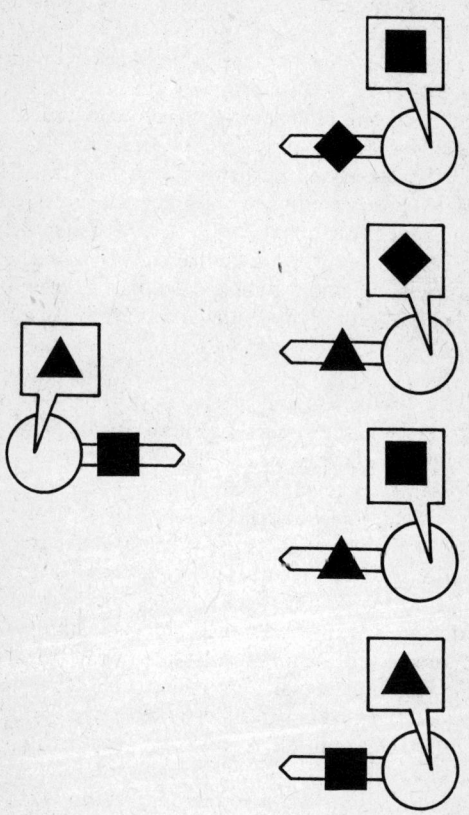

müssen, wirkt das Bild einfach, glatt; alles ist in Ordnung. Die Wirkung von Kompliziertheit, die die Summe der Gegensätze erzeugt, wird also durch die notwendige Darstellung der Schwierigkeit des Zusammenpassens dieser Gegensätze nicht erhöht, sondern verringert.

Das Problem, das überwunden werden muß, damit der einfache Warentausch überhaupt in Gang kommt, nämlich daß sich zwei Warenbesitzer finden müssen, die zufälligerweise genau die Waren übrig haben, die der jeweils andere benötigt, ist auf dieser Bildtafel gelöst. Nichthabendes Brauchen und nichtbrauchendes Haben jeder Seite passen zusammen.

Sichtbar gemacht werden kann das Problem nur in einer eigenen Visualisation, die neben seiner Lösung Situationen zeigt, in denen es unlösbar ist. (s. Seite 306)
Neben der Vielzahl der Gegensatzpaare macht auch noch der Vergleich mit dem entfalteten Warentausch, dargestellt auf Bildtafel 3, die Kompliziertheit des unmittelbaren Warentausches deutlich.[9]

2.2
Abschließend zu Bildtafel 2 soll am Bildzeichen für Warenbesitzer im einfachen Warentausch ein weiteres Mal – nach dem Bildzeichen für Ware – beispielhaft gezeigt werden, welche Sorgfalt bei der Entwicklung der Bildzeichen aufzuwenden ist.

Warum unterscheiden das Bildzeichen für Warenbesitzer zwei Merkmale von dem für Ware? Es leuchtet ein, daß entsprechend der unterschiedlichen Existenzform von Warenkörper und Warenbesitzer ihre Bildzeichen von unterschiedlicher Umform sind. Warum aber hat das Zeichen für Warenbesitzer, im Gegensatz zu dem für Ware, keinen blauen Rahmen?

Die Ware existiert als Gebrauchsgestalt. Deshalb wird ihr Zeichen durch den blauen Rahmen für Gebrauchswert konstituiert. Als Wertding ist die Ware sinnlich nicht faßbar; die rote Farbe für Wert bleibt im Innern des Bildzeichens.

Beim Warenbesitzer aber werden im Tausch sein Gebrauchswert- und Tauschwertstandpunkt gleichermaßen sichtbar. Während er vom Gebrauchswertstandpunkt aus z. B.

sein ganzes Verhalten nach dem Ziel richtet, alles über den Gebrauchswert der Ware, die er haben will, herauszubekommen, preist er vom Standpunkt des Tauschwerts redegewandt die Vorzüge seiner Ware an, um sie ›abzustoßen‹. Weil der Warenbesitzer im unmittelbaren Warentausch beide Standpunkte praktisch einnimmt, konstituieren auch die blauen und roten Streifen als Zeichen für sie gemeinsam den Personen-Kreis. Erhielte der Personen-Kreis einen blauen Rahmen, gälte er als Gebrauchswert; das Rot würde sein Inneres, es stünde für Wert. Ein neues Zeichen für Ware wäre entstanden, das für die Ware Arbeitskraft.

(Die Lage der Streifen bei beiden Bildzeichen ist auf eine Setzung der Verfasser zurückzuführen, nach der Zeichen für Personen schräg, Zeichen für Waren senkrecht gestreift sind. Ebenso basiert die unterschiedliche Festlegung der Streifenbreiten auf rein optischen Erwägungen.)

3.0
Zu Tafel 3: Standpunkte im entfalteten Warentausch

Diese Tafel zeigt, daß durch den Eintritt des Geldes in den Tauschakt die Standpunkte der tauschenden Parteien sich verändern. Waren Tauschwert- und Gebrauchswertstandpunkt im unmittelbaren Warentausch noch in einer Person vereint, so steht im entfalteten Warentausch jede der tauschenden Parteien nur noch auf einem Standpunkt: der Verkäufer auf dem Tauschwertstandpunkt, der Käufer auf dem Gebrauchswertstandpunkt. Der Gegensatz zwischen beiden ist damit eklatant.

Die zentralen Visualisationsprobleme der Bildtafel sind erstens: die ›sekundäre Bildebene‹ und zweitens: das Zeichen für Geld.

Zunächst zur ›sekundären Bildebene‹. Auf dieser Tafel taucht erstmalig das Problem auf, daß zwei unterschiedlich zu gewichtende Informationen vermittelt werden müssen. Die zentrale Bildaussage heißt, daß das Geld den Widerspruch zwischen Tauschwert- und Gebrauchswertstandpunkt verschärft, indem es die gegensätzlichen Standpunkte polar auf Personen verteilt. Um diesen Inhalt darzustellen, genügt es, vom entfalteten Warentausch: Ware – Geld – Ware nur einen Teilprozeß, hier: Ware – Geld, abzubilden. Denn dieser ist »zweiseitiger Prozeß, vom Pol des Warenbesitzers Verkauf, vom Gegenpol des Geldbesitzers Kauf, W-G zugleich G-W«.[10]

Die untergeordnete Bildaussage ist die Darstellung des Gesamtprozesses Ware – Geld – Ware. Sie ist notwendig, um die Entwicklung vom unmittelbaren Warentausch mit seiner komplizierten Identität von Austausch der eigenen und Eintausch der fremden Ware zum entfalteten, mittelbaren Warentausch mit dem Gegensatz von Kauf und Verkauf aufzuzeigen.

Gelöst wurde das Problem durch die Einführung einer zweiten visuellen Aussageebene. Sie hat die Funktion, all die Erläuterungen abzugeben, die nicht unmittelbar zur Ableitung der Warenästhetik gehören, ohne die aber die Entwicklung von einer Bildtafel zur nächsten oder das Verständnis der Hauptaussage einer Tafel (wie auf Bildtafel 4) schwer faßbar ist. Diese zweite Ebene wird im weiteren als ›sekundäre Bildebene‹ bezeichnet.

Visuell ist ihre gegenüber der Hauptaussage untergeordnete Bedeutung dadurch gekennzeichnet, daß sie im Gegensatz zu deren Farbigkeit nur schwarz-weiß erscheint. Die Bildzeichen sind zudem verkleinert und zum größten Teil als Strichdarstellungen abgebildet.

Zum Zeichen für Geld. Das Zeichen für Geld wird deshalb besonders genannt, weil es im Vergleich zu den bisherigen Bildzeichen auf einer anderen Abstraktionsebene angesiedelt ist. Näher als diese bleibt es an dem von ihm bezeichneten Gegenstand, es erinnert an Geldstücke. Jedoch fällt das

Zeichen für Geld nicht aus der Logik des gesamten Zeichen-vorrats heraus. Woran liegt das?

Am besonderen Gebrauchswert des Geldes selbst. In ihm nimmt nämlich der Wert jeder Ware Gestalt an. Die besondere Qualität des Geldes, abstrakt zu sein, läßt seine Geldgestalt aber als Zeichen für ihn wirken. Warum aber dem Geld, wenn es selbst als Zeichen wirkt, noch ein besonderes, von seiner realen Gestalt unterschiedenes Bildzeichen zuordnen?

Allerdings ist das Bildzeichen für Geld auch insofern eine Abstraktion, als es unterschiedslos für alle Geldformen, wie Münzen, Geldscheine usw. steht.

4.0
Zu Tafel 4: Realisierung der Tauschzwecke im entfalteten Warentausch

Diese Tafel zeigt die zeitlich getrennte Realisierung der Tauschzwecke des Tauschwert- und Gebrauchswertstand-punktes.

Der tauschwertorientierte Prozeß beginnt mit der Produktion der Ware zum Zwecke des Verkaufs. Der Verkäufer bringt sie auf den Markt und realisiert mit dem Abschluß des Tauschaktes seinen Zweck, den Tauschwert seiner Ware in Geldform.

Dagegen nimmt die Realisierung des Gebrauchswertstand-punktes mit demselben Tauschakt erst ihren Anfang: Erwerb der Ware zum Zweck der Konsumtion.

Die Umsetzung der zeitlich unterschiedlichen Realisierung der verschiedenen Tauschzwecke sowie ihrer Voraussetzung, des Tauschakts, ist das zentrale Problem der Visualisation.

Sie beginnt mit dem tauschwertorientierten Prozeß und dort mit dem Produzenten. Sie fährt fort mit dem Verkäufer und endet mit dem Geld, das er in seinen Besitz gebracht hat. Um die Realisierung des Zwecks des Tauschwertstandpunktes in seinem Ablauf zeigen zu können, muß also vom ausgeführten Tausch ausgegangen werden.

Mit dem vollendeten Warentausch ist zugleich die Ware auf die Seite des Käufers übergegangen. Die Realisierung des

Zwecks des Gebrauchswertstandpunkts kann beginnen, als Konsumtion des Gebrauchswerts durch den Konsumenten.

Die neben der zeitlich getrennten Realisierung der unterschiedlichen Tauschzwecke zweite zeitliche Dimension auf Tafel 4, die Ausführung des Tauschs, ist in der sekundären Bildebene dargestellt. Sie erklärt die veränderten Positionen von Ware und Geld im Hauptbildteil; sie ist abgebildet als Voraussetzung für die Darstellung der Realisierung der Tauschzwecke.

5.0
Zu Tafel 5: Die Ware auf dem Markt – ein Gebrauchswertversprechen

Tafel 5 zeigt die Situation auf dem Markt, die dem Kauf unmittelbar vorausgeht: das Angebot einer Ware durch den Verkäufer und die Nachfrage nach ihr durch den Käufer. Es geht um den Zugang, den der Käufer zur Ware hat, und damit um die kaufentscheidende Funktion, die dem Warenkörper, der Gebrauchsgestalt, auf dem Markt zuwächst. Die Entwicklung dieses Verhältnisses klärt den Ansatz für die warenästhetische Indienstnahme der Gebrauchsgestalt durch das Tauschwertinteresse.

Der neue Aspekt, unter dem die Ware auf Tafel 5 erscheint, wird auf der sekundären Bildebene entwickelt:

In der Sphäre der Konsumtion nutzt der Konsument den bestimmten Gebrauchswert. Dieses Verhältnis wird mit der durchgehenden Verbindung zwischen dem Konsumenten und dem in seine Nähe gerückten Gebrauchswert dargestellt. Der Gebrauchswert wird also uneingeschränkt vereinnahmt. Auf dem Markt dagegen ist der Zugang zur Ware beschränkt. Der Käufer kann an den Gebrauchswert nur eine Erwartung richten, der Gebrauchswert kann ihm nur in Form eines Versprechens entgegentreten. Der Warenkörper, die Gebrauchsgestalt, ist der Träger dieses Gebrauchswertversprechens, das für die Kaufentscheidung genügen muß.

Bis zu diesem Schritt innerhalb der Ableitung ist die Ware als von bestimmtem Gebrauchswert (Dreieck oder Viereck) und als Einheit von Gebrauchswert und Wert (blau-rote Streifung) dargestellt. Mit der Betrachtung der Ware auf dem Markt rückt der Warenkörper in seiner Verkaufsfunktion, also das Gebrauchswertversprechen, ins Licht.

Der Würfel, das Bildzeichen für dieses Gebrauchswertversprechen, führt auf der gewählten Zeichenebene das Warenzeichen Quadrat in die dritte Dimension. Damit bleibt die Umsetzung auf dem durch geometrische Grundformen eingeführten Allgemeinheitsgrad und versucht in ihrer Körperhaftigkeit gleichzeitig dem besonderen Betrachtungsaspekt gerecht zu werden.

Hier wird von einer Ware ausgegangen, bei der noch Übereinstimmung zwischen dem Versprechen und dem Versprochenen, dem realen Nutzen, gegeben ist. An diesem für den Warenverkauf grundsätzlichen Verhältnis setzt das verselbständigte Tauschwertinteresse mit der Produktion des übertriebenen Gebrauchswertscheins, der Warenästhetik, an. »Das ästhetische Gebrauchswertversprechen der Ware wird zum Instrument für den Geldzweck.«[11]

Diese Möglichkeit des Zugriffs ist im Farbteil dargestellt, indem die blau gefärbte Gebrauchsgestalt vom tauschwertorientierten Verkäufer mit seinem roten ›Mittel‹-Pfeil überlagert wird.

6.0
Zu Tafel 6: Warenästhetik, das extra produzierte Versprechen

Auf Tafel 6 wird mit der Doppelproduktion der Ursprung der Warenästhetik dargestellt. Genügt für die Realisation des Tauschwerts der Ware auf dem Markt ihr bloßes Gebrauchswertversprechen, so liegt es für das Tauschwertinteresse nahe, dieses Versprechen durch seine Übertreibung so zwingend und verführerisch wie möglich auszustatten. Die Folge ist neben der Produktion des Gebrauchswerts die des übertriebenen Gebrauchswertversprechens (Doppelproduktion).

Um diese Doppelproduktion abzubilden, wird ein Pfeil verwendet, der die Farbe des Tauschwertinteresses übernimmt (tauschwertorientierte Produktion). Er ist aus zwei Strängen zusammengesetzt. Der eine veranschaulicht die Produktion des Gebrauchswerts der Ware, der andere die Produktion seines übertriebenen Versprechens, der Warenästhetik.

In der Warenproduktion muß die Verdopplung nicht in einem Nebeneinander oder zeitlichen Nacheinander nachweisbar sein. Oft wird in einem Arbeitsgang der nützliche Gegenstand und sein verkaufsförderndes Äußeres hergestellt. Zwei getrennte Pfeile, die vom Produzenten ausgehen und auf den jeweils produzierten Einzelaspekt weisen, würden dem Inhalt nicht gerecht. Der Produktionspfeil dieser Fassung versucht nun, beide Aspekte zu berücksichtigen. Die beiden Stränge des Pfeiles tragen Gebrauchswertproduktion und Produktion der Warenästhetik – die beiden Produktionsaspekte sind dargestellt. Sie laufen aber in einer Spitze aus und bilden so zusammen einen breitbegrenzten Pfeil, der vom Produzenten ausgeht; so ist auch die Produktion der Ware in ihrer Einheitlichkeit visuell ausgedrückt.

Eine mißverständliche Nebeninformation ist in dem zusammengesetzten Bildzeichen, das als Ergebnis der Doppelproduktion steht, jedoch enthalten: Gebrauchswert und übertriebenes Gebrauchswertversprechen erscheinen als zwei getrennte Gegenstände, die lediglich durch Zusammenfügen zueinander in Beziehung gebracht werden. Tatsächlich sind aber nur zwei Aspekte einer Ware gemeint. Das blaugestreifte Quadrat stellt den Gebrauchswert, also einen Gegenstand und den Aspekt des realen Nutzens für den Konsumenten dar, der Würfel stellt denselben Gegenstand unter dem Aspekt seiner Gestalt dar, die dem Käufer Gebrauchswert verspricht. Diese beiden Aspekte lassen sich bildlich nur in zwei getrennten Zeichen sichtbar machen. Hier wird eine Grenze dieser visuellen Umsetzung deutlich. Die Darstellung der theoretischen Auflösung eines Gegenstands in verschiedene Aspekte scheint mit dem Mittel statischer Bildzeichen nicht eindeutig möglich zu sein. Mit dem filmischen Mittel der Überblendung, der Übereinanderprojektion beider Aspekte bei wechselnder optischer Betonung, könnte eine Fehlinterpretation eher vermieden werden.

Die entscheidende Veränderung, die mit der Ware geschieht, die vom Tauschwertinteresse her bestimmte Produktion übertriebenen Gebrauchswertversprechens, wird in der Umsetzung durch die Farbe gekennzeichnet. Die vielversprechende

Gestalt erscheint violett. Damit wird die Indienstnahme des Gebrauchswertversprechens (blau) durch das Tauschwertinteresse (rot) verdeutlicht. Blau wird aufgegriffen und Rot überfärbt Violett.

Bei der Produktion des Gebrauchswertscheins, der mehr verspricht, als die Ware in der Konsumtion halten kann, macht sich der Produzent bewußt die Verkaufsfunktion der Gebrauchsgestalt zunutze. Durch die Sprechblase, in der das blaue Gebrauchswertversprechen steht, soll dieser Bezug verdeutlicht werden. Mit diesem Zeichen besteht die Möglichkeit, auch die hinter einer Handlung stehende Ebene des Wollens oder Denkens zum Ausdruck zu bringen.

7.0
Zu Tafel 7: Entwicklung der ästhetischen Abstraktion

Der nächste Lernschritt stellt in Fortführung des Ergebnisses von Tafel 6 das extra produzierte, übertriebene ästhetische Gebrauchswertversprechen in der qualitativen Entwicklung seiner Formen von Oberfläche über Verpackung bis Reklamebild dar.

Was als Oberbegriff des ›übertriebenen ästhetischen Gebrauchswertversprechens‹ eingeführt wurde, als Versprechen, das über die Erscheinung der Ware mehr an Gebrauchswert verspricht, als sie halten kann, wird nun in seinen unterschiedlichen Formen vorgestellt.

Der Aspekt ist der der ästhetischen Abstraktion, das heißt, das Fortschreiten der Ablösung von Sinnlichkeit und Sinn des Gebrauchswerts, beginnend mit der funktionell abgelösten Gestaltung der Oberfläche über die wirkliche Ablösung der Oberfläche in der perfektionierten Verpackung bis hin zum Reklamebild.

Darstellungsziel ist es, die Entwicklung der besonderen Formen der ästhetischen Abstraktion: Oberfläche, Verpackung und Reklamebild – als Konkretionen des übertriebenen ästhetischen Gebrauchswertversprechens – entsprechend ihrer starken Sinnlichkeit und deren jeweiliger Steigerung, prägnant anschaulich zu machen. Dies soll sowohl durch die Bildsystematik als auch durch die äußere Gestalt der Zeichen erreicht werden.

Zunächst ist die Beziehung zwischen dem Zeichen für übertriebenes Gebrauchswertversprechen (violetter Würfel) und den besonderen Zeichen für dessen Formen durch die geschweifte Klammer ausgedrückt.

Die Zeichenfindung für Oberfläche, Verpackung und Reklamebild muß sich nach folgenden Bedingungen richten:

1. Die Abstraktionsstufe des Würfels, aus dem die Zeichen entstehen sollen, muß beibehalten werden.

2. Die ›Herkunft‹ vom Würfelzeichen muß bei allen Zeichen erkennbar bleiben; untereinander müssen sie sich aber deutlich unterscheiden.

Überlegungen in bezug auf die Einhaltung der ersten Bedingung müssen noch einmal auf die Definition des Zeichens Würfel eingehen. Dies Zeichen hat mit dem Bezeichneten nur die Dreidimensionalität gemeinsam. Dadurch ist gewährleistet, daß es allgemein gültig sein kann. Für eine Entwicklung des Zeichens für Verpackung müßte der Würfel nun mit besonderen Merkmalen ausgestattet werden: z. B. indem man seinen Deckel abklappt; es würde dann die Wirkung einer Schachtel entstehen. Die gleiche Erfahrung läßt sich für diesen Versuch bei den anderen beiden Zeichen machen; damit wird auch die zweite Bedingung nicht erfüllt. Weil also von dieser Seite her das Zeichen Würfel nicht fortsetzbar ist, ist ein Rückgriff auf eine konkrete Ware (Seife) vorgenommen worden.

Diese muß dann jedoch, um den Allgemeinheitscharakter der Ableitung zu wahren – es geht ja nicht um Seife im besonderen, vielmehr soll sie stellvertretend für alle möglichen Waren stehen –, in ihrem Konkretheitscharakter zurückgenommen werden.

Diese Funktion kann jetzt wieder die Farbe für übertriebenes ästhetisches Gebrauchswertversprechen, Violett, erfüllen, indem alle drei Abbilder gleichmäßig mit ihr eingefärbt werden und damit einheitlich die Ebene der Warenästhetik signalisieren. (In dieser Fassung kann die violette Farbgebung nicht dargestellt werden.) Der Eindruck, daß nicht jenes spezifische Stück Seife gemeint sei, soll noch verstärkt werden durch den umbeschriebenen Rahmen, der eine Austauschbarkeit innerhalb seines Feldes andeutet und auch noch einmal an das allgemeine Zeichen für Ware erinnert, sowie durch die wortsprachlichen Begriffe ›Oberfläche‹, ›Verpackung‹, ›Reklamebild‹ als Unterschrift.

Nun gilt es nur noch, die qualitative Höherentwicklung von Oberfläche, Verpackung und Reklamebild, das heißt, die sich stetig perfektionierende äußere Erscheinung des Gebrauchswerts zu verdeutlichen. Dieser Entwicklungscharakter ist durch die jeweiligen Pfeile in Leserichtung angedeutet worden.

Für den Ausdruck der qualitativen Steigerung bestünde die Möglichkeit, die Waren selbst in ihren immer aufreizenderen ästhetischen Inszenierungen abzubilden.

Aber in Konkurrenz zu blendenden, mit raffiniertesten farbtechnischen, fototechnischen und drucktechnischen Mitteln ausgestalteten realen Waren zu treten, ist hier nicht möglich.

Am konsequentesten erscheint es daher, die einzelnen Entwicklungsstufen progredierend zu vergrößern, um damit auszusagen, daß die ästhetische Erscheinung sich immer mehr – im Verhältnis zum Gebrauchswert – aufbläht. Die Visualisierung von Qualität mit den Mitteln der quantitativen Veränderung erscheint am geeignetsten, um die Kommunikationsabsicht zu realisieren.

Die Frage, inwieweit die Bildzeichen bzw. die bildhafte Struktur die Kommunikationsabsicht intensivieren bzw. besser als die Wortsprache realisieren, kann hier nicht allgemein erörtert werden. Es kann nur noch angeführt werden, daß die beschriebenen Leistungen des visuellen Teils sicher nicht allein und ohne den Text, der sich ihnen zuordnet, für diesen Zweck ausreichen würden. Der Text bleibt, bei allen über ihn hinausweisenden Möglichkeiten der Visualisation, eine Notwendigkeit. Tatsächlich ist aber bei diesem Bild die Leistung des visuellen Teils nicht in dem Maße wie bei den übrigen gegeben, denn es wird nur gezeigt, daß eine Entwicklung vorhanden ist, nicht aber, wovon sie sich fortentwickelt. Da sich dies auf einem Bild nicht zeigen läßt, ohne den logischen Anschluß zu stören, gibt es die Möglichkeit, diesen Aspekt zu berücksichtigen, indem das jeweilige Verhältnis zum Gebrauchswert miteinbezogen wird. Bei jedem Schritt der ästhetischen Abstraktion ergibt sich eine Entfernung vom

Gebrauchswert. Das Reklamebild ist vom Standpunkt des Gebrauchswerts am wenigsten nützlich, das Abstrakteste. Visuell ins Quantitative umgesetzt, folgt daraus eine Verkleinerung der Bildzeichen bis hin zum Reklamebild. Die obere Bildhälfte zeigt – parallel dazu – die Verdeutlichung des Gegenaspektes, daß nämlich, vom übertriebenen ästhetischen Gebrauchswertversprechen her betrachtet, das Reklamebild am besten geeignet, das Konkreteste ist.

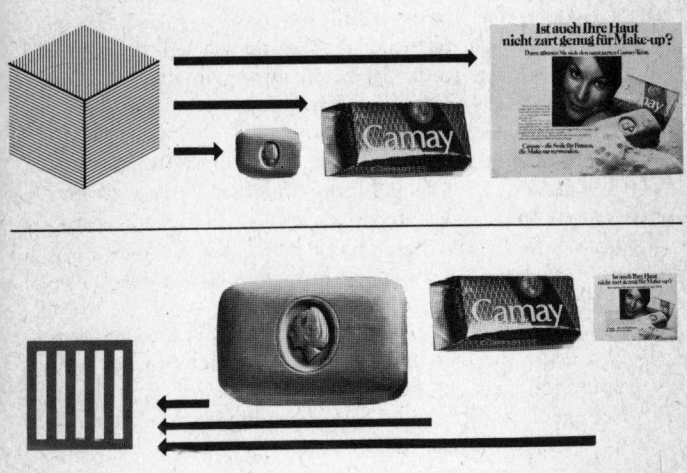

8.0
Zu Tafel 8: Entwicklung des Marktes und Formen der Doppelproduktion

Die Struktur des Bildes 8 spiegelt modellhaft den historischen Aspekt im Ablauf der Formen der Doppelproduktion wider.

Die verschiedenen, doppelt produzierten Formen des Ästhetischen werden in Beziehung zu ökonomischen Prozessen, jetzt auf der Ebene des Marktes mit seinen jeweiligen Konkurrenzverhältnissen, gesetzt.

Ziel der Darstellung ist das Aufzeigen der Wirkung dreier charakteristischer, historisch aufeinander folgender Marktsituationen auf das Verhältnis von Gebrauchswert zu übertriebenem ästhetischem Gebrauchswertversprechen der Waren und dessen Rückwirkung auf die Marktverhältnisse. Das heißt, es geht um die Wirkungsweise von Warenästhetik als ökonomisches Moment (›Effekt‹ und ›Instrument‹).

Da nun sowohl diese Wechselprozesse als auch ihre Abfolge anschaulich gemacht werden sollen, muß diese Tafel den komplexesten Aufbau aufweisen.

Zwei wesentliche visuelle Träger der oben genannten Bildaussage sollen sich herauskristallisieren.

Sie werden durch die waagerechte und die senkrechte Leserichtung markiert. In der letzteren findet zunächst die zeitliche Dimension des Inhalts in der Abfolge der Marktsituationen ihren Ausdruck.

Das Umsetzungsproblem besteht hier also darin, sowohl die Wechselwirkung zwischen Markt und Produktion als ein in sich geschlossenes System zu zeigen, als auch die vertikale Ablesbarkeit der einzelnen Situationen als aus der vorigen entstandene, neue Qualität im Aufbau genügend deutlich zu machen.

Bevor im einzelnen auf die waagerechte Richtung eingegangen wird, die die ›Effekt‹-›Instrument‹-Beziehung kennzeichnet und damit das Hauptproblem der Visualisierung darstellt, sind einige Bemerkungen zur Entstehung der einzelnen Zeichen, die die Struktur bilden, notwendig.

Der Viertelkreis für Markt erscheint als sinnliches Korrelat naheliegend, da ja auch die wissenschaftliche Sprache bildhaft von Markt›sektoren‹ spricht, wenn, wie hier, auch eine Warengruppe des Gesamtangebots erfaßt werden soll. Die einzelnen roten Flächen innerhalb der Sektoren sollen weiter die unterschiedlich großen Marktanteile der Produzenten, die dort als Verkäufer auftreten, repräsentieren. Sie sind innerhalb dieser Anteile noch einmal als Personen-Kreise kenntlich gemacht, um durch diese, beiden Seiten gemeinsame Größe (der Produzenten-Kreis) die Beziehung zum Produktionsmodell (rechts) herzustellen. Links erscheint also der Produzent als Verkäufer auf dem Markt, rechts ist die der Situation entsprechende Produktion des ästhetischen Gebrauchswertversprechens angegeben.

Nach der grundsätzlichen Einführung der ästhetischen Doppelproduktion auf Tafel 6 kann nun hier für ihre Modifikationen, als Effekte der besonderen Marktbedingungen, auf das bereits bekannte Modell zurückgegriffen werden.

Die Ergebnisse, die das Produktionsmodell zeigt, stellen die vier grundsätzlichen Verhältnisse der Erscheinung der Ware zu ihrem Gebrauchswert dar.

Durch dieses Verhältnis sollen die spezifischen Formen der Warenästhetik, wie sie in der Folge auftreten, charakterisiert werden. Es sind dies:
— ›Oberflächenbehandlung‹
— ›Verpackung‹ bzw. ›Marke‹
— ›Verschönerung‹ und die
— ›ästhetische Innovation‹.

Die qualitativen Unterschiede, durch die sich diese Formen auszeichnen, sind also nicht wiedergegeben. Warum? Zunächst aus dem einfachen Grund, weil das Produktionsmodell, welches aus der oben genannten Notwendigkeit heraus wieder erscheinen sollte, eine Abstraktionsstufe aufweist, die es nicht erlaubt, als Ergebnis der Produktion eine Reihe konkreter Waren – wie z. B. einen Markenartikel – zu präsentieren.

Die entscheidende Überlegung dafür, die unterschiedlichen Qualitäten durch das Verhältnis von übertriebenem ästhetischem Gebrauchswertversprechen zu Gebrauchswert visuell wiederzugeben, ist aber, daß es dadurch ermöglicht wird, die übereinstimmende innere Tendenz, den gemeinsamen Nenner in der Entwicklungsreihe aufzuzeigen.

Dies läßt sich auch folgendermaßen erklären: Diese Entwicklung zeichnet sich durch ständig vermehrte und verfeinerte Techniken zur Steigerung des ästhetischen Gebrauchswertversprechens aus, unter dessen Dominanz der jeweilige Gebrauchswert steht. Das kann also auch durch eine quantitative Operation wiedergegeben werden, durch die schrittweise Vergrößerung des Zeichens für ästhetisches Gebrauchswertversprechen, wohingegen der reale Gebrauchswert dahinter zurücktritt. Die Aussage über die verschiedenen Qualitäten wird somit zurückgeführt und gelöst auf quantitativer Basis. (Da der zusammengefügte Würfel am Schluß des Modells jedoch dann keine weitere Aussage mehr trifft, ist zur Verdeutlichung jeweils die Qualitätsbezeichnung wortsprachlich – z. B. ästhetische Innovation – hinzugesetzt worden.)

Um die Wechselbeziehung, die zwischen dem genannten rechten und linken Bildteil (Markt und Produktionsmodell) besteht, auszudrücken, sind je zwei breite Pfeile eingezeichnet, die sowohl die Dynamik von Effekt- und Instrument-Kraftwirkung veranschaulichen, als auch die implizierte Gleichzeitigkeit der dialektischen Wechselbeziehung widerspiegeln. Das heißt, es ist eben nicht endgültig festlegbar, wo der Ausgangspunkt und wo der Endpunkt ist; genau dies lassen auch die gegensätzlich gerichteten Pfeile offen.

Hier kommt ein besonderer Vorteil der visuellen Bildsprache gegenüber der Wortsprache zum Tragen, welche wegen ihres linearen analytischen Aufbauprinzips die Gleichzeitigkeit eines Prozesses nicht anschaulich machen kann, während das synthetische Aufbauprinzip der Bildzeichen dies optimal leisten kann.[12]

Anmerkungen

1 W. F. Haug, *Kritik der Warenästhetik*, Frankfurt/M. 1971, S. 13-S. 61.

2 Ein Katalog von ca. 90 Seiten Umfang mit 40 weiteren Farbtafeln und zusätzlichem Textteil dokumentiert das gesamte Projekt. Erscheinungsdatum: 1975. Kontaktadresse: Gert Niedl, 2 Hamburg 13, Kielortallee 16.

3 Haug, *Kritik der Warenästhetik*, a.a.O., S. 13.

4 Die Bildzeichen sind entnommen: D. Ruckhaberle, *Arbeitsgruppe Darstellungen der Produktionssphäre in der Graphik der frühbürgerlichen Epoche*. In: Arbeitsgruppe Grundlagenforschung der Neuen Gesellschaft für bildende Kunst, *Funktionen bildender Kunst in unserer Gesellschaft*, Berlin 1970.

5 K. Marx, *Das Kapital* I, in: Marx/Engels, *Werke (MEW)*, Bd. 23, Berlin (DDR) 1971, S. 62.

6 Bei Ruckhaberle stehen die gelben Streifen für Tauschwert. Warum die Verfasser das nicht für richtig halten, wird bei der Beschreibung zur Visualisierung des Tauschwerts begründet.

7 Vgl. S. 300 dieser Arbeit.

8 Haug, *Kritik der Warenästhetik*, a.a.O., S. 13.

9 Vgl. die Ausführungen zu Bildtafel 3.

10 Karl Marx, *Das Kapital I*, a.a.O., S. 123.

11 Haug, *Kritik der Warenästhetik*, a.a.O., S. 17.

12 Vgl. R. Arnheim, *Anschauliches Denken*, Köln 1972, S. 219/S. 232.

edition suhrkamp

Alphabetisches Verzeichnis der edition suhrkamp (soweit lieferbar)